GUNS, GERMS, and STEEL

New York Times Bestseller

The Fates of Human Societies

by Jared Diamond

Winner of the Pulitzer Prize

槍炮、病菌與鋼鐵

人類社會的命運

賈德・戴蒙／著
王道還、
廖月娟／譯

目錄

PART 4 環遊世界

PREFACE

前言　亞力的問題

地球上各大洲的族群，有不同的歷史發展軌跡。自從冰期（Ice Age）結束以來，在這一萬三千年間，世界上有些地區發展出有文字的工業社會，發明了各種金屬工具，有些區域仍舊是沒有文字的農業社會，還有一些則停滯於使用石器的狩獵—採集社會。那些歷史的不平等，在現代世界史的面貌上留下了深刻的陰影，因為使用金屬工具的文明社會，征服了或滅絕了其他類型的社會。雖然這些歷史與社會類型的差異是世界史中最基本的事實，原因卻不明，且有爭議。我第一次接觸到這個困惑人的問題，是在二十五年前。那時這個問題是以比較簡單的形式提出，發問的人也是從他個人的經歷提問的。

一九七二年七月，我在新幾內亞（New Guinea）沙灘上漫步。那時，我在那裡研究鳥類的演化。我已聽說當地大名鼎鼎的政治人物亞力（Yali）也在這兒活動。一天，我們碰巧在同一條路上，一前一後地走著，後來他追上了我。我們同行了一個小時左右，而且有說不完的話。

亞力散發著領袖的氣質與活力，眼睛閃爍著迷人的神采。談起自己，他滿懷信心，同時向我提出許多深刻的問題，也很專注地聽我訴說。我們的談話從當時每個新幾內亞人都關心的問題開始，就是當時政治局勢的快速變化。今天，亞力的國家正式的國名是巴布亞紐幾內亞（Papua New Guinea），當時仍是聯合國的託管地，由澳大利亞治理，但獨立的呼聲甚囂塵上。亞力說，他的角色就在為自治政府鋪路。

談著談著，亞力話鋒一轉，開始考較起我來。這人從未離開過新幾內亞，教育程度也僅止於中學，卻有一顆永遠無法滿足的好奇心。首先，他想知道我在新幾內亞的鳥類研究（包括可以得到多少酬勞）。我向他解釋，過去幾百萬年來，不同種類的鳥移居至新幾內亞的情況。他問道，在過去的幾萬年中，他的祖先如何在新幾內亞落地生根？又，近兩百年來，歐洲白人如何使新幾內亞淪為他們的殖民地？

雖然我和亞力所代表的兩種社會一直處於緊張關係，我們還是相談甚歡。兩個世紀前，新幾內亞人還活在「石器時代」，歐洲人早在幾千年前就以金屬工具取代了原始的石器。此外，新幾內亞人仍在村落生活，沒有中央集權的政治體制。白人來到後，設立集權政府，輸入貨品。新幾內亞人立刻發現這些物品的價值，舉凡鐵鑄的斧頭、火柴、藥品，乃至衣服、飲料和雨傘……應有盡有。在新幾內亞，那些一概名之為「貨物」。

許多來此殖民的白人公然鄙視新幾內亞人，說他們「原始」、「落後」。即使是最平庸的白人「主子」──一九七二年他們仍享有這個尊稱，生活水準都遠超過新幾內亞人，連亞力那樣有魅力的政治人物也不能企及。在亞力考較我之前，他已經考較過許多白人了，而我也考較過許多當地的土著[1]。我們倆都很清楚，新幾內亞人和歐洲人一樣聰明。那種種情事想必在亞力內心盤旋已久。這時，他那閃爍的雙眼流露出敏銳的心思，問我：「為什麼是白人製造出這麼多貨物，再運來這裡？為什麼我們黑人沒搞出過什麼名堂？」

這個問題雖簡單，但一針見血──在亞力的生活經驗中，那是最基本的事實。是的，就生活方式而言，一般新幾內亞人和一般的歐洲人或美國人仍有很大的差距。世界上其他民族的生活方式，也有同樣的差異。這種天壤之別必然有重大的原因──你可能會認為顯而易見。

然而，亞力的問題看來簡單，卻難以回答。那時，我還沒有答案。歷史學者仍莫衷一是；大多數人也不再討論這個問題了。與亞力一席話後，這些年來，我一直在研究人

1 譯註：土著單純指世居本地之人，即世代與一土地相附著的人民，無任何輕蔑意涵。《漢書・張騫傳》身毒國在大夏東南，其俗土著。〔註〕為有城郭長居，不隨畜牧遷移者。

類演化、歷史與語言的其他面相。經過二十五年，本書是為了回答亞力的問題而作。

雖然亞力的問題只涉及新幾內亞人和歐洲白人在生活方式上的差異，但他的問題可以擴展到現代世界中其他更大現象的對比。歐亞大陸的族群，特別是今天仍然住在歐洲和東亞的人，加上移民到北美洲的人，掌控了現代世界的財富和權力。其他族群，包括大多數的非洲人，雖已推翻歐洲殖民政權，就財富和權力而言，仍遠遠落後。還有一些民族，比方說澳洲、美洲和非洲南端的土著，甚至連自己的土地都丟了，慘遭歐洲殖民者的殺戮、征服，甚至滅族。

因此，對於現代世界中的不平等，套用亞力的問題，我們可以問：為何財富和權力的分配是以今天這種面貌呈現，而非其他形式？例如，為什麼越過大洋進行殺戮、征服和滅絕的，不是美洲、非洲或澳洲的土著，而是歐洲人和亞洲人？

即使不從世界的現況出發，回到古代世界，我們仍然可以問同樣的問題：公元一千五百年，歐洲的殖民擴張才剛開始，各大洲的族群在科技和政治組織的發展上已有相當大的差異。分布於歐、亞與北非的，是使用金屬工具的國家或帝國，有些已逼近工業化的門檻。而美洲土著建立的阿茲提克（Aztecs）和印加帝國（Incas），仍以石器作為主要工具。非洲亞撒哈拉（sub-Saharan）一些小國和酋邦已使用鐵器。其他大多數的族群，包括澳洲和新幾內亞所有的土著、多數大平洋上的島民、大部分的美洲土著和少部分的非洲亞撒哈拉土著，都是農耕部落，或者是使用石器狩獵—採集的隊群（band）。

當然，公元一千五百年世界各地區在科技和政治發展的差異是現代世界不平等的直接原因。以鋼鐵打造武器的帝國征服或族滅還在利用石器或木器的部落。然而，這個世界是如何發展成公元一千五百年的模樣？

同樣地，我們可根據歷史記載和考古學的發現，更進一步地回溯歷史，直到上一次冰期結束時。那是在公元前一萬一千年，當時各大洲的各個族群皆以狩獵—採集維生。從公元前一萬一千年到公元一千五百年之間，各大洲的發展速率各不相同，導致一千五百年後世界上科技和政治不平等的現象。澳洲土著和許多美洲土著一直停留在狩獵—採集階段，歐亞大陸的大部分地區、美洲和非洲的亞撒哈拉的許多地區逐漸發展出農業、牧業、冶金技術和複雜的政治組織。歐亞大陸的一些地區和美洲的一個區域，也各自發展出文字。然而，這些新發展都在歐亞大陸最早出現。例如，南美西部的安地斯山區（Andes）直到公元一千五百年的前幾個世紀，才開始大量生產青銅器，比歐亞大陸足足晚了四千年。公元一六四二年歐洲的探險家首次接觸到塔斯馬尼亞人（Tasmanians），發現他們的石器技術，比起好幾萬年前歐洲的舊石器時代晚期製作的石器要來得簡陋。

總之，關於當今世界不平等的問題，我們可以重述如下：為何各大洲上人文發展的速率迥異？那些不同速率構成的人類歷史基本模式，也是本書的主題。

雖然，本書討論的是歷史與史前史，但主題不僅有學術意義，在經世與政治上更為重要。人類各族群透過征服、傳染病與滅族行動而互動的歷史，就是塑造現代世界的力量。族群衝突在歷史上的回響，經過幾個世紀，至今未嘗稍歇，仍在今日世界上某些最動盪不安的區域發酵。

舉例來說，非洲許多地方仍在現代殖民主義的灰燼中掙扎。其他地區，包括大部分的中美洲、墨西哥、秘魯、新喀里多尼亞（New Caledonia）、前蘇聯和印尼的部分地區，仍擾攘不安；各地在人口中佔多數的原住民，以街頭暴動或游擊戰，對抗由外來征服者後裔掌控的政府。其他許多地方的原住民，如夏威夷土著、澳洲土著、西伯利亞土著和美國、加拿大、巴西、阿根廷和智利的印第安人，由於種族屠殺和傳染病，人數銳減，而侵略者後裔卻後來居上，成為絕對的多數。這些族群雖無法發動內戰，卻越來越堅決地爭取自己的權利。

過去的族群衝突除了繼續在今天的政治和經濟生活中迴盪，對人類的語言世界也造成重大衝擊。今日世上尚存六千種語言，大多數都面臨消失的命運。英語、漢語與俄語，還有其他幾個語言已成為地球上的主流語言。使用這些語言的人口，在最近幾個世紀大幅增加。現代世界中的這些問題，全肇因於各大洲族群不同歷史發展軌跡。亞力的問題就這麼來的。

在解答亞力的問題之前，我們應先考慮幾個反對討論這個問題的理由。有些人一看到這個問題就怒不可抑，有幾個原因。

其中一個反對的理由是：若我們解釋某一族群支配另一族群的緣由，不正是為這樣的奴役支配張目？似乎是振振有辭地說，這種結果是無可避免的，因此改變現況的努力註定徒勞無功？這個反對理由混淆了解釋與辯護，是常見的謬誤。運用歷史解釋和解釋歷史是兩回事。了解往往是為了改變，而不是為了重複或延續。心理學家努力了解謀殺犯或強暴犯、社會史家了解滅族事件、醫生了解造成疾病的原因，都抱著同樣的目的。他們並不是為謀殺、強暴、種族滅絕和疾病辯護而研究，釐清了導致這些慘劇與悲劇的因果鎖鏈之後，才能設法打斷那條鎖鏈。

其次，認真對待亞力的問題必然要採用以歐洲為本位的歷史觀，結果當然是吹捧西歐人的業績，執迷於西歐與歐化美國在今日世界的卓越地位。然而，那種卓越地位不過是過去幾個世紀打造出來的。世事如棋，白雲蒼狗，日本和東南亞不是異軍突起，後來居上了嗎？其實，本書主要討論的是歐洲人以外的族群。除了歐洲人和非歐洲人的互動，我們還要討論歐洲以外的不同族群之間的相互關係，尤其是非洲亞撒哈拉、東南亞、印尼和新幾內亞等地的族群互動。我們不會吹捧源於西歐的族裔，本書將顯示西歐文明最基本的要素，其實是由其他地區的族裔發展出來的。西歐當年是文化入超地區，而不是輸出地區。

第三，「文明」和「文明的興起」這種詞彙會誤導讀者，以為文明是好的，狩獵—採集部落生活是悲慘的，而過去一萬三千年的歷史見證了進步——逼近真善美境界的發展！其實，我並不認為工業化的國家比狩獵—採集部落「高明」到哪裡。也不認為從狩獵—採集的生活方式，換成使用鐵器的國度，就代表「進步」。至於增進人類福祉云云，更是無稽之談。我在美國和新幾內亞村落的生活體驗，讓我明白：文明是福是禍實在難說。例如，比起狩獵—採集部落，現代工業國家的公民享有較佳的醫療照顧、遭到謀殺的風險低、壽命較長，但朋友和親族的社會支持卻少得多。我研究人類社會的地理差異，動機不在鼓吹某一種社會型態的好處，而只是單純地想了解：歷史上，到底發生過什麼事？

亞力的問題真需要用一本書來回答嗎？我們不是已經知道答案了嗎？那麼，答案是什麼？

或許，最常見的解釋，就是假定族群間有生物差異。公元一千五百年之後的幾百年間，歐洲探險家注意到世上各個族群之間在科技和政治組織上有相當大的差異。他們認為那是因為各族群的天賦有差異。達爾文理論（Darwinian theory）興起後，天擇與演化系譜成為解釋的工具。既然人是從類似猿的祖先演化而來，技術原始的族群就代表人類演化早期階段的孑遺。出身工業社會的殖民者之所以能取而代之，不過演示了適者生存的道理。後來，遺傳學的興起，遺傳就成了解釋人群差異的利器：現在歐洲人在遺傳天賦上比非洲人聰明，比起澳洲土著那更不用說了。

今天，西方社會中的一些角落裡可以聽到公然譴責種族主義的聲音，然而許多（也許絕大多數）西方人私底下或潛意識裡仍繼續擁抱種族主義。在日本和其他許多國家，公開支持種族主義的解釋，更是不必抱歉的。甚至連受過教育的白種美國人、歐洲人和澳洲人，一討論到澳洲土著，也不免認為他們比較原始。他們看起來與白種人不同，不是嗎？許多澳洲土著，雖然熬過了歐洲殖民期，他們的子孫在白澳社會中仍然難以致富發家。

一個看來讓人信服的論證，是這麼說的：白種人到澳洲殖民，只花了一百年就建立了一個民主國家——使用金屬工具、有中央集權的政治體制，文字、工業、農業等一應俱全，而澳洲土著在澳洲至少住了四萬年，一直在部落中過著狩獵—採集的生活，連金屬工具都沒有發展出來。這是人類史上的兩個實驗，一前一後。實驗在同一環境中進行，唯一的變項是居住在這環境中的人種。就澳洲土著和歐洲白人的業績而言，他們的差距若不是由他們本身的差異造成的，是什麼？

我們反對此一種族主義的解釋，不僅因為這種解釋令人作嘔，更重要的是，這麼說根本是大錯特錯。各族群間是有技術發展程度的差異，但是並沒有可靠的證據可以證明各族群間有智力的差異。其實，那些仍在「石器時代」生活的族群，智力非但不比工業社會裡的人遜色，或許反倒更勝一籌。這聽來有點弔詭，我們會在第十五章討論，澳洲今日的文明工業社會，以及前面談過的各種現代特色，實在不是白人殖民者的功勞。此外，澳洲土著和新幾內亞土著的技術，雖然在接觸白人之前仍然非常原始，但若給他們機會，駕馭工業科技並非難事。

有些國家，人口包括不同地理族群的後裔。認知心理學家花費了極大的力氣，想找出族群間在智商方面的差異。特別是美國白人心理學家幾十年來一直想證明：非洲裔美國人天賦智力比不上歐洲裔白人。然而大家都知道，這兩個族群的社會環境和教育機會差別很大。這個事實使驗證「技術水準反映智力高下」這個假設，遭遇雙重困難。首先，認知能力的發展，受社會環境的強烈影響。因此成人認知能力的差異，難以分辨先天遺傳因素究竟扮演了什麼角色。再者，認知能力的測驗（如智力測驗），測量的是文化學習，而不是先天智力——暫時不談所謂先天智力究竟是什麼玩意。成長環境和學得的知識，勢必影響智力測驗結果，因此心理學家至今還未能提出強有力的證據，證明非白人族群有先天的智力缺陷。

對於這個引起爭議的課題，我的觀點源自與新幾內亞人工作了三十三年的經驗。他們的社會還維持著傳統的形態。打從一開始，我就發現，這些新幾內亞人比起歐洲人或美國人，一般而言更聰明、機警，更有表達能力，對周遭的人事物也更感興趣。有些任務他們執行起來，比西方人俐落多了。例如在陌生環境中，掌握四周動靜、判斷進退趨避的本領。那種能力應能反映出大腦功能的許多面向。當然，有些任務西方人從小就受過訓練，新幾內亞人根本沒有學習的機會，表現得很差。所以，沒上過學的新幾內亞人從偏遠的村落進得城來，西方人會覺得他們看來蠢得很。反之，換了我跟著新幾內亞人到叢林中蹓躂的話，在他們眼中我是多麼的蠢，我心知肚明。一些簡單的任務（像是在森林中找出路、搭建蓬屋），我一點也幫不上忙，因為我從來沒有學過。那些可是新幾內亞人從小練就的本事。

我對新幾內亞人的印象是：他們比西方人聰明。我有兩個理由支持這個印象，一說你就明白。第一，幾千年來，歐洲人生活在人口稠密的社會中，中央政府、警察系統和司法制度一應俱全。在這種社會中，傳染病（例如天花）長久以來一直是主要的死因，謀殺反倒比較不尋常，而戰亂是變態而非常態。大多數歐洲人，只要熬過傳染病的侵襲，就不再受死神的威脅。可以把基因傳給下一代。今天，西方人嬰兒，不管他們智力或基因的品質，大都不受致命傳染病侵襲，順利傳宗接代。相形之下，新幾內亞人的社會，人口稀疏，只能在稠密的人口演化的傳染病，根本無從生根。新幾內亞人的死亡原因，向來以謀殺、部落間的長期戰爭、意外、食物不足為大宗。

在傳統新幾內亞社會中，聰明的人比較有機會逃出鬼門關，傳遞基因。然而，在傳統歐洲社會中，傳染病篩檢出的不是智力，而是與基因有關的身體化學。例如，血型為B或O者，對於天花的抵抗力就比A型的人來得強。也就是說，針對智力的天擇壓力，或許在新幾內亞社會中表現得更為赤裸裸。相較之下，人口稠密、政治組織複雜的社會，天擇鑑別的是身體化學。

新幾內亞人也許比較聰明，除了前面談的遺傳因素，還有一個原因。現代歐洲和美國的兒童，花了太多時間在不必動用大腦的娛樂上，如電視、收音機和電影。一般美國家庭，每天電視開機的時間長達七小時。相對的，新幾內亞的孩子在傳統社會中，根本沒有機會接觸那種被動娛樂。他們只要不睡覺，就會主動做一些事，像是與人說話或玩耍。幾乎所有的兒童發展都強調：童年的刺激和活動有助於心智發展；不可逆的心智障礙，與童年的刺激不足有關。新幾內亞人比較聰明，這個非遺傳因素扮演了一個角色。

也就是說，就智力而言，新幾內亞人先天上或許要比西方人強；可是就後天條件而言，新幾內亞人不受文明之害，不像工業社會大多數的孩子，都在不利於心智發展的環境中成長。因此，亞力的問題，答案不在新幾內亞人的智力不如人。先天的遺傳與後天的兒童心智發展，這兩個因素也許不只區別了新幾內亞人與西方人，也區別了技術原始的狩獵—採集社會和技術先進的社會。因此，種族主義者的一貫論調應該顛倒過來。換言之，我們應該問：為什麼先天不足後天失調的歐洲人能生產出那麼多的貨物？儘管我認為新幾內亞人比較聰明，他們沒搞出什麼名堂是事實，為什麼？

回答亞力的問題，不依賴遺傳因素，也可以有幾個不同的方案。有一種解釋，是北歐人的最愛，他們相信北歐的寒冷氣候有激發創意、精力的效果，而炎熱、潮溼的熱帶氣候使人遲鈍。也許高緯度地區四季分明的氣候，提供了複雜多樣的挑戰。終年溼熱、四季長青的熱帶氣候是單調了些。也許寒冷的氣候讓人不得不絞盡腦汁、發明創造，建溫暖的房舍、縫暖和的衣物，不然活不下去。在熱帶只需要簡單的房舍，衣服不穿也成。不過氣候的故事換個方式說，仍然可以得到同樣的結論：高緯度地區由於冬季長，大家閒居家中百無聊賴，只好以發明消磨時間。

雖然這種解釋以前很流行，後來證明不堪一擊。因為直到一千年前，北歐人對歐亞文明的發展，可說毫無貢獻。他們只是運氣好，住在一個方便輸入先進發明的地點。農業、車輪、文字、冶金術，都是歐亞大陸比較暖和地區的產品。在新大陸，高緯的嚴寒地帶更是落後。美洲土著社會唯一的書寫系統，是在北回歸線之南的墨西哥發展出來的；新世界最古老的陶器，是在南美熱帶靠近赤道之處發現的；新世界在藝術、天文學和其他方面最為先進的，是古典馬雅社會，位於熱帶的猶卡坦（Yucatan）、瓜地馬拉（Guatemala），則在公元第一個千年內興起。

解答亞力的問題，第三種答案和氣候乾燥的河谷低地有關。那兒高產量的農業仰賴大規模的灌溉系統，得有中央集權的政府才能興修水利。這種解釋源自一個確定的事實：人類最早的帝國和文字，興起於肥沃月彎的底格里斯河（Tigris）和幼發拉底河（Euphrates）河谷、埃及的尼羅河河谷。在世界其他地區，控制灌溉系統也和中央集權的政治組織有關，如印度次大陸上的印度河河谷、中國的黃河與長江河谷、中美洲的馬雅低地還有秘魯的海岸沙漠。

然而，詳細的考古研究發現，複雜的灌溉系統並不是隨著中央集權的國家機器出現，而是隔了一段時間之後才出現。換言之，國家機器是為了別的原因打造的，有了國家機器，才有可能興修大規模的水利事業。在那些文明的搖籃中，國家機器興起之前的歷史發展關鍵，和河谷或灌溉系統毫無關係。例如肥沃月彎的糧食生產和農村，發源於丘陵、山區，而非低地河谷；此後三千年，尼羅河河谷仍是一片文化邊鄙。美國西南部的河谷，最後出現了灌溉農業、複雜社會，但是灌溉農業和複雜社會的要素，都是在墨西哥發展出來，再輸入這裡的。澳洲東南部的河谷，一直由沒有農業的部落佔居。

針對亞力的問題，另一種解釋路數，是研究近代歐洲的殖民歷史，列舉那些有助於歐洲人征服、殺戮其他族群的因素。其中犖犖大者，有槍炮、傳染病、鋼鐵工具和工藝產品。這個路數無疑是正確的，因為史料俱在、鐵案如山，那些因素的確直接協助歐洲人完成征服大業。然而，這個假設並不完整，因為直接因素，最多不過是解釋歷史事件的近因。找出近因後，自然引出終極因的問題：為什麼槍炮、病菌、鋼鐵站在歐洲人這一道，為什麼不是非洲土著或美洲土著？

歐洲人征服新世界的終極因，目前已有眉目。至於歐洲人征服非洲，仍是個令人百思不得其解的謎。非洲大陸是猿人的演化搖籃，現代人可能也是在這裡演化出來的。這裡的風土病像是瘧疾、黃熱病，當年不知奪去了多少歐洲探險者的性命。要是先發制人、先馳得點這類成語符合世情，非洲為何不能「制人」反倒「受制於人」？為什麼槍炮、鋼鐵不是在非洲最先發展出來的？有了槍炮、鋼鐵，再加上這兒的病菌，非洲人應能征服歐洲。澳洲也是塊「萬古如長夜」的大陸，土著始終過著狩獵—採集生活，為什麼？

放眼世界，作人類社會的比較研究，過去吸引過歷史學家和地理學家。最有名的現代例子，是湯恩比（Arnold Toynbee）的十二卷《歷史研究》（*Study of History*）。湯恩比特別感興趣的，是二十三個先進文明的內在發展動力——其中二十二個有文字；十九個都在歐亞大陸。他對史前史和簡單的、沒有文字的社會，較不感興趣。然而現代世界的不平等，根源可以追溯到史前史。因此湯恩比並沒有提出亞力的問題，也沒有認真討論我所謂的大歷史模式。其他世界史的著作也一樣，重點都在近五千年歐亞大陸上的先進文明，對哥倫布之前的美洲文明，只有簡短的介紹。至於其他地方的文明，就別提了，只約略討論了它們近代和歐亞文明的互動。湯恩比之後，世界大歷史被當成無法處理的問題，不再受歷史學者的青睞。

幾個不同學科的專家在他們的專長領域中，將全球各地的資料綜合分析過，產生了許多對我們特別有用的見解。尤其是生態地理學家、文化人類學家、研究馴化植物與動物的生物學家、研究傳染病的歷史衝擊的學者，他們的研究讓我們注意到一些重要的線索。但是他們的研究成果不能解釋世界大歷史模式。必須綜覈百家，才能提綱挈領。

因此，如何解答亞力的問題，目前尚無共識。我們對近因已有腹案：有些族群著了先鞭，發展出槍炮、病菌、鋼鐵，以及其他增進政治、經濟力量的條件；有些族群什麼名堂都沒搞出來。仍不明確的是終極因。例如青銅器很早就在歐亞大陸上的某些地區出現；新世界青銅工藝發展得很晚，只局限於某些地區，從未流行；澳洲土著從未發展出青銅工藝，為什麼？

我們對終極因無法掌握，這是個知識上的挑戰：世界大歷史模式是怎麼形成的？總該有個道理吧！更嚴重的是，這還影響到道德層次的考量。大家都很清楚，不同族群在歷史上遭到不同的命運，這是個教人無可推諉的事實，管你是不是種族主義者。今天的美國，社會是以歐洲為模型打造出來的；土地是從美洲土著掠奪過來的；人口中又有從非洲亞撒哈拉劫持來的黑奴後裔——當年輸入的黑奴共有數百萬。要是現代歐洲是個非洲亞撒哈拉黑人的殖民地，社會是非洲式的，人口中還有黑人從美洲劫持來的印地安人，你會怎麼想？

我們觀察到的結果，是一面倒的——不是歐亞大陸上的族群征服了百分之五十一的美洲、澳洲、非洲，或者美洲、澳洲、非洲的土著族征服了百分之四十九的歐洲。現代世界所呈現的是這一面倒現象的結果。這裡必然有個非戰之罪的解釋。可能是幾千年前某人贏得一場戰役，或某人發明了某樣東西之類的細節，但我們所要找尋的，是在這之上的歷史終極因。

我們可能會認為，只要假定族群間有天賦差異，就足以解釋我們正在討論的歷史模式。當然，我們的教養不容許我們公開這麼主張，那太不禮貌了。許多專家發表研究報告，宣布他們證實了人種的先天差異。然後有另一批專家出面反駁，指出那些研究的技術瑕疵。科技發展的研究宣稱可以表示這種差異，但這些研究卻有其技術上的缺失。我們親眼目睹某些給征服了的族群成員，今天仍居於弱勢階層，距離他們的祖先遭到征服或奴役的命運已經好幾個世紀了！這個事實有人主張是社會因素造成的，而不是先天稟賦，例如弱勢族群能享受到的社會資源不足，他們上進的機會有限。

然而，我們不禁疑惑起來。族群之間地位並不平等，顯而易見，難以推諉。公元一千五百年的世界已表現出今天的不平等，以生物稟賦來解釋，肯定那是錯的。然而正確的解釋是什麼？我們必須提出一個可信、詳盡的解釋作為共識的基礎，不然大多數人還是會繼續疑惑：說不定種族主義者的主張是正確的！所以我才起意寫作本書。

媒體記者最喜歡請作者用一句話來交代一本厚書。本書可以這麼交代：「各族群的歷史，循著不同的軌跡開展。那是環境差異造成的，而非生物差異。」

環境地理和生物地理影響社會的發展，這當然不是新觀念。然而今天的歷史學家卻嗤之以鼻：它不是錯了，就是簡化了實況；或是給嘲笑為環境決定論，不予採信；或者乾脆把解釋全球族群差異當成無解的難題，束之高閣。但是，地理的確會影響歷史，問題是：影響的程度？地理是否可以解釋大歷史模式？

以新的觀點解答這些問題的時機已經成熟了，因為好幾門科學生產了新的資料，可供我們利用。那幾門科學與人類歷史似乎不怎麼有關連，其中最重要的就是：農作物以及它們的野生祖先的遺傳學、分子生物學、生物地理學；人類病菌和相關動物病菌的分子生物學；人類疾病的流行病學；人類遺傳學；語言學；各大洲及主要島嶼上的考古研究；技術、文字、政治組織的歷史研究。

任何人寫一本書回答亞力的問題，都得研究、評估許多不同學科的論證與證據。他必須學識淵博，前面談到的各個學科都能悠游自得、取精用宏，這才能自出機杼、成一家言。地球各大洲的史前史與歷史也得納入。這本書的主題是個歷史問題，但是解答的門路是科學，特別是演化生物學、地質學等歷史科學。從狩獵—採集社會，到邁入太空時代的文明社會，他對各種類型的人類社會，都必須親身體驗過。

從以上條件看來，這本書似乎該由幾個人合作才應付得了。但這種規劃註定失敗，因為解答亞力的問題，講究匠心獨運、脈胳貫通；幾個學究各說各話、莫衷一是，反倒治絲益紊、徒亂人意。因此這書非得找個自拉自唱、自作自受的作者不可，他的功力也許達不到學究天人的境界，但是自助人助，不必妄自菲薄。作者得上窮碧落下黃泉，出入百家、探賾索引。這麼浩大的知識工程，當然少不了同事的指引。

湊巧的很，在一九七二年遇見亞力之前，我的家庭背景已經引導我涉足過那些學科。我母親當老師，也是個語言學家；我父親是兒童遺傳疾病專科醫師。因為父親的緣故，我小學起就立志當醫生。還不到十七歲，我又瘋狂愛上了賞鳥。所以大四那年我放棄醫學，改念生物，跨出這一步我並不感到困難。不過，從小學、中學到大學，我的訓練主要是語言、歷史與寫作。甚至決心攻讀生理學博士之後，也就是進研究所的第一年，我還差點放棄科學去唸語言學。

一九六一年我拿到博士學位後，我的研究在兩個領域中進行：分子生理學，以及演化生物學和生物地理學。演化生物學是歷史科學，不能使用實驗科學的方法。因此我涉足演化生物學的經驗，對我研究亞力的問題，幫助很大，那是當初沒料到的。利用科學研究人類歷史，必然會遭遇的困難，我早已熟悉。一九五八年到一九六二年，我住在歐洲，看到朋友的生活因二十世紀的歐洲史而受到重創，我開始對歷史作嚴肅的反思，想解開歷史中的因果鎖鏈。

過去三十三年中，我到各地作演化生物學田野研究，和許多類型的人類社會有過親近的接觸。我的專長是鳥類演化，停駐之地包括南美、南非、印尼、澳洲，特別是新幾內亞。在各地我與土著一起生活，逐漸對許多工技原始的社會有親切的知識，例如直到近代之前仍生活在石器時代的社群——狩獵—採集社會、農耕部落、漁獵社群。因此，遙遠的史前時代的生活方式，文明人覺得怪異，卻是我生命中最鮮活的成份。新幾內亞面積在地球上算不了什麼，卻表現出高度的人類歧異——現在世界上的語言約六千種，其中一千種在新幾內亞。我在新幾內亞研究鳥類時，對語言的興趣死灰復燃，因為我必須搞清楚各種鳥在一百種當地語言中的俗名。

最近，我從前面談到的各種研究興趣理出了頭緒，寫成了《第三種猩猩》，是一部通俗的人類演化史。書中第十四章〈問蒼茫大地，誰主浮沉〉（Accidental Conquerors），討論的是歐洲人和美洲土著接觸的後果。那本書出版了之後，我才恍然大悟：無論史前時代或現代，族群接觸引發的是同樣的問題。我發現：我在那一章全力周旋的問題，根本就是一九七二年亞力提出的問題，只不過換了場景罷了。現在的這本書就是答案——我終於回答了亞力的問題，許多朋友都出過力，希望本書能滿足他的好奇心，也滿足我的。

本書分成四個部分。第一部有三章。第一章帶領讀者回到人類自然史作一趟旋風之旅；起點是七百萬年前，那時人類與黑猩猩剛剛分化，直到冰期結束，約當一萬三千年前。人類先祖發源於非洲，擴散到全球，為了了解「文明興起」之前的世界，我們得追溯這個過程。結果發現：各大陸的族群，起步的時間不同。

本書探討各大洲的自然環境對人類歷史的影響，第二章是出發前的暖身活動：把島嶼當作實驗室，看看環境在一個比較小的時空中，對歷史有什麼影響。三千兩百年前，玻里尼西亞人的祖先開始散居大洋洲。南太平洋中的島嶼各有特色，環境迥異。短短幾千年之內，同出一源的族群，發展出形態迥異的社會，從狩獵—採集部落到頗具帝國雛形的社會，琳琅滿目。這種「趨異演化」現象，可以當作基本模型。從冰期結束至今，各大洲的人類族群發展出的社會形態，差異更巨大，無論狩獵—採集部落還是帝國，都有不同類型。南太平洋中的趨異演化，能提供睿見，協助我們探討較大尺度的洲際趨異演化。

第三章是洲際族群衝突的一個例子。地點在秘魯的卡哈馬卡城，印加帝國末代皇帝阿塔花普拉（Atahuallpa），與從西班牙來的皮薩羅（Francisco Pizarro）會面。皮薩羅只有一小撮人跟著。結果大軍簇擁著的阿塔花普拉，卻在眾目睽睽之下給皮薩羅擒住。我們將透過當時人的眼光，來看這段人類歷史上最戲劇化的一幕。皮薩羅擒住阿塔花普拉這個事件，我們可以分析出一串環環相扣的近因，而歐洲人征服美洲其他社會，也循著同樣的因果鎖鏈進行。那些近因包括西班牙病菌、馬匹、文字、政治組織和工藝技術（特別是船隻與武器）。分析近因是本書比較容易的部分；困難的是找出終極因。哪些終極因導致了近因？歷史是這些終極因的後果嗎？為什麼不是阿塔花普拉率大軍到馬德里擄獲查理一世（Charles I of Spain）呢？

第二部共有七章，討論的是人類歷史中最重要的一組終極因。第四章討論促成皮薩羅勝利的直接原因，指出糧食生產——由狩獵、採集轉變為以農、牧業生產糧食——是終極因。而糧食生產在世界各地有不同的發展模式。第五章討論各種發展模式的地理差異。地球上有些地方的族群獨立發展出糧食生產的生計；有些族群在史前時代已經從那些獨立發展中心，採借了技術；但有些族群既沒有發展食物生產的技術，也沒有採借，直到現在仍維持狩獵—採集。第六章探討為何只有某些地方發生了生計的變遷——從狩獵—採集演進至農業？而其他地方就沒有。

第七章至第九章敘述史前時代發展農牧業的過程。最初的農夫、牧民馴化野生植物、動物，其實並沒有透視歷史的眼界。適合馴化的野生動植物，有不同的地理分布。這一個事實，足以解釋何以只有幾個地方獨立發展出糧食生產生計？何以各地糧食生產的發展，有遲速之別？糧食生產從少數幾個中心向外傳播，有些地方很快就採借了，其他地方卻很慢。影響各地採借速率的主因，和大陸的軸線有關：歐亞大陸的主要軸線是東西向，而美洲、非洲則是南北向（第十章）。

本書第三章勾勒了歐洲人征服美洲土著的直接原因，第四章追溯終極因，那就是糧食生產。而在第三部分，則詳細討論了終極因與近因之間的因果關連，從病菌談起，主要的人類病菌是在稠密的人口中演化出來的（第十一章）。歐亞的病菌，殺死了更多美洲土著和其他有色人種；歐亞的槍炮或鋼鐵武器瞠乎其後。反過來說，歐洲人到了新世界幾乎沒遇上過什麼致命病菌。為什麼病菌的交流這麼不對等？最近分子生物學研究的結果，讓我們看清了病菌與糧食生產的關連，而且與病菌的演化、傳播大有關連的，是歐亞的食物生產生計，而不是美洲的。

另外一條因果鎖鏈是從糧食生產到文字：文字可說是最近幾千年中最重要的發明（第十二章）。人類歷史上，文字獨立發明過幾次而已，而且是在最早發展出糧食生產生計的地區。其他的社會，或者從那幾個中心直接採借，或受到那些書寫系統的啟發，發展出自己的文字。因此對研究世界史的學者來說，書寫系統的分布資料特別有用，可以用來探討另一組因果關係：在思想與發明的傳播方面，地理有何影響？

工藝技術的發展、流傳，受到的限制和文字一樣（第十三章）。關鍵的問題在：工藝技術的發明、改進，依賴的是少數的天才以及許多獨特的文化因素？還是怎地？假如答案是肯定的，那我們就不可能了解人類社會技術發展的共通模式了。說來弔詭的是，數不清的文化因素反而使得世界技術發展的共通模式，更容易理解，而不是更難理解。農業讓農民生產更多的糧食盈餘，因此農業社會可以供養全職的技術專家，他們不用親自耕作，只要專注於發展技術。

農業除了支持書寫系統、技術專才，還供養了政治人（見第十四章）。過著移動生活的狩獵—採集隊群成員相當平等，他們的政治領域限於隊群的領地，以及與鄰近隊群合縱連橫的關係。而人口稠密、定居的農牧社會中，出現了首領、國王和官僚。這種層級體制不但治理廣土眾民是必要的，維持常備軍隊、派遣探險艦隊和發動征服戰爭，沒有層級體制就辦不到。

第四部把從第二、三部歸納出的道理，應用到各大洲和幾個重要的島嶼上。第十五章討論了澳洲的歷史，以及原來和澳洲相連的新幾內亞。技術最原始的人類社會就在澳洲，澳洲也是各個大洲中唯一沒有獨立發展出食物生產生計的。因此澳洲可以作為本書理論的決斷試驗（critical test）。我們要討論：為什麼澳洲土著一直維持狩獵—採集生計，而新幾內亞的土著大多數都成了農人？

第十六、十七章把澳洲、新幾內亞和東亞大陸與大洋洲聯繫起來，擴張我們的視野。農業在中國興起後，促成了好幾次史前人口或文化特質的大遷徙，也許兩者皆有。其中的一次發生在中國本土上，創造了今日我們所知的中國。另一次在熱帶東南亞，源自華南的農民顛覆了東南亞狩獵—採集土著。再來就是南島民族的擴張，他們顛覆了菲律賓、印度尼西亞的土著，深入南太平洋，散布到玻里尼西亞各島嶼，但是沒能在澳洲與新幾內亞殖民。對世界中的學者而言，東亞族群與太平洋族群的鬥爭，重要性有兩重：一，因為他們的國家總人口佔世界的三分之一，經濟力量更有日益集中的傾向。二、他們提供了非常清楚的模型，讓我們了解世界其他地區的族群歷史。

第十八章則回到第三章的問題，就是歐洲人和美洲土著的衝突。回顧過去一萬三千年這兩大洲的歷史，可以幫助我們看清楚：歐洲人征服美洲，不過是兩條漫長的歷史軌跡，毫無交集的發展結果。這兩條軌跡的差異，反映在這兩大洲各方面的比較上：馴化動植物、病菌、定居的年代、軸線的走向和生態障礙等。

最後，亞撒哈拉非洲的歷史（第十九章），和新世界的既神似、又相異。歐洲人與非洲土著的接觸，可說是歐洲人與美洲土著接觸的翻版。但即使是同樣的近因，非洲和美洲的情況也有差異。結果是，歐洲人沒有在非洲亞撒哈拉建立大片的或長久的殖民地，只有南非是例外。比較有長遠影響的，是非洲境內大規模的族群代換——班圖族擴張（Bantu expansion）。其實，這個戲碼一再在各地上演，卡哈馬卡（Cajamarca）、東亞、太平洋諸島嶼、澳洲和新幾內亞。班圖族擴張也是同樣的因素促成的。

本書成功的解釋了過去一萬三千年來的世界史嗎？我並沒有幻想。即使我們真的了解所有的答案，也不可能只用一本書完整的鋪陳出來。何況我們還不了解。本書鋪陳了幾組環境因素，為亞力的問題提供了大部分答案。然而，找出那些因素，是為了彰顯我們沒有把握的部分，若要釐清，還有待未來的努力。

結語〈人類史是歷史科學〉，從那些尚無解答的部分，舉出幾點提醒讀者。例如歐亞大陸的內部差異、與環境無關的文化因素，以及個人的角色。或許尚未解決的問題中最困難的，是把人類史建構成一門歷史科學，和其他的歷史科學比肩，如演化生物學、地質學和氣候學。研究人類歷史的確會遭遇困難，但是已經成立的歷史科學也會遭逢同樣的挑戰。因此，那些領域發展出來的方法，或許在人類史研究裡可以派上用場。

無論如何，我希望能說服讀者：歷史絕對不只是一個又一個的事實。人類歷史的確有普遍的模式，解釋那些模式的努力，不僅能生產慧見，也是個令人著迷的事業。

PART 1

從伊甸園到印加帝國

CHAPTER

1

人類社會的起跑線

比較各大洲的歷史發展，公元前一萬一千年左右[1]是個合適的起點。這時，村落生活剛開始出現，已有確實的證據顯示美洲已有人類定居，更新世（Pleistocene Era）和最後的冰期結束了，地質學家所說的全新世（Recent Era）開始了。而且，不到幾千年的光景，人類已開始在世界上某一地區栽種作物、豢養牲畜。從那時起，某些大洲的族群是

1 本書所提及的年代，只要在一萬五千年之內，一律使用校正過的碳十四年代，關於碳十四年代測定的校正與未校正的差別，將會在第五章說明。校正過的碳十四年代被認為更接近實際年代。比較熟悉未校正年代的讀者，有時可能會覺得本書所提及的年代過於古老，那是因為我採用了校正過的碳十四年代的緣故。舉例來說，北美洲的克洛維斯遺址，一般被報導屬於公元前九千年（距今約一萬一千年），但我採用的報導年代則是校正後的公元前一萬一千年（距今約一萬三千年）。

否已經領先其他大洲的族群？他們是否已佔有明顯的優勢？

果真如此，當時的領先經過一萬三千年的放大，就是亞力的問題的答案。因此本章要帶讀者作一趟人類歷史的旋風之旅，話說從頭，得從幾百萬年前人類起源說起，直到一萬三千年前。我們要用二十頁的篇幅濃縮那麼長的歷史，不得不省略細節，重點放在與本書主題相關的歷史趨勢上。

現在世上人類最親近的親戚，就是三種非洲大猿：大猩猩（gorilla）、黑猩猩（chimpanzee）和倭黑猩猩（pygmy chimpanzee，或稱巴諾布猿〔bonobo〕）。由於牠們只生活在非洲，那裡又出土了豐富的化石證據，學者推測人類演化的早期階段是在非洲進行的。人類的歷史大約在七百萬年前開始（學者的估計在五百萬至九百萬年之間），那時有一群非洲猿分化成好幾個族群，其中一支演化成現代的大猩猩，一支演化成兩種黑猩猩，第三支演化成人類。而從演化的時期來看，大猩猩這一支分化得稍微早一些。

化石顯示我們的直接祖系，在四百萬年前已經是直立的了，到了兩百五十萬年前，身體和腦容量都增大了。那些原始人類就是大家知道的非洲南猿（Australopithecus africanus）、巧人（Homo habilis）和直立人（Homo erectus），學者相信他們彼此間有演化親緣關係。雖然一百七十萬年前出現的直立人，體型已相當接近現代人，但腦容量卻不到現代人的一半。石器在二百五十萬年前已很普遍，不過都是非常粗糙的石片器或砍砸器。從動物學來說，直立人當然已經不是猿了，但與現代人還差得遠。

人類從七百萬年起，大約在非洲生活了五、六百萬年，然後才走出非洲，逐漸散布到全球。（圖1.1）第一個走出非洲的人類祖先是直立人，第一個直立人化石就是在印尼爪哇發現的「爪哇人」（Java man）。過去學者推斷爪哇人的生活年代不會超過一百萬年前，現在以新的測年法得到的數字是一百八十萬年前。對新的年代學者仍有爭議（嚴格來說，Homo erectus是用來稱呼這些爪哇人化石，非洲的直立人化石或許也該有不同的稱法）。目前人類在歐洲最早的活動遺跡，是五十萬年前留下的，不過有學者指出還有更早的。我們相信人類進駐亞洲與歐洲的時間不會相隔太久，因為歐洲、亞洲位於同一塊大陸上，其間並無難以踰越的障礙。

人類何時進入歐洲這個問題，呈現了一個會不斷在本書出現的議題：每次有某位科學家宣布發現了「最早的X」，不管這個X是歐洲最早的人類化石、墨西哥種植玉米最早的證據，或是任何地方的任何東西，都會刺激其他科學家去尋找更早的X。就實情而言，所有「最早的X」主張中，必然只有一個是對的，其他都是錯的。不過學術史的常態卻是：每一個「最早的X」宣布了之後，幾乎每一年都會有人報告發現了更早的X。考古學家通常要花幾十年才能達成共識。

大約在五十萬年前，人類的形態發生了新的變化，開始與直立人有分別，他們的顱骨較大、較圓，曲線柔和。五十萬年前的非洲人和歐洲人，頭骨已和我們相當似近，所以學者不再稱他們為直立人，而將他們歸入智人（Homo sapiens）。這種區別當然是武斷

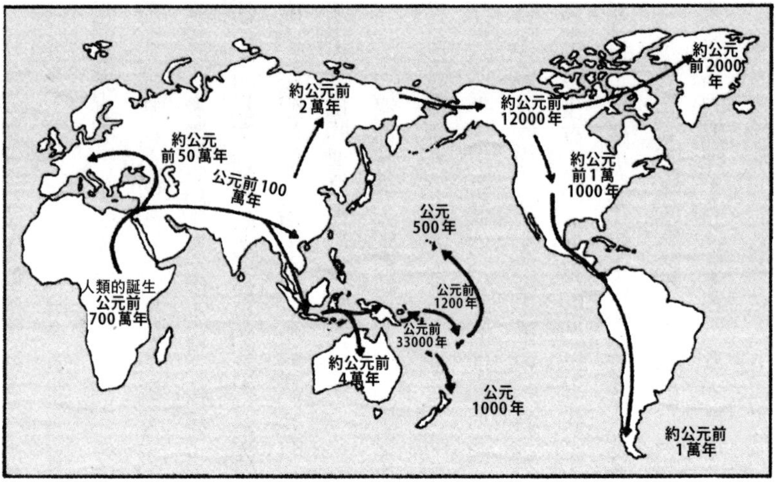

圖 1.1　人類在全世界的擴展

的，因為智人是從直立人演化出來的。不過，早期智人頭骨的形態細節仍和我們不同，大腦容積也比我們小得多，他們的工具和行為更和我們大相逕庭。二十世紀的石器時代族群，例如亞力的祖先，見到五十萬年前的石器，一定會嗤之粗糙。早期智人的文化業績中，唯一重要的新玩意，就是火的利用，目前已有明確的證據。

然而早期智人留給我們的，只有他們的遺骨與粗糙的石器，沒有藝術品、沒有骨器或其他的遺跡。那時，澳洲還沒有人跡。原因很簡單，東南亞的人得乘船才能到那兒。美洲也沒有人跡，那得等到西伯利亞有人煙之後，或許那些人還得懂得造船。（今天西伯利亞與阿拉斯加之間的白令海峽〔Bering Strait〕在冰河時代由於海面的升降，有時是海峽，有時則是寬廣的洲際陸橋。）然而，不論是造船或是生活在天寒地凍的西伯利亞都不是早期智人做得到的。

五十萬年前之後，非洲、歐亞大陸西部、和東亞的人類開始分化，表現在解剖學的細節上。十三萬年前到四萬年前居住在歐洲和西亞的人類，留下了許多化石骨架，就是尼安德塔人（Neanderthals），也有人主張他們屬於一個物種（Homo neanderthalensis）。雖然許多漫畫都把尼安德塔人描繪成住在洞穴裡的野蠻猿人，他們的腦量已經與我們一樣，而且有明確的證據顯示他們是第一種會埋葬死者、照顧病人的人類。但是他們的石器，比起現代新幾內亞人的磨製石斧，仍顯得粗糙，而且也沒有種類繁多、形制固定、功能分化的工具組。

和尼安德塔人同時代的非洲人類，留下的化石不多，但是形態比起尼安德塔人更近似現代人。東亞的人骨更少，他們看來與非洲人、尼安德塔人都不同。關於當時的生活方式，保存得最完整的證據，是南非遺址出土的石器和動物骨頭。雖然那些十萬年前的非洲人比起尼安德塔人更像我們，製造的石器卻和尼安德塔人一樣粗陋，沒有固定形制，也沒有藝術品。從他們捕獵的動物遺骨判斷，他們的狩獵技術並不出色，專找容易獵殺而且溫馴的動物下手，還沒有幹過獵殺水牛、野豬或是其他猛獸的勾當。他們甚至不會捕魚。他們住在海岸的附近，遺址卻見不到魚骨和魚鉤。他們和尼安德塔人都還不是完全的現代人。

大約五萬年前現代人的歷史終於揭開了序幕，那就是我所謂的「大躍進」時期。第一個表現出大躍進的跡象是東非出土的，有固定形制的石器和第一件裝飾品（鴕鳥蛋殼磨成的串珠）。同樣的發展很快在近東和東南歐出現，然後也發生在西南歐（約四萬年前）。在西南歐生活的完全的現代人——克洛曼儂人（Cro-Magnon）有大量工藝品遺留下來，大躍進以降，從當時的垃圾場中出土的文物急遽的變得越來越有趣，而且我們可以肯定他們無論在生物上，還是行為上，都和我們無異。

克洛曼儂人的垃圾場遺址中除了石器，還有骨器。骨頭很容易就可以改變形狀（例如製成魚鉤），以前的人顯然沒有注意這一點。工具的種類、形制繁多，看來又眼熟，所以我們很容易辨認它們的用途：有針、錐子、雕刀等。除了單件式工具如刮刀，也有複合工具。克洛曼儂人遺址發現的複合武器，有魚叉、射矛器，弓箭等步槍之類的現代武器的前身。那些都是在安全距離之外進行殺戮的有效武器，於是人類得以獵殺犀牛和大象等危險的野獸。而發明了繩索後，就可以結網、搓繩、設陷阱，方便撈魚捕鳥。人的飲食從此才有了山珍海味。房舍與織物證明克洛曼儂人能夠在寒冷的氣候中生活，他們的飾品和精心埋葬的骸骨，代表人類美感和精神層次發生了革命性的發展。

克洛曼儂人製作的器物中，最有名的是美術品：精美的洞穴壁畫、雕像和樂器等，我們仍視為藝術。任何人只要親臨法國西南拉斯科洞窟（Lascaux Cave），目睹壁上尺寸和實際大小相當的野牛、野馬，栩栩如生，必然震懾不已，他立刻就會恍然大悟：那些史前藝術家不只形態和現代人一樣，心靈也一樣。

顯然的，我們的祖先的能力在十萬年前和五萬年前之間，發生了重大變化。大躍進突顯了兩個仍然無解的問題：觸發的原因以及地理位置。至於原因，我在《第三種猩猩》中主張：發聲腔的演化是關鍵。因為發聲腔是人類語言的解剖基礎，而人類的創造力又依賴語言。其他的學者則認為大腦組織的變化才是關鍵，導致了現代語言的可能。

至於地點，大躍進是先發生在某一個地方——某一群人中，他們因而能夠擴張勢力範圍、代換了地球上其他地方的土著？或者好幾個地區都發生了大躍進，現在居住在那些地區的族群，就是當初經歷過大躍進的族群？非洲出土的一個十萬年前的化石，因為形態上非常接近現代人，所以有學者用來支持前者的說法，主張非洲是大躍進的原生地。分子證據（粒線體DNA）起先也解釋成現代人發源於非洲，不過那些分子資料的意義目前仍有爭議。另一方面，中國和印尼出土的一些幾十萬年前的人骨，有些體質人類學家發現了現代中國人和澳洲土著的特徵。果真如此，就會推翻人類源自「伊甸園」的說法，而在好幾個地區平行演化的說法可能就是真的了。然而目前還沒有定論。

「人類起源於一個地區，然後擴散到世界各地」這個理論在歐洲可以找到最堅強的證據。四萬年前，克洛曼儂人來到歐洲，他們形態現代、武器先進，還有其他進步的文化特徵。不到幾千年的光景，已在歐洲生活了幾十萬年的尼安德塔人就消失了，當年他們是歐洲唯一的人類呢。個結果極有可能表示：克洛曼儂人用他們先進的技術、語言能力或腦力，殺害或取代了尼安德塔人——幾乎沒有證據顯示這兩種人曾經混血。

大躍進發生的時候，人類地理也擴張了。人類自從在歐亞大陸殖民以來，那是第一次可以證實的主要地理擴張。仍連成一塊大陸的澳洲和新幾內亞這時有了人跡。許多遺址的碳十四年代在四萬年前和三萬年前之間（當然，還有人報告了更早的年代）。在很短的時間內，人類已經遍布整個大陸，而且適應了那裡多樣的棲境，從新幾內亞的熱帶雨木、高山，乃至澳洲乾燥的內陸和潮溼的東南端。

在冰河期中，由於海水大都結成冰河，世界海域的海平面足足比現在低了上數百公尺。今日亞洲和印度尼西亞，包含蘇門答臘、婆羅洲、爪哇、峇里島之間是淺海，當年就成了陸地（其他較淺的海峽，如白令海峽和英吉利海峽，也是如此）。當時亞洲大陸的東南邊比起現在的位置，要往東一千一百公里左右。不過介於峇里島和澳洲之間的印尼島嶼，仍為深海環繞，深水海峽分隔。從當時的亞洲大陸到澳洲—新幾內亞，得越過至少八個海峽，最寬的海峽少說也有八十公里。大多數那些島嶼隔著海峽都看得見，但從印尼望不見澳洲大陸，即使與澳洲最為接近的帝汶島（Timor）和塔寧巴爾群島（Tanimbar）也望不見。因此，人類殖民澳洲—新幾內亞是劃時代的事件，因為到達那裡非得有船隻不可，所以那是人類歷史上最早使用船隻的證據。直到三萬年後（即一萬三千年前）世上其他地區才出現了使用船隻的鐵證。

起先，考古學家認為人類殖民澳洲—新幾內亞可能是意外結果：有幾個人乘木筏在印尼某個島嶼的海岸捕魚，結果飄入海中，後來飄流到澳洲。更為離譜的說法是，第一個到澳洲的，是個身懷六甲的年輕婦女，胎兒則是男性。但是相信機遇說的人一定會對近來的發現感到驚訝：就是新幾內亞出現人蹤後，約是三萬五千年前，新幾內亞東邊的島嶼，也有人移居了，包括俾斯麥群島（Bismarck Archipelago）中的新不列顛島（New Britain）、新愛爾蘭島（New Ireland）和所羅門群島（Solomon Archipelago）中的布卡島（Buka）。布卡島縱使是從西邊最接近的島嶼望去也看不見，必須航行一百六十公里才能到達。因此，最早的澳洲人和新幾內亞人或許已經能夠從事那樣的海上航行，而且必定經常出海，才能不斷的無意中造訪從家園望不見的遠方島嶼。

人類殖民澳洲—新幾內亞，除了第一次使用船隻；以及定居歐亞大陸之後第一次地理擴張之外，也可能是人類第一次造成大型動物大規模的滅絕。今天我們都認為非洲大陸是大型哺乳動物的王國。今天的歐亞大陸也有不少大型動物（雖然和東非的塞倫蓋提大草原〔Serengeti Plains〕不能相比），例如亞洲的犀牛、大象和老虎，以及歐洲的麋鹿、熊和（直到古典時期之前）獅子。而今天的澳洲—新幾內亞卻沒有大型哺乳動物，說來，最大的哺乳動物就是四十五公斤重的袋鼠了。但是澳洲—新幾內亞過去有一群獨特的大型哺乳類，種類繁多，包括巨型袋鼠，體型大如母牛，態似犀牛的草食性有袋動物雙門齒獸（diprotodontia），和肉食性有袋類動物。從前還有形似駝鳥、重達一百八十公斤的巨鳥，和大得令人瞠目結舌的爬蟲類，如一噸重的巨蜥蜴、大蟒蛇和陸棲鱷魚。

然而，這些巨獸卻在人類出現之後消失無蹤。這些巨獸滅絕的確切時間雖仍有爭議，但在澳洲有幾個綿延了幾萬年的考古遺址，出土過鉅量的動物遺骨，學者仔細的考察過所有證據後，卻找不到這些巨獸的遺跡；近三萬五千年來，牠們完全沒有留下任何蛛絲馬跡。因此，這些巨獸或許在人類登陸澳洲不久後，就滅絕了。

這麼多大型物種幾乎同時滅絕，引起一個明顯的問題：原因是什麼？一個明顯的可能答案是：第一批到此殖民的人類直接殺死或間接消滅了牠們。因為在人類到達以前，那些動物在澳洲—新幾內亞已經演化了好幾百萬年。我們知道加拉巴哥群島（Galapagos）和南極的鳥類、哺乳動物仍然溫馴得無可救藥，因為牠們在沒有人類的環境中演化，見到人類也是最近的事。要不是保育人士的努力，牠們可能早就滅種了。其他新近發現的島嶼，若沒有迅速採取保育措施，的確發生過滅絕的事例。模里西斯島（Mauritius）上的度度鳥（dodo）就是一例——牠已經成為代表動物絕種的符號。現在我們知道，打從史前時代開始，海洋島嶼一但有人類殖民，島上動物就會遭劫，例如紐西蘭的恐鳥（moa）、馬達加斯加（Madagascar）的巨型狐猴（giant lemur）和夏威夷一種不能飛翔的巨型野鵝。度度鳥和海島海豹遇上現代人根本不知走避，等到刀斧加身，已經晚了；史前人類殺戮那些恐鳥和大狐猴，大概也是那麼容易。

因此，有學者推測，澳洲—新幾內亞的巨獸，可能在四萬年前遭到同樣的命運。相形之下，非洲和歐亞大陸上大型哺乳動物大多至今猶存，因為牠們和人類的祖先共同演化了幾十萬年甚至幾百萬年，有充分的時間演化出對人類「敬而遠之」的本能。再說，我們的祖先當年是菜鳥獵人，沒有什麼驚人的業藝，狩獵技巧花了很長的時間才改進的。而對度度鳥、恐鳥，或許還有澳洲—新幾內亞的巨獸來說，技術精良的獵人像是從天而降，根本沒時間做演化準備，只好含恨九泉。

然而，就澳洲—新幾內亞巨獸而言，這個「過度殺戮」假設不是沒有人質疑。有些學者強調，沒有人仔細研究過那些巨獸的化石，提出牠們給人類獵殺的證據，甚至沒有人能證明牠們曾與人類同時生活在那裡。支持過度殺戮假設的人也加以反駁：若滅絕發生的十分迅速，而且是在很久以前，比方說四萬年前，那麼找到殺戮遺址的機率是很低的。反方則提出另一個假說回應：或許是氣候變遷造成那場滅絕的，澳洲大陸本來就是個長期乾旱的地方，要是發生了嚴重的旱災，無異雪上加霜，辯論仍在持續。

我認為，澳洲大陸的巨獸已經領教過幾千萬年的乾旱歷史，牠們會突然間幾乎同時拒絕奮鬥下去，而且特別挑在人類剛好到達澳洲的時候，短時間內（若以百萬年的時間尺度來看，數千年可算是短時間）撒手而去，實在教人莫名其妙。而且不只澳洲中部乾燥地帶的巨獸滅絕了，潮溼的新幾內亞和澳洲東南部也發生了同樣的慘劇。澳洲—新幾內亞上每一個生物棲境中的巨獸都滅絕了，從沙漠到寒帶雨林和熱帶雨林，無一例外。因此，我認為人類導致巨獸滅絕是極有可能的，途徑有二：直接的——將牠們宰來吃，間接的——人類破壞了牠們的棲境。但是，過度殺戮假說也好，氣候假說也好，不管那個正確，我們要討論的是：巨獸在澳洲—新幾內亞滅絕後對人類往後歷史的影響。巨獸滅絕後，人類就沒有馴化動物當牲口的機會了，因此澳洲和新幾內亞的土著沒有土產牲口。

澳洲—新幾內亞一直到大躍進之時才有人類繁息。人類勢力的另一次擴張，緊跟其後，就是人類定居歐亞大陸最嚴寒的地帶。雖然生活在冰河時期的尼安德塔人已相當適應寒冷的天候，他們在北方的分布卻從未超越德國和基輔（Kiev）以北。這點不足為奇，因為尼安德塔人顯然沒有針線，不會縫製衣服，也沒有溫暖的房屋等可以在嚴寒地帶生存的技術。擁有那種技術的是現代人，他們約在二萬年前到達西伯利亞（當然，有人主張更早的年代）。那一次擴張也許導致了歐亞大陸長毛象和毛犀（woolly rhinoceros）的滅絕。

人類移民澳洲—新幾內亞後，地球上五個可居住的大洲就有三個有人定居了。（在本書中，我將歐洲與亞洲當作一個整體，我也略過南極洲不提，因為人類直到十九世紀才抵達那裡，而且現在還沒有自給自足的居民。）另外兩個則是北美洲和南美洲。人類最後才到達那裡定居，理由很清楚：美洲與舊世界隔著大洋，要得有船橫渡大洋（在印度尼西亞有證據顯示四萬年前已有船運，歐洲則晚得多），否則得先據有西伯利亞（約兩萬年前完成），再通過白令陸橋到達美洲。

不過，人類什麼時候開始殖民美洲卻不清楚，只知道是在三萬五千年前和一萬四千年前之間。美洲最早的人類遺址，最確定的是公元前一萬二千年在阿拉斯加留下的，然後在公元前一萬一千年（冰期結束）前的幾個世紀，加拿大以南的美國和墨西哥都出現了人跡。墨西哥發現的，就是克洛維斯遺址（Clovis site），這類遺址以美國新墨西哥州克洛維斯城發現的為代表。克洛維斯文化的典型大型石矛頭也是首先在克洛維斯發現。在美國、墨西哥已經發現了數百個克洛維斯遺址，分布遍及美國西部及南部四十八州直到墨西哥的廣大區域。然後南美洲亞馬遜河流域（Amazonia）及南部的巴塔哥尼亞地區（Patagonia）都出現了人跡。這些事實可以解釋成：克洛維斯人是第一個到美洲殖民的族群，他們很快的繁衍、擴張、佔據了北美、南美兩洲。

克洛維斯人的族裔，從美加邊界推進到一萬二千八百公里以南的巴塔哥尼亞，花了不到一千年的時間，或許有人會覺得不可思議。然而，平均起來那不過等於一年大約只推進了十三公里。對狩獵—採集族群而言，那實在算不了什麼，他們平常四處覓食，也許一天就會走上十三公里。

顯然人類進入美洲後人口增長得很快，所以才必須不斷向南推進，這個現象或許有人感到驚異。但是，若我們好好計算一下實際的數字，這個人口成長現象就不足為奇了。如果南北美洲所能容納的狩獵—採集族群，平均每兩百五十九公頃一人（約一平方英里，今日的狩獵—採集族群人口密度遠低於這個數字），那麼整個美洲可以容納一千萬人口。但是，即使第一批移民只有一百人，人口成長率每年以一・一％計算，不到一千年就可以繁衍至一千萬。此外，人口成長速率以一・一％來計算，可說是低估了。人類殖民從無人煙的土地，人口增長率可達三・四％，這是現代史上觀察到的數字，例如英國皇家海軍邦提號（Bounty）發生的「叛艦喋血記」——叛變者和他們的大溪地女人逃往皮特凱恩群島（Pitcairn）墾殖，就創造了這樣的紀錄。

克洛維斯人在美洲頭幾個世紀的擴張，和毛利人（Maori）在紐西蘭的擴張類似。現代人類在歐洲擴張的初期，以及人類在澳洲—新幾內亞的殖民初期也有同樣的現象，都有豐富的考古證據可以覆按。這些發生在更早的事件也都有明證。因此克洛維斯人在美洲留下的遺址，和後來人類到從無人跡的地方拓殖的明確例子，可以互相印證。

克洛維斯人公元前一萬一千年前在美洲急速的散布開來的意義是什麼？為什麼不是公元前一萬六千年或公元前二萬一千年？還記得西伯利亞永遠是冰天雪地吧，在冰河時期，整個加拿大都被冰蓋所佔據，無法通行。而應付嚴寒氣候的本領，要等到四萬年前現代人佔據歐洲後才發展出來，兩萬年後人類才定居西伯利亞。最後，那些西伯利亞早期居民到了阿拉斯加，他們或者坐船橫渡白令海峽（今日寬約八十公里），或者在冰期中白令海峽是乾地的時候步行通過。冰期中，寬達一千六百公里的白令陸橋反覆浮沈，每次陸橋存在可達千年，對於習於嚴寒氣候的人而言，穿越凍原不是難事。公元前一萬四千年左右，海平面上升，海峽又形成了。不管當年西伯利亞人用什麼方式到達阿拉斯加，步行也好，划船也好，阿拉斯加最早的人跡，出現在公元前一萬兩千年。不久，佔據加拿大的冰蓋有部分消融，出現了一道南北向的走廊，讓阿拉斯加最早的居民得以通過，來到北美大平原，就是現在加拿大西南的艾德蒙吞（Edmonton）附近。對現代人而言，阿拉斯加和巴塔哥尼亞之間最嚴重的障礙就此消失。最先來到艾德蒙吞的人會發現這個大平原到處都是獵物。他們會在那裡繁衍，人口增長，逐漸向南擴展，最後佔領整個美洲。

克洛維斯人是第一批在加拿大冰蓋以南地區拓墾的人類，因為克洛維斯現象的另一個特徵與這個推論符合。美洲和澳洲—新幾內亞一樣，本來有許多大型哺乳動棲息。大約在一萬五千年前，美國西部簡直和今天的東非塞倫蓋提大草原沒有什麼兩樣：成群的大象和馬，附近有獅子和獵豹，此外還有一些奇異的物種，例如駱駝和巨大的地懶（ground sloth）。就像澳洲—新幾內亞大型哺乳動物的命運一樣，美洲大多數大型哺乳動物也滅絕了。澳洲的大滅絕或許在三萬年前之前就發生了，美洲的則發生在一萬七千年前至一萬二千年前之間。在美洲滅絕的哺乳動物中，那些留下大量化石可供精確定年的物種，滅絕的年代都在西元前一萬一千年左右。其中兩種有最可信的數據的，也許就是大峽谷區的沙斯塔地懶（Shasta ground sloth）和哈靈頓山羊（Harrington's mountain goat），牠們是在西元前一萬一千年前後一、兩百年內滅絕的。不管是不是巧合，雖然兩者的年代有些差距，但是是在實驗誤差範圍之內，克洛維斯獵人剛好是這時到達大峽谷一帶。

考古家在許多長毛象的骨骼化石中發現了克洛維斯矛頭，位置正好在肋骨之間，因此前面提到的年代也許不是巧合。狩獵部落在美洲不斷向南推進，遇到從未見過人類的大型哺乳動物，兩三下就把那些巨獸解決了，最後可能消滅了牠們。有人提出另一個不同的理論，主張美洲大型哺乳動物的消失，和冰期結束時的氣候變遷有關，那也是在西元前一萬一千年發生的。

我認為，這個氣候理論引發的問題，我們在澳洲—新幾內亞的例子裡已經談過了：美洲的大型哺乳動物既然已經熬過了二十二個冰期，為何牠們大部分都栽在第二十三次上？而正巧看來無害的人類那時出現了？此外，其中包括所有棲境中的物種，事實上冰期結束後有些棲境消、有些棲境長。因此我懷疑克洛維斯獵人必須負責，但目前辯論還不會結束。不管那個理論接近真相，那些大型哺乳動物消失了之後，美洲土著可以馴養的物種就大大的減少了。

另一個還未解決的問題是：克洛維斯獵人是否是美洲最早的居民？前面提到過，任何一個「最早」的主張都會引出更早的主張，許多人宣布在美洲發現了克洛維斯獵人之前的人類遺跡。每一年都有幾個這樣的發現，起先看來可信。然而隨之而來的，是無可避免的詮釋問題。例如，那些遺址中的石器真是人類打造的嗎？還是天然的？發表的碳十四年代是正確的嗎？碳十四年代測定法事實上有許多技術困難。假使年代無誤，那用以測定年代的標本和人工製品的關係怎麼樣呢？會不會一塊一萬五千年前的木炭，掉落到一堆只有九千年歷史的石器旁呢？

讓我舉個典型的例子來說明吧。為了說明這個問題，且看一個宣稱比克洛維斯更早且常被引用的實例。在巴西一個叫做佩德羅．富拉達（Pedro Furada）的岩蔭，考古家在岩洞壁上發現了確實出於人類之手的壁畫。他們也注意到懸崖底下有成堆的石頭，有些形狀似乎類似原始的工具。此外，他們還找到幾個「灶」的遺跡，其中發現的木炭以碳十四測年法得到的年代是三萬五千年前。報導佩德羅．富拉達遺址的報告，發表在地位崇高的國際科學期刊《自然》（*Nature*）雜誌上。

但是，懸崖底下的那些石頭並不像是明顯的人工製品，而克洛維斯人的矛頭或克洛曼儂人的工具一眼就可以看出是人工製作的。若在幾萬年間，從高高的懸崖上落下過幾萬塊石頭，先來後到的石頭相互碰撞後，有的會有剝削、破裂的痕跡，類似粗糙的石器，不足為奇。在西歐或亞馬遜的其他地方，考古學家利用碳十四年代測定壁畫顏料的年代。但佩德羅．富拉達的考古學家卻沒有做。此外，佩德羅．富拉達附近偶爾發生森林火災，事後木炭不免會給風或溪流帶入洞穴中。沒有證據將壁畫和那高齡三萬五千年的木炭聯繫起來。雖然最先探勘這個遺址的人深信其間有關連，一批當時未參加挖掘的考古學家，最近到遺址訪問，他們傾向於相信克洛維斯人之前還有更早的人類在美洲生活，但是卻不認為佩德羅・富拉達就是證據。

在北美洲，據說是克洛維斯人到達之前的人類遺址中，最可信的是賓州的曼德克夫特（Meadowcroft）岩蔭。據報導，其中的人類遺址碳十四年代為一萬六千年前。沒有考古學家否認那裡發掘出的一些人工製品貨真價實，而且發掘工作毫無瑕疵。但是那個「最早的年代」卻毫無道理，因為遺址中與人工製品一起其出土的動植物，都是比較近代的，而不是冰期中的類型。因此我們不得不懷疑：這些從古老地層出土的碳標本，雖然碳化的年代在克洛維斯之後，但可能原本就包含了更早的年代碳化的物質。在南美洲，最有可能證實是「前克洛維斯」時期的遺址，是在智利之南的蒙特・威第遺址（Monte Verde），碳十四年代至少在一萬五千年前。許多考古學家似乎都認為可信，但是基於前車之鑑，還是小心一點的好。

若在克洛維斯人之前美洲已有人跡，為何難以證明他們的存在？考古學家在美洲已挖掘出幾百個遺址，介於公元前二千年和一萬一千年之間，包括北美洲西部的幾十個克洛維斯遺址、阿帕拉契山的岩蔭和在加州海岸的遺址。許多遺址學者在明確的人類遺跡層之下，繼續挖掘，結果只找到動物遺跡或化石，但是沒有人跡。美洲「前克洛維斯」假說的弱點，與歐洲現代智人最早的遺跡成為強烈的對比——歐洲有數百個公元前一萬一千年之前的遺址，也就是早於克洛維斯人的遺址。對比更強烈的例子來自澳洲—新幾內亞。那裡考古學家的數目大概不到美國的十分之一，卻發現了一百多個明確的「前克洛維斯」遺址，散布於澳洲全境。

早期的人類不可能搭乘直昇機從阿拉斯加飛往曼德克夫特或蒙特．威第，他們應該會在沿途留下一些蛛絲馬跡。支持「前克洛維斯」假說的人，等於主張：「前克洛維斯」時期的族群在幾千年甚或幾萬年間，為了某種或某些不可考的原因人口一直稀疏得很。不然不會留下那麼少的考古遺跡。我覺得那樣的主張難以成立，我寧願相信蒙特．維第或曼德克夫特的發現日後會重新解釋，就像其他的「前克洛維斯」遺址一樣。我覺得美洲真有比克洛維斯人更早的人類生活的話，早該找到明顯的證據了，哪裡會到今天還必須費詞辯論。無論如何，對這個問題，考古界仍未出現定論。

不管最後那一個假說成立，都不會影響我們對美洲史前史後期的了解。要嘛人類在西元前一萬一千年到達美洲，然後很快的布滿了各地。要嘛人類早就來了（大多數支持「前克洛維斯」假說的人主張一萬五千年前到兩萬年前之間，也有人主張三萬年前，幾乎沒有人主張更早的年代），可是那些「前克洛維斯」族群似乎人口稀薄，對美洲沒有發生什麼影響，直到西元前一萬一千年。無論何者為真，在可供人類居住的五個大洲中，南、北美洲的人類史前史都是最短暫的。

美洲有人類定居之後，地球上大多數人類可以居住的地方都有人類了，只剩下一些海島。直到現代那些海島才全部變成人類的居所：地中海中的島嶼如克里特（Crete）、賽普勒斯（Cyprus）、科西嘉（Corsica）和薩丁尼亞（Sardinia）皆在公元前八千五百年至四千年之間；加勒比海的島嶼公元前四千年開始；玻里尼西亞（Polynesia）和密克羅尼西亞（Micronesia）則在公元前一千二百年和公元一千年之間；馬達加斯加在公元三百年至八百年之間，而愛爾蘭則在公元第九世紀。美洲土著約在公元前二千到達北極寒地，他們或許為現代因紐特人（Inuit）的祖先。歐洲探險者在過去七百年間所能探訪的無人地帶，只剩大西洋、印度洋中的偏遠島嶼（如亞述群島〔Azores〕和塞席爾群島〔Seychelles〕），以及南極大陸。

人類定居各大洲的時間，先後有別，對後來的歷史發展有什麼影響嗎？假設有位考古學家經由時光隧道回到公元前一萬一千年，他環遊世界之後，是否能推測哪個大洲上的社會能首先發展出槍炮、病菌與鋼鐵？各大洲發展出槍炮、病菌與鋼鐵的順序是什麼？要是能的話，他就能預測今日世界的面貌了。

這位考古學家或許會認為起步優勢很重要，那麼非洲就遙遙領先其他洲了：人類在非洲至少有五百萬年的演化史。此外，假如現代智人十萬年前在非洲演化出現，然後移民到其他各洲，那麼其他各洲過去累積的優勢不論有多大，都不再重要。非洲毫無疑問的領先群倫。再者，人類遺傳歧異以非洲最高；或許人群中的個別差異越高，創作的東西花樣越多。

但是，我們的考古家接著可能會思索一個問題：就本書所探討的問題而言，究竟什麼才是所謂的「起步優勢」？切記，不可招泥於字面的意義，我們討論的並不是賽跑。若「起步優勢」指的是人群布滿整個大洲所需要的時間，那個時間相當的短。以美洲為例，從初臨斯土的開荒族群，到各地都布滿了人，不到一千年就辦到了。但假如「起步優勢」是指適應當地環境所需時間，我承認比較極端的環境要花比較多的時間，如北極寒地，美洲其他地區布滿了人之後，得再花九千年。但大部分其他地區人類都能很快的適應與開發，對現代智人不構成問題。例如毛利人的祖先登陸紐西蘭之後，不到一百年就找到了所有有價值的石頭資源；再花了短短幾個世紀，即使是世界上最惡劣的地形上的恐鳥，都被殺戮殆盡；也不過幾個世紀，已分化出各種不同的社會，有海岸地帶的狩獵—採集族群，也有農業社會。

我們的考古家因此在端詳了美洲後，可能會得到一個結論：儘管非洲起步得很早，但是最早的美洲土著最多只要一千年，就能趕上非洲土著。此後，美洲的廣大面積（比非洲大五〇％），較大的環境歧異，會讓美洲土著擁有領先優勢。

然後這位考古學家可能會轉向歐亞大陸，開始推論：歐亞大陸是世界上最大的陸塊。除了非洲，沒有其他的大洲有那麼悠久的人類歷史。歐亞大陸一百萬年前才開始有人居住。非洲領先的那幾百萬年可能毫無價值，因為那時人還處於原始的演化階段。接著，我們的考古學家眼光落到一萬二千年和二萬年前之間的西南歐，那裡的舊石器時代晚期文化非常發達、大放異彩，尤其是那有名的藝術品和複雜的工具。他也許會懷疑：歐亞大陸已經佔了起步優勢，取得先機，至少有一個區域是如此。

最後，他目光投向澳洲—新幾內亞。首先注意到的是這裡面積不大（這是最小的大洲），而且面積有很大的比例是沙漠，人類在那裡不容易生活。他也注意到這塊大陸的孤立，和人類很晚才到達此地定居（比非洲和歐亞大陸都晚）。因此，我們的考古學家可能會預測：這個地方恐怕會發展得很慢。

但是不要忘了澳洲人和新幾內亞人可是世界上最早發展出水運工具的族群。他們創作洞穴壁畫，和歐洲克洛曼儂人大約同時。肯頓（Jonathan Kingdon）和弗蘭諾瑞（Tim Flannery）指出，人類從亞洲陸棚上的島嶼到澳洲—新幾內亞殖民，必須先適應印尼中部島嶼上的新環境——世界上最富於海洋資源的海岸、珊瑚礁和紅樹林組成的迷宮。殖民者往東渡過海峽踏上另一個島嶼，適應了之後，布滿了全島，再轉向下一個島嶼。這種人口膨脹、移民擴張的人類地理學現象，史無前例。也許這種殖民、適應和人口爆炸的周期為大躍進鋪了路，大躍進在這裡發生後，再西向傳回歐亞大陸、非洲。如果這個情節是真的，那麼澳洲—新幾內亞當然享有鉅額的起步優勢，那優勢在大躍進之後能繼續推進當地人類發展。

因此，在公元前一萬一千年的時候，實在難以預言哪個大洲的人類社會會發展得最快，幾乎每個大洲都有潛力。以後見之明，我們當然知道歐亞大陸跑了第一。然而真正的理由卻不是我們的考古學家想像的那麼理所當然。本書以下的篇幅要探討的，就是那些真正的理由。

CHAPTER 2

歷史的自然實驗

紐西蘭東方八百公里的查坦群島（Chatham）本有一批莫里奧里人（Moriori）。這群莫里奧里人遺世獨立，過了好幾個世紀自給自足的天堂歲月。一八三五年十二月，恬靜平和的生活突然變色，飄來陣陣腥風血雨。這個悲劇的開始是在前一個月：十一月十九日，五百個毛利人帶著槍枝、棍棒、斧頭乘船而來。十二月五日，又有四百個毛利人來到。這些毛利人成群結隊走過一個個莫里奧里部落，告訴當地人：「乖乖束手就擒，當我們的奴隸吧！若有不從，格殺勿論！」起先，莫里奧里人團結抵禦，與毛利人勢均力敵之時偶爾還能取勝。然而，生性愛好和平的莫里奧里人開會決定不再反擊，打算以和平、友誼和共享自然資源作為和解的條件。

就在莫里奧里人提議和解前，毛利人已大開殺戒，不出數日，宰了好幾百個莫里奧里人，烹其肉，喝其血，活口則收編為奴隸，隨興所至，愛殺就殺。不到幾年，莫里奧里人幾乎被屠殺光了。劫後餘生者心有餘悸地說：「毛利人把我們當畜牲宰割。我們嚇得逃到樹叢中，躲在地洞裡，但還是一一被揪出來殺掉，男女老少，無一倖免。」毛利人為自己的行為辯解道：「這些人就是我們的財產。根據我們的習俗，就是該通通抓起來，沒有例外。逃走的，抓一個殺一個，沒逃的，我們高興殺就殺。這就是本族的習俗。」

我們可以想見莫里奧里人和毛利人發生衝突的下場。莫里奧里人是一小撮隔離的狩獵—採集族群，科技與武器極其原始，對於戰事一無所知，更別提強而有力的領導和組織。打從紐西蘭北島而來的毛利人卻屬於人口稠密的農業社會，饒勇善戰，科技和武器先進多了，且在強勢領導人的指導下行事，可見實力懸殊，莫里奧里人自然招架不住，沒有第二種可能。

然而，莫里奧里人的悲劇並非現代的專利，從遠古就開始上演了：強者憑恃著優勢的武器、工具征服手無寸鐵的弱者。毛利人與莫里奧里的衝突更教人心痛的是，這還是一場骨肉相殘的真實故事。他們本是同氣連枝的兄弟，不到一千年以前，還是難分你我的玻里尼西亞人。

現代毛利人是公元一千年在紐西蘭殖民的玻里尼西亞農民後裔。在那不久，還有一群毛利人跑到查坦島上開創自己的天地，是為莫里奧里人。在幾百年內，這兩個族群分別往不同的方向演化：北島的毛利人比較進步、複雜，而莫里奧里人無論在科技和政治組織都停留在原始階段；莫里奧里人回復到以前的狩獵—採集生涯，而北島的毛利人則更上一層樓，轉往精密農耕。

這種背道而馳已註定日後的命運。如果我們能了解這兩種島嶼社群的發展差異，或許可以得到一個參考模式來理解各大洲的不同，以及隨之而生的問題。

莫里奧里人和毛利人的歷史構成一個小型、為時不長的自然實驗，我們可藉此了解環境對人類社會的影響。如果你是在實驗室研究老鼠的科學家，可以把在一地繁殖的老鼠分開若干組，放到不同環境的籠子裡，等牠們繁衍幾代後再回來查看結果。當然，這種具有一定目的的實驗無法在人類社會中實行。所以科學家不得不採行自然實驗來看過去的類似事件。

我們到太平洋上的玻里尼西亞殖民地一看，實驗結果就在這裡：這些散布在新幾內亞和美拉尼西亞（Melanesia）以北的島嶼總共有好幾千個，面積、偏遠的程度、地勢高低、氣候、生產力、地理和生物上的資源都不同（圖2.1）。這些島嶼在造船技術發明之後才有人煙，因此這段時間只佔人類歷史的一小段。大約在公元前一千二百年，有一群人從新幾內亞北方的俾斯麥群島出航，最後發現了幾個島嶼。這些人除了航海，還會耕作和捕魚。在接下來的幾個世紀，他們的子孫幾乎踏上了每一個可供人居住的島嶼。整個殖民過程約完成於公元五百年，最後幾個漏網之魚在公元一千年後也有人上岸定居。

因此，就在短暫的現代，這個變化萬千的島嶼環境布滿了住民。他們都來自同一個族群，源於同一個祖先，接受同一種文化的薰陶，語言、科技、作物和家畜也都大同小異。因此，玻里尼西亞的歷史可作為一種自然實驗的模式，讓我們得以用比較單純的角度來研究人類在世界其他地區的適應問題。

在一個中型實驗裡，莫里奧里人的命運又是其中的小型實驗。我們可追本溯源，研究在查坦群島和紐西蘭兩地環境對人類社群的影響。毛利人的祖先來到查坦群島之初還是農人，但他們帶來的熱帶作物無法在寒冷的查坦生長，不得不回到狩獵—採集的生活形態。這些狩獵—採集族群無法生產多餘的作物，更談不上重新分配或儲藏以供養不事生產的專家，如工具發明家、軍隊、官僚和首領。他們的獵物有海豹、海鳥、蝦、蟹、螺、貝、魚等，可用手或棒棍等簡單工具捕獲。此外，查坦群島都相當小，而且偏遠，可以維持總數約二千的狩獵—採集人口生計。在別無選擇的情況下，莫里奧里人只好繼續留在查坦，大家共存共榮，不輕易刀戈相向。為了減輕人口過多的壓力，他們的做法是閹割男嬰。結果成就了一個小型、和平的原始社會，科技和武器粗略，也沒什麼導領和組織。

相形之下，和暖的紐西蘭北島（也是玻里尼西亞群島的最大島）非常適合玻者尼西亞的農業。紐西蘭的毛利人因而人口激增，很快就達到飽和，直逼十萬大關。在地狹人

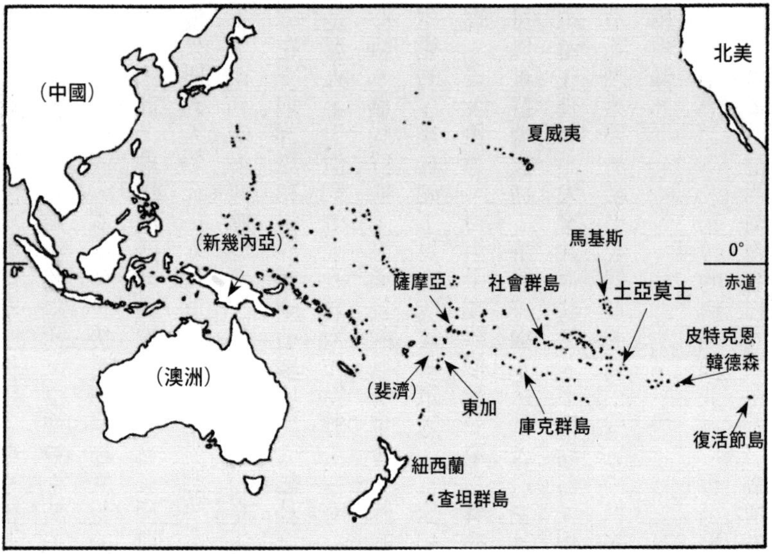

圖 2.1　玻里尼西亞諸島（括號中的區域不屬於玻里尼西亞）

稠的情況下，與鄰近地區常發生激烈爭戰。由於栽種的作物數量可觀，可以囤積，因而可養活一批工具製造專家、首領和兼差的士兵。為了需要，他們設計出各種工具，應用於農作、戰爭，甚至藝術。他們還蓋了一座座的禮堂和為數不少的堡壘。

因此，莫里奧里人和毛利人雖然同根生，卻背道而馳，漸行漸遠，到最後完全不知道彼此的存在，五百年後才又碰頭。這麼一天終於來到：澳洲的獵海豹船在前往紐西蘭的路上發現了查坦群島，也把這個訊息帶給紐西蘭的毛利人：「那兒海產豐富，湖裡的鰻魚比比皆是，陸地則是卡拉卡莓（karaka berry）之鄉。居民不少，不知打鬥，且手無寸鐵。」這個消息馬上使得九百毛利人蠢蠢欲動，組隊航向查坦。結局清楚顯現：環境在短暫的期間內對經濟、科技、政治組織和戰鬥技術造成的影響。

正如所述，毛利人和莫里奧里人的衝突代表一個中型實驗中的小型實驗。我們能從玻里尼西亞群島得知多少環境對人類社群的影響？這些社群之間差異哪些需要注解？

和紐西蘭以及查坦群島相比，玻里尼西亞整體環境變異頗大，就整個玻里尼西亞住民的生存模式而言，從查坦群島上的狩獵—採集部落，到刀耕火種的農人，乃至人口稠密區的精密農作都有。玻里尼西亞農人也致力各種家禽家畜的豢養，如狗、豬和雞。他們組織工程隊，建造大規模的灌溉系統以利農事，並用大池塘做水產養殖。大抵而言，玻里尼西亞社群的經濟單位是可自給自足的家庭，有些群島還有餘力支援工具製造專家。在社會組織方面，玻里尼西亞的社會從人人平等的村落社群到階級嚴明的社群一應俱全。後者有首領和平民等階級，講求門當戶對。就政治組織而言，有獨立的部落、村落，乃至由幾個群島組成的帝國雛型。這種原始帝國已有開疆拓土的常備軍。最後，就玻里尼西亞的物質文化而言，大抵不出個人用具和石頭建築。對於這些差異，我們要如何解釋？

玻里尼西亞的環境變因至少有六種：島嶼氣候、地理形態、海洋資源、面積、島嶼本身的完整性和隔離的程度。我們將逐一探討這些因素對玻里尼西亞各有何特殊影響。

玻里尼西亞的氣候從暖和的熱帶，到多數近赤道區島嶼的亞熱帶、紐西蘭的溫和適中，乃至查坦和紐西蘭南島最南的寒冷亞南極區都有。在北回歸線之內的夏威夷島（Big Island）上有高山峻嶺，因此得以出現高山自然棲境，偶爾也有降雪。雨量有世界之最（如紐西蘭的峽灣地〔Fjordland〕和夏威夷考艾島〔kauai〕的阿拉凱沼澤〔Alakai Swamp〕），有些島嶼雨量則只有前兩者的十分之一，乾旱到難以發展農業。

島嶼的地理形態包括環礁、高起的石灰岩地形、火山島、破碎的陸地，或綜合以上幾種的地形。這裡有無數個深藏在海平面下、低平的珊瑚礁島，如土亞莫土群島（Tuamotu Archipelago）。其他早期形成的珊瑚礁，如亨德孫島（Henderson）和連內爾島（Rennell）則已突出海平面，構成高起的石灰岩島。不管是平淺或高起的珊瑚礁地形，都不利人類定居，原因在於這種地形都是石灰岩，沒有其他種類的石頭，土壤也只有薄薄的一層，而且沒有恆久、乾淨的水源。這裡還有完整的陸塊——玻里尼西亞的最大島紐西蘭。紐西蘭屬古老的岡瓦那陸塊（Gondwanaland）[1]的一部分，地理景觀千變萬化，礦藏豐富，有鐵、煤、金和玉石等供商業利用。而玻里尼西亞的其他島嶼大多是從海面突起的火山島，從不是陸塊的一部分，有些則包括石灰岩地形。這些海洋火山島雖不像紐西蘭有豐富的地理資源，（從玻里尼西亞人的觀點來看）已比珊瑚礁要好很多，差別在於有許多種火山岩，有些還非常適合做石器。

火山島之間也有所不同。地勢較高者，多風多雨，土壤層較厚，也有終年不竭的溪流。就玻里尼西亞群島而言，山勢最為挺拔者有社會群島（Societies）、薩摩亞（Samoa）、馬基斯（Marquesas），特別是夏威夷。地勢比較低的島嶼如東加（Tonga）和復活節島（Easter），由於火山塵堆積，也有肥沃的土壤。

至於海洋資源，大多數的玻里尼西亞島嶼都為淺淺的珊瑚礁海域所包圍，還包含許許多多瀉湖，魚類和介殼類都相當豐富。然而，復活節島、皮特凱恩島、馬基斯島等岩岸陡峭，又缺少珊瑚礁，因此海產稀少。

面積則是另一個明顯的變因，這裡有約四十平方公尺的愛奴塔（Anuta）、小到永遠沒有人居住的玻里尼西亞小島，也有二十七萬平公里的迷你大陸紐西蘭。某些可供人居的島嶼，特別是馬基斯，因為山脊陡峭，陸地被河谷切割成碎片。其他如東加和復活節島，則起伏不大，旅行和通訊都很方便。

最後一個環境因素是隔離的程度。以復活節島和查坦島而言，都很小而且相當偏遠，因此殖民後，即走向遺世獨立。紐西蘭、夏威夷和馬基斯也很偏遠，但至少後兩者

---

1 譯註：有人認為岡瓦那陸塊曾在南半球存在過，在中生代或古生代後期分裂成阿拉伯半島、非洲、南美洲、南極洲、澳洲和印度半島等。

在殖民後和其他群島還有接觸，而且這三個島和鄰近的島嶼也經常有互動。其他在玻里尼西亞的島嶼也是如此，特別是和斐濟、薩摩亞和瓦利斯群島（Walliis Archipelago）相近的東加群島，常有船隻的來往，進而造成東加征服斐濟。

略觀玻里尼西亞多變的環境後，接著將探討這些因素如何對社會產生影響。就先從比較實際的生計層面來看吧。此外，這個層面對其他方面也有影響。

玻里尼西亞的生計主要是漁獲、採集野生植物、介殼類、甲殼動物、捕捉陸棲鳥和在繁殖季節的海鳥，也有一點糧食生產業。大多數的玻里尼西亞島嶼有許多無法飛翔的大鳥，在沒有掠食者的威脅下演化已久，最享盛名的如紐西蘭的恐鳥和夏威夷的野鵝。這些大鳥對早先的殖民者可說是重要的食物來源，尤其是紐西蘭南島。由於沒有逃生本領，那些鳥很快就滅絕了。正常繁殖季節的海鳥在人類的捉捕下，數量也急遽下降，但仍是某些島上主要的食物來源。就大多數的島嶼而言，海洋資源相當重要，然而復活節島、皮特凱恩島和馬基斯島則較依賴自己生產的作物。

玻里尼西亞先民帶來的牲畜有三：豬、雞和狗，之後也豢養過其他動物。很多島嶼仍保有這三種，但隔離程度較高的則缺個一、兩種，或許是牲畜無法熬過漫長的獨木舟之旅，或者在小島上死光後，就沒有後代了。例如，紐西蘭最後只有狗，復活節島和蒂蔻皮亞（Tikopia）只剩雞。就復活節島的情況而言，由於陸棲鳥到不了珊瑚礁，也沒有淺海資源，很快就滅絕了，島民於是改建雞舍，做養雞場。

然而，這三種動物並不能成為主要的食物來源，玻里尼西亞人還是得靠農業。當地熱帶作物都是殖民者從外地引進的，在亞南極區就沒有栽種的可能了。查坦和紐西蘭南島最嚴寒的南部都不得不放棄幾千年來祖先教給他們的農耕，改回狩獵—採集。

其他島嶼的人也有農業，主要是旱作（如芋頭、山藥和甘薯）、灌溉作物（主要是芋頭）和長在樹木上的作物（如麵包果、香蕉和椰子）。作物的種類和居民依賴的程度因地而異。人口最為稀疏的當屬亨德孫、連內爾和其他環礁區域的小島，因為土壤貧瘠和淡水有限。溫帶的紐西蘭人口也不多，主要是不適於玻里尼西亞熱帶作物的生長，因此這幾個島多半是實行燒墾和刀耕火種的非密集農業。

還有一些島嶼雖然土壤肥沃，但地勢不高，無終年不竭的溪流，遑論灌溉系統。這些島嶼的住民因而發展出集約旱作，以密集勞力來開墾梯田、利用覆蓋層、輪耕、盡可能減短休耕期，並持續造林。旱作在復活節島、小小的愛奴塔、東加的平地和低地特別盛行，玻里尼西亞人因而收獲了不少農產品。

玻里尼西亞農業最盛的地方該是在灌溉區內的芋頭。就熱帶島嶼而論，東加因地勢低平而且沒有河流，因而不利農業發展。灌溉區域中的佼佼者是為夏威夷群島最西的考艾、歐胡（Oahu）和莫洛凱（Molokai），因其地太潮溼，不但有大的溪流，也有多到可以從事建築工程的人口。夏威夷徭役建造的灌溉系統，足以使每一英畝的芋田生產出二十四公噸的芋頭，可說是居於所有作物之冠，因此也可養活許多豬隻。此外，夏威夷也有眾多人丁投注在水產養殖之上。他們做了許多大型的魚池，養虱目魚（milkfish）和烏魚（mullet）。

這種種和環境相關的生計因素使得人口密度（每平方英里耕地上的人口）差異很大。最低的查坦狩獵—採集部落和紐西蘭南島每平方英里在五人以下，紐西蘭其他農業地帶每平方英里則為二十八人。相形之下，許多有著密集農業的島嶼，人口密度則是每平方英里一二〇人。東加、薩摩亞和社會群島每平方英里約為二一〇至二五〇人，夏威夷則約當三〇〇人。

人口總數就是人口密度（每平方英里多少人）和面積（平方英里）相乘的結果。而相關面積並非一個島嶼實際大小，而是一個政治單位的區域，可能比一個島嶼大，或比較小。幾個鄰近的島嶼也有可能組成一個政治單位，然而一個大而崎嶇的島，也有可能分成好幾個不同的政治單位。因此，政治單位的大小不僅和島嶼面積有關，島嶼完整與否和隔離的程度也有影響。

對小而隔離程度較高的島嶼而言，若沒有阻隔內部通訊的天然障礙，整個島就是一個政治單位，愛奴塔島和其上的一百六十個居民就是一例。許多大島卻未能達成政治統一，可能是因人口散居，如查坦和紐西蘭南島的南部狩獵—採集族群，也有可能是人口稠密區的農民，因地形崎嶇，而無法成為統一的政治單位。例如，馬基斯群島中幾個比較大的島都分成好幾個政治單位。

而東加、薩摩亞、社會群島和夏威夷諸島可以達成島內政治的統一，每一單位為一萬人或者更多（夏夷群島中較大者則超過三萬人）。東加群島中各島間的距離，或此群島與其他群島之距都不足以成為阻礙，因此得以建立一個四萬人以上的多島帝國。因此，就政治單位的大小而言，最小是幾十個人，最大則可達四萬人。

以玻里尼西亞而言，一個政治單位的人口數量和人口密度的交互作用會影響到科技、經濟、社會和政治組織。總之，面積愈大、密度愈高，科技和組織就愈繁複，其中原因我們將在以下章節中詳細探討。簡而言之，人口密度高的地方只有一部分的人務農，但皆從事密集耕種，因此可以有剩餘的糧食供養那些不事生產的人，如首領、官僚、神職人員或士兵。最大的政治單位因而可募集非常多的勞力來建造灌溉系統、魚池，使得食物的生產更有效率。這種發展現象在東加、薩摩亞和社會群島最為明顯。以玻里尼西亞的標準來看，這幾個群島皆肥沃富饒、人口稠密而且有一定規模。由於夏威夷群島擁有幾個最大的熱帶島嶼，人口密度最高加上島嶼面積最大，也有最多的勞力可供領袖使喚。

人口密度與數量對玻里尼西亞的社會有何影響？許多島嶼上的社群仍然過著最簡單的經濟生活，原因可能是人口密度低（如查坦島上的狩獵—採集社群），或人口數量少（如環礁區域的社群），或以上兩者皆是。在這種社會之下，家家戶戶自給自足，經濟上幾乎不需要專業分工。經濟專業化是在面積較大、人口密度又高的島嶼發展出來的。尤以薩摩亞、社會群島、東加群島和夏威夷群島經濟專業化最為發達。特別是東加群島和夏威夷，島上已出現世襲的工藝專家，儘管並非全職，如獨木舟師傅、航海家、石匠、捕魚人和刺青師傅。

此外，人口密度與面積也關連到社會本身的複雜程度。同樣的，在查坦和環礁區域有著最原始而平等的社會，仍和傳統玻里尼西亞政治習俗一樣，也有首領，但首領的穿著打扮卻和一般住民幾無二致，住在一般茅舍，也得親自下田或狩獵，以掙得自己的食物。人口密度愈高且政治單位愈大的島嶼，社會階級的區分就愈鮮明，首領的權力也愈大，這點在東加和社會群島最為顯著。

最為複雜的要算是夏威夷群島，統治階級就有八種之多，不但不與平民通婚，也只和同一階層的人締結婚約，有些甚至和兄弟姊妹（包括同父異母或同母異父者）結為夫妻。到了首領面前，平民必須行拜倒之禮。所有的統治階級、官僚和某些工藝專家都可以不事生產。

政治組織也有這種傾向。在查坦群島和環礁區域，首領可掌控的資源不多，一般決定是群策群力共同討論出來的，而土地的所有權人是整個社區的人，而非首領一人之地。比較大且人口密集的政治單位，首領握有的實權較多。以政治組織最為複雜的東加和夏威夷群島來看，世襲首領地位約和世界其他國家的國王相當，而且土地皆由其掌握，不屬於平民所有。首領利用官僚作為代表，代為向平民徵收糧食，並強制徵召他們進行建築工程，工程項目因島而異，在夏威夷則是灌溉系統、魚池，馬基斯則為舞蹈和祭典中心，東加是首領的陵墓，以及在夏威夷、社會群島和復活節島上的廟宇。

十八世紀歐洲人來到東加之後，東加便成為由多個群島組成的帝國。由於東加群島本身結構緊密，包含幾個完整的大島，每個島嶼都在一個首領的統御之下，東加島最大島東加塔普（Tongatapu）的世襲首領便成了掌控整個東加群島的領袖，還進而征服約八百公里外的島嶼。儘管他們和斐濟、薩摩亞相隔一段距離，仍常有貿易往來。他們先是在斐濟建立東加聚落，接著開始劫掠、併吞。這種原始海洋帝國的向外擴張，主要是靠可乘一百五十人的大獨木舟組成的海軍。

夏威夷就像東加，也是包含幾個人口稠密島嶼的政治實體，但有一個島由於極度孤立，故自成一個。歐洲人在一七七八年「發現」夏威夷時，每個島嶼都已進行政治的一統，有幾個島甚至整合為一。最大的四個島——大島（也就是狹義的夏威夷）、茂宜島（Maui）、歐胡島（Oahu）和考艾島，都是獨立的，且爭相掌控附近的小島，如拉奈（Lanai）、莫洛凱（Molokai）、卡胡拉威（Kahoolawe）和尼豪（Niihau]）等。歐洲人來到後，大島的國王卡美哈梅哈一世（Kamehameha I）隨即向歐洲人購買槍隻和船，除了鞏固自己在這最大島的領導地位，並向外征服茂宜和歐胡。卡美哈梅哈國王也準備進軍最後一個獨立島嶼——考艾，後來他接受考艾島首領提出的談判條件，完成群島統一。

至於其他玻里尼西亞社會間的差異主要和工具等物質文化有關。自然資源的多寡顯然會影響到物質文化的發展。亨德孫島就是一個極端之例，這個高於海平面的珊瑚礁島，只有石灰岩，別無其他岩石。島上居民於是用蛤殼來做扁斧。另一個極端之例是紐西蘭這個迷你大陸上的毛利人。此地自然資源豐富，毛利人之運用玉石可說遠近馳名。在這兩個極端之間則是玻里尼西亞的火山島，雖缺乏花岡岩、燧石和其他大陸岩石，至少還有火山岩可供人琢磨成扁斧以進行整地與耕種。

至於工具的種類，查坦島民需要的不外乎用以擊斃海豹、鳥類和龍蝦的棍棒。其他島嶼的居民則有形形色色的工具如魚鉤、扁斧，也有飾物。像查坦那樣的珊瑚礁島，物品皆自製自用，形狀比較小而且簡單，島上的建築不出粗陋的茅舍。比較大而且人口稠密的島嶼，因有從事工藝的專家，因此製作些珍奇的裝飾品給首領，如夏威夷首領身上的羽毛披肩，那可是上萬根鳥羽縫製出來的。

玻里尼西亞最大型的產物要算是幾個島嶼上的巨大石頭建築，頗享盛名的有復活節島上的雕像、東加首領的陵墓、馬基斯的祭典舞台以及夏威夷與和社會群島上的神廟。這些玻里尼西亞建築的發展方向顯然和埃及、美索不達米亞、墨西哥、秘魯等地的金字塔相同，然規模卻不若那些地方。這只是反映一個事實：埃及的法老王徵召到的人丁要比玻里尼西亞的首領多出甚多。儘管如此，復活節島的島民還是有能耐豎立起重達三十噸的雕像——對赤手空拳的七千島民而言，這種成就真是非同小可。

因此，就經濟專業化、社會複雜度、政治體制和物產等層面來看，玻里尼西亞諸島皆大異其趣。這種種差異和人口多寡、密度都有關連，也和島嶼面積大小、完整與否和隔離的程度有關，也關乎其生計的維持和糧食生產的能力。這些差別都是在短時間內造成的，牽涉到的地域也不大，因此可略窺一個原始社會之環境變因。以世界各地的文化差異類別來說，玻里尼西亞地區就頗具有代表性。

當然，地球其他地區的變數要比玻里尼西亞多得多。現代各大陸的民族包括依賴石器者，如玻里尼西亞人，南美洲也有些社會精於貴重金屬的利用，而歐亞和非洲大陸更有人開始鑄鐵，然玻里尼西亞卻始終停留在石器階段，只有富含礦產的紐西蘭例外。歐亞大陸早在玻里尼西亞殖民底定前已出現名副其實的帝國了。之後，南美洲與中美洲也有帝國之時，玻里尼西亞才有兩個雛形帝國，其中之一的夏威夷還是在歐洲人來到之後才建立起來的。在歐亞大陸和中美洲也有了縝密的書寫系統時，玻里尼西亞卻只有在復活節島一地有著奧祕的文字，然而這可能是島民和歐洲人接觸後的事。

然而玻里尼西亞只是一隅，不能涵蓋全世界。此外，人類在玻里尼西亞殖民的時間很晚，即使是最古老的玻里尼西亞社群也只發展了三千二百年左右，實在難望其他大洲項背。就起步最晚的美洲而言，至少也有一萬三千年的歷史。若是多給東加或夏威夷幾千年，或許可成為在太平洋地區舉足輕重的帝國，而紐西蘭的毛利人或許可在玉石等天然資源之外再增加銅器和鐵器。

就人類社會的環境差異而言，玻里尼西亞還是不失為可靠的範例。由於玻里尼西亞的示範，我們知道這個戲碼還有可能再次上演。但是，各大洲是否如出一轍？果真如此，造成大陸差異的環境變因為何？後來又導致什麼後果？

CHAPTER 3

卡哈馬卡的衝突

現代史上最大規模的人口變遷發生在新世界，亦即歐洲人和美洲土著（印第安人）的消長：歐洲人大舉在美洲殖民，美洲土著在其征服之下，數目因之大為減少，大部分的族群甚至完全消失。正如第一章所述，在新世界這個殖民地打前鋒者約是公元前一萬一千年經由阿拉斯加、白令海峽和西伯利亞來到的先民。複雜的農業社會慢慢在美洲形成，且一路向南發展，最後獨立於舊世界之外。有人從亞洲過去殖民後，新舊兩個世界間唯一有接觸的是白令海峽兩邊的狩獵—採集族群。此外，可能也有人藉由太平洋的水路來到新世界，把南美洲的甘薯帶到玻里尼西亞。

至於新世界與歐洲之間的接觸，可追溯到公元九八六年和一千五百年之間，一小撮諾爾斯人（Norse）佔領格陵蘭。但諾爾斯人的來到並沒有對美洲土著社會帶來什麼衝擊。新舊世界因一定目的發生衝突，則是爆發於一四九二年哥倫布「發現」加勒比海群島的事件。那時島上人口稠密，一眼望去都是美洲土著。

一五三二年十一月十六日這一天，對後來歐洲人與美洲人的關係影響更為深遠。這一天在秘魯高原上印加帝國的首都卡哈馬卡，國王阿塔花普拉和西班牙遠征軍領袖皮薩羅相遇。這是他倆第一次會面，過程和結果極富戲劇性。阿塔花普拉是至高無上的君主，所統御的帝國不但是新世界中版圖最大，也是最先進的。皮薩羅則代表神聖羅馬帝國查理五世（又稱西班牙國王查理一世），亦即歐洲第一強國的帝王。在他手下則是一群烏合之眾，由一百六十八個西班牙人組成的不入流軍隊。他們不但人生地不熟，最近的西班牙領土也遠在巴拿馬北方一千六百公里之外，萬一情況緊急，根本不可能及時得到援軍。阿塔花普拉則好整以暇地坐擁這個臣民數百萬的帝國，有支八萬人的軍隊，最近才出兵擊敗其他印第安部落。就在他與皮薩羅首度接觸不到幾分鐘，就成為皮薩羅的階下囚，身繫囹圄長達八個月，之後皮薩羅答應以贖金做釋放的條件。這可是史上最大的一筆贖金——必須在長六公尺、寬五公尺、高約二公尺半的房間內堆滿黃金。心狠手辣的皮薩羅在黃金得手後，隨即將阿塔花普拉處決。

阿塔花普拉的被虜對歐洲人征服印加帝國有決定性的影響。雖然擁有優勢武器的西班牙終將獲勝，但這個俘虜事件猶如催化劑，使得整個過程易如反掌。阿塔花普拉在印加帝國被尊為太陽之神，有著無上的權威，因此縱使被虜，也能從獄中發號施令，而臣民莫敢不從。在他成為階下囚那幾個月，皮薩羅則利用時間派遣探險隊肆無忌憚地在印加帝國各處探勘，同時等待來自巴拿馬的援軍。阿塔花普拉一命嗚呼後，西班牙人隨即和印加帝國開戰，然西班牙軍隊已勢如破竹，不復早先的渙散。阿塔花普拉的被虜是為史上兩地衝突最具有決定性的一刻，因此令人玩味不已。這個事件也具有代表性，許多殖民者和土著的衝突和皮薩羅的虜獲阿塔花普拉有著異曲同工之妙。可以說，阿塔花普拉事件正是世界史的一扇窗。

對於那次的卡哈馬卡事，西班牙目擊者留下了許多實錄。為了身歷其境，一睹這個重大的歷史事件，就讓我們看看皮薩羅六名隨從的記錄，包括他的兄弟何納多（Hernando）和彼德若（Pedro）的見證。

> 我們是神聖羅馬帝國暨西班牙國王髦下的武士。沈穩堅毅，戰技純熟，吃苦耐勞是本份。我們飄揚過海，歷經艱險，我武維揚，完成征服大業。我們的故事令信徒喜樂、異端喪膽。因此，為了榮耀上帝，宣揚今上聖德，謹將我們的經歷寫下，敬呈陛下，原陛下臣民都能分享我們的成就。我們

征服的土地、異教徒，面積數量超越古今。上帝的國度規模從未如此之盛。感謝上帝指引，榮耀全歸上帝。凡此種種也都是為了榮耀陛下。若非陛下的力量與德蔭，就沒有這樣的結果。輝煌的戰果、疆土的開拓、滿載而歸的金銀珠寶，這些都是國王陛下的功業，我們也與有榮焉。忠心事主者因之更加喜樂，離經叛道者則聞之喪膽，全人類都因此而景仰陛下。

從古至今，不知有多少征戰是以寡擊眾、以窮抗富，飄洋過海，到異鄉蠻邦去征服未知，然而有多少能和西班牙的戰果爭輝？我們這些西班牙臣民，只有二、三百之譜，有時甚至不到一百，卻征服前所未見的廣大之地，比起所有的明君和叛賊統御的領土還大。此時此刻，我將寫下我的所見所聞，且以精簡為宗，避免蕪蔓龐雜。

皮薩羅總督刑求卡哈馬卡的印第安人，希望藉此得到情報。印第安人招供說阿塔花普拉正在卡哈馬卡城等待總督的來到，於是總督命令我們前進。一入卡哈馬卡，遠遠望去可見阿塔花普拉正在卡哈馬卡城等待總督的來到，於是總督命令我們前進。一入卡哈馬卡，遠遠望去可見阿塔花普拉的大軍結集在山腳，軍容極為壯觀。營地看來就像座美麗的城市。帳篷四處林立，密密麻麻，這種前所未見的景象教我們心生畏懼和困惑。但若面露懼色，轉身離去，豈不是教印第安人看穿了我們的怯懦，連抓來當嚮導的印第安人都有可能恍然大悟而輕取我們的性命。因此，我們不得不表現得趾高氣昂，細心觀察城鎮與帳篷，再沿著河谷走下，進入卡哈馬卡城。

我們商量對策，人人心中滿懷恐懼。敵眾我寡，且深入內地，根本無從得到援軍。關於第二天的行動，我們和總督討論再討論。幾乎沒有一人能成眠。夜晚，印第安大軍的營火因近山邊，多不勝數，教人分不清是繁星，還是營火。那天晚上，在皮薩羅的陣營中，無分貴賤，步兵或騎兵，人人都全副武裝，站崗守衛。英明的總督不斷為手下打氣。他的兄弟何納多預估印第安士兵當有四萬人之多。其實，這是個善意的謊言，他不想讓我們喪氣，所以沒有說出有八萬大軍的實情。

第二天早上，阿塔花普拉派使者來，總督對他說：「請轉告貴國國王隨時歡迎他大駕光臨，我將以禮待之，絕不會有傷害或侮辱的情事。會見一事愈快愈好。」

總督的手下在卡哈馬卡埋伏，騎兵共分兩路，一路由他的弟兄何納多・皮薩羅領軍，另一支隊伍則交給迪・所多（Hernando de Soto）。同樣地，步兵也分兩支，總督自行領導一隊，另一隊則由他的弟兄璜・皮薩羅（Juan Pizarro）負責。同時，他要彼德若．迪．康地亞（Pedro de Candia）和兩、三名步兵帶著號角和一點槍炮到廣場上的一個小堡壘駐守。計畫如下：在所有印第安人和阿塔花普拉步入廣場時，總督就給康地亞那幾個人使個眼色，他們隨即開始射擊，同時號角響起，在廣場四周埋伏的騎兵於是衝上前來。

午時，阿塔花普拉一行人浩浩蕩蕩前來之時，整座平原全是印第安人，他們走走停停，好讓後面的人跟上來。下午，又有多支隊伍魚貫進入。前面的隊伍離我們軍營很近，還有更多的印第安軍隊陸續趕到。在阿塔花普拉之前有二千名清理路面的印第安人，後面則是戰士，在其後分成兩隊前進。最後面一支印第安隊伍身著不同顏色的衣服，呈棋盤花紋。他們一面前進，一面撿起地上稻草，並清掃路面。其後跟著三支隊伍，衣服顏色也不相同，又歌又舞的，後面一群人則攜帶武器、大型金屬盤和金銀打造的皇冠。那些大型金銀器皿在陽光之下，極為耀眼。阿塔花普拉的身影就在其中。他坐在精工雕刻的轎子上，兩端的木材裝飾得金碧輝煌。八十個身穿亮麗藍色衣裝的領主充當轎夫，把阿塔花普拉扛在肩膀上。阿塔花普拉當然是錦衣麗服，頭戴金冠，頸上則是一圈翠玉。他高踞在轎上凳子的華麗鞍形坐墊上。轎子不但有鸚鵡彩羽，還鑲金鍍銀。

在阿塔花普拉後面還有兩部轎子和兩張吊床，都是德高望重的首領，接著還有幾支印第安隊伍，頭上不是金冠就是銀冕。這些印第安人高歌步入廣場，很快廣場就滿布重兵。躲在天井裡的西班牙弟兄這會兒可是膽顫心驚地在準備行動，許多人甚至嚇得尿了一褲子而不自知。阿塔花普拉到了場中，仍高踞在轎子上，他的軍隊繼續魚貫入內。

皮薩羅總督於是派遣瓦佛德修士（Friar Vicente de Valverde）去和阿塔花普拉說話，希望他以西班牙國王和上帝之名告知阿塔花普拉，要他臣服耶穌基督和國王陛下。瓦佛德修士一手持十字架，一手拿著聖經穿過重重包圍的印第安士兵，來到阿塔花普拉的跟前，開口道：「我是上帝派來的教士，把上帝的訓示教給基督徒，也希望把這一切傳給您。我將教的都在這本書上。因此，我希望代表上帝和基督徒，請求您做他們的朋友。這是上帝的旨意，也是為了您的福祉。」

阿塔花普拉把書要了去，想看看究竟，修士把合起的書遞給他，他卻不知如何打開，於是修士伸手過去幫忙。阿塔花普拉卻勃然大怒，給他手臂一拳，不希望他幫這個忙。接著，他自己翻閱，覺得上面的字母和紙張平凡無奇，把書丟出五、六步之遙，整張臉紅通通的。

修士回到皮薩羅身邊，大叫：「出來吧！兄弟們，起身對抗這些拒絕上帝的狐群狗黨吧！這個暴君居然把聖經丟在地上！你們看到了沒有？對這種狗輩還需要什麼禮節？進攻吧！你們若上前把他拿下，我就赦免你們的罪。」

總督給康地亞一個暗號，他就開火了。同時，號角響起，攜槍帶械的西班牙步兵和騎兵從各個藏身之處飛奔而來，衝到沒有武裝的印第安人中，大叫：「殺！」。我們還在馬匹上放了響器來驚嚇印第安人。槍聲砰砰、號角噠噠加上馬匹上的響器，把那些印第安人嚇得魂不守舍，抱頭鼠竄。英勇的西班牙人上前擒拿，之後將他們碎屍萬段。印第安人見狀嚇得爭相脫逃，比較慢的活活被人踩在腳下。由於手無寸鐵，根本不足以與基督徒對抗。騎兵就在其後追趕，見一個殺一個。步兵也拿出劍來將他們一一送上黃泉。

總督拔出刀劍和西班牙士兵穿過印第安人牆，英勇無比地衝到阿塔花普拉的轎子前面。他猛然抓住阿塔花普拉的左臂，大叫：「殺！」但無法從那高高的寶座把他拉下。那些抬轎的印第安人可說殺不勝殺，死了一批，又來一批。最後，有七、八名西班牙騎兵在轎子一側衝撞，使之傾倒，阿塔花普拉這才束手就擒，成為總督的俘虜。那些抬轎和護衛的臣民無一人離棄他——全部在他身邊氣絕倒地。

廣場上的印第安人驚惶失措，槍隻和馬匹都是他們不曾見過的怪物，這會兒嚇得如同見到凶神惡煞，死命推倒廣場旁邊的圍牆，企圖逃到外面的平原。我們的騎兵也從圍牆缺口飛躍出去，大叫：「追捕那些穿得花花綠綠的！不要留活口！一概射殺！」剩下來的印第安人則是阿塔花普拉從一、兩公里外徵召來準備作戰的，但是大家都一動也不動，沒有人敢拿起弓箭對著西班牙人。城外的印第安人見到有人從城裡尖叫飛奔而出，大部分也嚇得拔腿就跑。這真是怵目驚心的一幕——在這方圓二、三十公里谷地全都是忙著逃命的印第安人。到了夜幕低垂之時，騎兵仍繼續追殺，最後我們聽到集合的號角。

要不是天色已黑，印第安人的四萬大軍恐怕就此全軍覆沒，無一倖免。不過，已經橫屍遍野，死者有六、七千，更多的是斷手殘腿的。阿塔花普拉承認說，他的手下被我們殺了七千，包括另一個在轎子上的高官，也就是他的寵臣，欽恰（Chincha）的領主。幫阿塔花普拉抬轎的都是權貴和官員，全數陣亡，其他坐轎和躺在吊床裡的首領也都上了西天，卡哈馬卡的領主也陣亡了。死者可說不計其數。阿塔花普拉的隨從都是大領主。掌控數萬大軍的一國之君竟在這剎那間成為俘虜，實在教人匪夷所思。這實在不是我們這一小撮人所能成就的功業，而是上帝的神蹟。

西班牙人強行把阿塔花普拉從轎子中拖下來，還扯下他的袍子。總督命令部下把衣服還給他。阿塔花普拉整裝之後，總督命令他坐在一旁，使狂怒而激動的他稍稍和緩下來。畢竟，從高高在上的一國之君突然成為階下囚的命運不是凡人所能接受的。總督對他說：「不要認為這是一種侮辱。我和我手下這群基督徒雖然寥寥可數，但我們征服過比你們更強大的王國，也虜獲過比你更偉大的君主。我們都是西班牙國王的臣民，他則是統御全世界的君主。我們就是在他的命令下前來進攻的，且本著對上帝的信仰。因此，這一切都是天意。你們該棄絕野蠻、邪惡的生活，接受上帝的洗禮。這也就是我們之所以以寡敵眾的原因。若你們能體會過去種種的錯誤，就能明白今日我們之所以征服你們，全是為了你們的福祉。上帝就是打算挫你們的銳氣，讓你們學會如何尊敬基督徒。」

關於這千古難得一見的交會，其因果的鎖鏈為何？我們先探討一下當時幾個事件，為何卡哈馬卡相會時，是皮薩羅擒拿阿塔花普拉，宰殺他的臣屬？人多勢眾的阿塔花普拉為何反倒制服不了皮薩羅這支烏合之眾？畢竟，皮薩羅手下只有六十二名騎兵，一〇六名步兵，而阿塔花普拉麾下卻有八萬大軍。且讓我們追溯到這一切的原點：當初阿塔花普拉又是在什麼因緣下來到卡哈馬卡的？為何皮薩羅會來此地擒虜他，而非阿塔花普拉遠征至西班牙，拿下查理一世？也許身為後人的我們是在放馬後炮——不過，我們不禁要問阿塔花普拉怎麼會走入這麼明顯的陷阱而不自知？又這個事件是否可以放大來看新舊世界世間的衝突？

皮薩羅得以俘虜阿塔花普拉的原因何在？皮薩羅的武力優勢在於西班牙人的槍炮、刀劍和馬匹。而阿塔花普拉的軍隊作戰時沒有騎乘任何動物，武器也只有石頭、銅器、木棒、狼牙棒、斧頭，加上彈弓和其他拼湊起來的武器。這種懸殊命定美洲土著等族群與歐洲人交鋒時的命運。

這麼多世紀以來，唯一能抵禦歐洲人入侵的美洲土著，就是那些終於知道利用馬匹和槍炮的部落。對一般美國白人而言，「印第安人」這個名詞總令人聯想到在大草原上策馬奔馳、揮舞著來福槍的印第安人，如在一八七六年蘇族（Sioux）戰士在著名的蒙大拿州小巨角河（Little Big Horn）戰役殲滅卡斯特將軍（George Custer）指揮的聯邦軍。我們忘了馬匹和來福槍不是美洲土著本來就擁有的，而是歐洲人引進的，印第安部族知道這些東西的威力之後，他們的社會也起了改變。在騎術精進、槍法準確之後，便成功擊退入侵的白人，智利南部的印第安人部落阿拉卡尼亞人（Araucaunian）和阿根廷彭巴草原印第安人（Pampas）就是很好的例子。比起一般的美洲土著，他們比較抵擋得住白人的入侵，除非形勢懸殊，如一八七〇年代和八〇年代間，白人政府的大規模軍事侵略。

今天，我們實在難以想像當年美洲土著要如何來對抗遠遠超乎其上的西班牙軍備。以卡哈馬卡之役來說，就這麼一百六十八名西班牙人竟可力克五百倍以上的美洲印第安人，殺死了數千名土著，卻未折損一兵一卒。皮薩羅的戰勝印加帝國，以及不久前科爾特斯（Hernando Cortes）的征服阿茲提克人，還有早先其他歐洲人對抗美洲土著的例子，這種以寡敵眾的故事不斷重演，幾十個歐洲騎兵輕而易舉地宰殺了幾千個印第安人。就在阿塔花普拉死後，皮薩羅從卡哈馬卡前往印加帝國首都庫斯科（Cuzco）時，又歷經四場類似的戰役：豪哈（Jauja）、比爾卡舒瓦曼（Vilcashuaman）、維卡康加（Vilcaconga），以及庫斯科。在這幾場戰役中，西班牙騎兵各有八十人、三十人、一百一十人和四十人，卻能擊敗成千上萬的印第安人。

西班牙人的大勝不能輕易歸因於其他美洲土著之助，或武器、馬匹這種新奇之物對敵人心理的威嚇作用，甚或常有人提到的印加帝國誤把西班牙人當作神明維拉科恰（Viracocha）再世。皮薩羅和科爾特斯一開始告捷之時，的確吸引了些土著盟友。這些美洲土著了解大勢已去，西班牙人即使孤立無援還是勢如破竹，若強行抵禦，恐怕和先前的印第安人一樣，落得死無葬身之地，因此選擇和未來的勝利者站在同一陣線。馬匹、武器、槍炮——這種種印第安人前所未見的東西確實癱瘓了卡哈馬卡的印加人，但在卡哈馬卡慘敗後，印加人見識過武器和馬匹後，即抵死不從，進行抵抗。在西班牙人首次嘗到勝利的六年內，印加人甚至發動兩次大規模、有計畫的反叛，人人誓死如歸。然而，在武力懸殊之下，印加人還是含恨而終。

到了十八世紀，槍炮已經取代刀劍成為歐洲人征服美洲土著與其他族群的利器。例如，在一八〇八年，槍法很準的英國海員薩維奇（Charlie Savage）帶著火槍來到斐濟，單槍匹馬就足以讓整個斐濟俯首稱臣。這人熱愛探險，曾划著獨木舟到斐濟一個名叫卡沙孚（Kasavu）的村落，遠從籬笆外向村內沒有禦侮能力的村民射擊。血流成河，屍首堆得如同一座小山，讓人得以躲在後頭逃過一死。

在西班牙人征服印加帝國的過程中，槍枝並非決定性的關鍵。那時，他們所用的槍叫火繩槍（harquebus），子彈不好裝，也很難發射，而且皮薩羅也只有十來枝，然而頗有虛張聲勢之效，那些印第安人看到他們拿起槍來，就心生害怕。比起槍枝，刀劍、長茅等堅韌銳利的武器要來得重要，是為他們宰殺印第安人的利器。相較之下，印第安人的棍棒雖然能擊打西班牙的士兵和馬匹，卻難以致命，每每總被其金屬甲冑和鋼鐵頭盔擋了回去。

馬兒當然給予西班牙人絕大的優勢。目擊者的描述躍然紙上：在印第安崗哨得以通知後面的軍隊之前，西班牙騎兵的蹄聲已經近了，隨即把步行的印第安人踩在腳下，一一送上西天。馬匹的威力、機靈和速度，使得西班牙騎兵得以居高臨下，戰場上的印第安步兵則相形見絀，不知所措。初次和馬匹交鋒，不只有著難以言喻的恐怖。然而，不經一事，不長一智，一五三六年印加人起而叛變時，已經知道對付那些騎兵了，他們在狹路埋伏，再行攻擊、殲滅。但到了遼闊的戰場，步兵就絕不是騎兵的對手。在阿塔花普拉之後繼任印加皇帝的曼科（Manco）麾下最饒勇善戰的是為尤潘基（Yupanqui）。一五三六年他在利馬（Lima）發動突擊，攻打其中的西班牙人，然而只消兩支西班牙騎兵就把他們打得落花流水，尤潘基和手下的將領都被殺，全軍覆沒。另一支二十六名騎兵組成的隊伍同樣在庫斯科擊敗了曼科親率的精銳。

對戰爭的轉型頗有影響力的馬匹開始變成家畜是在公元前四千年黑海北部的大草原。由於馬匹，人類便可日行千里、進行突襲，且在敵人得以形成更強大的隊伍之前即逃之夭夭。馬匹之作為武器約有六千年的歷史，如其在卡哈馬卡一役的角色，這種現象各大洲都有。然二十世紀初期，騎兵終於式微。若我們考慮到西班牙人的種種優勢，除了馬匹，還有鋼鐵武器、甲胄等，要對付那些手無寸鐵的步兵實在是輕而易舉。因此，他們的所向皆捷，以寡擊眾，並不足為奇。

至於阿塔花普拉又是在何種機緣下來到亡命之城卡哈馬卡呢？阿塔花普拉和其大軍之所以在卡哈馬卡，是因他們是內戰獲勝的一方，然而印加帝國也因此陷入分裂，傷痕累累。機敏的皮薩羅察覺到這點，認為機不可失，而決定行動。而內戰的遠因則是天花。就在西班牙殖民者登陸巴拿馬和哥倫比亞後，讓南美洲的印第安部落則染上這種傳染病。公元一五二六年左右，天花蹂躪印加帝國，皇帝卡帕克（Huayan Capac）和多數的大臣都為之喪命，種下日後阿塔花普拉與同父異母的兄弟瓦斯卡爾（Huascar）相爭之因。若不是天花，西班牙面對的將是一整個龐大而團結的勁敵。

阿塔花普拉在卡哈馬卡出現這個事件正可突顯世界史的一個重要關鍵：較有免疫力的入侵族群把傳染病帶給其他沒有免疫力的族群。天花、痲疹、流行性感冒、斑疹傷寒、腺鼠疫等已在歐洲蔓延的傳染病反倒成了歐洲人征服世界各地族群的助力。例如，西班牙殖民者於一五二〇年首度入侵阿茲提克，結果失利，卻意外引發天花的流行，在蒙特蘇馬二世（Montezuma II）之後稱帝沒有多久的庫特拉華克（Cuitlahuac）因之一命嗚呼。疾病就隨著歐洲人的足跡逐一在美洲部落傳播開來，在哥倫布踏上新大陸之前的美洲土著因之被消滅了九五%。人口最多且最有組織的美洲土著社會是為密西西比部落。他們甚至在歐洲人來到密西西比河落腳之前，也就是在一四九二年和十七世紀晚期時，即杳然無蹤。而南非桑族（San people）之所以在一七一三年滅亡，罪魁禍首就是歐洲殖民者帶來的天花。再說，英國人於一七八八年開始在雪梨殖民，接踵而至的便是使澳洲土著形銷骨毀的傳染病。而傳染病在一八〇六年橫掃斐濟的事件則有詳盡的文獻記載。起因則是幾名歐洲船員在阿果號（Argo）觸礁後，掙扎上岸的結果。其他太平洋上的島嶼，如東加、夏威夷等，也無法自外於這樣的歷史。

然而，傳染病在歷史上的角色不僅止於為歐洲人的擴張開路。反之，瘧疾、黃熱病等在熱帶非洲、印度、東南亞和新幾內亞的本土疾病也使得歐洲人在前進這些熱帶地區時遭到重創。

而皮薩羅又如何出現在卡哈馬卡？為什麼不是阿塔花普拉出兵征服西班牙？皮薩羅來到卡哈馬卡，靠的是歐洲的海事技術，使他得以從西班牙橫渡大西洋來到巴拿馬，又轉進秘魯。沒有這種技術，阿塔花普拉不可能離開南美洲到海外。

此外，皮薩羅的現身也和中央政治組織有關。有這種組織才有財力、技術、人員來打造船隻。印加帝國雖也實行中央集權，但反倒對帝國本身造成傷害，皮薩羅一俘虜阿塔花普拉，整個帝國即因群龍無首而癱瘓。由於印加帝國的政治體系已和其神格化、崇高無上的君主合而為一，因此阿塔花普拉一死，整個體系隨之瓦解。歐洲的向外擴張，海事技術和政治體制是為類似的關鍵。

一個相關要素是文字。西班牙有，印加帝國則無。比起口語，文字得以把資訊傳遞得更遠、更正確而詳盡。在哥倫布遠航及科爾提斯征服墨西哥的訊息刺激下，西班牙人便源源不斷地湧入新世界。信件和手冊不但詳述動機，也有實用的航海指南。皮薩羅的征戰首見於同伴曼那（Cristobal de Mena）一五三四年四月在西維爾（Seville）印行出版的書，離阿塔花普拉的處決不過九個月。這本書馬上變成暢銷書，譯成多種歐語，更讓許多西班牙人心生嚮往，前往秘魯為皮薩羅助陣。

為何阿塔花普拉會落入陷阱？我們不禁訝然，阿塔花普拉居然這麼輕易中計。西班牙人想必也為自己的僥倖暗自驚喜。文化的影響想必是為一明顯的因素。

唾手可得的一個解釋是，阿塔花普拉對西班牙人這個族群、軍力和意圖幾乎一無所知。唯一的消息來源是花了兩天時間隨同皮薩羅陣營從海岸走到內陸的使者。阿塔花普拉全聽信他的片面之詞：一群沒有戰鬥力的烏合之眾，只消兩百個印第安勇士就可擺平。可想而知，阿塔花普拉因此毫無戒心。

在新世界，只有現代墨西哥城及其附近，也就是印加帝國以北遙遠之處某些族群一小撮的精英分子有書寫的能力。雖然早在一五一〇年，印加帝國北方九百六十公里處的巴拿馬即有西班牙殖民者的蹤跡，但要等到一五二七年皮薩羅在秘魯海岸登陸，才揭開印加帝國與西班牙人接觸的序幕。之前，阿塔花普拉完全不知西班牙人已長驅直入至中美洲最強大且人口稠密的印第安社群。

更令人驚訝的是阿塔花普拉的天真。他以為只要付了贖金，皮薩羅就會信守承諾釋放他，焉知這些西班牙人的矛頭已對準了永遠的征服，而非只是單單一筆贖金。

就失策誤判造成的慘劇而言，並非只發生在阿塔花普拉身上。阿塔花普拉麾下的總司令恰古奇馬（Chalcuchima）還不是中了皮薩羅兄弟何南多的計，率領大軍奔入西班牙人的掌心。由於恰古奇馬的失算，印加帝國因而抵禦的功力盡失，和阿塔花普拉的被俘一樣，同為急轉直下的關鍵事件。更離譜的是阿茲提克皇帝蒙特蘇馬，還把科爾提斯當作神明再世，歡迎他和那一小撮士兵光臨阿茲提克的首都特諾奇提特蘭（Tenochtitlan）。結果，蒙特蘇馬本人遭到囚禁，首都和整個帝國都成為科爾提斯的囊中物。

以現實的眼光來看，阿塔花普拉、恰古奇馬、蒙特蘇馬，以及無數的美洲土著酋長之所以為歐洲所欺，主要是因為新世界沒有人到過舊世界，因此無從得知西班牙人的一切。即使如此，我們還是不禁為阿塔花普拉扼腕，要是他起了一點疑心就好了，但願他統治的社會對人類行為有更多的了解。然而，皮薩羅剛到卡哈馬卡時，對印加帝國也是全然陌生，其後的知識是在一五二七年和一五三一年間從當地臣民口供得到的。皮薩羅雖然也是粗野無文，但卻來自文明的國度。西班牙人已從書本得知遠在歐洲之外的當代文明，也知道數千年的歐洲史。皮薩羅奇襲阿塔花普拉的巧計簡直是科爾提斯的翻版。

總之，文化使得西班牙人得以繼承人類行為和歷史知識。相形之下，阿塔花普拉不但對西班牙人一無所知，也沒有應對外來入侵者的經驗，也未曾經由聽聞或閱讀而起戒心。這種經驗的鴻溝誘使阿塔花普拉一步步走進皮薩羅設下的圈套。

因此，皮薩羅之俘虜阿塔花普拉代表幾個歐洲人征服美洲土著的可能原因。這些近因包括槍炮、武器和馬匹的軍事科技、來自歐亞大陸的傳染病、歐洲的海事技術、中央集權的政治體制和文字。本書書名正是這幾個近因的集合，由於這幾點，歐洲人便長驅直入其他大陸，除了槍炮和鋼鐵，還有其他類似因素導致非歐洲族群的擴張。這些將在後面幾章詳述。

然而，還有一些基本的問題尚待解決——為何這些優勢大抵掌控在歐洲人之手，美洲土著只能望塵莫及？為什麼發明槍炮、揮舞利劍，策馬奔馳的不是印第安人？為什麼他們不能把惡疾帶到歐洲使之絕子絕孫？何以他們就不能打造出堅船利炮，擁有先進的政體，也沒有長達數千年的書寫歷史？這種種牽涉到的都是終極因，也是後兩部的主題。

PART 2

農業的起源與傳播

CHAPTER 4

農業與征服

一九五六年夏天，還是個青少年的我，跑到蒙大拿的農場打工。我的老闆佛瑞德・赫許（Fred Hirschy）生於瑞士，一八九〇年代來到蒙大拿西南時才十幾歲，就成了當地的第一批農民，那時，在這個新世界，仍有不少以狩獵－採集維生的美洲土著。

我的「同事」多半是滿嘴三字經的白人老粗，平日在這兒工作圖的只是週末有錢花天酒地一番。其中有一個是黑足印第安人（Blackfoot），名叫列維（Levi）。這人行為舉止和一般粗野工人不同——溫文儒雅，負責沉靜，能言善道，而且知書達禮。他是我認識的第一個印第安人，我們也來往過一段時間。而對這麼一個人，我不由得肅然起敬。

但是，有個星期天清晨，列維醉得步履蹣跚，滿口瘋話，突然吐出一句教我終生難忘的話：「臭赫許！你這個王八蛋！該死的船，把你從瑞士載來這裡幹嘛！」這時的我，有如利箭穿心。長久以來，我就和其他白人小孩一樣，認為西部拓荒是一種英雄行徑。赫許的家族也都以他為榮，不時說起他當年披荊斬棘、克服萬難。但如赫許者流，腳下的土地還是搶來的，原來主人就是列維的族人——神勇的獵人和赫赫有名的戰士。到底，白人農夫是如何勝過印第安戰士的？

自從現代人在七百萬年前和猩猩「分家」那一刻以來，絕大部分時間所有人類皆以狩獵和採集野生植物維生，也就是黑腳族在十九世紀的生活方式。直到一萬一千年前，才有農牧，也就是種植作物和馴養家畜。到了今天，地球上大多數人口果腹的絕大多數是農牧產品，也就是自己或他人生產的糧食。依照這種改變速率，不出十年，剩下的寥寥可數的狩獵採集族群終將放棄原來的生活方式，或解體，或死亡，數百萬年以來人類的狩獵—採集生涯就此畫上句點。

在史前時代，各個族群的糧食生產方式各不相同。至今，仍有一些族群，如澳洲土著，甚至還不知糧食生產的門道。已有農業的，如古時的中國人，是獨力發明的，古埃及則是學自鄰邦。然而，農業對槍炮、病菌和鋼鐵的發展而言，有間接的影響。因此，從各大洲族群從事農牧的地理條件可看出日後的命運。以下六章將檢驗地理與農業的關係，本章則先探討農業究竟造成哪些優勢，使得皮薩羅俘虜阿塔花普拉，也讓赫許那班白人農夫佔領列維族人的土地。

第一個關連是最直接的：愈多的卡路里，就能養活愈多人。然而，就野生動植物而

圖 4.1　造成主要歷史模式的各種原因

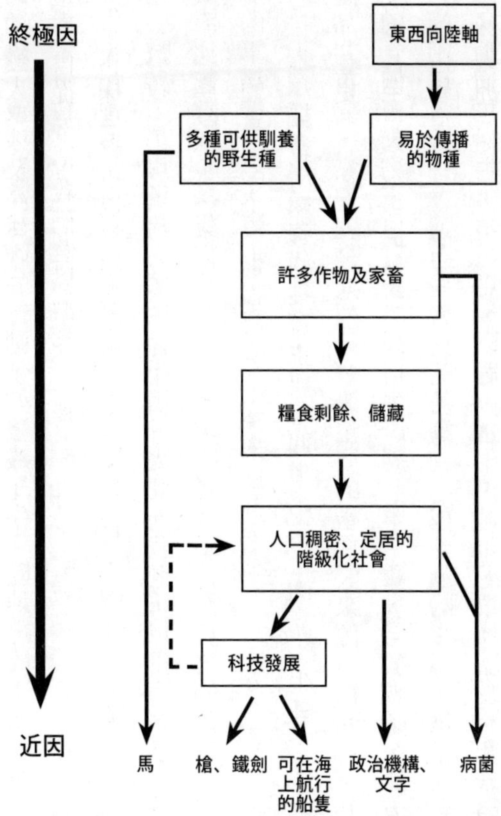

大陸軸線的方向可能是某個族群得以征服其他族群的終極因，由這個終極因引發的一連串因果的連鎖，最後會產生某個族群得以征服其他族群的直接原因，亦即槍炮、病菌與鋼鐵。上圖表示終極因與直接原因的因果連鎖。舉例來說，若一個地區有許多野生動植物適合被馴養，也代表該區適合許多能將疾病傳染給人類的病菌生長進化，因為農產品的收穫及家畜的豢養有助於維持人口密集的社會；而這樣的社會，也有助於原本在家畜身上的病菌進化。

言，只有一小部分是可供人類獵食的。大多數生物都不能成為食物，有的無法消化，如樹皮；有的有毒，如帝王斑蝶（monarch butterfly）或鬼筆鵝膏（death-cap mushrooms）；有的沒什麼營養，如水母；或調理費事費時，如微小的核果；或難以採集，如大多昆蟲的幼蟲；或涉及高風險的行動，如獵殺犀牛。陸地上的生物質量（biomass）中，主要都是樹木、枝葉，我們難以消受。

人類選擇可以食用的動植物，使之生長，因此一英畝地上九〇%的生物量，而非〇．一%，都可供給人類生存所需。因此，我們可以得到更多卡路里。這種土地的利用效率比起狩獵—採集方式要高很多，可養活十倍至百倍的農牧人口，也造成農業族群最先的軍事優勢，人數上超越狩獵—採集族群。

人類社會所豢養的牲畜主要有四種用途：肉品、牛乳、肥料和犁地。其中，尤以肉品為首要。家畜就是人類社會最主要的蛋白質來源，從此可不必依靠獵物。以今天的美國為例，動物蛋白質多半來自牛、豬、羊、雞，至於野味，比方說鹿肉，已成偶爾為之的山珍。此外，還有些大型哺乳動物已成乳品的來源，供給人類奶油、乳酪和優格。這些動物包括牛、羊、馬、馴鹿、水牛、犛牛、單峰駱駝和雙峰駱駝。就卡路里產量而言，這些動物所生產的乳品卡路里，比起宰殺牠們後所得到的肉品要多出好幾倍。

人類豢養的大型哺乳動物和栽種的作物之間會產生兩種交互作用，來增加農作的生產量。一、現代的農夫從經驗學到：利用牲畜的糞便作肥料，作物的收穫量將更為可觀。即使化學合成肥料已經問世，用動物糞便的農夫還是佔大多數，用得最多就是牛糞，他們也用犛牛和羊的糞便。此外，傳統社會也把糞便當作燃料。

再者，由於牲畜能犁地，如牛、馬、水牛、爪哇牛（Bali cattle）或犛牛與牝牛的混血種等，使得許多原本沒有經濟價值的土地都可轉為農地。史前時代的中歐農夫，也就是略早於公元前五千年的李尼爾班克拉米文化（Linearbandkeramik），還手持棍棒在犁田呢。由此可見，利用牲畜犁田真是一大進步。只不過是一千年的光景，由於犁的發明，農夫因而得以對付更堅硬、難纏的土壤。同樣地，北美大平原上開始務農的美洲土著是在河谷栽種作物，而上游那一大片堅硬頑固的土壤還是得等到十九世紀歐洲人、牲畜和犁的來到才能開發。

這種種栽培作物和豢養家畜的方式很直接，使得食物產量遠比狩獵—採集得來的要多，因而造成稠密的人口。另一個比較間接的原因是定居，這是糧食生產業的前提。狩獵—採集社群的人們四處遊走，搜尋野生的食物，但農夫必須待在田地和果園附近。如此一來，田園附近人口密集，婦女的生育間隔也將變短。狩獵—採集社群的母親，在營地遷徙之時只能帶著一個孩子和一兩樣隨身物品。除非孩子大到走得很快，跟得上族人的腳步，否則難以再生養下一個孩子。流動的狩獵—採集族群的小孩，兄弟姊妹的年齡差距是四歲，之所以如此，多半是利用哺乳期閉經、禁欲、殺嬰或是墮胎加以控制。而定居的族群，毋需攜帶幼子長途跋涉，因此生養無數。一般農人的生育間隔是兩年，約為狩獵—採集族群的一半。由於農業社群的高生育率，加上每英畝可以餵養的人多很多，人口自然要比狩獵—採集社群稠密。

定居社群的另一個結果是，得以儲存多餘的食物。若是四海為家，也就沒有人能守護糧食。有些狩獵—採集社群有時會扛著多餘的食物遠行，不只吃個幾天，但由於不能加以保護，這項「富源」可說沒啥用處。但糧食的囤積不但可支援不事生產的專家，還可養活整個城鎮的人。這也足以說明，為何狩獵—採集社群幾乎沒有全職的專家，有定居型態的社群才有。

國王和官僚這兩種人就屬於這種專家。狩獵—採集社群一般而言人人平等，沒有全職的官僚或世襲的首領。即使是小型的政治體制也僅止於人數不多的群體或部落。反之，一旦食物得以囤積，政治階層即可掌控他人所生產的食物，強行徵稅，毋需從事農牧，生產食物，把全副心神放在政治活動上。因此，小有規模的農業社群則成酋邦，規模龐大者則成王國。這種複雜且有階級之分的政治體制自然比人人平等的狩獵—採集族群更有條件發動戰爭，向外侵略。有些享有豐富資源的狩獵—採集族群，如在北美洲西北太平洋岸，或在厄瓜多海岸者，也發展成定居的社群，能囤積食物，也有社會的雛形，卻無法邁開大步成為王國。

課徵來的糧食，剩餘、囤積之後，即可供養君主、官僚和其他全職的專家。和征戰最相關的就是，得以養活職業士兵。不列顛帝國最後之所以能擊敗武器精良的毛利人，關鍵就在這裡。雖然毛利人有幾次短暫的、神奇的勝利，卻後繼無力，精疲力竭，終究抵擋不住一萬八千名全職的不列顛士兵。那些糧食還可以養活宣揚「為上帝而戰」的神職人員，鑄造刀劍、槍炮的工匠等技術人員和專司記錄的史官。

作物和牲畜價值匪淺，除了以上強調的，還有其他用途，如供給我們溫暖的衣物、有用的物品。我們可從中得到天然纖維來製造衣服、毛毯和繩網等。人類不只栽種糧食作物，還有纖維作物——如棉花、亞麻和麻。有些家畜也可提供動物纖維，比方說綿羊、山羊、駱馬和羊駝（alpaca）的毛，其他纖維如蠶絲。在治金技術發展之前的新石器時代，人類也利用動物的骨頭作為工藝品的原始材料。牛皮是皮革的來源。在美洲許多地方最早栽培的作物並非以食用為著眼點，如葫蘆是用來做容器的。

在十九世紀鐵路出現以前，大型哺乳動物之作為陸上運輸工具，可說人類社會的一大變革。在利用那些動物之前，貨品運送唯一辦法就是人類自己來背負。大型哺乳動物改變了這點：人類歷史因而首見長距離、大量地載運貨物之道，人類自己也得以日行千里。可讓人騎乘的家畜包括馬、驢、犛牛、馴鹿和駱駝。此外，駱馬會載運貨物、牛馬能拖車，北極圈的馴鹿和狗會拉雪橇，馬更成為歐亞大陸長途運輸的主要工具，牠們都是人類的好幫手。人類豢養三種駱駝（單峰駱駝、雙峰駱駝和駱馬）各在北非、阿拉伯、中亞、安地斯等地扮演類似的角色。

在開疆闢土時，這些作物、家畜中最有直接貢獻的當屬歐亞大陸的馬匹，可謂遠古戰爭中的吉普車和坦克車。正如第三章提到的，馬匹就是科爾特斯和皮薩羅以寡擊眾、出奇制勝之道。更早之前，約在公元前四千年還沒有鞍轡之前，印歐族群的語言從烏克蘭向西擴展的關鍵也是馬匹這種軍事利器。這些語言最後取代了西歐早期的語言，只有一個例外，即巴斯克語（Basque）。之後，馬匹不但上軛運輸貨物，也會拖拉戰車（約發明於公元前一千八百年），近東、地中海區域和中國的戰爭形態因此大為改觀。例如，公元前一六七四年，希克索人（Hyksos）就是靠馬匹之助入主沒有馬匹的埃及，建立短暫的王朝。

再往後，在馬鞍和馬蹬發明後，匈奴人等一波波外族從亞洲大草原策馬而來，對羅馬帝國造成威脅，十三、四世紀的蒙古人更是登峰造極，幾乎整個亞洲和俄國都臣服其下。在第一次大戰前，馬匹一直是頗有戰略價值的牲畜，也可迅捷地運送物質，後來由於卡車和坦克車問世，才被取代。在其他地理環境扮演類似角色的駱駝，也是如此。大抵而言，懂得豢養馬匹或駱駝，並善加利用，就具有軍事優勢。

此外透過動物傳染的病菌也能達到一樣的效果，天花、痲疹、流行感冒等傳染病病菌雖然只會傳染給人類，但最初都是來自動物傳染病病菌的突變種。豢養家畜的人類雖然是這些新品種病菌最初的犧牲者，但隨著時間經過，還是會對慢慢這些病菌產生抗體。當這些擁有抗體的人，與從來不曾感染過這類病菌的人們接觸時，就有可能會造成傳染病的大流行，最嚴重的情況，被傳染者有九九％的機率會死亡。這些原本由家畜傳染給人類的病菌，就是以這樣的形式，在歐洲人征服了美洲、澳洲、南美以及大洋洲時，扮演了關鍵的角色。

總之，作物和牲畜為人類帶來更多的食物來源，也意味著更稠密的人口。在糧食得以剩餘、囤積，又有牲畜幫忙互通之下，便形成發展的先決條件，從而建立一個安定、中央集權、組織分明、經濟制度複雜且擁有先進科技的社會。為何帝國、文明、鋼鐵和武器在各大洲的發展差異如此之大？終極因便是作物和牲畜的有無，加上馬匹、駱駝和致命病媒這幾項因素，農業和征服這兩點便連結起來了。

CHAPTER

5

如何在歷史上領先群倫

人類歷史充滿了不平等的鬥爭：富國與窮國鬥；有農業的族群和沒有農業的族群鬥；有的族群很早就獲得農業的技能，有的族群晚，他們也鬥。地球上大部分地區從未發展過糧食生產業，理由很簡單：生態條件欠佳。那些地方至今仍難以生產糧食。例如，美洲北極圈內在史前時代既無農業，也無牧業；歐亞大陸的北極區，畜養馴鹿是唯一生產糧食的手段。沙漠中缺乏灌溉水源的地方，也不會發展出生產糧食的生計，如澳洲中部和美國西部一些地區。

讓人費解的反而是：有些地區生態條件明明不錯，今日已成為世上的農牧業重心，那麼過去為什麼沒有發展出生產糧食的生業？其中特別令人不解的，就是加州以及美國太平洋岸其他各州、阿根廷彭巴草原、澳洲的西南和東南部，以及南非好望角地區。歐洲殖民者第一次到達那兒的時候，當地土著還過著狩獵—採集生活。如果我們回到公元前四千年的世界一遊，會很驚訝今日世界的幾個「大穀倉」卻空空如也，如美國、英國、法國許多地區、印度尼西亞和赤道非洲全部。那時，在最古老的農業發生地，農業發展了好幾千年了。我們為農業尋根，找到了它的發源地。等著我們的是另一次驚奇：那些發源地不但算不上什麼「穀倉」，以今天的標準來看，恐怕還乾旱了點，而且生態條件欠佳，如伊拉克、伊朗、墨西哥、安地斯山、中國一些地區和非洲的薩赫爾地區（Sahel zone）。為什麼農業發軔於這些似乎是邊陲的區域？為什麼今天最肥美的農田牧場沒有著先鞭呢？

各地發展農牧業的方式不一樣，也令人困惑。有些地區的人馴化當地的動植物，自行發展出農牧業，大部分地區則由農牧業的原生地，引進農作物、牲口和農牧技術。既然這些地區在史前時代就有生產糧食的潛力，為什麼當地土著沒能自行發展農牧業呢？他們也可以馴化土產的植物、動物，不是嗎？

另外，就自行發展出農牧業的地區而言，為何各地並不同步，先來後到相距久遠？例如，亞東足足比美東早了好幾千年，而澳洲東部從來沒有發展出來？至於那些在史前時代就已從外地引進農業的地區，引進時間為何也有落差？例如西歐就比美國西南早上好幾千年。同樣地，在引進生產糧食行當的地區中，有些地區（如美國西南部）的狩獵——採集土著改變了生計，採用農牧維生。但有些地區農牧業卻對土著造成災難性的衝擊，如印尼和赤道非洲帶大部分地區，土著讓入侵的農人顛覆了。為什麼？

在回答這些問題之前，我們必須想法子，找出農業的發源地、起源時間，以及作物或牲畜馴化的時間與地點。最明確的證據，就是考古遺址出土的動植物遺骸。人類栽種的作物和馴養的牲畜，大多數形態上和野生始祖有差異。例如家畜中牛與綿羊的體型較小、人類養殖的雞和蘋果比較大、豌豆種皮較薄而平滑；山羊頭上的角像拔酒瓶塞的螺旋起子，野生山羊的則像短彎刀。因此，在年代可測定的遺址中只發現野生物種，就不能說當地已有生產糧食的活動，與狩獵—採集生計倒相符。當然，生產糧食的族群仍繼續採集和狩獵，尤其是早期的農民、牧民。因此在他們的遺址中，除了馴化的物種，還經常發現野生的。

考古學家利用碳十四年代測定法，斷定生物遺骸的生存年代，所以能斷定生產糧食的年代。碳元素是建構生物的基本原素，自然界中的碳元素含有少量放射性碳十四原子，這種原子會衰變成氮原子。而宇宙射線在大氣中不斷製造放射性碳十四原子。所以大氣中放射性碳十四原子和「自然的」碳十二原子，維持一定的比例（約百萬分之一）。植物從大氣中吸入二氧化碳（光合作用的原料），等於吸入了固定比例的放射性碳十四原子。草食動物以植物維生，肉食動物以草食動物維生。沿著食物鏈，所有生物體內的碳元素中，都含有固定比例的放射性碳十四原子。生物死亡後，就不再從外界吸收碳元素，體內已有的放射性碳十四原子仍繼續衰變。放射性碳四原子的半衰期是五千七百年，也就是生物死亡後，遺骸中放射性碳十四原子含量就減少一半。測量生物遺骸中碳十四原子與碳十二原子的比例，就能估計生物死亡的年代。大約四萬年之內的生物遺骸，都能用這種方法估計死亡年代。考古發現的新石器時代或村落，用遺址隔的生物遺骸作碳十四測定，就可以估計年代。

應用放射性測年法，必須克服許多技術困難。有兩項特別值得一談。第一，大約直到八〇年代，作碳十四年代測定需要的標本量很大，至少好幾公克。遺址出土的植物種子、動物骨碎片，絕大多數不符需求。因此學者只好採取遺址中其他合適的標本，通常都是採取燃燒過的木炭。然後禱告那些標和遺址中的食物遺骸，是同時進入遺址的。

但是考古遺址並不總是一個急速凍結的時間膠囊；遺址中的遺物遺骸，可能有不同的來源，經過了複雜的程才堆積在一起。在地面下生活、鑽營的鼠輩、蚯蚓，會攪動地層，把不同時代的遺物送作堆，例如木炭碎片和死亡多時的生物遺骸不期而遇。這個問題直到加速質譜儀出現後才解決。利用加速質譜儀，只須要微量的標本就能作碳十四年代測定，因此可以直接測定食物種子、動物骨片或其他食物殘渣。以新方法得到的數據，使許多遺址的傳統年代顯得可疑，有些遺址的新舊年代差距很大，學者仍在爭論。其中與本書主題特別有關的，就是美洲農業起源的年代：在六〇、七〇年代以間接測量得到的年代，是西元前七千年；根據新的直接測量，則不會早於西元前三千五百年。

利用碳十四年代測定法的第二個問題，就是大氣中碳十四與碳十二的比例，事實上並不是恆定的，而是在時間過程中波動的。因此根據恆定假設的計算結果，必然有誤差，必須校正。我們可以推測，由於樹木的年輪是逐年增生的，等於記錄下了每一年大氣中碳十四／碳十二比例。只要找到古老的樹木，分析年輪標本，就可以確定過去大氣中碳十四。碳十二比例的變化。有了這份資料，先前以恆定比例計算出的年代數據就可以校正了。現在我們已經知道，過去算出來的碳十四年代，若是在西元前一千年到六千年之間，以年輪記錄校正過後，（實際）年代可能會早個幾個世紀到一千年。更早的年代，用另一種方式校正，原先算出的西元前九千年，現在是西元前一萬一千年。

現在考古學家開始採用符號標注他們報導的年代，讓讀者知道那是「校正過的」，還是沒有校正過的。不過仍有學者逕自報導未經校正過的碳十四年代，也不提醒讀者。本書提到的年代，只要是在一萬五千年之內的，一律使用校正過的年代，不加註明，請讀者留意。

好了，出土的動植物遺骸我們已經辨識出來了，知道它們是人工養殖的，也知道它們的生存年代了。現在我們的問題是：它們是在當地馴化成功的？還是外來品種？回答這個問題的第一個方法，就是找出某一農牧品種野生始祖的地理分布。我們可以推論：馴化必然是在那些地區開始的。例如，古時從地中海沿岸地區、衣索比亞往東至印度，都種植鷹嘴豆（chickpea）。今天世界上八〇%的鷹嘴豆是由印度生產的。因此我們可能會以為鷹嘴豆是在印度馴化的。事實上，鷹嘴豆的野生始祖只生長在土耳其的東南地帶。考古證據顯示：新石器時代遺址中，最早的可能是馴化的鷹嘴豆，就是在土耳其東南部以及鄰近的敘利亞北部出土的，年代約為西元前八千年左右。五千年之後，鷹嘴豆才出現在印度次大陸上。

辨識原生地的第二個方法，還是利用地圖。在圖上標示出某一種作物或家畜在各地第一次出現的年代，年代最早的地點也許就是最初馴化的地區。要是那個地方也有野生始祖出沒，就十拿九穩了。此外，其他地點的年代也可提供旁證。距推定的原生地越近的遺址，年代越早的話，反映的是從原生地傳播出去所花的時間，徵能證實原先的推定是正確的。例如，四倍體小麥（emmer wheat）最早出現在肥沃月彎，時間是公元前八千五百年左右。不久之後，這種作物逐漸在西方出現：希臘，公元前六千五百年左右；德國，公元前五千年左右。這些數據顯示：四倍體小麥是在肥沃月彎馴化的。事實上，四倍體小麥的祖先種正分布在以色列、伊朗西部和土耳其這個地區。不過，同樣的植物或動物，有可能在不同的地區分別馴化成功，下面我們會討論這種例子。這樣前面介紹的方法就不怎麼管用了。仔細比較各地品種，檢查它們在形態、基因或染色體上的差異，或可分辨這種例子。以印度牛（zebu）為例，這種牛背部有隆起，歐亞西部的家牛就沒有。遺傳分析顯示，現代印度牛和歐亞牛的祖先，在數十萬年前就已經分化了。也就是說，這兩種家牛是在印度和歐亞西部分別馴化的，它們的祖先是已經分化了幾十萬年的兩個亞種。

現在讓我們回到先前的問題，生產食物的生計是什麼時候出現的？在哪裡出現的？怎麼出現的？當然，各地的情況不同。在有些地區，生產食物的行當完全是獨立發展出來的。這些地區在外來農牧作物輸入之前，自行馴化了很多本土的植物與動物。這種地區目前只有五個我們有詳實的證據：西南亞（或稱近東或肥沃月彎）、中國、中美（這兒指的是墨西哥中部、南部以及鄰近的中美洲地區）、南美的安地斯山區（或許還包括鄰近的亞馬遜盆地）和美國東部（見圖5.1）。在這些地區中也許有幾個相鄰的食物生產中心，各自發展出食物生產的生計。例如中國地區就有兩個食物生產中心：華北的黃河流域和華南的長江流域。

除了這五個地區可以確定是食物生產生計的原生地，還有一些大概也是，只是目前證據還不足，例如非洲的薩赫爾地區、西非赤道帶、衣索比亞和新幾內亞。雖然緊鄰著撒哈拉沙漠南緣的薩赫爾區馴化過土產野生植物，牧牛業大概在農業興起之前就已經發展了。那兒放牧的牛群，是土著從當地的野生種馴化的？還是從肥沃月彎引進的家牛，觸發了土著馴化土產植物的念頭？目前還不清楚。西非赤道帶、衣索比亞的情況也同樣

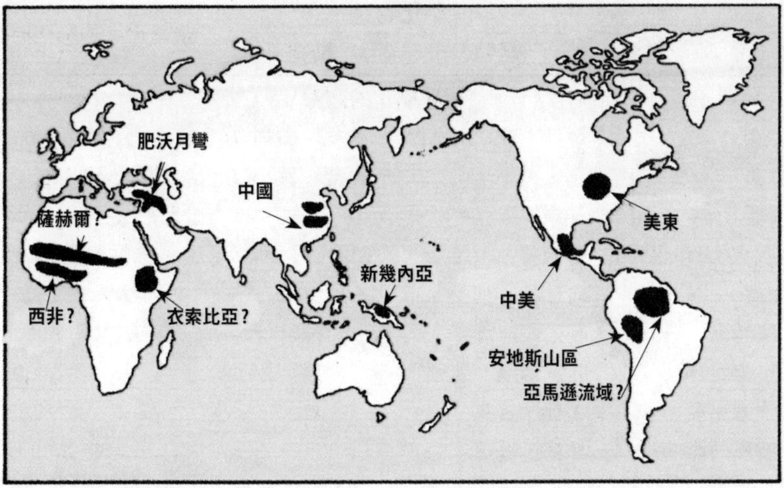

圖5.1　農業發源地：圖中的問號代表該區域的農業發展可能也受其他地區的影響，或無法確定該區初期所栽種的作物為何（例如新幾內亞）。

的不清楚。當地土著的確馴化過土產野生植物，但是他們的靈感從那兒來的呢？由薩赫爾傳入的作物，還是由西南亞傳入的作物？不清楚，至於新幾內亞，考古證據顯示那兒早已發展出農業，比鄰近地區早得多了，但還是辨別不出作物種類。

表5.1列出了一些大家熟悉的馴化物種，還有它們最早出現的地區、年代。在那九個獨立馴化中心中，西南亞是最早馴化植物（公元前八千五百年）與動物（公元前八千年）的地區。西南亞也有最多準確的碳十四測定年代，使我們對這個地區的農牧業發展，有比較完整的知識。農業在中國發展的年代，幾乎的西南亞一般早，而美國東部則晚了六千年。至於另外六個中心，年

表 5.1　馴化物種時間、地點舉隅

地區	馴化物 植物	動物	最早可考的馴化時間
單獨馴化的起源			
1 西南亞	小麥、豌豆、橄欖	綿羊、山羊	公元前 8500 年
2 中國	稻米、小米	豬、蠶	公元前 7500 年或更早
3 中美	玉米、豌豆、南瓜	火雞	公元前 3500 年或更早
4 安地斯山和亞馬遜	馬鈴薯、木薯	駱馬、天竺鼠	公元前 3500 年或更早
5 美東	向日葵、藜菜	無	公元前 2500 年
?6 薩赫爾	高粱、非洲米	珠雞	公元前 5000 年
?7 熱帶西非	非洲山藥、油椰	無	公元前 3000 年
?8 衣索比亞	咖啡、苔麩	無	?
?9 新幾內亞	甘蔗、香蕉	無	公元前 7000 年？
採借其他地區始祖作物之後，在當地發展出的馴化物			
10 西歐	罌粟、燕麥	無	公元前 8000 至 3500 年
11 印度河河谷	芝麻、茄子	印度牛	公元前 7000 年
12 埃及	西克莫無花果、油莎草	驢、貓	公元前 6000 年

代最早的也落後西南亞。但是他們的新石器時代考古資料並不完整，我們還不能確定它們是不是真的比西南落後；即使是真的，我們也不知道落後多久。另有一些地區，它們的特色是：雖然有一些土產動、植物在本地馴化了，但本地生產的食物，以引進的作物或牲畜為大宗。也許我們可以把那些外來的農牧物種當成「始祖作物」，因為隨著那些作物和牲畜引進來的，是食物生產業。有了始祖作物，土著開始過著定居的生活，他們馴化土產物種的機會就增加了——當地的野生植物本來只是採集的目

標，可是他們偶而帶回家種植，實驗他們學會不久的農藝技能，逐漸發展成栽培種。

在這三、四個地區中，始祖作物都來自西南亞。歐洲中部和西部就是這麼一個地區。從西南亞傳播來的作物和牲畜，約在公元前六千年至三千五百年之間在那兒生根。但至少有一種植物（可以確定的是罌粟，或許還有燕麥或其他作物）是後來在當地馴化的。野生罌粟只生長於地中海西岸地區。東歐和西南亞最早的農耕社群遺址，沒有發現過罌粟種子，它們最先出現在西歐的早期農村遺址。相對地，西南亞作物和牲畜的野生始祖，西歐從未出現過。因此西歐的農業不是獨立發展出來的，當地的農業源自西南亞的作物和牲畜。西歐的農耕社群把野罌粟變成農作物後，罌粟便以農作物的面貌向東傳播。

印度河河谷是另一個類似的例子。這兒最早的農耕社群約出現在公元前七千年，他們栽種的小麥、大麥等作物是在肥沃月彎馴化的，再經由伊朗傳播到這裡。然後由當地土產馴化的物種才出現在遺址中，例如印度牛與芝麻。埃及也是同樣的例子，西南亞作物在公元前六千到五千年之間傳入本地，農業這才開始發展。然後埃及人馴化了西克莫無花果樹（sycamore fig）和一種名為油莎草的（chufa）的當地蔬菜。

衣索比亞的農業可能也是同樣的模式發展的。小麥、大麥和其他西南亞作物在此地已栽種了相當長的時間。土著也馴化了不少當地的野生物種，那些作物大多不在衣索比亞以外的地區流傳，咖啡豆是唯一的例外，已傳播到世界各地。

我們還不清楚的是，馴化土產植物的時間，是在西南亞作物引進之前，還是之後？我們已經介紹過，有些地區的食物生產生計，由外地傳入的始祖作物發其端。可是當地的狩獵—採集土著，在這個過程中會遭到怎樣的命運呢？或者他們從鄰近的農耕社群採措了始祖作物、改行當農民。或者農民侵入了本地，帶來了始祖作物。農民生養眾多，展開人海戰術，加上殺戮、驅趕土著的行動，最後佔領了所有土地。

狩獵—採集土著先前以野生動植物為主食，後來採措了西南亞的作物、牲畜和農牧技術，然後逐漸放棄野生食物。也就是說，埃及的農業源自外地引進的作物和牲畜，而不是外來族群。歐洲大西洋岸可能也是如此，當地的狩獵—採集族群花了好幾個世紀，把西南亞的綿羊和穀物移植過去。在南非南端的好望角地區，狩獵—採集土著郭依族（Khoi）從遙遠的北非引進綿羊、牛，改行當了牧人。同樣的，美國西南部的印第安人從墨西哥引進作物，逐漸成為農人。以上四個地區，農牧業發展之後，從未馴化過當地的野生動植物，土著族群也沒有被顛覆。

有些地區發生的事，與此相反。在那裡，生產食物的生計，和農耕外族突然到訪，互為表裡，農作物、牲口當然也一齊來了。我們這麼肯定，因為這類接觸發生在現代史上，歐洲人是當事人。事情的始末，歐洲人的記載已經相當詳盡。那些地區包括加州、北美太平洋岸西北部、阿根廷彭巴草原、澳洲和西伯利亞。直到近代以前，那些地區都是狩獵—採集土著的天下。然後歐洲人來了，不但帶來了農作病、牲口，也帶來傳染病，他們散播疫病、殺戮、驅逐土著，佔領他們的土地。歐洲人從未馴化過當地的土產動植物，唯一的例外是澳洲堅果（macadamia，夏威夷豆）。在南非好望角地區，歐洲人初次抵達時，當地的郭依族有的以狩獵—採集維生，有的以畜牧維生，不過沒有農業。結果仍是老戲碼：農業發展了，可是耕種的是外地的農作物；本土物種從未馴化過；土著給連根拔起。

依賴外來物種生產糧食的生計，突然興起，隨後土著給連根拔起，最後外來族群佔領了土地，這一戲碼反覆在世界各地的史前史上演。由於沒有文字記載，我們只能從考古記錄或語言學證據，尋繹史前族群更替的證據。族群更替最明顯的例證，源自兩種證據。一種是體質人類學：由於新來的族群與土著有明顯的形態差異，人骨就足以說明一切。二是物質文化。侵入的族群帶來的不僅是農作物與牲口，還有陶器。本書將描述兩個最明確的例子：南島民族從華南擴張，到達菲律賓和印尼（十七章）；非洲班圖族擴張，擁有赤道非洲地帶（十九章）。

東南歐和中歐也上演過相同的戲碼：農牧業（仰賴西南亞作物和牲畜）突然興起、陶器突然出現。這一發展可能也涉及族群更替：古希臘人和古日耳曼人給現代希臘人和日耳曼人取代。菲律賓、印度尼西亞和赤道非洲地帶就發生過同樣的族群更替。不過，歐洲的新舊族群在形態上的差異並不大，不像菲律賓、印度尼西亞和赤道非洲地帶的情形。因此，歐洲的族群更替，證據不怎麼堅強，也不直接。

總之，世界上只有少數幾個地區發展出農業，農業萌芽的時間也不一致，有很大的差距。在那些核心地區的四周，有些狩獵—採集族群學會了生產食物的技能。其他鄰近地區的族群，則給連根拔起，來自核心地區的農民是征服者，各地的征服時間也不一致，有很大的差距。最後，有些族群即使生活在生態條件良好的地區，既沒有在史前時代發展出農牧業，也沒有從外地採借過農牧業。千百年來他們繼續過著狩獵—採集生活，直到現代世界將他們拋棄了。在糧食生產方面取得先機的族群，在邁向槍炮、病菌和鋼鐵的路途上，領先群雄。

結果就是歷史上一連串富國與窮國的衝突。農業發生的時間和模式有很大的地理差異，我們如何解釋呢？這是史前史最重要的問題，下面五章討論的就是這個問題。

CHAPTER 6

下田好，還是打獵好？

本來地球上所有的人都過著狩獵—採集的生活。怎麼會有人改行生產糧食呢？暫且相信這麼做的人必然有他的理由，肥沃月彎的居民早在公元前八千五百年就開始耕作，而氣候、結構上同樣屬於地中海型棲境的西南歐，要到三千年之後才有農民耕作，加州、澳洲西南部和南非好望角區的土著從未務農，為什麼？為什麼肥沃月彎的居民在公元前八千五百年決定務農呢？為什麼不早個萬兒八千五，或更早，兩萬八千五不好？

從現代的觀點來看，這些問題乍看之下似乎都是多餘的。狩獵—採集生活的短處不是很明顯嗎？科學家常引用霍布斯（Thomas Hobbes）的話，來形容狩獵—採集的生活：「凶殘、野蠻、短命。」那些人似乎過得很辛苦，每日營營苟苟，只求果腹，仍不免於凍餒。他們缺乏基本的物質享受，沒有柔軟的床、保暖的衣物，而且壽命不長。

事實上，只有豐饒的第一世界公民，才會覺得生產糧食的行當付出的勞力較少、過的日子比較舒適，不受凍餒，活得較長。他們從未下田、五穀不分。農民與牧民是世界主要的糧食生產者，他們大多數不見得比狩獵—採集族群過得好。根據時間成本分析，農人牧人每日的工作時間，比狩獵—採集族群來得長。考古學家也證實，許多地區最早的農民身材比較矮小，顯得營養不良，得的病比較嚴重，壽命和原來的狩獵—採集族群相比，也比較短。如果那些農民可以預見務農的結果，或許就不會改行了。既然不能預見後果，他們幹嘛選擇務農？

有些狩獵—採集族群和農民比鄰而居，親眼看見他們的鄰居忙著生產糧食的行當，可是他們拒絕接受農業的祝福，仍舊過著狩獵—採集生活。例如澳洲東北的土著，幾千年來都與托雷斯海峽群島（Torres Strait Island位於澳洲和新幾內亞之間）上的農夫交換物品，美國加州的狩獵—採集族群，與科羅拉多河谷的土著農民交換。此外，南非魚河（Fish River）以西的郭依（Khoi）牧民，與魚河東的班圖農民交換？為什麼？與農民接觸的狩獵—採集族群，當然也有改行當農民的例子，但那是在很久很久之後，那麼長的延遲似乎不很尋常。舉例來說，德國北部的海岸族群一直過著狩獵—採集生活，直到農民進入德國，在距離他們大約二百公里的內陸地區定居了一千三百年之後，他們才改行。為什麼那些海岸族群等了那麼久？讓他們改變心意的是什麼？

在回答這些問題之前，我們必須先澄清幾個有關農業起源的觀念，再重新設計我們的問題。我們或許會認為，農業是發現的，或發明的。錯了。務農呢？還是狩獵—採集？往往不是有意識的選擇。具體的說，各地的第一批農民從未見識過農業，他們務農顯然不是出自刻意的選擇，也不是有意識的以發展農業為目標。實況正相反，生產糧食的行當是逐漸演化出現的，是無心插柳的結果。原先作的決定，並沒有考慮過後果。因此，我們該問的問題是：生產糧食的行當為什麼會演化出現？為什麼它只在某些地方演化？為何有時間和地理的差異？為何不是更早或更晚？

另一個錯誤的觀念是：我們認為狩獵—採集生活和生產糧食的行當必然涇渭分明；一流動，一定居。雖然我們常作這種區別，事實上在某些肥沃地帶，狩獵—採集族群也能定居，如美國太平洋岸的西北部，或許還包括澳洲東南部，那兒的狩獵—採集民從未改行務農。其他在巴勒斯坦、秘魯海岸和日本的狩獵—採集族群，先定居生活，很長一段時間之後才開始務農。一萬五千年前，狩獵—採集族群中定居生活的比例可能比現在的高多了。因為那時地球上所有的人都過著狩獵—採集的生活，最肥沃的地區也不例外；而今天殘餘的狩獵—採集族群只生活在貧瘠的土地上，那兒只能流過動的狩獵—採集生活，別無選擇。

反過來說，農民牧民也有不定居的。新幾內亞湖原（Lakes Plains）有些現代遊牧民，先在森林中清理出一塊地，種下香蕉、木瓜，然後離開幾個月，重新過著狩獵—採集生活。他們會回來查看作物，要是作物還在生長就除除草，除完再回頭打獵。直到收成時才回來定居一陣子，以收成的作物維生。美國西南部的阿帕契印第安人，夏季在北方高地耕作，冬季則在南方的低地流動，以野生食物維生。許多非洲和亞洲的牧人會沿著固定的路線變換紮營地點，以順應牧地的季節性變化。因此，從狩獵─採集生計轉換到農牧業，未必一定要定居。

另一個假定的分野是，農民積極的經營土地，而狩獵─採集族群只是收集土地上的野生物。實際上這個分野不符合實情。有些狩獵─採集族群會很積極的利用土地。例如新幾內亞土著雖然從未馴化西米棕櫚（sago palm）和山露兜樹（pandanus），卻知道如何增加那些野生植物的產量：清除與它們競爭空間的樹木；生長西米棕櫚的沼澤地，必須維持水道清澈；砍掉成熟的樹，促成新的樹根增長。澳洲土著從未有過栽培山藥或種子植物的農業，不過他們已經發展出一些農業的技術。他們會經營土地：先在地上放火，「鼓舞」可作食物的種子植物生長，因為土地燒過之後它們的種子就會萌芽。在採集野生山藥時，他們切下大部分可食的塊根，把莖和塊根的上端留在地上土中，讓它再度生長。他們挖掘塊根的行動，鬆動了土壤，讓土壤通氣，可以促成塊根再度生長。他們想要夠得上農民的資格的話，只消讓剩下的一段塊根和莖連著，帶回家裡在自己的營地裡就成了。

生產糧食的行當是從狩獵─採集階段就已經出現的技術，一步一步發展成功的，並非所有的必要技術都是很短的期間內發展出來的，在一個地方馴化的動、植物，也不會是同時馴化的。獨立發展出農業的地區，即使是速度最快的，也得花上好幾千年，才能從全是野味的餐食，轉換成只有少數幾種野味的餐食。在發展農業的早期階段，人們採集野生食物，也種植作物。後來作物的比例逐漸加重，各式各樣的採集活動於是一一放棄了。

這個過程是漸進的、逐步的，因為生產食物系統的演進，是許多不同分配時間和精力的決定共同造就的。覓食的人類和覓食的動物一樣，時間和精力都有限，花用的方式卻很多。我們可以想像一位最早的農民，清晨醒來後自忖：今天我該犁田了（幾個月後就有蔬菜吃了），還是撈蝦子（今天就可以吃到一點肉），或者獵鹿（今天可能有大快朵頤的機會，但空手而回的機率更大）？人類也好，動物也好，覓食的時候，心中會不斷的盤算（即使當事人意識不到），先做什麼後做什麼？該多花些精神，還是馬虎了事？他們會先追求中意的食物，或最划得來的食物。不得已，退求其次。

下決定時，考慮的因素很多。覓食主要為了填飽肚皮。但他們也會想吃某些特別的食物，如富含蛋白質的食物、脂肪、鹽、香甜的水果或好吃的食物。若不論其他，人會追求最大的報酬，不論是卡路里、蛋白質或其他特定的食物範疇。做法是：花最少的時間、最小的精力，生產最大的可靠報酬。同時，他們也要降低餓死的風險：適度而可靠的報酬，比起大起大落的生活模式更有吸引力。有人認為，一萬一千年前第一次出現的農園，乃是未雨綢繆之計，當作可靠的儲糧倉，以應付野生食物供應不足的情況。

反之，獵人的行事準則是「聲望」。舉例來說，他們可能寧願每天出門獵長頸鹿，一個月獵到一頭，贏得偉大獵人的封號。他們不願紆尊降貴出門採集堅果，即使他們知道一個月下來，必然可以採到兩頭長頸鹿那麼重的食物。人的行事也受到看似武斷的文化偏好左右，例如把魚當作美食或禁忌。最後，人看重的事，也受價值觀的強烈影響。對不同生活類型賦予的價值，會影響選擇。例如在十九世紀的美國西部，牧牛人、牧羊人，和農民彼此鄙視。同樣的，縱貫人類歷史，農民瞧不起狩獵—採集族群，說他們原始；狩獵—採集族群瞧不起農民，說農民無知；牧人兩個都瞧不起。各族群在考慮生計的時候，所有這些因素都會發生作用。

我們已經說過，各大洲最早的農民不可能有意識的選擇農業做生計，因為他們沒有見過農民。不過，一旦食物生產行當在大洲的某一角落出現了，鄰近的狩獵—採集族群都能觀察到後果，並有意識的做出決定。他們也會全盤接納鄰居的農業體系。也有可能選擇性的接納。還有一些完全拒斥農業，我行我素，繼續過著原來的狩獵—採集生涯。

例如大約在西元前六千年前，東南歐有些狩獵—採集族群，很快就接納了西南亞的穀物、豆類和牲畜。全部引進過來。公元前五千年之前的幾百年間，這三個要素已經迅傳播到中歐。東南歐和中歐的狩獵—採集族群很快採借了農業，毫無保留，也許是因為在那裡狩獵—採集生活所獲有限、不具競爭力。相對的，西南歐（法國南部、西班牙和義大利）接受農業的過程十分漫長，而且不乾不脆。先進入那兒的是綿羊，再來是穀類。日本從亞洲大陸採借密集農業的過程，也很慢，零零星星。也許是因為當地有豐富的海產與植物資源，狩獵—採集的生活已很富足。

狩獵—採集的生活形態可以逐漸轉變為農業生活形態，生產一種糧食的生計也可以逐漸轉變為生產另一種糧食的生計。例如美國東部的印第安人早在公元前二千五百年就馴化了當地的植物，但是他們和農業比較先進的墨西哥印第安人有貿易往來。墨西哥印第安人發展出的農業系統，以玉米、南瓜、豆子為主，產值較高。美東印第安人採借了墨西哥作物，很多族群逐漸放棄原先馴化的植物；南瓜是他們自行馴化的，玉米則在公元二百年從墨西哥引進，起先不佔什麼份量，到公元九百年才成為主要作物，而豆子則是一、兩百年後引進的。甚至也有放棄農業，回歸狩獵—採集生計的例子。例如大約在西元前三千年左右，瑞典南部的狩獵—採集族群採納了農業，以源自西南亞的作物為基礎。但是到了公元前二千七百年，他們卻放棄農業，過了四百年狩獵—採集生活，然後又恢復農耕。

從前面的討論，事情已經很情楚了，我們不該假定從事農耕是在真空中作成的決定，農民先前也不是沒有餬口的生計。我們必須把狩獵—採集、農耕當作兩個不同的選項，兩者是競爭的對手。混合型也是一個選項，即使以狩獵—採集為主，也可以兼顧一種農作物，畜養一兩種家畜、家禽。當然，混合型也可以有不同的情況。所以人類考量生計的空間並不小，有許多種可能的選項。然而，人類最近一萬年的歷史彰彰在目的事實，就是人類生計的變遷，以從狩獵—採集轉變為農耕主流。因此我們必須問的是：哪些因素讓農耕顯得有利，使其他的生計類型都失色了？

考古學家和人類學家仍在爭論，至今未有共識。理由是：在世界各地，同樣的因素似乎有不同的影響。另一個理由是：因果關係難以釐清。然而，我們還是可以歸納出五個主要因素，因為不清楚它們相對的重要性，才發生爭論。

第一個因素是，野生食物日漸稀少。過去一萬三千年來，狩獵—採集的投資報酬率日益低落，維持這種生計的資源縮減了，甚至消失了，尤其是動物資源。我們在第一章已經討論過，更新世結束的時候，美洲大多數大型哺乳類都滅絕了，歐亞大陸、非洲也有一些滅絕了。原因不明，或者是氣候變遷造成的，也可能是人類狩獵技術改進、人口增加的結果。雖然在各大洲上人類發展農業與動物滅絕的關係，仍有辯論的餘地，近代在大洋中島嶼上發生的事例倒是無從辯駁。最早登陸紐西蘭的玻里尼西亞族群，直到消滅了恐鳥、摧毀了海豹族群後，才開始認真的經營農耕。其他的玻里尼西亞島嶼，莫不如此。例如西元五百年左右玻里尼西亞族群登陸復活節島，帶來了家雞。可是一直到野鳥、海豚少了之後，家雞才成為主食。同樣的，肥沃月彎的居民馴養家畜的生計，是在當地野生瞪羚銳減之後，才開發的。

第二個因素是野生動物與家生生物的消長。野生動物愈來愈少，狩獵日益困難；可供馴化的植物愈來愈多，提高了培育作物的報酬。例如更新世末期，由於氣候變遷，肥沃月彎野生穀類的棲境面積大增，因此在很短的時間內就可採收大量的食物。那些野生穀類，就是肥沃月彎最早的作物小麥和大麥的祖先。

影響狩獵—採集和農業消長的第三個因素，是生產糧食的技術（例如採收、處理和儲藏）不斷改進。要是沒有收割、打穀、碾穀、儲存的技術，田裡即使有一噸的小麥粒，又有什麼用？公元前一萬一千年之後，各種必要的方法、工具和設備在肥沃月彎迅速出現，就是發明來處理當時新出現的大量野生穀類。

那些發明包括：裝在木柄或骨柄上的燧石鐮刀，收割用；盛裝穀物的籃子；杵臼、磨板，用來去穀殼；烘焙穀子的技術，防止麥粒發芽以利儲藏；地下儲藏穴，有的用石膏抹平地板、四壁以防水。在肥沃月彎狩獵—採集族群遺址中，所有這些技術的證據，在西元前一萬一千年後特別豐富。雖然是為了採集野生穀類發展出來的，卻是日後農耕不可或缺的。這些不斷累積的發展，為栽培作物的第一步鋪好了路。其實，那第一步根本不是有意識的選擇，歷史中的行動者往往與世推移、與時遷徙。

第四個因素是人口密度增與農業興起的雙向關連。全世界只要找得到妥善證據的地方，考古學家都發現：人口密度的增長與生產食物生計的出現有關。哪個是因哪個是果呢？就像雞生蛋或蛋生雞的問題，仍然辯論不休。人口密度增加迫使人類轉向農業？還是農業使得人口密度增加？

原則上，在這樣的事例中我們期望因果鏈鎖是雙向的。糧食生產業每一畝地生產的可供食用的卡路里，比狩獵—採集多。另一方面，從更新世末期開始，人口密度便逐漸上升，那是採集、處理野生食物的技術不斷改進的結果。由於人口密度逐漸上升，務農逐漸成為務實的選擇，因為農業加了食物產量。

換言之，實行農業印證了我們稱為自體催化的過程（autocatalystic）——在一個正回饋循環中不斷催化自己的過程；這個過程一旦開展，循環的速度就會越來越快。人口密度逐漸增加，迫使人們取得更多食物，那些無意識的跨入糧食行當的人，就受到了鼓舞。一旦人類社群開始生產糧食、定居下來，生育間隔也縮短了，人口於是增加，需要更多的食物。這種農業與人口密度的雙向關連，解釋了一個弔詭：農業雖然增加了土地的產值，但是農民的營養狀態卻大不如前。理由是：糧食增加的速率稍稍落後於人口增加的速率。

綜合以上四種因素，我們可以了解肥沃月彎在公元前八千五百年開始出現農業的原因。為什麼不在公元前一萬八千五百年，也不在二萬八千五百年呢？因為在早些時候，狩獵—採集的收獲遠比初期的農業來得豐碩。那時野生哺乳動物處處可見；野生的穀類數量頗少；人類社群還沒有發明收成、處理和儲藏穀類的技術；此外，人口密度還沒有高到必須設法從土地裡攫取更多卡路里的地步。

最後一個因素在狩獵—採集族群和農民的邊界地區，有決定性的影響。農業社群的人口極為稠密，因此憑數量優勢就足以驅逐或消滅狩獵—採集族群，更別提農民其他的優勢了（包括技術、病菌和職業軍人）。本來清一色全是狩獵—採集族群的地區，改採農耕的族群繁衍速度遠超過死守傳統的。

結果，在大多數適於從事農牧業的地區，狩獵—採集族群的命運只有二種：要不給鄰近的農業社群取代，要不「從善如流」，改行農耕。在史前時代，若是某個地區狩獵—採集族群的人口數目較多，或地理障礙阻絕了農民移入，狩獵—採集土著的確有時間適應農耕生活，最後變成農民。美國西南部、地中海西岸、歐洲大西洋沿岸和日本某些地區，就可能發生過這樣的事。然而，印度尼西亞、熱帶東南亞、赤道非洲帶的大部分，或許還包括歐洲一部分地區，狩獵—採集土著在史前時代就給農民取代了。在澳洲和大部分美國西部地區，同樣的事發生在近現代。

狩獵—採集族群要在適於農牧的土地上繼續生存，只能憑藉地理或生態壁壘。三個顯著的例子是：在美國加州繼續生存的狩獵—採集土著，因為沙漠將他們和亞利桑那的農民隔絕了；南非好望角地區的郭依族，那兒的地中海氣候不適合班圖農民的熱帶作物；以及澳洲的狩獵—採集土著，大海隔絕了印度尼西亞、新幾內亞的農民。有些族群直到二十世紀仍維持傳統的狩獵—採集生活，因為他們生活的地方侷限於不適合農牧業發展的區域，特別是沙漠和極圈。但近年來，他們或者抗拒不了文明的誘惑，或者受不了於政治和宗教的壓力而定居下來，屈服於病菌，最後這個族群不得不淡出人類歷史的舞台。

CHAPTER 7

杏仁的前世今生

如果你在鄉間遠足，吃膩了農家菜色，也許可試試野生食物。有些野生的草莓和藍莓不但風味不錯，安全無虞，而且很容易辨認，因為和農家產品外觀很像，雖然個頭小多了。然而，即使是膽敢冒險的人也不敢輕易採野香菇來吃，因為許多種野香菇會致命；不過，野杏仁就沒有人敢嘗試了，即使是最愛核果的人也不敢，因為有好幾十種都含有致命的氰化物（和納粹毒氣室所用的化學毒物相同）。森林裡還有其他許多種植物都在食用禁忌之列。

所有作物的前身都是野生植物。野生植物是怎麼變成作物的？這是個令人困惑的問題。尤其是許多作物的野生祖先，不是有毒就是難以入口，像杏仁；還有些作物和野生祖先外觀差別太大，如玉米。什麼樣的原始人會想出「馴養」植物的點子？他們是怎麼辦到的？

「馴化植物」也許可以定義為：栽種植物，（不管有意或無心）使它們發生遺傳變化，變得對人類消費者更有用。培育作物現在已是職業科學家的工作。他們了解幾百種作物，還積極開發新的作物。通常，他們先種下許多種子或根，找出最好的子代，再種下它們的種子，並運用遺傳學培育出優秀的品種，也許還利用遺傳工程的最新技術轉殖優秀的基因。例如，加州大學戴維斯分校（University of California, Davis）就有一個學系是專門研究蘋果（果樹栽培系），還有一個系則是研究葡萄和酒（葡萄與釀酒學系）。

但人類馴化植物的歷史已有一萬年。最初的農人當然沒有分子遺傳學技術可用，第一個農人甚至連現成的作物都沒見過，怎麼會有馴化植物的靈感呢？因此不管當初他們在做什麼，事前不知道最後會有什麼結果。

那麼，早期農民怎麼會無心插柳，馴化了植物？舉個例好了，他們既然不知道自己在做什麼，怎麼會把有毒的杏仁改良成安全的食物呢？對野生植物，除了把果實變大、更無毒性，還使植物發生了什麼變化？即使是有價值的作物，馴化的時間也大不相同：例如，豌豆在公元前八千年已經馴化，橄欖約在公元前四千年，草莓則得等到中世紀，而山核桃（pecan）更遲至一八四六年。許多野生植物就是美食，自古口碑載道，如橡實，至今仍未馴化。為何有些植物容易馴化，甚至像是自投懷抱，而有些偏偏桀傲難馴？為何橄欖樹在石器時代就馴化了，橡樹至今威武不屈，連最頂尖的農業專家都束手無策？

我們先從植物的觀點來看馴化這回事。就植物而言，無意間促成「馴化」的並非只有人類，還有其他幾千種動物。

植物就如同所有的動物物種（包括人類），必須藉由繁衍子代來傳遞親代基因。小動物可以走動或飛行到新天地，植物則別無選擇，只能待在原地，等待「搭便車」的機會，利用風吹水流散播種子到其他地方。有時，則以果實色香味來引誘動物。讓牠們吃下，種子就告別親代的樹。離鄉背井隨著四處走動、飛行的動物遊走，從動物的飛沫或糞便「下車」，重見天日。

也許，我們會驚異種子的天賦異稟——能安然無恙地經過消化道的搗碎、侵蝕，再從糞便發芽。若各位讀者勇於嘗試而且不會大驚小怪，都可以親身體驗一下。很多野生植物在發芽之前都經過一段消化道之旅。例如，有一種非洲瓜非常習於讓一種像袋狼（hyena）的土狼（aardwolf）吞進肚子，再從土狼排便的地方發芽、成長。

就「色誘」動物而達到搭便車的目的而言，野草莓就是個中翹楚。在種子還小、不能發芽時，果實則青澀酸硬，種子成熟後，莓實則變得紅豔甜美，招引如畫眉等鳥兒來啄食，種子因而得以藉由到處飛翔的鳥兒傳播到遠方。

草莓自然而然不是有意識的「招蜂引蝶」，只在種子成熟時恣意放浪，其他時候則端莊淑靜；畫眉也沒有馴化草莓的意圖。草莓經由天擇的機制演化。莓實愈青澀，愈難以得到鳥兒的青睞，愈甜豔的，吸引愈多鳥兒來啄食，因而得以把成熟的種子散播出去。

還有無數的植物都是利用動物的口腹之欲來進行傳播的，如草莓與畫眉、橡實與松鼠、芒果與蝙蝠，以及某些菅茅與螞蟻。這點已符合植物馴化的部分定義：祖先植物物種遺傳上發生了變化，對消費者有用。但沒有人會當真，把這種演化過程描述成馴化，因為不管是鳥兒、蝙蝠或其他動物都不符合定義的另一部分：有意的栽種——牠們都是無心的。野生植物開始演化成作物的早期階段，也不涉及意識，植物演化出一些辦法吸引人類來採食而進行種子的傳播。人類雖然在這個階段幫助了植物的散布、繁殖，但也不是有意的。

我們常不知不覺為野生植物播種，茅坑不過是許多地點其中的一個。我們採集可食的野生植物，在回家的路上，有時會灑落一些。有些水果，種子還好端端的，果實卻已腐爛，於是被丟棄在垃圾堆中。入口的水果中，草莓種子小得不得了，於是連果肉一同進了我們的腸胃，最後再隨糞便排出，但有些水果的種子很大，就會被我們吐出來。因此，茅坑加上痰盂和垃圾堆就成了人類第一個農業研究實驗場所。

不管種子到了哪個「實驗室」，都只來自某些可食的植物，也就是我們比較喜歡吃的那些。在採集莓子的時候，人們已經有所選擇。等到最早的農夫出現時，他們開始有計劃地播種，難免傾向原來採集的植物，雖然他們對遺傳原則仍一無所知——種什麼子就結什麼果，大草莓的種子比較能生出更多大草莓。

設想，在溽熱的一天，你步步為營地踏入蚊蟲密布的灌木叢中。你該不是隨興所致走進去的吧。然而，即使沒有刻意選擇，你還是走到了最理想的一叢，心想，這麼做該得來全不費功夫吧。在你的潛意識中，你的選擇標準是什麼？

其中的一個標準當然是果實的大小。否則為了幾顆又小又醜的草莓，人不但曬傷，還被蚊蟲叮咬，太不划算了吧。為什麼許多植物果實的後代要比野生始祖大得多？這就是原因之一。大家都有印象，野生的莓子和超市賣的草莓和藍莓相比簡直是小不點。這種差異是最近幾百年內發生的事。

就其他植物而言，這種大小差異可以回溯至農業發源時，那個時候人類栽種出來的豌豆在撿選和演化之後，重量可達野豌豆的十倍。幾千年來，小小的野豌豆一直是狩獵—採集族群的目標，正如今天我們摘小小的野藍莓，之後才開始選擇一定時間收穫，並種植豆莢最大的野豌豆——這就是所謂的農業，後代的豌豆因而青出於藍，一代比一代大。超市的蘋果也是一樣，大抵而言直徑約有七、八公分，野生蘋果則小的可憐，直徑只有二、三公分。最早的玉米還不到一公分半，但公元一千五百年的墨西哥印第安農民已經可以種出長達十五公分的玉米，到了現代更出現了長達四十五公分的巨玉米。

作物種子和野生始祖的種子的味道不同，這是另一個明顯的差異。很多野生種子味苦、難以入口，有的甚至有毒，就是不想落入動物口中。因此，天擇的運作，在種子和水果間剛好背道而馳。植物的果實愈香甜的，愈為動物青睞，種子因而得以傳播出去，但果實裡的種子卻味道欠佳，不然就被動物嚼得粉碎，永遠不能發芽了。

杏仁那苦澀的種子和馴化之後的改變就是個讓人眼睛為之一亮的例子。大多數的野杏仁都含有名為苦杏仁苷的劇毒，分解後會產生致命的氰化物。野杏仁的苦味其實是種警告，教人不可為了口腹之欲而白白送命。採集種子可謂馴化過程的第一階段，而野杏仁到底是如何到達這個意外的第一階段呢？

原因是，有幾棵杏仁樹會發生基因突變，而無法合成劇毒的苦杏仁苷。這種杏仁樹常在荒野中絕種，因為鳥兒一發現，就把種子吃得精光。但在農業發展早期，農家孩子由於好奇或嘴饞，不免在野生植物旁邊徘徊，摘一點來吃看看，最後終於發現沒有苦味的杏仁樹。（今天歐洲農民偶爾找到美味不苦的橡實，簡直如獲至寶。）這種沒有苦味的野杏仁就是早期農夫選擇栽種的對象，起先可能只是任其在垃圾堆中發芽、生根，後來則有計畫地在果園種植。

到了公元前八千年，野杏仁已開始在希臘的考古學遺址出現；公元前三千年，地中海東岸已有馴化的杏仁；公元前一三二五年埃及國王圖坦卡門（Tutankhamen）入土時，朝臣在他的陵墓放了杏仁，以供來生食用。利馬豆、西瓜、馬鈴薯、茄子和甘藍的野生始祖不是帶有苦味就是有毒，偶然間從古代旅人的「茅坑」中長出幾棵味道甘美的。

果實大小和味道就是狩獵—採集族群選擇野生植物的標準，其他標準則為果肉豐美與否、有子無子、種子是否有油和纖維長短。野南瓜種子旁邊的果肉不多，但早期的農夫會選擇果肉比較多的。古人在栽種香蕉時，偏好的則多肉和無子，這也是現代農業實驗室的科學家培育無子橘子、無子葡萄和無子西瓜的動機。無子水果正好和野生植物藉由種子繁衍的演化原則背道而馳。

古代，還有許多植物是因為果實或種子的油而受到青睞。在地中海世界，最早馴化的果樹是橄欖，時間約在公元前四千年，為的就是油脂。人類種植的橄欖不但果實大，而且比野生的油更多。遠古的農夫選擇芝麻、芥末、罌粟和亞麻，都是為了種子油，現代的科學家則企圖從向日葵、紅花和棉花得到更多的油。

在近世發展出棉花油以前，棉花的價值主要來自紡織用的纖維。這些纖維（或稱棉絨）就是棉花子上的細絲。美國和舊世界早期農夫挑選不同種類的棉花，棉絨愈長愈好。亞麻和苧麻這兩種植物也是古代織品的來源，但纖維是來自莖，上選者則為又長、又直的莖。在我們的觀念中，大多數的作物都是食物，但最古老的作物——亞麻卻不是（約在公元前七千年馴化）。亞麻是織布的來源，歐洲最主要的織品，工業革命後才為棉花和合成纖維取代。

從野生植物演化成作物，我前面描述的變化，都是那些早期農民實際上可以注意到的特徵，例如果實大、口味佳、果肉豐、含油多和纖維長的品種。這幾項特質在農夫挑選下，發展到極致，野生植物於是走上馴化之路。

然而，植物的演化至少還有四種重大改變不是人類能夠察覺的。有些情況是採收可得的植物造成的，有些則是看不到也得不到所致，或是挑選原則的改變對植物產生影響。

第一個改變是野生植物的種子傳播機制。很多植物都有一套傳播種子的方法，以防人類大規模地採集。種子突變後，少了這套護身法寶，於是落到人類手裡，最後變成始祖作物。

豌豆就是一個明顯的例子。豌豆仁躲在豆莢內，野豌豆要發芽則破莢而出。要達到這個效果，豌豆的基因必須演化，使豆莢能夠爆裂，把豆仁噴到土壤之上。有些豌豆突變，豆莢不爆裂，於是種子就一直包裹在豆莢內，和親株一起老死。只有豆莢能爆裂的才能開始新生命，把基因傳下去。但人類喜歡的豌豆正是那些豆莢還沒有爆裂的。因此，有人把野豌豆帶回家吃這個舉動就足以促成基因的突變。除了豌豆，類似的例子還有扁豆、亞麻和罌粟。

除被包裹在會爆裂的豆莢內，野生小麥和大麥的種子還必須長在麥桿的頂端，隨著麥桿的搖曳落到地上而發芽。但由於某個基因突變，麥桿因而無法搖曳。在野生的環境中，這種基因變異可說是麥子的終結者，因為種子無法落粒，則不能發芽、生根。但人類卻可輕鬆採收這些還在麥桿上沒有落粒的種子，然後帶回家。農夫把這些突變的種子拿來種，子代一樣隨人收割、播種，而原本正常、沒有突變的種子則落到地上，難以落到人類手裡。因此，農夫倒轉天擇方向：從前成功傳遞下來的優質基因反倒成為劣質，而劣質基因卻搖身一變成為優質基因。在這一萬年以來，農夫不知不覺選擇不會自行落粒的麥子，顯然就是人類「改良」植物的第一步。這種變化象徵農業在肥沃月彎興起了。

第二種改變甚至不是古人所能察覺的。在氣候多變區的一年生植物，若是所有的種子同時快速發芽，就有絕種之虞。只要一陣乾旱或霜害就全軍覆沒，沒有種子可以傳遞物種。因此，很多一年生植物必須演化出抑制發芽的防禦方式，使種得以休眠，在多年後仍可發芽。所以，即使大多數種子在一時之間遭天候的摧殘，逃過一劫的仍得以在日後滋生、繁衍。

另一個防禦方式是以厚層包裹種子，如甲冑般。有這種裝備的野生植物包括小麥、大麥、豌豆、亞麻和向日葵。這種晚發芽的種子還是有機會在野外發芽。想想農業早期發展的過程吧，最早的農夫一再地嘗試錯誤後，最後終於發現把土壤耙鬆、澆水再播種，收穫較多。農夫還挑選可立即發芽的種子品種，來年再來種植。而許多無法立即發芽的野生種子，種了之後，也是徒然，沒有收成。

偶爾，野生植物會有一、兩棵發生突變，例如種子少了厚實的外層或沒有抑制發芽的機制。這些突變種將迅速發芽，結果就是產生更多具有這種突變基因的種子。早期的農夫不會注意到這一點，正即他們只知採集果實大的莓子。一旦這個播種—生長—收穫的循環建立起來後，最有利的就是那些突變種。和野生始祖相比，小麥、大麥、豌豆等許多作物的抑制發芽機制不知不覺已有了改變。

早期農夫無法察覺的另一種改變牽涉到植物的繁殖方式。在作物發展的過程中，有一個常見的問題：較有益於人類的突變植物（如種子較大或苦味較淡者），若與正常物種雜交，這種為人喜愛的突變特質還是有淡化或喪失的可能。如此，早期農夫如何決定加以保留？

對植物自身的繁殖而言，突變種自然而然會保留下來，如利用親代的塊莖或根進行無性生殖的植物，或雌雄同株可自行有性生殖者。但絕大多數的野生植物都不是這麼繁殖的，有的雖雌雄同株，但無法自己進行有性生殖，必須和其他雌雄同株者進行交配（我的雄蕊對你的雌蕊，你的雄蕊對我的雌蕊），或是像所有正常的哺乳動物，雌雄異體。前者有個專有名詞叫「自體不親和的雌雄同株」（self-incompatible hermaphrodites），後者則為「雌雄異株」（dioecism）。對遠古的農夫而言，這兩者都成事不足，敗事有餘，因為常糊裡糊塗錯失了有益的突變種。

解決之道牽涉到另一種看不見的改變。許多植物的突變種連帶影響到自身的生殖系統。有些突變種可不經授粉而結果，如無子的香蕉、葡萄、橘子和鳳梨；有些雌雄同株的突變種失去了自體不親和這個特性而可自行有性生殖，很多果樹都是如此，例如桃、李、杏、蘋果、櫻桃；本來雌雄異株的葡萄有些發生突變後變成雌雄同株，可自行有性生殖了。古代的農夫當然不明瞭植物繁殖的生物學，但還是發現有用的作用而加以栽培、繁殖。至於那些原本看好的突變種，若是後代一無是處，只好接受湮沒的命運。

因此，農夫選擇的標準除了可見的特點，如果實的大小和味道，還包括一些看不見的因素，像是種子的傳播、發芽的抑制和生殖生物學。而且，並非大就是好，挑選的標準依需要而定。有些植物（如向日葵）種子當然愈大愈好，但其他作物（像香蕉）種子就愈小愈好，無子的品種更是上選。萵苣取豐美的葉片，捨種子或果實；小麥和向日葵則取種子棄葉片，至於南瓜則以果實為主，葉片根本就不重要。特別有意思的是某一種野生植物有多種用途，分別發展後，成了幾種外觀完全不同的作物。早先在巴比倫種植的甜菜是取葉子（如現代甜菜的變種厚皮菜），後來發現根部可以食用，到了十八世紀人類開始利用其中的糖份。遠古，人類之所以看上甘藍，大概是看上種子的油，進一步分化後，葉子（現代甘藍和羽衣甘藍）、莖（撇藍）、葉芽（球芽甘藍）和花芽（花椰菜和花莖甘藍）各有千秋。

至此，我們討論了野生植物變成作物的過程是農夫無心的或是刻意努力的成果。也就是說，農夫一開始選擇某些野生植物的種子，帶回自家園圃種植，再從子代中選擇佼佼者來年播種。但是，這種轉變也會受到植物自行選擇的影響。達爾文的「天擇」指的是適者在生存和繁衍都比較在行，而非在自然環境下同一物種的相互競爭。事實上，生存和生殖能力的差別已經是一種自然的選擇。環境改變時，在生存和生殖方面比較有辦法的，則已得到「自然的青睞」，但後代基因將會有巨大的轉變。最典型的例子是英國蛾身上的黑色素。十九世紀工業革命帶來的環境污濁，使得深色蛾日多，淺色蛾日減。因為樹木的髒污，反倒成了深色蛾的保護色，淺色蛾因此容易引人注目，而被捕捉。

工業革命改變了蛾的生存環境，農業也使得植物的生存環境為之一變。經過耙鬆、澆水、除草的土壤當然要勝過乾燥貧瘠的丘陵地。很多植物在馴化後改變甚多，就是環境造成的，因此產生愈來愈突出的物種。假使農夫在園圃播下的種子密密麻麻，種子之間的競爭就很劇烈。大個頭的種子充分利用良好的環境努力成長，小不點的種子就難以有伸展的餘地。若生存的環境是乾燥貧瘠的丘陵地，種子數量少，競爭不激烈，個頭小一點也無所謂。但生存環境愈競爭，愈有利於個頭大的種子。由於這種競爭，遠古作物已和其野生物種除了種子大小不同，還有其他很多差異，可說已經脫胎換骨了。

各種植物的馴化時間先後為何會有這麼大的差異？有些在遠古就馴化了，有些則遲至中世紀，直到今天還有頑強抵抗不肯被人類馴化的野生植物。我們可從西南亞肥沃月彎不同作物的發展順序找到解答。

最早在肥沃月彎出現的作物如小麥、大麥和豌豆是在一萬年前馴化的。這些植物還在了野生時期已可食用而且產量豐富，成為作物之後還有易於栽種、生長快速等優點，播種之後不消幾個月就可收成。這種作物對早期農夫頗有吸引力，因為他們仍在四處游獵和定居之間徘徊，還沒決定長期待在一處。這些作物多半是自花傳粉，直接把有利的基因傳給下一代，不必和其他較沒有價值的植物雜交，壞了自己的種。最後，這些野生植物用不著大幅改變基因，輕而易舉就邁過馴化的門檻。就以小麥來說，只需不落粒和快速發芽這兩種特質的突變種。

下一階段發展出來的是最早的果樹和核果，馴化年代約在公元前四千年，包括橄欖、無花果、棗子、石榴和葡萄。與穀物和豆類相比，這些作物的缺點是至少種植三年才可能有收成，盛產期則必須等待十年之久。因此，只有在一地長住的人才有可能種植這些作物。這些最早的水果和核果還容易栽種，插枝甚至撒下種子就長出來了，晚期才馴化的樹木可沒這麼簡單。插枝還有個好處，也就是保證後代和親代一模一樣。

第三階段的果樹較難栽培，包括蘋果、梨子、李子和櫻桃。這些樹木不可能靠插枝，撒下種子也是徒然，因為前一代的品種優秀，下一代卻參差不齊，而且結的果實幾乎沒有什麼價值。這些樹木得靠複雜的農業科技——接枝，中國在農業起源不久，就已經發展出這科技。接枝這個原則付諸實踐是項勞心費力的工作，而這原則更是得來不易，是不斷努力實驗掙來的，沒有「無心插柳柳成蔭」的運氣。

很多在晚近發展出來的果樹呈現一個問題：這些作物的野生始祖無法自花傳粉，必須和同種而基因相異的進行異花傳粉。因此，早期的農夫根本難以找到基因突變的樹來做配種，也不會想到刻意栽種基因不同的樹木，或在同一園圃裡種植其他雄株或雌株。這也就是蘋果、梨子、李子和櫻桃直到古典時期才馴化的原因。同時，還有一組植物馴化的過程就簡單得多，本來只是在田園裡出現的雜草，後來變成作物，如裸麥、燕麥、蘿蔔、甜菜、韭蔥和萵苣。

世界其他地方的作物發展和肥沃月彎也有類似之處。特別是肥沃月彎的小麥和大麥是穀物的代表（禾木科），而豌豆和扁豆則是豆類的代表（豆科）。穀物的優點有長得快、碳水化合物含量高，每公頃可收穫多達一噸的食物。因此，穀物佔今天人類消耗的卡路里的半數。今日世界的十二種主要作物中，穀物就有五種：小麥、玉米、稻米、大麥和高粱。很多穀物蛋白質含量低，但這種缺陷可由豆類來補足。豆類的二五％是蛋白質，黃豆更高達三八％，穀物和豆類是均衡飲食不可或缺的。

表7.1簡要說明各地穀物和豆類的馴化與結合促成糧食生產的生計。最為人熟知的莫過於肥沃月彎的小麥、大麥加上豌豆、扁豆；中美洲的玉米和豆類；中國則是稻米、小

米加上黃豆和其他豆類。較少為人知的則為非洲的高粱、米、珍珠粟（pearl millet）加上黑眼豆（cowpeas）和非洲土豆（groundnuts）這個組合，以及安地斯山區非穀類的昆諾阿莧（quinoa）和幾種豆子。

從表7.1可看出纖維作物並非肥沃月彎獨有，和該地的亞麻平行發展的有苧麻、四種棉花、絲蘭和龍舌蘭等纖維作物，再來作成繩索或衣服。發展地區則為中國、中美洲、印度、衣索比亞、非洲亞撒拉和南美。以上各地有幾處還可從馴養綿羊得到羊毛。就早期糧食生產的中心而言，只有美東和新幾內亞毫無纖維作物。

除了這些平行發展外，全球各地的糧食生產體系還有幾個主要差異。其中之一是舊世界許多採行播種和單作的田地到頭來都利用牲畜犁田。也就是說，種子是一把一把撒下的，整塊田地都是栽種同一種作物。在牛、馬或其他大型哺乳動物馴養成可拖犁的家畜後，犁地這項吃力的工作就可交給牲畜了。然而，在新世界沒有大型哺乳動物可做馴養的對象，人類只好手持棍棒或鋤頭來犁地，種子也是一顆顆種植的，不是一把一把撒在田地的。因此，新世界田地裡常有許多種作物齊聚一地，而非單作。

農業體系另一個大的差異是卡路里和碳水化合物的來源。我們已知，很多地區穀物是重要作物，但有些地區穀物則只是配角，主角是根、塊莖等在古代的肥沃月彎和中國屬次要的作物：如熱帶南美的主食木薯（Manioc or cassava）和甘薯、安地斯山區的馬薯和酢漿草薯（oca）、非洲的非洲山藥和東南亞和新幾內亞的山藥和芋頭。果樹作物如香

作物種類		
纖維	**根莖、塊莖**	**瓜類**
亞麻	無	西瓜
苧麻	無	〔香瓜〕
棉花（G. hirsutum）、絲蘭、龍舌蘭	豆薯	瓜菜（C. pepo 南瓜等）
棉花（G. barbadense）	木薯、甘薯、馬鈴薯、酢漿草薯	瓜菜（C. Maxima）
棉花（G.herbaceum）	非洲山藥	西瓜、葫蘆
棉花（G. rboreum）	無	小黃瓜
〔苧麻〕	無	無
無	聖城薊	南瓜
無	山藥、芋頭	無

棉花有四種棉花屬的栽培種，每一種都是當地的特有種；南瓜也有五種南瓜屬的栽培種。此外，穀類、豆類及纖維作物幾乎都是從農業開始發展便於各個地區栽種，但根莖、根塊類及瓜類則只對部分地區比較重要。

蕉和麵包果碳水化合物含量豐富，也是東南亞和新幾內亞的主食。

因此，到了羅馬時代，今天的主要作物幾已在世界各地完成馴化，動物也一樣，大都成為人類豢養的牲畜（見第九章）。遠古的狩獵—採集族群和當地的野生植物長期朝夕相處之後，必然會動了馴化的念頭。當然，人類馴化的努力不曾中斷，中古時期的僧侶已開始培植草莓和樹莓，現代的育種專家也在改良作物品種，增加新的次要作物，如莓子（藍莓、蔓越莓、奇異果）與核果（馬卡丹堅果、山核桃、腰果）。但這幾種現代貢獻還是比不上在古代已發展成主食的小

表 7.1　古代各地區早期主要作物

地區	作物種類	
	穀物或其他	豆類
1. 肥沃月彎	小麥、大麥	豌豆、扁豆、鷹嘴豆
2. 中國	稻米、粟、稷	黃豆、小豆、綠豆
3. 中美	玉米	腰果、扁豆、雲豆
4. 安地斯山區和亞馬遜	昆諾阿莧	利馬豆、腰果、花生
5. 西非和薩赫爾	高粱、珍珠粟、非洲米	黑眼豆、非洲土豆
6. 印度	小麥、大麥、米、高粱、小米	風信子豆、綠菜豆
7. 衣索比亞	苔麩、小米、〔小麥、大麥〕	〔豌豆、扁豆〕
8. 美東	五月草、袖珍大麥、蕎麥	無
9. 新幾內亞	甘蔗	無

表 7-1 將最早有農業生產業之地區所栽種的作物分成五類。〔 〕中的作物代表由其他地區引進，此外則是該地土產的作物。其中並不包含之後才被馴化成功的重要作物，如：非洲的香蕉、美東的玉米跟豆類，及新幾內亞的甘藷。

麥、玉米和稻米。

還有一些有食用價值的植物，仍然我行我素，人類一點辦法都沒有，只能任其野生，橡樹就是其中的佼佼者。橡實是加州和美東印第安人的主食，歐洲農民面臨飢荒欠收，退而求其次也會採集橡實這種營養豐富，澱粉和含油量豐的種子。橡實就如同其他許多可食的野生食物，含有丹寧酸（tannin），味苦，但熱愛橡實的人已從馴化野杏仁得到靈感，試著以碾磨和溶瀝的方式去除丹寧酸，或者尋找丹寧酸含量較少的突變種。

為什麼我們就是無法馴化橡實這種有食用價值的食物？為什麼人類馴化草莓和蔓越莓曠日費時？為什麼已擁有接枝科技的古代農夫對這些植物

仍束手無策？

說來，橡樹抵抗馴化之道主要有三。第一，成長緩慢，把大部分農夫的耐性都磨光了。小麥只要幾個月就可豐收，杏仁也只要三、四年就可收成，但要一顆橡實得等待十年以上的光景，真是天荒地老。第二，橡樹演化的結果，橡實的大小和口味似乎都是為松鼠設計的。我們不是常看見這些小動物跑來跑去地把橡實埋起來、挖出來，再拿起來吃？有橡樹的地方就有無數的松鼠，人類怎麼是牠們的對手。樹木生長速度奇慢無比，松鼠行動又快如旋風，農夫實在招架不住。歐洲人和山毛櫸，美洲土著和山核桃是其他兩個類以的實例。

最後，杏仁和橡實之間最重大的區別或許在於基因的控制苦味。杏仁是單一基因控制的，橡實的苦味則有許多控制基因。假使古代農夫要從偶然出現的突變種設法種植出沒有苦味的杏仁或橡實，杏仁就成功了，橡實還是宣告失敗。因此，農夫費盡千辛萬苦驅逐松鼠，耐心等候橡實的成熟，若果實苦不堪言，到頭來還是一場空。

至於草莓或蔓越莓，我們也會碰上對手——畫眉和其他愛好莓子的鳥。羅馬人的確試過在園圃種植野草莓，但無以數計的歐洲畫眉到處撒便，傳播野草莓的種子，當然羅馬人的園圃也不例外，自然牠們得以稱心如意，得到心愛的小顆草莓，人類盼望的大顆草莓只好一再落空。直到近世，由於保護網和溫室的發明，人類才打敗畫眉，生產出合乎自己所求的莓子。

我們注意到超市賣的草莓大而嬌豔，野生的卻小得可憐，這只不過是一個例子，說明栽培種與野生種的差異。那些差異起先源於野生族群中的自然變異，有一些品種的變異，古代農人想必很容易注意到，例如草莓果粒的大小或堅果的苦味。其他的變異，如種子散播機制或休眠，得等到現代植物學興起後才察覺。古人採集野生食物當食物或其他用途，不管有沒有一套有意識的選擇標準，野生種演化成作物的初步階段並沒有意識的介入。人類在野地裡，從許多變異個體中選擇中意的，就創造了「馴化」的情境，在人類園圃裡，個體之間相互競爭，受到選拔的個體與在野地裡受天擇青睞的不同。

這也就是為何達爾文的經典之作《物種起源》並不立即討論天擇，第一章討論的是人類馴化動植物的過程，他叫做「人擇」。他並沒有從我們熟悉的加拉帕戈「達爾文芬雀」談起，而是醋栗（gooseberry）！他寫道：「我曾看過論述園藝的作家對於園藝者的驚人技巧表示驚嘆——能從如此低劣的村料裡產出如此優秀的結果！不過這技術是簡單的，就最後結果來說，幾乎都是無意識地進行的。這就在於永遠是把最有名的變種拿來栽培、播種，並且這樣進行下去。」那些培育農作物的人擇原則，仍是我們了解天擇演化的最佳模型。

CHAPTER

8

蘋果不馴誰之過？

我們已見識到各地區族群如何開始馴化野生植物。古人在邁開這麼重大的一步時，其實對結果一無所知，不能預見自己生活方式的改變，也不知此舉竟會影響後代子孫在歷史上的地位。我們再回到早先的問題：為什麼某些肥沃、條件好得不得了的地方發展不出農業？像是加州、歐洲、氣候溫和的澳洲和赤道非洲地帶。此外，就農業發生地而言，有的一馬當先，有的則遠遠落在後頭，為什麼發展時間有這種天壤之別？

有兩組相互對照的解釋：一，問題出在當地人的身上；二，問題在當地、現有的野生植物。從一方面來說，凡是熱帶或溫帶溼度良好的地區，都可長出許多可供馴化的野生植物。若環境不是問題，問題就出在當地的族群文化。從另一方面來看，地球上任何一個地方的人或多或少都會有實驗精神，想去馴化植物。只有缺乏適合的野生植物這點得以解釋：為何上述生態條件不錯的地方遲遲發展不出農業？

我們將在下一章見到類似的問題，如大型野生哺乳動物的馴化。說來，動物的馴化較容易解決，主要原因是，動物的物種比植物少得多。全世界只有一百四十八種左右的大型陸棲哺乳動物可以馴化。這些動物有草食性，也有雜食性的。因此，在決定某一種哺乳動物是否適合馴化時，我們必須考慮的因素不多，可以直接察看一個地區的大型哺乳動物，研究這些地區缺乏可馴養的哺乳動物是否和沒有適合的野生植物有關，因此斷定關鍵不在當地的族群。

植物研究則不可能用這種方式。植物物種數量極為龐大，會開花的野生植物就多達二十萬種。這些野生植物是陸地植物的主流，幾乎涵蓋作物的全部。這些植物多如繁星，無法一一詳加研究，光是美國加州一地馴化的植物都數不清了。我們再換個方式來討論這個問題。

有人聽到這麼多種會開花的野生植物，第一個反應往往是：地球既然有這麼多種的野生植物，加上良好的氣候條件，應該可以發展出作物來吧。

但我們不得不考慮到一個事實：絕大多數的野生植物用處不大，原因很明顯，大多數是木本植物，沒有可供食用的果實，葉子和根也無法果腹。在二十萬野生植物中，只有幾千種可食，可以馴化的則只有幾百種。但在這幾百種裡，大都不是我們的主食，怎可能偉大到成為文明興起之因？其實，現代世界作物年產量的八〇％是由十來種植物組成的。這十幾種「重量級」的作物如下：穀物有小麥、玉米、稻米、大麥和高粱；豆類有黃豆；根或塊莖類為馬鈴薯、木薯、甘薯；糖份的來源則是甘蔗、甜菜；水果如香蕉。這些穀物其功厥偉，提供全世界人口所需卡路里的一半。世界主要作物說來寥寥無幾，幾千年前全都馴化完畢。難怪世界很多地區沒有具潛力的野生植物。就連身在現代的我們，若想馴化出一種新品種的主要作物，也是異想天開——古人上窮碧落下黃泉，遍嘗野草，已馴化了所有值得馴化的野生植物。

然而，我們還是無法解釋清楚為何有些地區就是無法馴化野生植物。最讓人百思莫解的是，有幾種植物在某地馴化了，卻無法在另一個地方馴化。若已知某種植物確實可發展成有用的作物，為什麼偏偏在其他地區無法發展？

非洲就是一個典型的謎題。主要穀物高粱已在薩赫爾地區馴化了。在遙遠的南非，也有野生高粱的存在，然而南非卻什麼都沒有馴化，高粱還是任其野生，直至二千年前，班圖農夫才從赤道以北的非洲帶來整個作物包裹。為何南非土著對高粱束手無策？

令人困惑的還有西歐和北非沒有馴化亞麻，巴爾幹半島南部也沒有馴化野生種小麥（einkorn wheat）。到底是怎麼回事？亞麻和野生種小麥同屬肥沃月彎最先出現的八大作物，或許也是所有野生植物當中最容易馴化的。在肥沃月彎的農業向外傳播時，外地對這個包含亞麻和野生種小麥的作物包裹，可說欣然接受，樂得省下馴化的功夫。另一個問題是，這些外圍地區的族群為何不主動馴化出自己的作物？

肥沃月彎最早馴化的水果有四種都傳播到地中海東岸：橄欖、葡萄、無花果往西到義大利、西班牙和西北非，而棗椰樹（date palm）也傳播到北非全境和阿拉伯。這四種也是所有野生水果中最容易馴化的。我們要問：為什麼肥沃月彎外圍的族群就是做不到，只會撿現成，等這些水果在地中海東岸馴化完成後，再來接收？

另一個值得大書特書的例子是，一地的野生植物和其他地方馴化的植物是近親，為何當地人無法馴化這種野生植物，進而發展出自己的糧食生產業？例如，在地中海東岸馴化的歐洲橄欖（Olea europea）有四十種近親，分布在熱帶非洲、南非、南亞、東澳，但只有地中海東岸完成馴化。同樣地，歐亞的野生蘋果和野生葡萄馴化了，北美還有許多品種近似的野生蘋果和葡萄，有些到了現代和作物雜交，以改良作物品種，這樣的後代當然和歐洲的親戚差異甚大。為什麼美洲土著不去馴化這些頗有的價值蘋果和葡萄？

這種例子可說不勝枚舉，但如此理解有重大錯誤。什麼是植物馴化？不是馴化單單一種植物，不成，再回去過流動的狩獵—採集生活。本以狩獵—採集維生的印第安人必須定居，努力培育蘋果，北美的蘋果才有可能變成一種優秀的作物。但是狩獵—採集族群不會在一夜之間「改行」，揚棄傳統的生活型態，心甘情願定居於一地，照顧果園。除非馴化的動植物已相當可觀，定居的農業生活型態讓狩獵—採集群心動，考慮放棄流動的生活型態。

還有一個問題，簡單來說，我們如何評估一地植物群的馴化潛能？就美洲土著無法馴化北美蘋果這件事來看，問題是出在印第安人身上，還是蘋果？

為了回答這個問題，我們可以比較三個在馴化表現大異其趣的地區。其中一個就是討論已久的肥沃月彎——全世界最早出現糧食生產之處、現代世界主要作物的發源地，也是家畜的馴化地。另外兩個地區，新幾內亞和美東雖馴化了當地作物，但寥寥無幾，只有一種成為今日世界的主要作物。此外，從外地引進的作物包裹的影響也有限，無法推動科技和政治組織的建立。對照比較之後，我們不禁要問：肥沃月彎的植物群和環境是否就是勝過新幾內亞和美東的關鍵？

肥沃月彎早期在西南亞的發展已成人類史上最重大的事實。這個地區的高地正像一輪新月，因而得見（見圖8.1）。此地也是一連串發展的根源：城市、文字、帝國以及所謂的文明（包括利弊得失）。這些發展的前提是稠密的人口、存糧和供養不事農耕的工藝專家，而這種種都得仰賴農業的興起，也就是作物栽培和家畜豢養。糧食生產是肥沃月彎出現的第一個重大發明。若想了解現代世界的根源，不得不先從這個問題下手：為什麼馴化的動植物這麼厲害，得以讓肥沃月彎得天獨厚，搶得先機？

圖 8.1　肥沃月彎：公元前 7000 年已有糧食生產業

我們可以慶幸，就全世界的農業發生地而言，我們對沃月彎的研究最為詳盡，了解也最透徹。在肥沃月彎及其周圍馴化的作物，野生始祖大抵皆已辨識完成；此野生始祖與作物的關係已透過基因和染色體的研究確認；我們也知道此始祖作物的地理分布圖；由於更進一步的考古證據不斷出現，我們對馴化的改變過程了解日多，直至單一基因；大概的馴化時間和地點也有了答案。我不否認有其他地區可和肥沃月彎媲美，中國當然是個不可忽視的對手，但我們對肥沃月彎的優勢和作物發展細節比較有掌握。

肥沃月彎的一個優勢是位於地中海型氣候，冬天溫和、潮溼，夏天漫長、炎熱而乾燥。在這種氣候條件之下，能熬過漫長乾季，就能在雨季來臨時得到滋潤，快速成長。肥沃月彎有許多植物，特別是穀物和豆類，已發展出一套適應環境的能力，造福人群：成為一年生作物，在乾季時枯萎、死亡。

這些一年生作物只有短短一年可活，個頭必然嬌小，卻不遺餘力出產大顆種子。這些種子在乾季休眠，雨季來臨時則可發芽、生根。一年生植物不會把氣力浪費在生產不可食用的、多纖維的枝幹，如樹木或灌木的本體。很多種子大的作物，特別是穀物和豆類，都是人類的食物，佔今日世界主要的十二種作物的半數。反之，如果你住在山邊，遠眺窗外的景致，納入眼簾的植物無非是無法果腹的林木樹叢。這些樹木也不會生產可食的大顆種子。當然，在氣候潮溼的地方有些林木的確有大顆、可以食用的種子，但這些種子不能熬過漫長的冬季，也不利於人類儲存。

肥沃月彎植物群的第二大優勢是許多作物的野生始祖繁盛而且多產，遍野叢生，舉目皆是，狩獵—採集族群不可能視而不見。根據植物學家的實驗、研究，若仿照一萬年前的狩獵—採集族群採集野生穀物的種子，每年每公頃可收穫近一公噸的種子，而且輕輕鬆鬆，每大卡的體力勞作可換取五十大卡的食物能量。既然可短期坐收，多餘的糧食還可儲藏起來供來日食用，肥沃月彎的狩獵—採集族群在開始栽種植物之前，已落地生根，長住久安。

肥沃月彎野地裡的穀物既已多產，人工栽培就省事多了，不需要改變多少。正如在前一章討論到的，主要的變化如種子傳播機制和發芽的抑制，在人類開始播種培育不久自然而然就完成了。今日的小麥、大麥和其野生始祖外觀之近似，我們一眼就可看出它們的關連。種子大的一年生植物馴化起來易如反掌，因此是沃月彎最先或首批發展出來的作物。這種作物在其他地區也有，如中國和非洲的薩赫爾。

相對於小麥和大麥演化的神速，玉米簡直不可同日而語。玉米這重新世界首一指的作物，野生始祖或許是墨西哥蜀黍（teosinte）。由於這種墨西哥蜀黍的種子和花序和玉米差異甚大，直到今天植物學家還在激辯種蜀黍究竟是不是玉米的始祖。此外，墨西哥蜀黍恐怕難以引起狩獵—採集族群的興趣：首先沒有野生麥子多產、種子也不多，再加上種子的外面還有一層堅硬不可食用的外殼。墨西哥蜀黍要麻雀變鳳凰，搖身一變成為有價值的作物，不得不經過一番生殖生物學的巨變——增加種子的數量，去除種子外面那層堅如岩石的外殼。玉米始祖的穗軸本來只有一丁點兒大，後來才有人類拇指般大。這個過程到底經歷幾百年，還是幾千年？考古學家仍爭論不休。比較明確的是，又過了幾千年，玉米才有現代的尺寸。小麥、大麥的天生麗質和墨西哥蜀黍的其貌不揚大概就是歐亞社群和新大陸族群發展差異的要因。

肥沃月彎的第三大優勢就是雌雄同株自花傳粉的植物比例很高。這些植物偶爾也行異花傳粉。然而，大多數的野生植物是雌雄同株異花傳粉，或是雌雄異株——這種生殖生物學的現象讓農夫很困惑，因為往往選擇了一種突變的植物栽種後，後代將和其他植物雜交，而失去了原來的特色。因此，大部分的作物來自於野生植物當中，小部分行雌雄同株自花傳粉者，或經無性生殖產生者（如用根來種植以複製親代基因）。因此肥沃月彎植物群中高比例的雌雄同株自花傳粉對當地農夫來說，實在是一大福音。

通常自花傳粉偶爾又行異花傳粉的植物，則可產生新的變種供人選擇，對早期農夫而言，更求之不得。這種異花傳粉不只出現在同種之間，近代的品種之間也有這種現現象。麵包小麥（六倍體小麥）這種在肥沃月彎出現的變種小麥就成了今日世界最有價值作物。

肥沃月彎首批馴化的八種作物全都是自花傳粉的。其中三項——野生種小麥（二倍體小麥）、通心粉小麥（四倍體小麥）和大麥蛋白質含量豐富，約是八至一四%，相形之下，東亞的首要作物稻米和新世界的玉米，蛋白質較少，因而造成嚴重的營養問題。

肥沃月彎的植物群還有幾個優點：可馴化的植物物種比例奇高無比。然而，並非只有肥沃月彎有地中海型氣候區，此氣候區亦向西延伸至南歐和西北非。世界上還有其他四個地區屬地中海型氣候：加州、智利、西南澳和南非（圖8.2）。然而，其他地區卻完全不能和肥沃月彎相提並論，沒能成為糧食生產的發源地，就連一點本土農業的影子也沒有。歐亞西部的地中海型氣候區究竟有何過人之處？

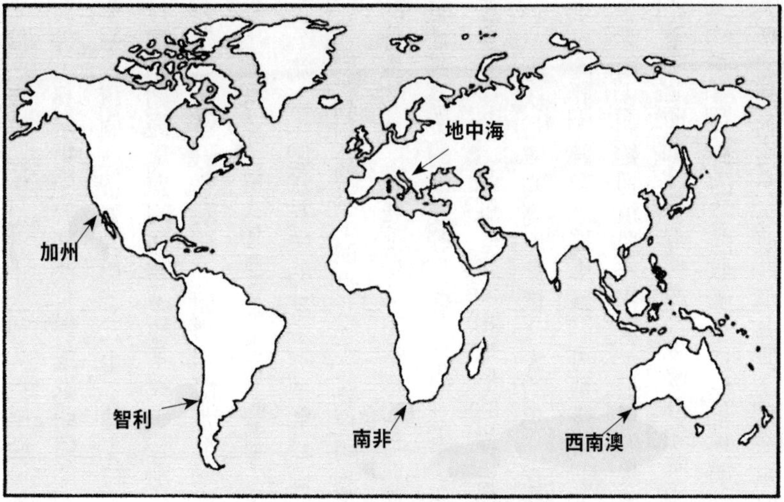

圖 8.2　全球地中海型氣候區

分析後，我們發現歐亞西部，特別是肥沃月彎，至少有五點勝過其他地中海型氣候區。第一、歐亞西部是全世界地中海型氣候區中面積最大的。因此，和其他面積小的地中海型氣候區相比，如西南澳和智利，動植物的物種豐富得多。第二、在地中海型氣候區中，歐亞西部氣候多變，每一季、每一年的差異都很大，這種氣候差異有益植物群的演化，特別是一年生植物。物種繁多加上一年生植物也多這兩項因素的結合，意味著歐亞大陸西部的地中海型氣候區擁有最多種的一年生植物。

我們可從地理學家布勞穆勒（Mark Blumler）對野草分布的研究來了解植物這項富源。全世界共有幾千種野草，布勞穆勒表列了五十六種「大地精華」，也就是種子最大的作物，至少比一般的草籽大上十倍（表8.1）。這五十六種大抵原產於地中海型氣候區或其他氣候溫和、乾燥的環境。此外，異常集中於肥沃月彎或歐亞西部的地中海型氣候區：在這五十六種首屈一指的野草中，這個地帶就囊括了三十二種！特別值得一提的是，大麥、四倍體小麥這兩種肥沃月彎早期最重要的作物，種子大小分別位居第三名和第十三名。相形之下，智利的地中海型氣候區只有兩種，加州和南非都只有一種，而西南澳更是掛零。我們可從這個事實看出端倪，了解人類歷史的發展軌跡。

第三、肥沃月彎的地中海型氣候區的高度、地型多變。就高度而言，從地表的最低（死海）到標高五千四百八十六公尺的高山（近德黑蘭）都有。這種多變的環境代表繁多的野生物種，這些都是始祖作物的「候選人」。這些高山和平緩的河谷低地、氾濫平原和有灌溉農業的沙漠等相鄰。相形之下，西南澳的地中海型氣候區、南非和西歐就沒有這麼多采多姿，高度、棲境和地形的變化都相當有限。

肥沃月彎的高度變化代表的另一意義是交錯收穫：比起低地植物，高地植物較晚結子。因此，狩獵—採集族群可稍後再前往山裡採集成熟的種子。若收穫季節集中，就分身乏術。開始種植農作物後，最早的農民知道丘陵的野生穀物較不可靠，就看老天爺下不下雨，而低窪谷地比較不那麼仰賴降雨，因而較能預期。

肥沃月彎的第四個優點也是生物環境差異造成的——除了作物資源豐富，也有許多大型哺乳動物。其他地中海型氣候區如加州、智利、西南澳和南非，大型哺乳動物非常

表 8.1　大種子物種在各地分布情形

地區		物種數目
西亞、歐洲、北美		33
地中海地區	32	
英國	1	
東亞		6
非洲亞撒哈拉地區		4
美洲		11
北美	4	
中美洲	5	
南美洲	2	
北澳		2
	總計	56

此表引自 Mark Blumler 的博士論文 "Seed Weight and Environment in Mediterrancan-type Grasslands in California and Israel" (University of California, Berkeley, 1992)。列出了在全世界栽種的 56 種野生種禾本科植物（竹子除外）的種子重量，約在 10 毫克至 40 毫克之間，為分布在世界各地的禾本植物平均值的 10 倍。而這 56 種植物占所有禾本植物不到 1%，但從表中可看出這些優勢物種高度集中於地中海及西歐地區。

罕見或付之闕如。肥沃月彎是最早馴養動物的地區（唯一例外是狗），很早就馴養了四種動物——山羊、綿羊、豬和牛，此即今日世界五大家畜（見第九章）中的四種。這些動物的野生始祖在肥沃月彎原本處處可見，卻在不同的地方完成馴養；綿羊在中部；山羊在東部、高地（伊朗札格羅斯山〔Zagros〕）或西南方（黎凡特〔Levant〕）；豬在中部和北部之間；牛則在西部，包括安那托利亞（Anatolia）。即使有這種分別，由於馴養地區相近，互通有無之後，就沒有地域之分了。

農業最早在肥沃月彎發端，主要是「八大始祖作物」之功，包括穀物，如通心粉小麥、野生種小麥、大麥，和豆類，如扁豆、豌豆、鷹嘴豆和苦巢菜與纖維作物，如亞麻）。在這八種之中，只有亞麻和大麥得以廣為延伸到肥沃月彎和安那托利亞以外地區；有兩種始祖作物局限於很小的區域，一種是只在土耳其東南發展的鷹嘴豆，還有一種則是不出肥沃月彎的四倍體小麥。因此，肥沃月彎利用當地現成的野生植物加以馴化足以發展農業，毋需仰賴外地的作物包裹。還有兩種始祖作物無法在肥沃月彎以外的地方馴化，主要原因是這種植物只有肥沃月彎有。

由於野生哺乳動物和植物兼得，肥沃月彎先民很快就擁有一個強力而均衡的「生物包裹」（biological package），馬上可進行密集的糧食生產。這個包裹裡有：三樣穀物，是碳水化合物的主要來源；四種豆類，蛋白質含量在二〇％至二五％之間；四種家畜，同樣是蛋白質來源，小麥也補充了不少蛋白質養分；亞麻則是纖維和油的來源（是為亞麻油〔linseed oil〕，亞麻子四〇％都是油）。家畜豢養和糧食生產出現了幾千年後，這些動物不但供給人類牛奶、羊毛，能犁田，還能做運輸工具。因此，作物和動物使得肥沃月彎早期農夫達到人類基本的經濟需要：碳水化合物、蛋白質、脂肪、衣物、拖拉和運輸。

肥沃月彎早期農業發展的最後一點優點是，狩獵—採集生活型態相形之下，競爭力較弱。其他地區則不然，如地中海西岸。亞洲南亞少有大河、加上海岸線短，水產資源（如魚蝦）就乏善可陳。此地可供獵食的大型哺乳動物——瞪羚本是群居的動物，人類日增後便加以趕盡殺絕，已成為稀有動物。糧食生產顯然優於狩獵—採集，因此肥沃月彎的轉型很快，不久即改採糧食生產。公元前九千年人類社群仍完全仰賴野生食物，過了一千年已出現完全依靠作物和家畜的社群。

中美洲則是一個明顯的對比：只有兩種家畜（火雞和狗），所提供的動物性蛋白質遠比牛、綿羊、山羊和豬來得少。前面也解釋過，中美洲的主食——玉米，桀傲難馴，發展緩慢。因此，中美洲的馴化動植物很晚，公元前三千五百年才開始。華路襤褸的還是狩獵—採集族群。直到公元前一千五百年，他們才決定在一地落腳，不再四海為家。

以上列舉肥沃月彎種種利於糧食生產的優勢，並沒有納入當地族群這個因素。說實在的，本人尚未聽聞當地族群有何過人之處，乃至得以擁有這麼厲害的作物包裹。反之，肥沃月彎獨特的氣候、環境、野生植物和動物總合起才能得到一個合理的解釋。

新幾內亞和美東糧食包裹的相形見絀，是否與當地族群有關？糧食生產在某些地區就是發展不起來，即使有作物包裹，也乏善可陳。在我們轉而討論這些地區時，不得不先考慮兩個相關問題：首先，狩獵—採集族群和早期農夫真的對當地野生植物的物種和用途瞭如指掌嗎？還是可能忽略有潛力的始祖作物？其次，如果他們對當地的動植物知道得一清二楚，是否充分利用這些知識，來馴化最有價值的物種？若沒有，是否有什麼文化因素加以阻礙？

第一個問題牽涉到所謂的「土著生物學」（ethnobiology）這門科學，探討的是人類社群對於環境中動植物的了解。研究對象主要是如鳳毛麟角的「現代原始人」，像是狩獵—採集社群，或還相當依賴野生食物的農業社群。結果發現，這些人都是活生生的「自然史百科全書」，草木蟲魚鳥獸無所不知，叫得出名字的多達上千種，對於每一物種的特色、分布和用途知之甚詳。然而，由於人類對馴化動植物依賴日深，這種傳統知識不再為人所重、漸漸失傳，在今日超市光顧的現代人早已五穀不分，把野草當野豆更是家常便飯。

以下就是典型的例子。過去三十三年來，我在新幾內亞進行田野調查時，身邊不乏一些仍以野生動植物維生的土著朋友。有一天，我和富雷族（Fore）的友人在叢林裡飽受斷糧之苦，原因是敵人阻擋去路，讓我們不得回到補給站。後來，一個富雷族人扛了一大袋香菇回到紮營之處，大夥就烤起香菇，準備大塊朵頤。但我不禁心生疑慮：萬一這些香菇有毒，怎麼辦？

我耐著性子對這些土著朋友解釋：我從書上得知有些香菇根本碰不得，就連美國的香菇專家也會因難以辨識而栽在毒香菇手裡，因而一命嗚呼。所以，雖然大家已餓腸轆轆，是不是該三思，為了一餐賠上一條命是否值得？這時，我的土著朋友跟我翻臉了，叫我閉嘴，好好聽他們說。說來說去，都是我自己的錯。這麼些年來，我纏著他們問東問西，考問幾百種樹木和鳥類的名字，怎麼可以認為他們對香菇的知識有限，這簡直是一種侮辱。只有美國人才會愚蠢到去摘有毒的香菇。他們不厭其煩地給我再上一課，告訴我安全可食的香菇有哪二十九種、富雷語怎麼說、森林的生長地又在何處。這種呢，就叫做坦蒂（tanti），是長在樹上的香菇，不但美味而且保證可以入口。

每次，我帶幾個新幾內亞朋友到島上其他地方做田野調查，他們和其他新幾內亞人相見，必然聊起當地的動植物，然後採集看來具有潛力的植物帶回家種植。我覺得這種經驗可與我對其他傳統族群的土著生物學研究做個對比。這些族群已有一點糧食生產業，或部分被同化了，成為最後的狩獵—採集社群。在糧食生產業興起前，人類大抵以野生物種維生，野生動植物的知識因此特別豐富。最早的農夫承襲了這樣的知識——幾千年來和大自然親密生活、觀察，累積下來的經驗。因此，有價值的物種似乎不大可能逃過早期農夫的明察秋毫。

另一個相關問題是，是否早期的狩獵—採集族群和農夫把土著生物學的知識運用在野生植物的採集，進而加以栽培？可以驗證的一個例子是在幼發拉底河河谷邊緣的台爾．阿布．胡瑞拉遺址（Tell Abu Hureyra）。這個族群活躍於公元前一萬年至九千年之間，或許已終年定居於村落，但還是以狩獵—採集維生，農作則是下一輪千禧年的事。三個考古學家，希爾曼（Gordon Hillman）、柯雷芝（Susan Colledege）和哈利斯（David Harris）從這個遺址挖掘出大量已成木炭的植物遺骸。這些遺骸或是古人從別處採集來的野生植物，之後成堆廢棄。科學家分析了超過七百堆樣本，每一堆平均有五百個可以辨識的種子，分屬七十種植物。結果發現，這些村民採集的植物種類相當可觀（有一百五十七種之多呢），這些都是從已成木炭的種子辨識出來的，更別提其他無法辨識的植物。

這些村民是否天真無知，不分青紅皂白採集眼前所有的種子回家果腹，結果中了大多數種子的毒？還是只靠少數幾種過日子？他們可沒這麼愚蠢。一百五十七這個數字聽來似乎是良莠不分、照單全收式的採集結果，但當地許多野生植物卻不在木炭遺骸之中。這一百五十七種可分成三類，大多數的種子都無毒，且立即可食。有些像是豆類和芥末科的植物，種子的毒性可輕易去除，依然可以食用。另外有些種子的傳統用途是染料或藥材。不在這一百五十七種的野生植物不是無益就是有害於人類，包括大多數的毒草。

因此，台爾・阿布・胡瑞拉的狩獵—採集族群不會笨到浪費時間亂採要命的植物。反之，他們正如現代新幾內亞人，可說是野生植物的專家，而且「學以致用」，知道如何去蕪存菁。之後，這些採集來的種子還是不知不覺促成了植物馴化的第一步。

遠古族群學以致用的另一個實例是公元前八千年約旦河谷的先民。最早的作物就是在那兒馴化的。第一批馴化的穀物是大麥和四倍體小麥，直到二十世紀末的今天，這兩種仍是最多產的作物。這個地區正如台爾・阿布・胡瑞拉，還有好幾百種野生植物，其中的一百多種在作物馴化前是人類常採集、食用的。為何大麥和四倍體小麥得以脫穎而出成為第一批作物？這些約旦農民知道自己在做什麼嗎？大麥和四倍體小麥確實是當地野生植物中的佼佼者嗎？

有兩名以色列科學家曾針對這問題進行研究。巴爾尤瑟夫（Ofer Bar-Yosef）和基斯雷（Mordechai Kislev）察看今天在約旦河谷生長的野生植物。略去種子小而且難以入口的種子之後，他們找到了二十三種最美味而且種子大顆的野生植物。不出我們預料，大麥和四倍體小麥正在其中。

其他二十一種植物不能算是和大麥和四倍體小麥旗鼓相當的候選人。在這二十三種中，從各種條件來看，大麥、四倍體小麥都是數一數二的，其他物種難以望其項背。以這二十三種來看，大麥屬產量最多的四種之一，四倍體小麥則是中等。大麥還具有基因和型態學的優勢，在種子傳播和發芽抑制方面都有快速演化的能力。四倍體小麥也不甘示弱。比大麥容易採集，而且獨樹一格，種子容易和殼分離。

因此，約旦河谷的早期農夫選擇的是二十三種野生植物中的菁英。當然，在培育之後造成的演化，如種子傳播和發芽抑制等改變，是早期農夫不能預見的結果。但是，他們一開始就看上了大麥和四倍體小麥必定不是無心的舉動。種子的大小、口感和產量都是難以忽視的特質。

約旦河谷正如台爾．阿布．胡瑞拉，我們可以見識到早期農民如何學以致用，自求多福。他們對當地植物的認識勝過隨便一打現代植物學家，因此不可能放過有用的物種，錯失馴化良機。

我們現在可以討論新幾內亞和美東的問題了，與為肥沃月彎相比，這兩個地區顯然難以自行發展糧食生產體系，但在產量高的作物從外地傳入後，當地農民有何反應？若有文化因素阻礙他們採行這些作物，我們則難以釋懷：儘管目前的理解，至於當地的野生植物群為何無法發展成有價值的作物，我們還是不得不懷疑是類似文化因素作祟，這輛個例子說明史上一個重大的事實：作物的水土不服。

新幾內亞這個僅次於格陵蘭島的世界第二大島，在澳洲以北，接近赤道處，雖然只是個島嶼，無法和同屬熱帶的大陸相比，但氣候條件加上千變萬化的地理環境，動植物的種類都很可觀，新幾內亞上的人類已有四萬年以上的歷史，比美洲長得多，比起西歐現代人也略長，因此，新幾內亞人有足夠的機會親炙當地的動植物，他們可曾受到啟發而去發展農業。

先前提到農業的採行涉及糧食生產和狩獵—採集這兩種生活型態的競爭。在新幾內亞狩獵—採集的成果不是那麼令人滿意，因此難以消除糧食生產的動機。特別是，新幾內亞的現代獵人因獵物的短缺所苦：最大的本土陸地動物莫過於四十多公斤、不會飛的的鶴駝和二十幾公斤的袋鼠。新幾內亞海岸低地有豐富的魚蝦，直到今天，內陸低地也有一些以野生的西米棕櫚維生的狩獵—採集族群。但新幾內亞高地就沒有狩獵—採集族群，這些高山族已成農夫，野生食物只是點心，而不是主食。這些高山族人到森林裡狩獵時，還隨身攜帶自家菜園裡種的蔬菜以果腹充飢。儘管他們熟知當地的野生動植物，萬一斷糧，還是有可能活活餓死。由於狩獵—採集的生活在現代新幾內亞許多地區根本不可行，難怪所有的高山族和大部分平地人已成定居於一地的農夫，開展出複雜的糧食生產系統。傳統的新幾內亞農民已把廣袤的森林變成農地，加了圍籬、排水系統，精密耕作以養活更稠密的人口。

考古學證據顯示，新幾內亞的農業起源很早，約當公元前七千年。那時，圍繞著新幾內亞的陸塊都是狩獵—採集族群的天下，因此新幾內亞的遠古農業必然是自行發展出來的。雖然沒有作物遺骸這些鐵證，有幾種必定包含在歐洲殖民時期的作物——這些都是新幾內亞的祖先從野地馴化的作物。當地馴化作物中最重要的就是甘蔗，也是今日世界最主要的作物，年產量是名列第二（小麥）和第三（玉米）的總和。其他毫無疑問原產於新幾內亞的作物香蕉、核果樹、巨大的沼澤芋頭以及各種可食用的根莖作物和綠色蔬菜。麵包樹、山藥和普通芋頭或許也是在新幾內亞馴化的，我們只能說「或許」，因其野生始祖不獨出現在新幾內亞，從新幾內亞到東南亞都有。目前，我們無法證實這些作物正如傳統之見，是在東南亞單獨馴化的，還是只有新幾內亞一地有。

無論如何，新幾內亞的生物系（biota）有三大嚴重限制。第一，新幾內亞沒有馴化的穀物，不若肥沃月彎、薩赫爾和中國都有傲人的穀物。因此，新幾內亞特別依賴植物的根和樹木作物。其他潮溼的熱帶地區（亞馬遜、熱帶西非和東南亞）也有類似現象，但那些地區的農民還是努力栽培出兩種穀物（亞洲米和一種名叫「約伯之淚」的大種子亞洲穀物），新幾內亞則不然，對根和樹木作物依賴到了極點，沒能生產半顆穀物。原因何在？前述全世界排行前五十六名種子最大的野草，沒有一種生長在新幾內亞——這真是個刺眼的缺點。

第二，新幾內亞的動物系（fauna）中沒有可馴化的大型哺乳動物。現代新幾內亞馴養的動物只有豬、雞和狗，都是在近幾千年內，經印度尼西亞由東南亞傳來的。結果，雖然新幾內亞平地人仍可從河裡捕魚，攝取蛋白質，無肉可食的高山族農民長期仰賴芋頭和甘薯，就有嚴重缺乏蛋白質的問題。以芋頭為例，蛋白質含量幾乎不到一％，甚至比白米更糟，更和肥沃月彎的小麥（八％—一四％）和豆類（二〇％—二五％）不能同日而語。

新幾內亞高山族的兒童肚皮無不鼓脹，這就是吃得多再加上蛋白質缺乏的後果。新幾內亞的老老少少都經常以老鼠、蜘蛛、青蛙等其他地區的人不屑一顧的小動物果腹，正因他們沒有大型的家畜或野生獵物可以進食。動物性蛋白質的短缺或許是新幾內亞高山族流行吃人肉的原因。

最後，以前新幾內亞的根部作物不但蛋白質少，卡路里也不高，主要是因為在高地長不好。然而今天很多新幾內亞人仍住在那兒。幾世紀前，原產於南美的甘薯由西班牙人引進新幾內亞，或許是經由菲律賓吧。和芋頭和其他兩種歷史較久遠的根部作物相比，甘薯更適應高地環境，長得快，而且以每公畝的產量和每小時投注的勞力而言，投資報酬率要來得高。引進甘薯的結果是高地人口激增。也就是說，即使在甘薯出現之前的幾千年，新幾內亞高地已有農業，但作物少，供養的人口還是有限。

新幾內亞因此和肥沃月彎形成有意思的對比。新幾內亞的狩獵—採集族群也和肥沃月彎一樣，獨立發展出農業。然而，由於當地缺乏可馴化的穀物、豆類和動物，高地又有蛋白質缺乏的問題，加上根部作物的限制，因而糧食生產的行當發展不起來。然而，新幾內亞人對野生動植物的認識並不會比今日地球上任一族群遜色，也可認出有價值的野生植物加以馴化，納為己有。甘薯後來遍布新幾內亞高地就是很好的例子。今天的新幾內亞如出一轍，獲得新的作物和家畜的族群（或由於文化薰陶，比較能採行新物種者）就可擴張版圖，沒有門路或意願接受的族群自然遭到淘汰的命運。總之，巧婦難為無米之炊。新幾內亞的糧食生產業之所以無法鴻圖大展，和當地族群無關，問題就在當地的生物系和環境。

美東是另一個本土農業受到當地植物系（flora）限制的例子。美東正如同新幾內亞，也可獨立馴化當地的野生植物。但美東的發展比新幾內亞明朗多了：早期農民栽種的作物已辨識出來，年代和作物的馴化順序都已確認。在其他地區的作物引進以前，在美東河谷定居的美洲土著已利用當地作物發展出精密的糧食生產業。因此，他們已知如何運用得天獨厚的野生植物。然而，他們到底栽種了哪幾種？因而產生的作物包裹可和肥沃月彎的始祖作物包裹相提並論嗎？

在公元前二千五百年和一千五百年之間，美東馴化了四種植物。就時間來說，比肥沃月彎小麥和大麥的馴化足足晚了六千年。有一種是當地的南瓜，除可做小型容器，種子也可食用，其他三種都是取其種子：向日葵、雛菊的近親菊草和菠菜的遠親藜菜（goosefoor）。

只有四項種子作物加上容器，這個作物包裹實在太寒酸了。但有兩千年之久，這些始祖作物對美東土著來說，只是點心，主食還是野生食物，特別是野生的哺乳動物、水鳥、魚蝦和堅果。農作成為飲食重心則是在其他三項種子作物（矢車菊、五月草和袖珍大麥）出現之後，約是公元前五百年至二百年間的事。

這七種作物加起來還是可以得到現代營養學家的讚賞。每一種皆富含蛋白質（一七％—三二％），強過小麥（八％—一四％）和玉米（九％）；大麥和白米更不用說了。其中向日葵和菊草這兩種含油量高（四五—四七％）。特別是菊草，三二％的蛋白質加上四五％的油，該是營養學家夢寐以求的組合吧。但我們今天為什麼不吃這種「夢幻食物」？

儘管如此營養，美東作物還是有無可救藥的缺陷。首先，藜菜、蕎麥、袖珍大麥和五月草種子微小，大約只有小麥或大麥種子的十分之一。更教人不敢恭維的是，菊草是靠風媒傳粉的豚草近親，而豚草就是花粉熱的罪魁禍首。菊草就像豚草，若是叢生，也會引起花粉熱。如果這麼說還是不會讓你打退堂鼓，仍一心想種植菊草的話，就挑戰看看那令人退避三舍的氣味吧。此外，這種植物還碰不得，一接觸就會引起皮膚刺激。

墨西哥作物最後循著貿易路線來到美東時，是在公元元年。玉米則是在公元兩百年左右引進的，但接連幾個世紀仍不很出色，直到公元九百年出現適應北美短暫夏天的新品種，玉米才升格為主角。兩百年後豆類來到，墨西哥的三大作物——玉米、豆類、南瓜才算到齊。從此開始，美東的農業便精密多了，密西西比河流域皆是人口稠密的酋邦。在某些地區，當地馴化的作物仍可不受墨西哥作物的影響，但也有難以抵擋全部被取代的例子。從一四九二年歐洲人征服新大陸開始，菊草這種作物就消失了，沒有一個歐洲人在印第安人園圃裡見過菊草。美東的原始作物只有兩種（向日葵和南瓜）可與其他地方馴化的作物匹敵，至今仍屹立不搖。現代的南瓜都是從好幾千年前馴化的南瓜繁衍而來。

因此，美東這個實例正如同新幾內亞，值得玩味。假定這個地區適合本土農業的發展：土壤肥沃、降雨規律而且恰到好處，加上利於農作的氣候；該地的植物系物種繁多，包括最盛產的核果樹（橡樹和山核桃木）；當地的美洲土著也以他們在那兒馴化的物種進行糧食生產；開始在村落落腳過著自給自足的生活，甚至在公元前二百年和公元四百年間發展出燦爛的文化，如在今日俄亥俄州的霍普威爾文化（Hopewell culture）。這麼看來，幾千年來這裡族群不遺餘力地把最有用的野生植物栽培成潛力十足的作物。

然而，霍普威爾文化比肥沃月彎遲了九千年，且直到公元九百年墨西哥三大作物才引發人口成長，即所謂的密西西比文化，墨西哥北方的美洲土著因而打造出宏大的城鎮和複雜的社會。這樣的榮景顯然來得太晚，難以抵禦勢如破竹的歐洲白人。單靠當地的作物，美東實在難以創造什麼文化業績，原因很簡單：沒能和小麥和大麥相比的穀物、沒有豆類、沒有纖維作物、沒有水果，也沒有堅果樹。家畜則只有狗，或許這種動物還是在美洲以外的地區馴養出來的。

顯然，美洲土著對當地有潛力的主要作物並未視而不見。即使是挾現代科技的二十世紀育種專家，對北美的野生植物幾乎束手無策。的確，北美已馴化了山核桃和藍莓，也使源於歐亞的水果和北美的野生遠親雜交以培育更好的品種，如蘋果、李子、葡萄、黑莓和草莓。然而，單單這幾項成績影響有限，不若墨西哥作物舉足輕重，在公元九百年後傳入北美後，大幅改變當地土著的飲食習慣。

對美東馴化物非常在行的美洲土著，一見墨西哥三大作物就甘拜下風，大肆種植，至於原來的馴化物，不是放棄，就是聊備一格。這結果顯示，美洲土著並沒有受到文化的制約，對外來的優良植物，抱持開放的態度。因此，美東正如新幾內亞，本土糧食生產的局限不是當地土著的錯，完全是生物系和環境造成的。

以上三個對照地區皆有糧食生產業的發生，然成績互見高下：肥沃月彎登峰造極、新幾內亞和美東則乏善可陳。肥沃月彎野生動植物的馴養可謂輕而易舉，不但馴化了許多物種、品種多產而優良者比比皆是，而且種類繁多。結果得以發展出精密的糧食生產業、人口更形稠密，進而邁入有先進科技和複雜政治組織的現代世界，同時挾帶可以消滅其他族群的傳染病。

肥沃月彎、新幾內亞和美東的差異可遠溯自當地可供馴養的野生動植物，而無關乎當地族群。我們可以看到，若從外地傳入更有價值的作物（如傳入新幾內亞的甘薯和墨西哥三大作物的引進美東），當地族群立刻抓住機會，廣為栽培，進行更密集的農作，人口隨之激增。我所謂的延伸是指擴展至本土從未發展出糧食生產業的地區，如加州、澳洲、阿根廷彭巴草原和西歐等地，適合馴化的動植物要比新幾內亞和美東更少。新幾內亞和美東至少也發展了一點糧食生產業。本章提到布勞穆勒對全世界野草種子的研究，下一章即將討論到全世界的大型哺乳動物。無獨有偶的，糧食生產業付之闕如或發展有限的地區，可供馴養的家畜和穀物野生始祖也少得可憐。

由於農業的興起涉及糧食生產業和狩獵—採集生活型態的競爭，我們不得不納悶，在農業發展遲緩或等於零的地區，是否是因可獵取的自然資源異常豐富，坐享其成即可？可馴化的物種多寡根本是另外一回事。事實上，在大部分糧食生產延遲或是根本沒有的地區，狩獵—採集的資源格外貧乏。以澳洲和美洲為例（歐亞大陸和非洲則不同），到了冰期結束，大型哺乳動物已告滅絕。對狩獵—採集族群來說，如有糧食生產的機會，自是求之不得。可想而知，在肥沃月彎的糧食生產業面臨的競爭比較劇烈。因此，馴化的失敗與糧食生產的限制並不能歸咎於獵物之目不暇給。

為了避免這結論的誤解，最後我們要注意不可過分強調以下兩點：一，當地族群對外來作物和家畜的接受；二，本土野生動植物的限制——這兩點都不是絕對的。

先前討論了一地族群的接納外來作物。廣義來說，此族群不是有眼無珠，他們可以辨識植物的價值，若當地有更優秀、更適合馴化的植物，他們也不會放過，不會因文化制約或禁忌而裹足不前。特別要注意的前提是，這種轉變不是一蹴可幾，而是經歷「漫長的時光」，發生的地點更是「廣大的地域」。對人類社會有所認識的人，馬上可以舉出一堆食古不化排斥外來作物、家畜和發明的社群。

有人認為，每個社會對好東西都毫無條件全盤接受。我自然不能為這種明顯的謬誤背書。事實上，這個地表的五大洲上有數以百計互相競爭的社群，有些比較開放，很能接受新事物，有些則趨向保守。採行新的作物、家畜和科技的，就能日益精進，領先群倫，人口數目遠遠超過那些食古不化、落後的族群，接著大舉入侵，甚至將之連根拔起。這種現象可說非同小可，意義遠遠超過作物採借這回事。

還有一點需要注意的是，一地野生物種對於農業興起的限制。儘管有些地區今天沒有本土農業，並不代表在過去任何一個時候從未有糧食生產的生計。歐洲白人看到澳洲土著有如石器時代的活標本，仍以狩獵—採集維生，因而常常假定那些土著將永遠如此。

若想了解這種謬誤，想像公元前三千年有位外星來的訪客吧。由於在公元前二千五百年左右，美東才有糧食生產，這個早到五百年的外星人看到的自是空無一物的美東。他若因而下結論說，由於野生動植物的限制，美東將永遠無法鴻圖大展。往後一千年的事件則證明他是錯的。即使是在公元前九千五百年而非八千五百年到肥沃月彎一遊的訪客，也可能會誤以為那兒是不毛之地，永不利糧食生產。

我並不同意這種論點：加州、澳洲和西歐還有其他沒有本土糧食生產的地區，因為沒有可馴化的物種，若沒有引進外來的馴化物，這些地區的族群將一直以狩獵—採集維生。反之，我注意到：這些地區可供馴化的物種差異很大，這種差異反應當地糧食生產興起的時間。反之，今日世界還有一些肥沃地區沒有發展糧食生產。

一般觀念中最為「落後」的大洲——澳洲最是個再好不過的實例。東南澳溼潤，該是整個大洲中最適合發展糧食生產的地區，以當地土著社群在近一千年的發展軌跡而論，我們推斷該會出現本土的糧食生產業：已有冬天的村落，以漁柵、漁網和長長的水渠致力於漁業生產。假使歐洲人沒有在一七八八年殖民澳洲，中斷了那條軌跡，澳洲土著在這幾千年內必然會改行務農，除了有養殖漁業，並馴化小種子的野草。

因此，我們現在可以有十足的把握來回答章名提出的問題：蘋果不馴誰之過？是北美的印第安人？還是蘋果本身的問題？

我並不是指蘋果不可能在北美馴化。蘋果可說是史上最桀傲難馴的一種果樹。由於需要以複雜的接枝法來進行繁殖，在歐亞大陸也是最後才馴化的水果。即使是在肥沃月彎和歐洲也得等到希臘古典時期才有大規模栽種蘋果的事例，此舉距離歐亞大陸糧食生產業的濫觴已有八千年。如果美洲土著接枝技術的發展率差不多，終有一天也能馴化蘋果——推算約在公元五千五百年，也就是北美開始有馴化物的八千年後。

總之，歐洲白人到達美洲時，發現當地土著還沒辦法馴化蘋果。問題不在美洲土著，也不在蘋果。以蘋果馴化的生物條件而論，北美的印第安農夫正如歐亞大陸的農夫，北美的野生蘋果也和歐亞大陸的野生蘋果大同小異。其實，今天各位從超市買回家，大口啃咬得不亦樂乎的蘋果品種，都是歐亞蘋果和北美的野生蘋果交配的結果。所以，北美土著不能馴化蘋果，問題在於北美整個野生動植物的組合。這個組合的發展潛力有限，就是北美糧食生產瞠乎其後的主因。

CHAPTER 9

斑馬、不幸福的婚姻與安娜·卡列尼娜原則

「馴化的動物都一樣；馴化不成的動物每一種都有獨特的原因。」如果你覺得這句話很眼熟，沒錯，只要改幾個字眼就是《安娜·卡列尼娜》（*Anna Karenina*）著名的開場白：「幸福的家庭都一樣；不幸福的家庭每一個都有獨特的原因。」這小說是托爾斯泰（Lev Tolstoy 1828-1910）的巨作，托爾斯泰的意思是，婚姻要幸福必須具備許多要素：兩性的吸引、對金錢的共識、教養兒女的方式、宗教、姻親等。只要一個遺憾，婚姻就可能觸礁。

這個原則不僅適用於婚姻，也可延伸到人生的其他面相。對於成功，我們總想找一個簡單的、只涉及一個因素的原則。然而，在大部分事物上，要獲得成功，實際上必須避免失敗的因子，而可能造成失敗的因子有許多，而且彼此不相關。安娜·卡列尼娜原

則也可解釋人類馴化動物史的一個特徵。我們都知道馴化動物是人類史上的大事，對人類歷史發生了重大的影響。許多看來適於馴化的野生動物從未成為家畜，如斑馬和西貒（pecarry中南美洲類似豬的野獸），而人類歷史上幾乎所有牲口，都原產於歐亞大陸。前兩章我們討論為何有多種野生植物看來適合馴化卻從未馴化，現在我們即將探討類似的動物馴化問題：前一章的蘋果和印第安人可以換成斑馬與非洲人。

第四章談到大型哺乳動物對人類社群有深遠的影響。特別值得一提的是，這些動物捨己為人、勞苦功高——供給人類肉品、乳品、毛皮、肥料；平時拉車、戰時載人衝鋒陷陣，也幫忙把病菌傳播給沒有抵抗力的族群。

當然，小動物、鳥類和昆蟲也是人類的朋友。鳥類馴化成家禽後，可供給我們肉品、蛋和羽毛：如中國的雞、歐亞某些地區的鴨、鵝、中美洲的火雞、非洲的珠雞（guinea fowl）和南美的美洲鴨（Mluscovy duck）等。歐亞和北美也把狼馴養成狗，作為獵犬、斥候、寵物，以及某些社群果腹的「香肉」。嚙齒目動物和其他的小動物，馴養後也可成為桌上佳肴，如歐洲的兔子、安地斯山區的天竺鼠和西非的大老鼠等。在歐洲馴化的雪貂可以獵兔，在北非和西南亞的家貓會捕鼠。在近兩個世紀內馴化的小型哺乳動物有狐狸、貂、可貢獻毛皮的絨鼠和做寵物的倉鼠。有些昆蟲也可馴化，舉其要者如歐亞的蜜蜂（取其蜂蜜）和中國的蠶（用其蠶絲）。

這些小動物不但可成盤中飧，還可做身上衣。但是，除了會拉雪橇的狗外，沒有一種小動物可幫我們拖犁拉車，甚至成為戰時的交通工具。就肉品來源而言，也比不上任何一種大型家畜。因此，本章之後的重點將放在大型哺乳動物上。

我們認為家畜很重要，令人驚訝的是，只有少數幾種大型陸居食草動物當上了牲畜。要是我們所謂的「大型」是「四十五公斤以上」，在二十世紀之前只有十四種大型哺乳類合乎標準（見表9.1）。在這十四種中，有九種（表9.1中的次要九種）只分布在非常有限的地區：單峰駱駝、雙峰駝、源於同一祖先的駱馬和羊駝、驢子、馴鹿、水牛、犛牛、爪哇野牛（banteng）和印度野牛（gaur）。只有五種是遍布全世界的重要家畜，即牛、綿羊、山羊、豬和馬。

一眼望去，這張清單似乎遺漏了幾個要角。非洲象呢？牠們不是在迦太基將領漢尼拔（Hannibal 247-183 BC）的統帥下越過阿爾卑斯山嗎？今天在東南亞辛勤工作的亞洲象呢？我並沒有忘記這些勞苦功高的朋友。這關乎一個重要區分：大象可以馴良，但無法豢養。漢尼拔的非洲象和亞洲的工作象只是從野地捕捉加以馴良的大象，他們無法在人工環境中繁殖。「家畜」定義是：可以在籠裡繁殖，食、色都由人類控制，因此牠們變得

表 9.1　歷史悠久的 14 種大型食草哺乳動物

主要的五種

1. 綿羊。野生始祖：亞洲摩弗倫羊（mouflon）。原產於西亞和中亞，現遍布全世界。
2. 山羊。野生始祖：西亞牛黃山羊（bezoar goat）。現遍布全世界。
3. 牛。野生始祖：今已滅絕的松毛長角野牛（aurochs），以前分布於歐亞和北非。現遍布全世界。
4. 豬。野生始祖：野豬，原產於歐亞和北非。現遍布全世界。豬其實是雜食性動物（肉和植物都吃），然而其他 13 種哺乳動物完全是草食的。
5. 馬。野生始祖：俄羅斯南部的野馬，現已滅絕。但有一次品種繁衍至今，即蒙古的普氏野馬（Przewalski horse）。現遍布全世界。

次要的九種

1. 阿拉伯駱駝（單峰駝）。野生始祖：原活躍於阿拉伯一帶，現已絕種。現今的阿拉伯駱駝不出阿拉伯和北非，澳洲的阿拉伯駱駝仍為野生。
2. 雙峰駝。野生始祖：原出現於中亞，現已滅絕。今天的雙峰駝大抵在中亞。
3. 駱馬和羊駝。由同一祖先演化而來的不同品種。野生始祖：安地斯山區的野生羊駝（guanaco）。大都在安地斯山區，有些到了北美成為駄畜。
4. 驢。野生始祖：北非的非洲野驢，以前或許在與西南亞交接之處。原為北非和西南亞家畜，最近在其他地區也有發現。
5. 馴鹿。野生始祖：歐亞北方的馴鹿。原只是該地區的家畜，今天的阿拉斯加也有。
6. 水牛。野生始祖：出現在東南亞。今天主要是東南亞的家畜，但巴西也有許多，還有一些逃到澳洲等地成為野牛。
7. 犛牛。野生始祖：喜馬拉雅山和青康藏高原的野犛牛。至今仍不出該地區。
8. 爪哇牛。野生始祖：東南亞的爪哇野牛（松毛長角野牛的親戚）。至今不出東南亞。
9. 東南亞牛。野生始祖：印度和緬甸野牛（亦為松毛長角野牛的親戚）。今天仍只出現在該地。

與野地裡的祖先不同，生活的目的在促進人類主人的生活。

換言之，馴化的過程就是把野生物種轉變為對人類有用的物種。完全馴化了的物種，與牠們在野地裡的祖先，有好幾個方面不同。這些不同是由兩個程序創造出來的。一、人類只選有用的個體出來繁殖，並不是所有的個體都有繁殖機會；二、因此物種對人擇壓力做出了演化反應，也就是朝向人類期盼的方向演化，由於人擇的方向與野地裡的天擇不同，所以牲畜和其野生始祖之間有些差異，如體型大小。牛、豬和綿羊馴養之後都變小，天竺鼠則變大。人類選擇綿羊和羊駝的標準是牠們身上的毛，毛愈多愈好，牛則以乳汁多的為上選，有些家畜在馴養後大腦變小了，感覺器官也不再那麼靈敏，因為再也不必擔心掠食者的突襲，不需要過著夙夜匪懈的日子。

要了解這些改變，可比較狗的野生始祖——狼和許多狗的品種。有些狗比狼魁梧（大丹狗），有的則嬌小得多（北京狗），有的身軀修長、四肢矯健、善於追逐（獵犬），有的腿短遲鈍（達克斯犬）。狗毛的形式和顏色無奇不有，有些甚至光溜溜的。玻里尼西亞人和阿茲提克的人民特別愛吃狗肉，所以特別養殖肉質豐美的品種。一看達克斯犬和狼，若不知其關連，實在難以相信狼是狗祖先。

這十四種動物的野生始祖在地球上的分布極不均勻。南美只有一種，亦即駱馬和羊

表 9.2　各大洲馴化動物的成績單

	歐亞	非洲亞撒哈拉地區	美洲	澳洲
候選物種數	72	51	24	1
馴養物種數	13	0	1	0
成功比例	18%	0%	4%	0%

這裡的「候選物種」是指平均體重45公斤以上，草食及雜食性的陸生哺乳動物。

駝的祖先。北美、澳洲和非洲的亞撒哈拉區什麼也沒有。亞撒哈拉區沒有產生過什麼家畜，是最令人驚訝的事實，因為非洲主要的觀光賣點，就是那裡豐富多樣的野生動物相。相形之下，歐亞大陸可說得天獨厚，其他十三種都在這裡。（本書所謂的「歐亞」在好幾個案例中，都包括北非。就生物地理學和許多文化面相來說，北非和歐亞的關連較近，與亞撒哈拉區反倒較疏遠。）

當然，這十三種並非同時出現在歐亞。沒有一個地區在西藏高原一帶。大體而言，歐亞許多地區同時出現多種野生始祖，例如西南亞就有七種。

野生始祖的分布不均就是歐亞的族群得以擁有槍炮、鋼鐵和病菌的主因。然而，就野生始祖集中歐亞這個現象，我們要如何解釋？

最顯而易見的原因是：歐亞的陸上野生哺乳動物最多，無論這些是否都是家畜的祖先。在這兒且把「馴化的侯選人」定義為任何陸上食草或雜食的哺乳動物（不以肉食為主），重量平均超過四十五公斤者。從表9.2可看出歐亞的候選人最多，有七十二個物種，不愧是擁有最多動植物群的地區。因為歐亞是世界最大的陸塊，生態環境千變萬化，棲境包括廣袤的熱帶雨林、溫帶森林、沙漠、沼澤和同樣遼闊的凍原。亞撒哈拉地區的候選人少了些，只有五十一個，此地的動植物群也較少，原因就在面積較小，生態環境不若歐亞多變。非洲的熱帶雨林比東南亞要小得多，緯度超過三十七度則無溫帶棲境。正如第一章討論的，美洲的候選人數目原本可和非洲一較長短，但美洲的大型哺乳動物（包括馬匹、大多數的駱駝和其他若不絕種當可馴養的動物）約在一萬三千年前滅絕了。至於澳洲這個面積最小也最孤立的大洲，大型的野生哺乳動物本來就寥寥無幾，遠遜於歐亞、非洲和美洲。澳洲正如美洲，所有的大型哺乳動物皆在人類開始殖民時宣告滅絕，唯一殘存的是紅袋鼠。

因此，我們可以嘗試解答這個問題：為何大型家畜多集中在歐亞？部分原因就是這個大洲擁有最多的候選人，先天上最佔優勢，近四萬年來也沒有大滅絕的慘事。但我們必須注意，表9.2的數字並非可以解釋一切。以候選人數目和馴養成功的比例而言，歐亞的確位居首位（一八％），亞撒哈拉區則低得出奇（五十一個候選人中沒有一個成為家畜）。特別令人吃驚的是非洲和美洲有許多物種，但從未出現馴養成功之例，在歐亞的近親就沒有這種問題。為什麼歐亞的馬兒可以馴養，非洲的斑馬偏偏不行？為什麼歐亞的豬可以變成家畜，美洲的西貒和三種非洲野豬就不成？為什麼歐亞的五種野牛（松毛長角野牛、水牛、犛牛、印度野牛和爪哇野牛）可以做人類的朋友，非洲水牛和美洲野牛仍桀傲難馴？為何亞洲弗倫羊（綿羊的祖先）可馴，北美的盤羊只能任其野生？

儘管這些非洲、美洲和澳洲族群之間有很大的差異，難道有同樣的文化隔閡，影響他們在馴養動物的表現，歐亞的族群就沒有這種障礙？例如，非洲的大型野生哺乳動物多到讓當地的狩獵—採集族群宰殺不完，馴養豈不自找麻煩？

我可以斬釘截鐵地告訴各位：絕非如此！有五大證據可以反駁：一、非歐亞族群很快就接受了歐亞馴化物；二、豢養寵物是人類的天性；三、歷史久遠的十四種家畜都在短期馴化；四、有些馴養過不只一次；五、現代進行馴養的成功機率不大。

首先，歐亞的五大家畜來到非洲亞撒哈拉地區時，都大受歡迎。非洲各族群之間儘管有相當大的差異，對這些外來的家畜接受度都很高。比起狩獵—採集族群，這些非洲牧人因此獲得相當大的優勢，不久即取而代之。班圖族的農夫更是其中的佼佼者，馴養了牛羊後，即從西非老家向外擴展，不旋踵即驅逐了亞撒哈拉其他部分的狩獵—採集族群。即使在沒有作物的情況下，一樣是郭依族人，帶著牛羊的族群取代了狩獵—採取部落，成為南非的新主人。馴養的馬來到西非後，也改變了當地的戰爭型態，也出現有騎兵悍衛的王國。而馬匹不能傳播到西非之外的原因則是采采蠅引起的錐蟲病。

同樣的事件在世界各地不斷重演。某些族群原本沒有適合馴養的動物，一旦有機會獲得歐亞的家畜，無不教人刮目相看。不管是南、北美洲的土著，都熱愛從歐洲殖民地逃脫出來的馬匹。例如，十九世紀的北美大平原上的印第安人素以饒勇善戰、精於騎術聞名，也是捕獵野牛的高手，但不要忘了，他們一直到十七世紀才擁有自己的馬匹；拿伐荷印第安人（Navajo Indian）也一樣，從西班牙人那兒引進綿羊，隨即編織出美麗的羊毛毯；從未看過狗的塔斯馬尼亞人從歐洲人那兒得到幾隻後，即大量繁殖成為狩獵的好幫手。因此，儘管澳洲、美洲和非洲的土著族群有數千種，卻沒有一種文化禁忌阻礙他們馴養動物。

當然，澳洲、美洲和非洲的族群不會浪費資源，如果當地有馴養的大型哺乳動物，必定會好好訓練成自己的左右手，進而獲得優勢，正如他們見識到歐亞家畜的長處，迫不急待納為己有。想想看那些在亞撒哈拉地區與斑馬和水牛為伍的族群吧。難道沒有一個非洲人想到去馴養這些動物成宰制他族的利器？為什麼非得等到歐亞的牛馬進來？這種種事實告訴我們，歐亞以外的地區之所以缺乏大型的本土哺乳動物，關鍵在當地本來就沒有，而不是族群的問題。

第二個證據來自寵物。把野生動物當寵物，加以馴良，就是馴養成家畜的第一步。各大洲的傳統人類社群都有養寵物的紀錄。因此，寵物的數目要比家畜來得可觀。有些寵物在我們眼裡簡直是匪夷所思。

例如，在我工作的新幾內亞村落就有人養袋鼠、袋貂和鶲、鶚等奇異的禽鳥。雖然有些一直是人類的同伴。這些鳥獸最後的下場大抵是用來祭五臟廟。新幾內亞甚至經常捕捉食火雞（cassowary，一種似駝鳥不會飛翔的大型鳥類）的小雞來養大然後烹煮成一頓大餐。這種食火雞長大後極其凶猛，倒楣的村民遇上了，恐怕難逃開膛剖肚的噩運。有些亞洲人養老鷹作為狩獵夥伴。像這種勇猛的寵物也有反咬主人，造成傷亡的例子。古埃及人、亞述人和現代的印度人也養獵豹作為打獵之用。從古埃人的壁畫也可看出，一些有蹄的哺乳動物也在馴服之列，如瞪羚、麋羚（這已不足為奇），禽鳥如鶴，教人驚奇的是長頸鹿，嘆為觀止的則是鬣狗。儘管非洲象也不好惹，羅馬時代已有人將之馴服，今天的亞洲象也很溫馴。或許最令人難以想像的是歐洲棕熊（和美洲灰熊同種）——日本的愛奴族（Ainu）常把小熊抓來馴良，養大後作為祭品。

因此，許多野生動物都到了馴化的初步，也就是成為人類的寵物，但只有幾種成為家畜。一個世紀前，英國科學家高爾頓（Francis Galton 1822-1911）一語道破這種分別：「每一種野生動物都有可能變成家畜，然馴化的寥寥無幾。大多就差那麼一點，最後還是失敗了，注定永遠野蠻。亦即所謂江山易改，本性難移。」

表 9.3　大型哺乳動物最早的馴養時間

物種	時間（公元前）	地點
狗	10,000	西南亞、中國、北美
綿羊	8,000	西南亞
山羊	8,000	西南亞
豬	8,000	中國、西南亞
牛	6,000	西南亞、印度、北非（？）
馬	4,000	烏克蘭
驢	4,000	埃及
水牛	4,000	中國？
駱馬／羊駝	3,500	安地斯山區
雙峰駱駝	2,500	中亞
單峰駱駝	2,500	阿拉伯

目前關於馴鹿、犛牛、印度牛、爪哇牛等四種大型動物的馴養時間證據較少，而這張表也僅列出到目前為止較確定的馴養年代；實際上，這些動物也有可能在更久以前就已經在別的地區被馴養了。

馴養的時間可作為高爾頓的第三佐證：早期的牧人沒多久就馴養了所有可能馴養的大型哺乳動物。考古學證據告訴我們這個時間約在公元前八千至兩千五百年間，也就是農牧社群開始定居生活的幾千年內，亦即在最後一次冰期結束後。如表9.3的摘要，大型哺乳動物的馴養始自綿羊、山羊和豬，最後則是駱駝。自從公元前二千五百年起，成績單幾乎已是一片空白。

沒錯，在公元前二千五百年後，人類還馴養了些小型哺乳動物。例如，直到中世紀才馴養兔子成肉品來源，遲至二十世紀老鼠才成為實驗室的新寵，而倉鼠變成寵物更是本世紀三〇年代的事。說實在的，可供馴養的小動物成千上萬，因此日後被人馴養不足為奇。遠古的人類不感興趣，因為覺得這些動物沒什麼看頭，只有白費功夫。但四千五百年後，大型哺乳動物的馴養已經大功告成。這一百四十八種物種必然是人類不斷實驗的結果。古人已盡全力，沒有漏網之魚。

第四證據是，某些哺乳動物似乎特別容易馴養，因此同一品種養過多次。現代粒線體DNA研究使得長久以來的迷霧得以散去，證實背部有隆起的印度牛和背部沒有隆起的歐洲牛源於同一祖先，在數十萬年前就已分化。也就是說，印度人、西南亞人和北非人分別馴養野牛的亞種。

同樣地，美洲獨立把狼馴養成狗，或許歐亞有地區也分頭進行，如中國和西南亞。現代的豬隻的馴養地有中國、歐亞西部，也許還包括其他地區。我們可從這些例子看出：宜於馴養的野生物種不出這幾種，所謂英雄所見略同，因此不同人類社群會交出相同的成績單。

現代的馴養實驗失敗更加證明：許多物種的無法馴化不是因為古人才智不足，而是物種本身的問題。馴養歷史最為長久的就是歐洲，始於一萬年前的西南亞。到了十五世紀，歐洲人足跡遍布全球，也見識到許多前所未見的野生哺乳動物。歐洲殖民者正如我看到的寵愛袋鼠、袋貂的新幾內亞土著，也馴服了許多當地的哺乳動物或納為寵物。歐洲的農牧族群到了其他大洲，在馴化當地物種方面，可說一樣盡心盡力。

近一、兩個世紀，至少有六種大型哺乳動物是為現代育種專家和遺傳學家努力的目標——大角斑羚、駝鹿、麋鹿、麝牛、斑馬和美洲野牛。例如大角斑羚這種非洲最大的羚羊，由於肉質佳、奶量多，成為多個機構的研究對象，如烏克蘭何斯卡尼亞—諾瓦動物園（Askaniya-Nova Zoological Park）、英國、肯亞、辛巴威和南非等；蘇格蘭亞伯丁羅威特研究所（Rowett Research Institute）有個實驗農場專門研究駝鹿；俄羅斯的佩契羅—伊里奇國家公園（Pechero-Ilych National Park）則正在研究麋鹿。但成果都相當有限。雖然美國超市偶爾有野牛肉，瑞典和俄羅斯也利用麋鹿來拉雪橇、騎麋鹿、喝鹿奶，但這些經濟效益都相當有限，無法得到農場主人的青睞。最值得大書特書的例子是非洲的努力馴養大角斑羚。這種羚羊抵抗力強，加上能適應惡劣的天候，比起老是被非洲疾病擊潰的歐亞物種要強得多。但直至目前，還沒有什麼成績。

因此，在那十四種哺乳動物馴養完成之後，人類已無計可施。在這四千五百年來，不管是土著牧人或是現代的遺傳學家都沒有辦法把其他大型哺乳動物變成家畜。然如果我們把馴養定義為育種和食物的控制，今天的科學家當然游刃有餘。以聖地牙哥和洛杉磯的動物園為例，為了保育瀕臨絕種的加洲禿鷹，施行的育種控制要比任何物種的馴化來得嚴格。每一隻禿鷹都得做基因辨識，由電腦程式決定哪一隻公的和哪一隻母的交配，得以產生最大的基因變異，以達成科學家的期望——延續這個即將滅絕的物種。其他瀕臨絕種的動物如猩猩和犀牛等也受到同樣的「禮遇」。但是這樣嚴格的育種方式並無法產生具有經濟效益的物種。儘管一隻犀牛身上的肉重達三噸，動物園的努力也不見得有什麼結果。犀牛和其他大型哺乳動物仍是無可超越的障礙，馴養的終極挑戰。

總之，全世界一百四十八種大型野生食草哺乳動物都是有希望成為家畜的候選人，但只有十四種通過考驗。為什麼其他一百三十四種都失敗了？高爾頓所謂「注定永遠野蠻」的條件為何？

我們可以從安娜．卡列尼娜原則尋求解答。馴養的候選人必須具備許多特質才能脫穎而出。少了任何一點都有可能功敗垂成——正像婚姻。我們姑且權充斑馬和人類這對和其他「怨偶」的婚姻顧問，來探討馴養失敗的問題。至少可找出六大原因。

一、**飲食**：動物攝取植物或其他動物的肉，食物鏈之間的生物質量轉變，效率很低，通常只有一〇%。也就是說，一公斤的玉米才能長出一頭一千公斤的牛。但如果你想養一頭一千公斤的食肉動物，必得餵牠一萬公斤的食草動物的肉，而這一萬公斤的食草動物又需要十萬公斤的玉米來餵養。且不論食草或食肉，有些動物像無尾熊，天生偏食，農場主人恐怕覺得難以侍候。

由於生物質量轉變的困難，幾乎沒有肉食哺乳動物馴化當食物。（絕非因為肉質堅韌、淡而無味。我們不是經常吃食肉的野生魚嗎？我個人也可見證獅肉堡的美味。）幾乎可算是例外的是狗。人類馴化狗是用來當斥候和打獵的夥伴。但是阿茲提克帝國、玻里尼西亞和古代中國培育出「菜狗」的品種。然而，通常是在不得已的情況下狗肉才會變成主要的肉源，例如缺乏肉源的社群。阿茲提克帝國沒有其他哺乳動物，玻里尼西亞和古代中國的家畜只有豬和狗。有大型食草哺乳動物可大塊朵頤的，就不會把腦筋動到狗兒的身上了，除非把狗肉當作偶爾為之的「珍饈美味」（如今天的東南亞）。此外，狗並不只吃肉，而是雜食性的動物。若各位天真地以為家裡的愛犬是食肉族，只要看一下狗食袋上的成份表，即可恍然大悟。阿茲提克和玻里尼西亞都用蔬菜和廚餘來餵他們的「菜狗」。

二、發育速率：畜生得長得快，才值得養。因此，大猩猩和大象就出局了。雖然牠們都吃素，也不挑嘴，身上的肉又多。原因：等牠們長成要十五年的光陰，有哪個牧場主人有這個耐心？今天中南半島的人利用大象做工，他們發現從野地抓來大象馴養比較省錢。

三、人工環境中繁殖的困難：人類不喜歡在眾目睽睽之下進行性行為，有些頗有潛力的候選動物也不喜歡。獵豹是陸地上跑得最快的哺乳類，幾千年來人類馴化獵豹的努力都失敗了，為的就是牠們與眾不同的性心情。

我前面提過，在古代埃及人、亞述人，現代的印度人都非常珍視馴養的獵豹，牠們是優秀的狩獵伴侶，比獵犬要強太多了。印度曾有一位蒙兀兒皇帝尤其癡迷，養了上千頭獵豹。儘管王公貴族投注了大量的心血、成本，仍難以使獵豹在畜欄裡繁殖，他們所有的獵豹都是從野地抓來馴養的。一直到一九六〇年，生物學家才讓我們見到第一頭在動物園出生的獵豹。在野地裡，一群獵豹兄弟追逐一頭雌性，飛奔數日，雌獵豹似乎必須在這樣粗野的追求過程中才會排卵，發情。在獸欄中，獵豹拒絕表演這樣複雜的追求戲碼。

安地斯山區的野生駱馬也有同樣的問題。這種野生駱馬的毛細柔輕巧，是獸毛中的極品。古印加帝國常把野生駱馬趕到畜欄裡，割下牠們身上的毛，再放生。現代商人不是採用印加帝國的老方法，就是以殺戮來獲得毛皮。由於牠們的毛製品代表財富與尊貴，不知有多少人試著在獸欄中繁殖這種動物，至今還沒有人成功。理由是：一、野生駱馬在交配前漫長而繁複的求偶儀式，獸欄情境妨礙了這種儀式；二、兇猛的雄性競爭，使牠們無法同處一空間；三、牠們的進食地盤和休憩地盤是分開的，而且都是全年性的。

四、凶殘成性：幾乎身軀龐大的哺乳動物都能殺人。豬、馬、駱駝和牛都殺過人。

然而，有些大型動物性情特別乖戾，凶殘成性。許多看來條件良好的野獸，就是因為性情乖戾教人放棄的。

大灰熊就是一個明顯的例子。熊肉是昂貴的美食，一頭大灰熊可重達七百公斤。牠們大抵素食（雖是狩獵高手），而且食物範圍廣，愛在人類的垃圾堆亂翻（因此讓黃石和冰川國家公園的管理員大傷腦筋），發育也相當快。因此，要是牠們能溫良一點，不就可以養成供應我們肉品的「肉熊」嗎？日本北海道的愛奴人等於為我們做了一場實驗，他們有養小灰熊供應祭典之用的傳統習俗。愛奴人發現：小灰熊滿周歲後就宰殺來吃，是明智之舉。不然，「養虎貽患」，無異自殺。據我所知，成年的大灰熊從沒有馴服過的。

非洲水牛是另一個例子，若不是性格乖戾，實在是可圈可點的家畜候選人——發育迅速，體重可達一噸，而且合群、群體中有階層分明的組織（此一特質稍後會再討論）。但是非洲水牛卻是非洲最危險的大型哺乳動物，而且難以預測。只有瘋子才會嘗試馴養非洲水牛，可是他們的下場是：一、慘死在這可怕的動物手裡；二、被迫在水牛長得太大或太兇暴之前結束牠的性命。同樣地，河馬是重達四噸的素食動物，若不是太危險，豈不等於活的人類糧倉？

那些家畜候選人，因為惡名昭彰而給淘汰出局，不足為奇。但有些候選動物的惡性惡習，卻罕為人知。例如野馬有八個動物種（馬與牠們的親戚）由於遺傳上非常接近，所以彼此可以交配，生出健康的子代。但是牠們的性子卻有天壤之別，有的溫順，有的卻極其凶惡。其中兩種，馬和北非驢已成為家畜。亞洲驢是北非驢的近親，又稱為中亞野驢（onager）。由於牠的老家就在肥沃月彎——西方文明馴化動物的搖籃，對這種中亞野驢，古人必定有豐富的馴養、馴化經驗。根據蘇美人和後人的記載，中亞野驢是人類獵殺、捕捉的對象，他們並將中亞野驢與驢或馬雜交。古人描述過一種似馬的動物，可騎乘，也可拉車，大概就是指這種野驢。然而，所有對牠的描述，從古羅馬人的到現代動物園管理人的，無不抱怨這種動物性情暴躁，常野性大發，胡亂咬人。因此，中亞野驢雖然在其他方面近似驢的祖先，卻從來沒有馴化過。

非洲的四種斑馬更糟。馴化牠的努力，已經達到了讓牠們拉車的地步：在十九世紀南非有人就把牠們當役畜；英國也有位奇人羅特希爾德（Walter Rothschild）乘坐斑馬拉的馬車，穿梭在倫敦的街道中。然這種動物成年後就變得十分危險，制服不了。（許多馬匹性情乖張，那是事實，但斑馬和中亞野驢更惡劣，而且幾乎所有的個體都同樣的頑劣。）斑馬咬了人就不肯鬆口，每年牠們在美國的動物園造成的傷害，數量比老虎還多！斑馬也不可能給繩套套住，即使是牛仔競技場上的冠軍，也無法將套索圈在牠們頭上，牠們總是頭一偏就躲過飛來繩圈的軌跡。

因此，要把馬鞍套在斑馬背上騎乘，幾乎比登天還難。南非當年興致勃勃的搞馴化斑馬的實驗，落得心灰意冷。現代人馴化麋鹿和大角斑羚的實驗，最後宣告失敗，就是因為牠們無法預期的攻擊行為。

五、容易恐慌的性情：大型食草哺乳動物對於危險的反應不同。有些緊張、迅捷，而且只要風吹草動，就能令牠們拔足飛奔。其他的則反應慢、神經粗、以群集避險，面臨威脅時原地不動，若非必要，不會拔足飛奔。大多鹿與羚羊屬於前者（馴鹿例外），綿羊和山羊則是後者。

當然囉，容易恐慌的物種難以關在獸欄裡。一旦關進獸欄，牠們很容易驚慌，若不是嚇死，就是在匆忙奔逃時撞上獸欄，重傷而死。瞪羚就是這樣。幾千年來，肥沃月彎某些地區經常捕獵的動物，就是瞪羚。因此，最先定居在那裡的人，第一個嘗試馴化的對象應該是瞪羚。但是從來沒有一種瞪羚給馴化過。請想像一下那會是什麼樣場景：一群瞪羚正在奔逃，盲目的撞上獸欄，牠們一跳可達九公尺高，奔騰的速度可達每小時八十公里。算了，由牠們去吧。

六、社群結構：幾乎所有大型哺乳類家畜，祖先都有三種社群特色：群居；群體中有明確的層級節制結構；各成員的生活領域（home range）重疊，並不佔地盤、分彼此。例如一個野馬群有一匹公馬、五六匹牝馬和若干小馬。牝馬A是大老婆，牝馬B、C、D、E都歸牠管；牝馬B雖順從A，但C、D、E都得聽牠的，以此類推。這群野馬行進的時候，成員在隊伍中各有一定位置：公馬在最後方壓陣，大老婆是隊伍的前鋒，之後是大老婆生的小馬，這群小馬也得長幼有序，最小的排最前面，其他的牝馬和牠們的小馬也照這次序排下來。於是人人各得其所，成年個體之間因此可以相處，不必常年鬥爭。

這種社群結構是理想的馴化對象，因為人類只要掌控了統制結構就控制了整個社群。馴化的馬群服從人類的領導，正如牠們跟隨群體中階級最高的牝馬。綿羊、山羊、牛和狗的祖先（狼），群體中都有類似的統制結構。幼兒在這樣的群體中成長，由於朝夕相處，所以對夥伴與大家相處的模式都會銘印（imprint）在心。在野地裡身邊只有同類，但在人類豢養的環境中幼兒也會把人類的角色銘印在心。

這樣的社會動物特別適合放牧。因為牠們能容忍彼此在身邊活動，所以會群聚在一起。因為牠們本能的跟隨領袖，也會把人類當成領袖，因此能接受牧人或牧羊狗的指揮。由於在野地裡已經習慣大夥兒擠在一起，牠們可以圈入柵欄。

相形之下，大多數喜歡獨居的陸上動物無法放牧。牠們不容忍同類，不會將人類當作領袖，而且沒有服從高層的本能。有誰見過一群貓（獨居的陸生動物）跟在人類後面，或是被人「放牧」？每一個愛貓人都知道：貓不像狗兒那樣有服從的本能。可以成群養殖的家畜，才是經濟的人類肉食來源。人類馴化貓和雪貂，不是為了拿牠們當食物，而是為了用牠們當獨行獵人或當寵物。只有獨行獵人可以捕殺老鼠之類的小動物。

雖然大多數獨居的動物都不曾馴化，如果因此認為大部分群居動物都可馴化，那就錯了。大部分都不行，原因如下：

第一，許多物種不同的群互相排斥，牠們的地盤並不重疊。這樣的兩個群要關在同一個獸欄裡，困難的程度就比要把獨居物種的兩頭雄性關在一起一樣。

第二，許多群居動物平常大家相安無事，到了交配期間大家就開始分彼此、佔地盤，打得不可開交，誰都不能容忍誰。大多數的鹿和羚羊都是如此（馴鹿又是例外）。因此，儘管非洲著名的羚羊都是社會動物，平常成群結隊，壯觀得很，但是無法馴化。一般人對非洲羚羊的第一印象，是「地平線上密密麻麻的羚羊群」。事實上，公羚羊到了交配期間割地稱雄、相互排擠，激烈的競爭生殖權利。因此，我們不能圈養羚羊，而綿羊、山羊或牛就可以。犀牛也有爭奪地盤的習性，加上性情狂暴、發育緩慢，所以無法馴化。

最後，許多群居動物，大多數鹿和羚羊又包括在內，沒有分明的層級節制結構，因此沒有服從權威的本能（所以牠們也無法人類當成社群中的領袖，銘印在心）。雖然有些鹿和羚羊給馴服了，還是無法像綿羊一樣成群放牧。北美洲的大角綿羊，也是為了這個理由無法馴化的，事實上牠和現代綿羊的祖先（Asuatic mouflon sheep亞洲弗侖羊），是同一屬的物種。大角綿羊適合我們的需要，在很多方面都與摩弗侖羊相似，但是牠有一個毛病，把其他好處一筆勾銷了：牠們不像摩弗侖羊肯溫順地服從層級統制結構。

我們再回到這一章一開始提出的問題。人類馴化動物的成績，有一個最令人困惑的特徵，就是：有些物種馴化了，可是牠們的近親卻沒有，其間似乎沒十麼道理，結果我們發現，除了少數幾個物種有馴化的潛力之外，其他的物種都給安娜．卡列尼娜原則排除了。人類與大多數動物物種，都不能維持幸福的婚姻，許多理由都能導致這個結果，只要犯了一個，就幸福不起來：飲食習性、成長速率、交配習性、性情、恐慌的傾向，以及幾個社群組織的特徵。只有少數野生哺乳動物和人類結成佳偶，因為牠們在上述幾方面都適合馴化的條件。

歐亞大陸的族群得天獨厚，擁有最多可供馴化的大型食草哺乳動物。三個基本事實造就了這個結果：生物地理、歷史和生物學。首先，歐亞面積最大，生態相最繁複，所以可供馴化的候選物種多。第二，澳洲和美洲的大型哺乳類，在更新世末期遭到了大滅絕，喪失了幾乎所有候選物種。可能因為人類進入澳洲和美洲比較晚，那裡的動物種不幸突然與狩獵技術高明的現代智人相遇，才遭到不幸。最後，更新世結束後各大洲倖存的大型哺乳類，其中適合馴化的，歐亞有比較高的比例。研究那些從未馴化的候選物種，例如非洲的大型群居哺乳類。每一個都有特別的理由使牠當不了牲口。因此，托爾斯泰想必會贊同馬太（Saint Matthew）的慧見：「被召的人多，選上的人少。」（馬太福音22:14）

CHAPTER

10

大陸軸線——歷史的伏筆

請看次頁的世界地圖（圖10.1），比較一下各大洲的形狀和陸軸走向，你將發現一個明顯的差異。美洲南北長（一萬五千公里），東西窄（最寬之處為五千公里），中間的巴拿馬地峽更只有六十多公里。由此可見，美洲的大陸軸線是南北向。非洲也是，只是沒那麼明顯。相形之下，歐亞則為東西向。各大洲的陸軸走向對人類歷史有什麼影響呢？

本章將告訴各位，陸軸影響深遠，甚至是人世悲劇的源頭。大陸軸線的走向關乎作物和牲畜傳播的速率，也間接影響到文字、輪子等發明的傳輸。美洲土著、非洲人和歐亞近五百年來經驗的迥異，正是基本的地理特色造成的。

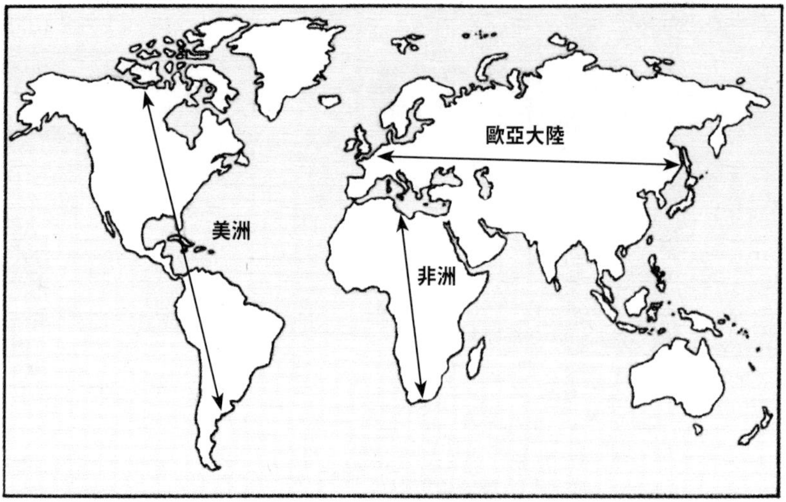

圖 10.1　各大洲的陸軸走向

要了解地理差異和槍炮、病菌與鋼鐵的關係，必須從農業的傳播下手。正如我們在第五章看到的，在全世界能自行發展糧食生產業的地區至多九個，也可能只有五個。在史前時代，農業發源地雖屈指可數，但有許多地區因引進外地的作物、牲畜和知識而發展出糧食生產的生計，甚至連外地農牧族群都登堂入室。

農業傳播的主要路徑有：從西亞到歐洲、埃及、北非、衣索比亞、中亞和印度河河谷；從薩赫爾到西非、東非和南非；從中國到熱帶東南亞、菲律賓、印尼、韓國和日本，以及從中美洲到北美。再者，農業的發源地不只向外傳布，也因外地的作物、牲畜和技術的輸入更形豐富。

有些地區先生適合農業的發軔，就農業傳播的速率而言，也有快慢之分，因地而異。在史前時代，有些地區生態條件不錯，附近也有糧食生產業，偏偏毫無發展。最教人匪夷所思的是：美國西南方的農牧業居然到不了隔壁的加州，新幾內亞和印度尼西亞傳播不到近在咫尺的澳洲，南非納塔爾省（Natal Province）的農業也沒能延伸到好望角。即使在史前時代這些地區的農業已傳播出去，傳播的速率和時間也有很大的差別。沿著東西軸線傳播最快，如從西南亞向西到歐洲和埃及、向東到印度河河谷（平均速率每年一・一公里）和從菲律賓往東至玻里尼西亞（每年五公里）；沿南北軸線最慢，每年不到〇・八公里，如從墨西哥北上至美國西南；也有每年不及〇・五公里的例子，如墨西哥的玉米和豌豆一直到公元九百年才成為美東作物。還有更慢的呢，每年只有〇・三公里，如秘魯的駱馬北上到厄瓜多。如果墨西哥玉米不是到公元前三千五百年才馴化，差異會更大。我的估算比某些考古學家還來得保守。大多數的考古學家認為馴化的日期在公元前三千五百年之前（至今還有很多學者認為如此）。

若是看出傳播阻力大小，可從作物和牲畜是否完整傳入一地入手。例如，西南亞的始祖作物和牲畜的確西傳至歐洲、東傳至印度河河谷，但在前哥倫布時代安地斯山區馴養的動物（駱馬、羊駝和天竺鼠）卻沒能傳到中美洲。這點該如何解釋？畢竟，中美洲已有從事密集農業的人口和複雜的社會，安地斯山區馴養的動物（如果有的話）應該是食物、運輸和羊毛的重要來源。然而，中美洲只有狗，其他本土哺乳動物一應缺乏，無可滿足這些需求。有些南美作物如木薯、甘薯和花生則成功傳入中美洲。到底是什麼阻力阻礙了駱馬和天竺鼠的前進？為什麼作物就可暢行無阻？

地理對於傳播的影響，可以從學者稱為佔先馴化（preemptive domestication）的現象來看。大多數後來發展成農作物的野生植物，在各地都有不同的變種，因為不同地區的族群會累積不同的遺傳突變。所以研究後來流行的農作物品種，大概可以推測最先完成馴化的地點。如果在野生種分布區各地方的變種中，只有一個變種演化成後來流行的農作物，那表示在馴化成功之後，很快地流傳到各地，其他地區的人就不必再自行馴化了。只要將野生種的各個變種，與流行的農作物，做個基因比對，就能判斷這種作物是只從一個地區發展出來的，還是分別在好幾個不同的地區。

如果我們對新世界的主要作物進行基因分析，將發現很多種類都有兩種以上的野生變種。這表示作物至少在兩地以上馴化，有些作物變種已有具地方特色。因此，植物學家推斷利馬豆（Phaseolus lunatus）、腰果（Phaseolus vulgaris）和辣椒（Capsicum annuum/chinense group）至少在兩地（中美洲和南美洲）以上分別馴化；瓜菜（Cucurbita pepo 南瓜等）和種子作物藜菜也分別馴化過至少兩次（中美洲和美東）。相形之下，大多數西南亞的古老作物只有一種品種，現代所有的種類都源於同一個馴化物。

如果同一種作物分別在幾個地區獨立馴化，而不是只在一個地區馴化過一次，這代表什麼意義？我們已知植物的馴化牽涉到野生植物的改良，種子更大、苦味變淡等以更有益於人類。因此，如果某一作物已經有了，最早的農夫當坐享其成，該不會大費周章從頭再來吧？單次馴化的證據表示，某種野生植物一旦馴化，該作物就會快速傳播到其他地區，同一種野生植物就沒有再次馴化的必要。然而，若我們發現同一種野生植物在好幾個地區馴化，就可以推斷該作物傳播的速率很慢，才會使得其他地區的同種植物有馴化的機會。西南亞的野生植物已證明是單次馴化，而美洲則是多次馴化。由此，我們可得到一個結論：西南亞作物的傳播的確比美洲容易。

某一作物的快速傳播，在一枝獨秀之下，源於同一始祖的物種以及與始祖物種有親緣關係的植物都沒有馴化的機會。如果你家的豌豆品種已相當優異，何必從豌豆的野生始祖從頭馴化？也沒有必要去馴化和野生豌豆相近的物種吧。西南亞所有的始祖作物就是打敗了所有近親，進而傳播到整個歐亞西部。相形之下，新世界就沒有這麼一枝獨秀的局面，而是群雄並起，在中、南美洲有多種類似的作物。例如，今日世界九五％的棉花都屬於 Gossypium hirsutum，這是史前時代在中美洲馴化的。然而，史前時代的南美農夫種植的則是另一種品種類似的棉花 Gossypium barbadense。顯然，中美洲的棉花難以到達南美，才使得其他品種有機會。辣椒、南瓜、莧菜屬和藜科植物（如菠菜和甜菜）都是中、南美洲馴化的品種類似的作物，正因沒有一種得以搶先。

我們可以從這許多現象歸納出相同的結論：糧食生產從西南亞向外傳播的速率要比美洲快，也可能比非洲亞撒哈拉地區快。這些現象包括糧食生產完全無法傳播到某些生態條件不錯的地區、傳播速率快慢有別、選擇性的傳播，以及某一始祖作物是否一枝獨秀，讓其他類似品種完全沒有機會。接下來，我們要問：為何美洲和非洲的農業傳播就是比歐亞來得困難？

要回答這個問題，我們先看西南亞（肥沃月彎）糧食生產的快速傳播。略早於公元前八千年，此地發生糧食生產業之後，立即向外傳播至歐亞西部和北非等地，分別往東、西推進，愈傳愈遠。圖10.2是根據遺傳學家若海瑞（Daniel Zohary）和植物學家霍普夫（Maria Hopf）的地圖重新繪製的。由此可見這股傳播浪潮如何席捲希臘、賽普勒斯，並在公元前六千五百年納入印度次大陸、公元前五千四百年到埃及中部、公元前五千二百年到西班牙南部，最後在公元前三千五百年到英國。在這些地區，糧食生產業都由來自肥沃月彎的同一組作物和家禽所引發。此外，肥沃月彎的農產包裹也深入非洲，直至衣索比亞（不過時間尚未能確定）。衣索比亞也有些本土作物，然而我們還不知道這是否是肥沃月彎作物的影響。

當然，並非一整個作物包裹都得由向外圍地區傳播，例如埃及就太溫暖，不利野生種小麥在此落地生根。同一包裹裡的東西也有可能一前一後，如綿羊就比穀物早到西南歐。有些外圍地區也馴化當地的野生植物，如西歐的罌粟（或許埃及的西瓜也是）。然而，我們可以確定，外圍地區大多數的糧食生產業都是因肥沃月彎馴化物的刺激而生。

緊跟在農業傳播之後的則是另一波發明：輪子、文字、冶金、擠奶、果樹、啤酒和其他酒類的釀製。

然而，為什麼同一個作物包裹得以引發整個歐亞西部的糧食生產業？是否在許多地區的野地剛好有這麼一組植物和肥沃月彎的作物一樣有價值，然後獨立馴化？並非如此。首先，肥沃月彎有許多始祖作物並沒有生長在西南亞以外的野地。例如，始祖作物有八項，埃及只有一種——野生大麥。埃及的尼羅河河谷不是不毛之地，反之和肥沃月彎的底格里斯河與幼發拉底河河谷近似。由此可證：在肥沃月彎欣欣向榮的作物包裹，到了尼羅河河谷不一定可成長茁壯，進而觸發埃及文明。埃及並沒能「複製」肥沃月彎的榮景。建造人面獅身像和金字塔的人吃的還是從肥沃月彎引進的作物，不是埃及當地土生土長的植物。

第二，即使西南亞以外的地區也有這些作物的野生始祖，我們還是可以確定歐洲和印度的作物是從西南亞而來，而不是當地的馴化物。如野生亞麻往西傳到英國和阿爾及利亞，往東到裏海，而野生大麥更往東，遠至西藏。然而，對肥沃月彎大多數的始祖作物而言，今日世界培育出來的變種只有一種染色體的排列相同——符合人類期望的突變。例如，所有的豌豆都有相同的隱性基因，豌豆成熟後豆莢不會爆裂把豆仁噴出。這點恰好違背野生豌豆的生存之道。

顯然，肥沃月彎大多數的始祖乍物一旦在當地完成馴化後，從未在外地再馴化。若多次馴化，必然會造成染色體的變異或不同的突變。

不管在肥沃月彎或其他地區，大多數始祖作物的祖先都有適合馴化的野生親戚。例如豌豆是Pisum屬，這個屬有兩個野生種：Pusum sativum和pisum fulvum，前者就是現代菜園裡的豌豆，後者則從未馴化。然而，野生種的Pisum fulvum不管是新鮮的或是乾燥過的，味道都不錯，而且遍野皆是。小麥、大麥、扁豆、鷹嘴豆、豌豆和亞麻除了馴化的品種，還有許多野生種。有些豌豆和大麥的野生親戚也有另外馴化的例子，如遠在肥沃月彎之外的美洲或中國。但在歐亞西部，在所有具有潛力的野生種中，獨獨只馴化了一種。也許是因為有一種傳播得特別快，因而人們只吃這一種，不再採集其他野生種。正如先前提到的，在這種佔先馴化之下，對手根本就沒有機會。

為什麼肥沃月彎作物的傳播如此神速？部分答案就在歐亞的東西向陸軸，也就是本章的開宗明義。位於同一緯度的東西兩地，每一天的長度和季節變化相同，也有著類似的疾病、溫度和降雨也差不多，棲境和生物群落區（biomes）也大同小異。例如葡萄牙、伊朗北部和日本緯度都相同，各相距六、七千公里，但氣候都差不多，正南方一千多公里的地方氣候的差異就大多了。各大洲上的熱帶雨林都是在赤道以北或以南十度內，地中海的密灌叢（如加州的荊棘叢和歐洲沿岸的灌木叢）則是在北緯三〇度至四〇

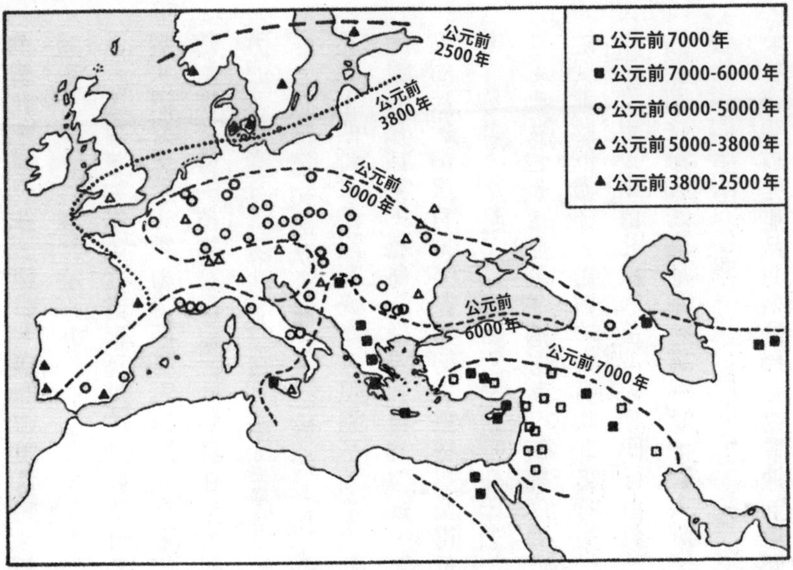

圖10.2　肥沃月彎的農業在歐亞大陸西部的傳播：上圖的標記了考古遺址位置，表示該遺址出土的遺物中，有源自肥沃月彎的作物證據。遺址的絕對年代是以碳14定年法測定。□標記代表公元前7000年以前的肥沃月彎遺址。從這張圖可看出離肥沃月彎越遠的遺址，所測定出的年代越新。這張圖是根據Zohary & Hopf的著作Domestication of Plants in the Old Worls中的圖20修正年代後，製作而成。

度之間。

但植物的發芽、成長和抵抗疾病的能力和當地氣候息息相關。晝夜長短、溫度和降雨等會隨著季節改變的現象都會影響種子發芽、幼苗成長和植物成熟之後的開花結果。天擇塑造了每一種植物的基因密碼，植物皆在一定的氣候條件下演化。不同緯度，氣候的變化甚大。例如赤道終年白天的長度都一樣，但在溫帶地區，晝夜長短就會因逼近冬至或夏至而有明顯的變化。植物生長季（也就是溫度和白天適中的月份）在高緯度最短，愈近赤道區則愈長。

若是植物基因密碼與種植的地區緯度不合可真是大不幸。想想看吧，若有個加拿大農夫異想天開去種植墨西哥玉米，後果會如何？這種玉米基因密碼設定在三月發芽，到時這棵可憐的植物發現自己居然身在三公尺下的深雪中，若這棵植物基因密碼改變，到六月末才發芽，到了其他季節也未必順遂。

這棵植物的基因將告訴它慢慢成長，還有五個月的時間才成熟，別急。在氣候溫和的墨西哥當然沒有問題，但到了加拿大就大不妙了，五個月後剛好碰上秋霜，恐怕來不及長出成熟的穗軸，難逃凍死的噩運。再說雖然有抵禦南方疾病的本事，對北方氣候區的疾病卻沒有招架之力。這些特質使得低緯度的植物難以適應高緯度的環境，反之亦然。因此，肥沃月彎大多數的作物在法國和日本都長得不錯，到了赤道就完了。

動物也是，必須去適應某一個緯度的氣候。人類就是一個典型，南國之子就是無法忍受北國的嚴冬，短暫的白日和北方特有的病菌；也有人受不了熱帶的炎熱和疾病。近幾個世紀，來自北歐的殖者偏好同樣涼爽的北美、澳洲和南非，若到赤道的肯亞和新幾內亞則往涼快的高地跑。這些歐洲白人到了熱帶低地就很淒慘，根本抵擋不了一波波熱帶疾病如瘧疾的侵襲。熱帶族群對這些疾病則已有抵抗力，習已為常了。

這也就是肥沃月彎的馴化物快速向東西傳播的部分原因：這些馴化物早就適應該地

區的氣候。例如，農業在公元前五千四百年從匈牙利平原一進入中歐，從波蘭到荷蘭的農業發展幾乎是同時進行。到了公元元年，來自肥沃月彎的穀物已到一萬兩千公里以外的地區，從大西洋岸的愛爾蘭到太平洋岸的日本都有。歐亞大陸這種東西向的傳播是為世界之最。

因此，歐亞大陸的東西陸軸使得肥沃月彎的作物快速在整個溫帶緯度傳播開來，從愛爾蘭到印度河河谷一氣呵成，也豐富了東亞自行發展出來的農業。反之，歐亞在肥沃月彎以外的地區馴化的作物，雖在同一緯度則難以傳回肥沃月彎。今天，種子可以搭便車，利用船隻或飛機等交通工具周遊全球，我們的三餐幾乎是源於全世界各地的大雜燴。以美國速食店供應的餐飲而言，有雞肉（最先在中國馴養）、馬鈴薯（來自安地斯山區）、玉米（源於墨西哥），調味料有黑胡椒（來自印度），再來一杯咖啡（源於衣索比亞）。早在二千年前，羅馬也有好些來自外地的食物，只有燕麥和罌粟是義大利的本土作物。羅馬人的主食還是肥沃月彎來的始祖作物包裹，加上來自高加索的榲桲、在中亞馴化的小米和蒔蘿、從印度來的小黃瓜、芝麻和柑橘，以及來自中國的雞肉、米、杏、桃和狐尾小米。即使羅馬的蘋果是歐亞西部土生土長的，還必須仰賴在中國發展、傳播過來的接枝技術。

雖然歐亞大陸供給的是在這世界同一緯度最寬廣的地帶，就農作物的傳播而言，也是最為神速的實例，但是還有其他值得一提的例子。可和肥沃月彎的包裹相提並論的就是南中國亞熱帶包裹東向傳播，到了熱帶東南亞、菲律賓、印度尼西亞和新幾內亞之後，這個包裹又有增強的效應。在一千六百年內，這個包括作物（香蕉、巢菜和山藥）和家畜（雞、豬和狗）的組合又向東傳播了八千公里，深入熱帶太洋洋，直至玻里尼西亞。另一個類似的例子是非洲薩赫爾地區作物的東西向傳播，但古生物學家還不知詳情為何。

歐亞大陸東西傳播之易與非洲南北傳播之難是個明顯的對比。肥沃月彎大多數的始祖作物不一會兒就到埃及，一直往南，直至衣索比亞涼爽的高地，就此打住。南非的地中海型氣候應該蠻理想的，但在衣索比亞和南非之間有一道無法超越的障礙——寬約三千多公里的熱帶。然而，非洲在薩赫爾南方的農業則是由薩赫爾和熱帶西非的本土作物所引發的，比較適應溫暖的氣候、夏天多雨和低緯度較長的白日。

同樣地，肥沃月彎的家畜經由非洲往南傳播也受到氣候和疾病的阻擋，采采蠅引起的錐蟲病尤為勁敵。馬匹從未越過赤道北方的西非王國，兩千年前牛、綿羊和山羊到達塞倫蓋提大平原的北緣就打住了，然而還是發展出新的經濟型態和新品種的家畜。在公元元年和二百年間，牛、綿羊和山羊終於抵達南非——這已是牲畜在肥沃月彎馴化八千年後的事了。熱帶非洲的作物在往南傳播也遭遇到獨特的困難，就在肥沃月彎的牲畜來到後不久，班圖族的黑人農夫也引進作物，但由於地中海型氣候區的阻擋，從未越過魚河這道界線。

近兩千年來南非歷史的發展軌跡，我們可說已瞭如指掌。南非土著的郭依族群（或稱霍屯督人或布須曼人）有些已有牲畜，但沒有發展出農業。之後，非洲農夫浩浩蕩蕩來到魚河東北，取代了這些郭依族，幸好魚河阻擋了他們的南進。然而，歐洲白人還是在一六五二年經由海路攜帶肥沃月彎的作物包裹來到，這時農業才得以在南非的地中海型氣候區興起。本土族群與歐洲白人的衝突造成現代南非的悲劇：歐洲的病菌和槍炮血洗郭依部落；歐洲白人和非洲黑人的戰火綿延了一百年，接著又是另一個世紀的種族壓迫。至今，在黑白族群的共同努力下，才在舊日郭依族群的土地上建立起共存共榮而非刀戈相向的生活模式。

另一個對比是歐亞與美洲。中美洲和南美洲之間，以墨西哥高地和厄瓜多的距離而言，只有二千公里，差不多與巴爾幹半島和美索不達米亞的距離相當。對大多數美索不達米亞的作物和牲畜而言，巴爾幹半島是個相當理想的環境。這個農業包裹在肥沃月彎形成不到兩千年就已經在巴爾幹半島落地生根。而且由於佔先馴化，巴爾幹半島上的類似物種就沒有機會了。墨西哥高地和安地斯山區也該門當戶對，適合彼此的作物和家畜前來發展。有幾項作物，特別是墨西哥玉米，已在前哥倫布時代傳播到其他地區。

但其他的作物和家畜卻無法在中、南美洲之間交流。寒冷的墨西哥高地相當適合駱馬、天竺鼠、馬鈴薯等在安地斯山區馴化的動植物。但安地斯山區特產要北向傳播，隨即碰上第一個障礙——中美洲的炎熱低地。因此，駱馬在安地斯山區馴養了五千年後，奧爾梅克（Oimecs）、馬雅、阿茲提克和其他墨西哥土著社群仍然沒有馱畜，只有狗，也沒有什麼家畜可供食用。

反之，墨西哥畜養的火雞和美東種植的向日葵應該可以在安地斯山區生長，但火雞和向日葵要南下，立刻遭遇到熱帶氣候的考驗。這短短的一千多公里屏障使得墨西哥的玉米、南瓜和豌豆在馴化後要等上好幾千年才能到達美國西南，而墨西哥的辣椒和藜科植物在史前時代也從未到過那兒。玉米在墨西哥馴化了幾千年後，也沒能北上到氣候寒冷、生長季較短的北美東部。到了公元元年和二百年間，玉米終於出現在美東，但還只是一種次要作物。一直到公元九百年，能適應北部氣候、耐寒的玉米品種長成後，玉米才成為北美農業的要角，北美因此出現燦爛的密西西比文化。但這只是曇花一現，就在哥倫布帶著歐洲的病菌登陸後，立刻凋零。

還記得大多數肥沃月彎的作物都只馴化過一次吧，近代基因研究已證實這點。這些作物佔先馴化並迅速傳播，其他類似品種因而沒有馴化的機會。相形之下，許多在美洲廣為傳播的作物卻有許多類似品種，在中、南美洲和美東甚至出現過同一作物馴化出來的變種。莧菜屬、豌豆、藜科植物、辣椒、綿花、南瓜和煙草類似品種有好幾個，因地而異；四季豆、利馬豆、辣椒（Capsicum annuum/chunense）、南瓜（Cucurbita pepo）也是。這些多次馴化的結果證明在美洲南美軸線的影響下，植物傳播之慢。

非洲和美洲這兩大陸塊不利於農作傳播，正因陸軸為南北向。在世界其他地區，南北的傳播也很慢，但不若非、美兩洲顯著。巴基斯坦的印度河河谷和南印度之間的交互傳播以及中國南部的作物傳向馬來半島都其緩慢。印度尼西亞的熱帶作物在史前時代更是到不了澳洲西南，直到現代才成為農地；新幾內亞農作往澳洲東南傳播，如出一轍。這兩個在赤道以南三千兩百公里處的區域之所以能成為澳洲的穀倉，全靠歐洲白人。他們乘風破浪，從歐洲帶來耐寒和生長季短的作物。

我一再強調緯度，因為一瞥某地在地圖上的緯度，就可得知此地的氣候、動植物的生長環境和農業傳播的難易。然而，緯度並非可決定一切，位於同一緯度毗連的兩個地方不一定有相同的氣候形態（雖然白晝的長度完全一樣）。地形和生態障礙對某些大洲的影響特別顯著，因此造成局部傳播的困難。

例如，美國東南和西南雖在同一緯度，作物交互傳播非常緩慢而且難以完整，正因德州和北美大平原的南部過於乾旱，不利農作。歐亞也有類似的例子：肥沃月彎的作物可通行無阻西到大西洋岸、東到印度河河谷，但要再往東走就碰到障礙了，原已適應冬天降雨的作物到了夏天降雨的地區實在無所適從。到了印度東北的恆河平原，生長季必須延後、作物的種類和農業技術也都大不相同。再往東，中國的溫帶和歐亞西部氣候雖然類似，但在中亞沙漠、西藏高原和喜馬拉雅山的阻隔下，自成一區。因此中國雖和肥沃月彎在同一緯度，還是自行發展出糧食生產業，種植出全然不同的作物。然而，中國和歐亞西部的障礙在公元前第二個一千年還是有所突破，西亞的小麥、大麥和馬匹終於傳入中國。

同樣地，南北相距三千兩百公里形成的阻力也有大小之分。肥沃月彎的糧食生產南下到衣索比亞和班圖的農作從非洲大湖區南移至納塔爾省都不成問題，因為經過的地區降雨的差異不大，適合一樣的農業發展。然而，從印度尼西亞往南到澳洲。有如難上青天。就墨西哥北上到美國西南和東南，距離更短，但因沙漠從中作梗，更不利於農業的傳播。中美洲墨西哥以南的極度狹隘（特別是在巴拿馬一帶）和瓜地馬拉南部的缺乏高原。正如緯度變化一樣，是墨西哥高原和安地斯山區之間交互傳播的阻力。

各大洲的陸軸走向影響所及不只是糧食生產的傳播，還包括其他科技和發有的傳布。例如，在公元前三千年左右，在亞洲西南一帶輪子發明之後，立即向東、西傳播，不出幾百年，已傳遍全歐亞。而在史前時代的墨西哥獨立發明的輪子，卻怎麼也無法滾到南方的安地斯山區。字母書寫原則的傳播也是一樣，公元前一千五百年在肥沃月彎西部發明之後，就在一千年內即向西傳至迦太基（Carthage），向東傳到印度次大陸，但在史前時代即大放異彩的中美洲書寫系統卻沒能傳布至安地斯山區。

當然，輪子和書寫系統不像作物，與緯度、白晝的長度關係沒有那麼直接。這些發明都是糧食生產系統及其結果的產物，可說是間接受到緯度的影響：最早的輪子是牛車的一部分（牛車就是用來載運農產品的）；最早的文字是貴族的專利（他們都仰賴農民的供養）。在這有著複雜的經濟和社會體制的農業社群中，文字主要的功用在宣傳忠君愛國的思想、編列存貨目錄和官方紀錄。總之，作物、牲畜和科技交流頻繁，其他方面的傳輸也會活絡。

美國的愛國歌曲《美哉美國》讚嘆兩大洋間的天地——無垠的藍天和琥珀色澤的麥浪。其實，地理現實恰恰相反。美洲和非洲，好比五十步笑百步，同樣受到地理環境的限制：麥作不是一波又一波地從大西洋推到太平洋、從加拿大到巴塔哥尼亞或從埃及到南非，只有在歐亞天空下的麥田是綿延不斷的，美洲不是。與美洲和非洲亞撒哈拉地區相較，歐亞農業的傳播實在是神速，文字、冶金、科技和帝國的傳布也隨著一日千里。

在此舉這些差異，並非表示美洲的麥田不夠壯麗，我的主旨也不是在突顯歐亞農民的卓越。這些反映的是歐亞大陸軸線和美、非洲的不同，而陸軸的走向早為人類歷史的命運埋下了伏筆。

PART 3

從糧食到槍炮、病菌與鋼鐵

CHAPTER

11

病菌屠城記

早先，我們追溯了糧食生產在幾個中心發生的過程，也見到農作物傳播到其他地區的速率快慢有別。還記得亞力的問題吧——這個世界的權力和財富分配為何如此不公？追根究柢，我們發現答案就是地理條件的差異。然而，和地理條件相關的糧食生產不是近因，而是遠因。假如農夫和獵人一對一赤身裸體打鬥起來，農夫不一定會贏。

農業的奇蹟在於創造高人口密度。以肉搏戰而言，十個農夫當然要勝過一個獵人。此外，從另一個角度來看，農夫和獵人都不是「一絲不掛」：農夫的鼻息會呼出可怕的病菌，背後還有優勢武器、先進科技和有文字的中央政治體制——這些都是征戰的利器。以下四章即將探討糧食生產這個遠因如何造成病菌、文字、科技和中央政府等近因。

一位醫師朋友跟我提起過一個讓人畢生難忘的病例，正好說明牲畜、作物與病菌之間的關連。當他還是個初出道的醫師時，一天碰到了一對為怪病苦惱不已的夫婦。這對夫婦彼此難以溝通，和我朋友也有溝通的困難。做丈夫的會的英語根本沒有幾句。總之，這個瘦小膽怯的男人不知染上了何種微生物而引發肺炎。充當翻譯的是他那美麗的太太。她為了先生的病憂心忡忡，陌生的醫院環境也讓她頗為緊張。我的朋友在醫院忙了一整個禮拜，已疲累不堪，還是盡力去猜想這種怪病的成因。可能是累壞了，他一時忘了為病人保密的職業道德，居然要做太太的去問她先生，他的感染是否和性接觸有關。

做丈夫的面紅耳赤，原本瘦小的身子縮得更小，恨不得消失在床單下，結結巴巴吐出幾和小聲得幾乎讓人聽不到的話。他太太突然發出憤怒的尖叫，逼近他躺下的身軀。這說時遲，那時快，她已經拿起一只金屬瓶往她老公的腦袋敲下去，隨即奪門而出。這位醫師朋友費了一番工夫才使她老公清醒過來，更困難的是從他那口破英語中拚湊出他使老婆悖然大怒的原因。答案終於慢慢揭曉：他坦承最近一次到家裡的農場工作時，和那裡的母羊搞了好幾回。或許，這就是他得了怪病的原因。

這個故事聽來荒誕不經，似乎不可能有什麼了不起的意義。事實不然。它觸及了一個非常重要的研究題材：源自動物的人類疾病。我們對綿羊的感情，很少人會像這位病人一樣用肉慾表達。大多數人對貓、狗等寵物的愛都是柏拉圖式的。人類社會對綿羊等牲口表現出極不尋常的喜愛，人類豢養的畜生數目就是證據。數字會說話。根據最近一次澳洲的人口普查，澳洲的人口有一千七百多萬，但是他們養了一億六千多萬頭綿羊。

有些成人會從因寵物而得到傳染病，兒童更容易被傳染。通常沒什麼大礙，但有時則演化成非常嚴重的疾病。近代史上的人類殺手有天花、流行性感冒、肺結核、瘧疾、瘟疫、痲疹和霍亂等——這些傳染病都是由動物的疾病演化而來。奇怪的是，引起人類傳染病的微生物現在幾乎只在人類社群中流行。對人類來說，疾病一直是最可怕的殺手，也是歷史形成的關鍵角色。第二次世界大戰之前，在戰亂中蔓延的微生物比槍炮刀劍更恐怖，奪走的性命更多。所有的軍事史只知歌頌偉大的將領，而忽略一個讓人洩氣的事實：在過去的戰爭中，並非有傑出的將領和最卓越的武器就可所向無敵，事實上，勝利者常常是那些把可怕的病菌散播到敵人陣營的人。

病菌在歷史上的角色，最可怕的一個例子，就是歐洲人征服了美洲。一四九二年哥倫布發現新大陸，西班牙人的征服大業從此開始。西班牙征服者固然手段毒辣，殺人無算，但是他們帶來的病菌，殺死的美洲土著數量更驚人。病茵比人還要惡毒。為什麼歐洲與美洲之間惡毒病菌的交流會這麼不對等？為什麼美洲土著身上的病菌不曾消滅西班牙「征服者」，並傳播到歐洲，一舉消滅九五％的歐洲人口？在歐亞大陸發源的病菌不單只在美洲猖狂，許多其他地區的土著也是擋者披靡。在非洲、亞洲的熱帶地區，歐洲拓殖者卻沒有像西班牙「征服者」一樣的勢如破竹，反而難以穿越當地的病菌壁壘。為什麼？

因此，源於動物的人類疾病是為人類歷史模式的成因，也是今天人類健康的焦點問題。（想想看愛滋病吧。這種具有爆發性的傳染病就是非洲野猴身上的病毒演化的結果。）本章一開始將探討什麼是「疾病」，為什麼有些微生物演化的目的在使我們生病，其他大多數的生物就不會對人類造成這種影響？還有，為什麼我們最熟悉的傳染病會成為流行病，如目前的愛滋病和中世紀的黑死病（腺鼠疫）。然後，我們將研究為什麼微生物的始祖從動物宿主轉進人體後，就不離開人類社群？最後，我們來看看源於動物的人類傳染病是否可作為借鏡，幫助我們解釋歐洲人和美洲土著的病菌傳播為何會嚴重失衡？

很自然地，我們是從人類的觀點來看疾病：如何殺死那些微生物以自保？別管這些微生物的動機，先趕盡殺絕再說！知己知彼，百戰百勝，醫學特別是如此。

因此，暫時把人類的偏見放下，從微生物的觀點來看疾病吧。畢竟，微生物和人類一樣是物競天擇的產物。微生物以各種奇怪的方式使我們生病，如生殖器潰爛或腹瀉。這麼做在演化上有什麼優點？為什麼微生物演化必須置人於死地？微生物殺害宿主，自己也沒有活路，這種同歸於盡的做法，又有什麼好處？

基本上，微生物的演化和其他物種沒什麼兩樣。演化選擇繁殖效率最好的個體，再幫它們傳布到適合生存的地方。對微生物而言，傳播的定義可用數學來表示，也就是從頭一個得病的病人開始算起，總共感染了多少人。數字多寡端賴每一個病人能再傳染給多少人而定，還有微生物是否可迅速從一個受害者侵入到下一個。

微生物在人類社群之間傳播，以及從動物傳播到人類社群，演化方式各有不同。傳播能力愈高強的病菌，產生的後代愈多，在天擇上愈有利。很多「症狀」代表的意義其實就是我們身體或行為被詭詐的微生物改變了，使我們不得不被病菌利用。

就病菌的傳播而言，最不費力的方式就是一動也不動地等著被送到下一個宿主體內。靜靜地待在一個宿主身上，被下一個宿主吃進肚裡，正是這個策略的運用。例如，沙門氏菌（salmonella）的感染是因吃了被污染的雞蛋或肉類，旋毛蟲（trichinella）則隨著沒有煮熟的豬肉進入人體作怪，而日本人和美國人有時會感染的線蟲肉芽（anisakiasis線蟲造成的感染，一種線蟲的幼蟲鑽入胃壁後形成的肉芽）就是生魚片造成的，那些寄生蟲就是從魚肉進入人體的。但在新幾內亞高地流行的克魯病（Kuru和中樞神經病變有關，症狀為運動失調、震顫和發音障礙等），則是由吃人肉造成的。食人族的母親剖開了病死者的腦殼，還沒下鍋，一旁的小孩已迫不及待地把手指伸進人腦，在吸吮手指的同時，也吸入致命的病毒。

有些微生物就沒有那麼被動了，它們會利用昆蟲唾液這個便車。昆蟲咬了上一個宿主後，微生物就在其唾液中伺機而動，跳到下一個宿主身上。蚊子、跳蚤、蝨子、采采蠅等都可讓微生物搭便車，以傳播瘧疾、鼠疫、傷寒和嗜睡症。微生物最下流的手段就是利用母體的子宮做垂直感染，使胎兒在生下來的時候，已經受到感染，梅毒、德國痲疹和愛滋病的病毒都會這種伎倆。

其他病菌可說是掌控一切的陰謀者。它們藉著修改宿主的構造或行為來加快傳播速率。從人類的觀點來看，像梅毒這種生殖器潰爛的性病真是奇恥大辱。但以微生物的角度來看，請原來的宿主幫忙移入新宿主體腔，有什麼不好？天花也是一種接觸傳染，皮膚上的瘡疤會直接將微生物傳播出去。這種傳染途徑也可以極其迂迴，例如美國白人為了消滅頑冥的美洲土著，就送給他們天花患者蓋過的毛毯。

流行性感冒、一般感冒和百日咳的微生物則更兇猛，使受害者咳嗽或打噴嚏的剎那間噴出一大群微生物，奔向新宿主。又如造成嚴重腹瀉的霍亂菌，會進入水源造成更多感染。而造成朝鮮出血熱（Korean hemorrhagic fever）的病毒（譯註：即漢他病毒 Seoul hantavirus）則是利用鼠尿傳播。就改變宿主行為而言，狂犬病病毒的功力最高強，不但潛藏在狗的唾液中，而且使狗瘋狂咬人，造成更多受害者。以蟲子而論，鉤蟲和血吸蟲最為賣力，在前一個宿主的糞便中孵化，在水中或從土壤鑽入下一個宿主的皮膚。

因此，從人類觀點來看，生殖器潰爛、腹瀉和咳嗽都是「病症」，但病菌的觀點則不同，這是因應傳播需要的演化策略。這也就是病菌「使人生病」的原因。但病菌為何演化出與宿主同歸於盡的策略？從病毒的觀點來看，這個結果純屬意外，是積極傳播的副產品（人類該因此覺得舒坦多了吧）。霍亂患者若得不到治療，狂瀉幾天後，就一命嗚呼了。但在病患還活著時，霍亂菌則大量進入水源，企圖染指下一個受害者。因此，隨著第一個宿主死亡的霍亂菌可說「犧牲小我，完成大我」，只要找到下一個感染目標，霍亂菌永遠不死！

我們冷靜客觀地剖析了病菌的動機後，接著以人類自身的好處作為出發點：人活著就是希望長命、健康，最好殺光那些該死的病菌。一旦遭受感染，最普遍的反應就是發燒。我們同樣把發燒當作「病症」，也就是沒作用卻必然會發生的情況。但體溫調節追根究柢也受到基因控制，不是無緣無故發生的。有些微生物對於溫度的反應比我們的身體更敏感。體溫升高事實上是為了把病菌「烤死」。

另一種反應就是企圖穩定免疫系統。白血球等努力作戰、殲滅外來的微生物。在抵禦那些微生物的同時，身體也漸漸產生抗體，痊癒後就比較不會再度感染。過去的經驗告訴我們：如流行性感冒和平常感冒等，我們的抵抗力有限，病癒後還是免不了再遭受感染。然而，其他疾病如痲疹、腮腺炎、德國痲疹、百日咳和現已絕跡的天花等，由於抗體的作用，一次感染，終生免疫。這就是預防接種的原則：以注射死亡或效力減退時的菌株來使抗體生成，而免除真正的疾病之苦。

但有些微生物狡猾得很，不只侵入我們的免疫系統，還會改變分子結構（也就是所謂的「抗原」），讓抗體認不出來。病毒因持續演化、進行品種改良，每每以不同的抗原捲土重來，這就是兩年前我們得過流行性感冒後，今年仍然無法倖免的原因。瘧疾和嗜睡症由於有快速改變抗原的能耐，因此變本加厲得可怕。最狡詐的就是受滋病病毒，這種病毒仍待在同一個病人身上，還有可能演化出新的病原，以全面征服整個免疫系統。

人類防禦體系的改變卻變慢得不得了，只能藉著天擇來改變，也就是到了下一代才能改變我們的基因。不管什麼疾病，有些人天生具有較強的抵抗基因。在傳染病爆發時，無法將基因傳給下一代，有抵抗基因的才得以存活下來，繁衍子孫。最後，由於代代相傳的結果，大多數的人口都可以抵抗某一種病原的攻擊了。

你或許又會想，造物者這種安排真教人欣慰。這種演化的目的不在淘汰那些沒有抵抗基因的，而是增進人類社群對抗病原的能力。但人類也得為這種保護付出代價，例如鐮狀細胞症（sickle cell disease）、泰薩二氏病（Tay-Sachs disease）和囊狀纖維生成（cystic fibrosis）等基因多出現在非洲黑人和德系猶太人（Ashkenazi），而北歐人初次面臨瘧疾、肺結核和細菌性腹瀉，則難以招架。

就人類和大多數物種的交互作用而言，有如和蜂鳥關係。蜂鳥不會讓我們生病，我們也不會把疾病傳給蜂鳥。我們能和平共處是因蜂鳥不需要靠我們才能生育下一代。牠們展翅飛翔，四處覓食，牠們的食物不是我們的身體，而是花蜜和昆蟲。

微生物演化的結果則是以我們的身體作為營養來源，但在宿主死亡或產生抵抗力時，卻沒有翅膀可以飛離，繼續尋找下一個目標。因此，有些病菌演化出傳播的伎倆，以找到更多的潛在宿主。我們身上出現的「疾病症狀」很多都是這種伎倆的發揮。道高一尺，魔高一丈，人類也演化出一套應變的方法。然而，人類和病原就此困在愈演愈烈的演化競技，誰都無法脫身。潰敗的一方宣告死亡，唯一的裁判就是天擇。我們再來看看這場競賽的形式，到底是閃電戰，還是游擊戰？

假定一地有某種傳染病，本來感染的人有若干。接著，我們再來觀察：經過一段時間之後的感染人數為何。結果可能因疾病的種類而有很大的差異。對某些疾病而言，如瘧疾或鉤蟲，在疫區內，每年、每個月份都有新病例。雖然所謂的傳染病在一段時間自然消弭，不久又來勢洶洶，為害多人，然後又消沈無蹤。

在這些傳染病當中，流行性感冒因大多數美國人都身受其害過，所以不陌生，某一年流行起來總是災情慘重（對流行性感冒病毒而言，則是可喜可賀的好年冬）。霍亂則久久發威一次，一九九一年在秘魯傳染開時，則是二十世紀以來，霍亂在新世界的「創舉」。今天，流行性感冒和霍亂都可登上頭條聞，但在現代醫學興起之初，傳染病更為可怕。人類史上最恐怖的傳染病是流行性感冒，在第一次世界大戰末奪走二千一百萬人的性命。在一三四六年和一三五二年間爆發的黑死病（腺鼠疫），造成全歐四分之一人口的消滅，在某些城市，死亡人數更高達全城的七〇％。一八八〇年代初期，加拿大太平洋鐵路在沙斯卡奇灣（Saskatchewan）興建時，該郡美洲土著因幾乎不曾接觸過白人和從白人社群而來的病菌，每年因肺結核而死的比例高達九％。

來勢洶洶的傳染病有幾個特徵：一，傳播速率驚人，在短短時間就攻佔了整個社群的人口。二，以「急症」的面貌出現，很快就可致人於死，但若大難不死，則沒多久就可完全康復。三，痊癒的幸運者則能產生抗體，之後很長一段時間不再復發，也許終其一生不會再受到感染。四，這些疾病只在人類社群中發展，致病的微生物無法在土壤或其他動物身上存活。這四點特質會勾起許多美國人的回憶，回憶起兒時見到的急性傳染病，如痲疹、德國痲疹、腮腺炎、百日咳和天花。

這四點加起來就不難了解傳染病的發展過程。簡而言之：微生物的快速傳播、病症的急速發展，使得某個地區的人口很快被感染，結果有的死、有的康復而且獲得免疫力。由於這些微生物只能在活生生的人體內存活，隨著人體的死亡或康復，而自然絕跡，除非下一代受到感染，或是有人自外地帶來新的傳染病。

最典型的例子就是大西洋北部法羅斯群島（Faeroes）的痲疹病史。一七八一年痲疹大舉入侵這個孤立的群島。不久就絕跡了。到了一八四六年，有一名從丹麥隨船而來的木匠在登陸之前已感染了痲疹病毒。在短短三個月內，這個群島總數七千七百八十二個居民無一倖免。之後，有的死亡，有的康復，痲疹再度絕跡。研究顯示，任何一個人口總數小於五十萬的社群比較可能讓痲疹絕跡。在人口眾多的地區，疾病較可能從一處傳播到另一處，原來的流行地區若嬰兒的出生數多到某個程度，痲疹則可能捲土重來。

其他常見的傳染病和法羅斯群島的痲疹病史如出一轍。人口數目是微生物生存發展的一大關鍵，人口愈稠密，愈有利於它們的發展。因此，像痲疹這種疾病就是所謂的群聚疾病（croed disease）。

顯然，群聚疾病無法在一小撮狩獵—採集部落和行刀耕火種的農夫之間流行。現代亞馬遜的印第安人和太平洋島民的悲劇經驗證實，只要有一個外來族群帶來了傳染病，小部落可能因為沒有人有抗體可以對抗這個微生物而慘遭滅族。如一九〇二年有人登陸加拿大北極圈內一個極為孤立的南安普敦島（Southampton Island）。這艘名叫行動號（Active）的捕鯨船上有個船員感染了痢疾，結果島上五十六個賽得繆特愛斯基摩人（Sadlermiut Eskimos）死了五十一個。

此外，若成人感染了痲疹等「兒童傳染病」，病情將比兒童更加嚴重，若發生在一個小族群，則所有成人都不能倖免。（美國人現在罕有人在成年後得到痲疹是因在小時候就已得過，或者已接受過預防接種。）此傳染病消弭了整個小族群的人口後，就宣告絕跡。小族群的人口數目有兩個意義：一，他們無法抵禦外來的傳染病。二，無法演化出可傳染給外來族群的疾病。

這並不表示，這一小撮人口將免於所有傳染病的侵襲。他們也會受到感染，但只限於特定的幾種疾病。有些造成感染的微生物也能在動物或土壤中存活，因而不僅不會絕跡，還會一再地使人感染。例如源於非洲猴的黃熱病，不但使非洲農村的居民得病，也飄洋過海到新世界，感染那裡的猴子和人。

在規模小的人類社群產生的某些傳染病則是如痲瘋病（lerosy）和雅司病（yaws皮膚病變很像梅毒，常流行於熱帶地區）等慢性病。這些病症要使宿主死亡，通常要花很長一段時間。這種病人一身上下都是致病原，小型族群很容易受其感染。例如，我在六〇年代曾在新幾內亞的卡利木·巴辛（Karimui Basim）進行研究。那個地區相當孤立，人口只有幾千人，感染痲瘋病的比例卻是全世界最高的，高達四〇%！此外，小型族群也有可能染上一些不會致命的傳染病，由於在這世上還沒有人有抗體，所以會一再地受到感染，如鉤蟲等寄生蟲造成的病症。

這些發生在小型而且孤立的人類社群的疾病，必定是最古老的人類疾病。在人類演化初期數百萬年間，當時人類社群規模很小而且零星分布，這些疾病已隨著人類一起演化，直到今天。人類的野生親戚——非洲猿猴也會得到這些病。相形之下，群聚疾病只有在大而密集的人類社群才發展得起來。發展的起點始自於一萬一千年前農業的濫觴，和幾千年後如雨後春筍一一興起的城市。事實上，年代可考的傳染病都很晚，如公元前一千六百年的天花（由埃及木乃伊身上的痘痕推論）、公元前四百年的腮腺炎、公元前二百年的痲瘋、公元一八四〇年的小兒痲痺和一九五九年的愛滋病。

為什麼農業的興起會觸發群聚傳染病的演化？其中一個原因是，比起狩獵—採集的生活型態，農業得以養活十倍甚至一百倍以上的人口。第二個原因是，狩獵—採集部落經常搬遷營地，留下富含微生物和幼蟲的糞便。但採定居型態的農夫生活圈不出自己的污水排放區，等於是為微生物提供一條侵入人體和水源的捷徑。

有些農業社群收集自己的糞便和尿液灑在農田裡當肥料，使細菌和原蟲更容易找到感染的對象。農田灌溉和養魚的池塘對攜帶血吸蟲的蛇和水蛭而言，簡直是天堂。因此，農夫的生活周遭是糞便，所儲藏的糧食也會吸引鼠輩前來。非洲農夫在森林中開闢的空地也成為瘧蚊繁殖的樂園。

如果農業的濫觴是微生物興旺之因，城市的興起則使微生物更加繁盛。城市人口稠密加上環境污濁，對微生物的繁衍而言，再好不過了。一直到二十世紀初，歐洲市區的人口終趨於穩定：在此之前，都市由於群聚疾病，不斷地有人死亡，不足的人口就由鄉村的健康農民補足。對於微生物而言，另一個榮景是世界貿易路線的發展。截至羅馬時代為止，歐、亞、北非各路人馬匯聚在這條路上，成為微生物遠征五湖四海的最佳

表 11.1　動物朋友給我們的致命禮物

人類疾病	攜帶接近病原的動物
痲疹	牛（牛瘟）
肺結核	牛
天花	牛等
流行性感冒	豬、鴨
百日咳	豬、狗
惡性瘧	鳥（雞、鴨）

途徑。公元一六五年和一八〇年之間，人稱安東尼瘟疫（Plague of Antonius）的天花來到羅馬，因此喪生的羅馬市民高達好幾百萬人。

另一次類似事件是首次出現在歐洲的腺鼠疫（A.D. 542-543），人稱查士丁尼瘟疫（Plague of Justinian）。但瘟疫一直到公元一三四六年才在全歐肆虐，也就是黑死病。當時，歐洲與中國的陸路貿易形成一條便捷的通路，加上歐亞大陸的陸軸便於東西傳播，帶有病菌的跳蚤使得疾病隱藏在動物毛皮中，源源不斷從瘟疫蔓延的中亞來到歐洲。以今天的美國而言，由於利用航空運輸的美國人激增，加上移民日多，使得美國成為不折大扣的「微生物大融爐」，遠方國度的病菌輕而易舉就可來到新世界。例如，一九九一年阿根廷航空公司在利馬搭載了好幾十個染上霍亂的乘客，不消一天，這些人已經來到我住的洛杉磯了。

因此，人口的龐大和集中到某一個程度，群聚疾病就只會在人類社群之間傳播。到了這個歷史階段，群聚疾病已走不出人群。但這個結論也有弔詭之處：這種疾病從前根本不可能存在！因此，已改頭換面，成為新的疾病，而這些新的疾病究竟是哪裡來的？

最近，由於病菌和病毒等致病微生物分子研究，又有新的證據出爐了。人類為何有許多獨特的疾病？分子生物學家告訴我們，這筆帳大都可算在微生物的近親頭上。這些就是群聚傳染病的媒介，它們也寄生在我們豢養牲畜和寵物身上！傳染病要在動物界傳播開來，同樣需要龐大的數量和密集這兩項條件。而且它們不隨便挑上一種動物：理想的目標是數量龐大的群居動物。因此，像牛和豬等這種人類社群大規模飼養的動物，身上早有一大群等著登上人體的微生物。

例如，造成牛瘟的病毒近似痲疹病毒，但這種可怕的傳染病只在牛隻和許多野生的反芻動物之間流傳，不會傳給人類。牛也會得痲疹。這兩種病毒的相似表示，牛已把這種病毒傳給人類，之後在人類身上發展到只能在人類社群活動的地步。由於農夫的生活離不開動物，連睡覺的地方都相當接近，對牠們的糞便、尿液、呼吸、瘡疤和血液已習以為常。這種親密關係始自九千年前，人類社群開始馴養牠們的那一刻起。九千年，牛瘟病毒該有足夠的時間進行演化，更上一層樓到人類社群求發展吧。除了牛瘟，表11.1列出其他幾項常見的傳染病。這些疾病的源頭就是動物。

依我們和動物這般親密的程度，牠們的微生物不知有多少已經大舉入侵到我們身上。這些侵略者經過天擇的篩選後，只有少數得以成為人類疾病。我們就以目前的疾病來追蹤一下病茵從動物演化到人類社群的四階段：

代表第一階段的是數十種寵物或牲畜直接傳染給我們的疾病，如貓給我們的貓抓熱（cat-scratch fever）、狗給我們的細螺旋體病（leptospirosis）、雞和鸚鵡給我們的鸚鵡熱（psittacosis）、和牛送給我們的馬耳他熱（brucellosis）。野生動物也會把疾病傳染給我們，如獵人在剝野兔皮毛時可能得到兔熱病（tularmia）。就人類病原的演化史而言，這些微生物還在發展初期，無法在人群間傳播，能從動物傳播到人類，已經很了不起，所以也不常見。

到了第二階段，這種源於動物的病原已可在人類社群之間傳播，成為傳染病。之後，這種傳染病會絕跡可能有幾個原因，如現代醫學的療效或個人都得過病了，不是有免疫力就是已經死亡。一九五九年在非洲東部出現的不知名熱病就屬這種。這種病後來命名為歐尼恩熱病（O'nyong-oynnog）或許是來自於猴子的病毒，然而由蚊子的叮咬傳播開來，當時被感染的非洲人有好幾百萬，因為病人可以很快痊癒，產生免疫力，這種病不久就絕跡了。和美國人比較有切身關係的例子則是一種新型的細螺旋體病，一九四二年夏於美國境內爆發，後來命名為福特・布雷格熱（fort Bragg fever），但很快就絕跡了。

新幾內亞克魯病的絕跡則是由於其他原因。這是種在食人族間流傳的病毒，作用很慢，一旦染上則終生無法痊癒。新幾內亞富雷族（Fore）的二萬條人命都葬送在這種病毒的手裡。一九五九年左右澳洲政府接管此地，中止食人肉的行為，也中斷了克魯病的傳播鎖鏈。醫學史上多的是現代的人從未聽聞的傳染病。這些驚悚駭人的惡疾來去無蹤。歐洲中古世紀結束不久，有一種恐怖的「英國汗熱症」（English sweating sickness 1485-1552），十八、九世紀的法國也出現「皮卡第汗症」（Picardy sweats）。這種的傳染病在過去可說層出不窮，然往者已矣，現代醫學想要辨識哪一種微生物是罪魁禍首都不可能。

第三個階段的代表是曾以動物為宿主後來轉進人體的病原，還沒絕跡（還早呢），仍在人類社群耀武揚威，殺人如麻。如最初在一九六九年的奈及利亞出現的沙拉熱（Lassa fever）——這種或許源於嚙齒動物的惡疾，感染力極強。當時，奈及利亞的醫院只要出現一個病例，就立刻宣布關閉。我們還不清楚這種疾病的未來將如何發展。至於萊姆病（Lyme disease）的底細，我們就比較清楚了。這種病症的處女秀雖然很晚，直到一九六二年才現身於美國，但一出現隨即蔓延到全美各地。而愛滋病的未來呢？根據文獻，這種源於猴子的病毒，大約在一九五九年正式升級成人類病毒，現在更已在人類社群安身立命了。

病原演化的最後階段就是在人類社群生根，成為人類專屬的傳染病。過去，不知有多少病原企圖從動物轉進人體，大都失敗了，只有少數成功，這些病症就是那幸運的少數。

這幾個階段到底是怎麼形成的？純屬動物的疾病如何轉變成人類專屬的疾病？媒介

的改變是一大關鍵：一個微生物本來是靠某種節肢動物作為媒介而到新宿主身上，有一天在逼不得已之下不得不利用別的媒介。例如斑疹傷寒最初只在老鼠之間傳播，傳播的媒介則是老鼠身上的跳蚤。過了不久，斑疹傷寒便由老鼠轉進人體。有一天，以傳播斑疹傷寒為職志的微生物發現，人類身上的蝨子更好利用，效率其高。現在很少人身上有蝨子，因此那些微生物又得想新的辦法：新的「爪牙」是美洲飛鼠（flying squirrel），牠們會窩藏在閣樓，然後把斑疹傷寒傳給人。

總之，疾病代表演化的過程和微生物的適應能力。由於天擇，微生物不得不適應新的宿主和媒介。若拿人體和牛的軀體相比，可以發現兩者的免疫系統、蝨子、糞便和化學作用都不相同。微生物來到新的環境，要存活下去、繼續繁殖，必然得想出新的法子。醫師和獸醫從幾個病例得到教訓後，已知如何去觀察微生物的求生之道。

最為人所知的案例要算是黏液瘤變性病毒（myxomatosis）對澳洲兔子的衝擊。這種病毒原是巴西野兔的本土病，後來轉移宿主侵襲另一品種的兔子，也就是歐洲家兔時，則搖身一變成為致命的傳染病。這種凶殘的病毒反倒幫了人類一個大忙。原來，十九世紀有人未經深思熟慮就把歐洲兔引進澳洲，造成澳洲「兔滿為患」，到了一九五〇年，人們終於想出「以毒攻毒」之法，企圖用這種黏液瘤變性病毒來解決兔災。頭一次效果奇佳，染病的兔子死亡率高達九九．八％，牧場主人不禁額手稱慶。但好景不常，第二年死亡率則降為九〇％，最後更創下二五％的新低。因此，要把這種兔子趕盡殺絕，想必是不可能了。問題出在黏液瘤變性病毒的詭詐。這種病毒演化完全是為了自己，不是為了人類，更不是為了兔子。演變到後來，殺死的兔子數目愈來愈多，卻使染病的兔子更得以苟延殘喘。最後，毒性減低的病毒下一代就得以傳播給更多的兔子，更加繁盛，不像前一代，雖然毒性高強，一下子就和兔子同歸於盡。

再舉一個發生在人類社群的類似例子——梅毒。它的演化史可教人嘖嘖稱奇。一提起梅毒，我們不禁聯想到生殖器潰爛和病情進展的緩慢。若是沒有治療，這種病拖得可久呢，過了很多年才會要宿主的性命。一四九五年梅毒首次在歐洲出現而且登記有案——病人從頭部到膝蓋都是膿皰，臉上的皮肉一塊塊脫落，不出幾個月就一命嗚呼。到了一五四六年，梅毒的症狀已和今天所差無幾。顯然，就和前述的黏液瘤變性病毒很像，梅毒螺旋體（syphilis spirochete）不那麼快致人於死的原因就在繁衍下一代，以對更多人下手。

致命微生物在人類歷史上的地位，從歐洲人征服新世界的史實來看，再清楚不過了。美洲土著因歐亞大陸病菌死在床上的要比戰死沙場的多得多。這些凶殘病菌取走了大多數印第安士兵和將領的性命，使他們的軍力徹底瓦解，更讓倖存者心有餘悸。如一五一九年科爾特斯率領六百名西班牙隨從登陸墨西哥海岸，企圖征服有數百萬人的阿茲提克帝國。柯爾特斯到了首都特諾奇提特蘭（Tenochtutlan），不久就被驅逐出城外，折損了三分之二的兵力，但他又企圖殺到海岸，以展現西班牙的武力優勢，笑傲那些天真無知的印第安人。

然而，科爾特斯再次發動攻擊時，印第安人已經學乖了。在每一條巷道嚴陣以待，準備拚個你死我活。西班牙人憑什麼本事獲勝？答案就是天花。一五二〇年，有個奴隸在古巴感染了天花後來到墨西哥。這場傳染病結果奪走了半個阿茲提克帝國的人口，連皇帝庫特拉華克也難逃一劫。這場神秘的傳染病專挑印安人而放過所過的西班牙人，劫後餘生者因而信心全無，認為這莫非是上帝的旨意，要他們臣服於無敵的西班牙人？墨西哥人口本有二千萬，到了一六一八年陡降到一百六十萬。

皮薩羅在一五三一年登陸秘魯時一樣是走運。他只帶了一百六十八個人就征服幾百萬人的印加帝國。天花早一步在一五二六年來到秘魯，帶走了不少印加帝國的子民，連皇帝卡帕克和他指定的繼承人都魂歸西天。正如第三章所述，在群龍無首的情況下，卡帕克的兩個兒子阿塔花普拉和瓦斯卡爾（Huascar）因而陷入內戰。反倒讓皮薩羅成為得利的漁翁。

今天，回想起一四九二年的新世界，人口眾多的人類社群不外乎阿茲提克帝國和印加帝國。我們忘了密西西比河河谷還有人口稠密的印第安人社群，那裡是今日美國的農業重心，因此當年的發展不足為奇。白人不用一兵一卒就將此地化為鬼城，關鍵就是來自歐亞大陸的病菌。歐洲遠征軍首度踏上美國東南是在一五四〇年，他就是皮薩羅的手下迪·所多。有一天，他經過一個在兩年前已成廢墟的印第安城鎮，所有的人都死了——這就是傳染病的傑作。西班牙人一踏上新世界，就把傳染病送給了印第安人，這些病原隨即往內陸前進，腳步比西班牙人快多了。

迪·所多還是在密西西比河沿岸的低地看到幾個人口稠密的印第安城鎮。這次遠征結束多年後，歐洲人才又來到密西西比河河谷。但來自歐亞大陸的病菌早已落地生根，四處擴散。直到十七世紀末，歐洲人才再次在密西西比河低地出現，這回是法國的殖民者。那些繁華的印第安城鎮早就從密西西比河河谷消失了，空留一座座土墩。最近我們才發現，其實，那些印第安社群在前哥倫布時代一直相當活躍，滅族慘案發生在一四九二年和歐洲人有計畫地在密西西比河河谷發展之間——這該也是病菌的傑作。

小時候，大人告訴我們，美洲本來只有一百萬左右的印第安人。這是為白人的殖民強辯，表示這個大洲在白人來到時幾乎是一片空無。然而，考古學證據顯示：當時應該有二千萬的印第安人。可見，哥倫布登陸後，削減的印第安人口高達九五％。關於這點，第一批踏上美洲的歐洲遠征軍也做了詳實的紀錄，以供佐證。

印第安人從未接觸過舊世界的致命病菌，因此無從產生抵抗力或基因變化。天花、痲疹、流行性感冒和斑疹傷寒等都是逞強鬥狠的頭號殺手。如果嫌不夠，白喉、瘧疾、腮腺炎、百日咳、鼠疫、肺結核和黃熱病還等著當老大呢。很多白人都見識過致命病菌蹂躪人類社群的本事。例如，十九世紀北美大平原上有一支曼丹族，他們是有高度文化的印第安部落。一八三七年，有艘從聖路易沿著密蘇里河開來的汽船帶來了天花病毒。不出幾個禮拜，本有二千人的曼丹族一下子變成了不到四十人。

在十幾個來自舊世界的惡性傳染病在新世界佔得一席之地同時，卻沒有一項致命病菌是從美洲傳到歐洲的。唯一的例外可能是天花，但天花的起源仍有爭議。群聚疾病不是在人口數量龐大且稠密的地區更容易發展嗎？為什麼病菌反倒從擁擠的舊世界猛朝空曠的新世界進軍？為什麼會有這種嚴重失衡的現象？如果最近估算出來的前哥倫布時代的人口才是正確的，新世界人口的稠密其實不下於歐亞大陸。墨西哥的特諾奇提特蘭就是當時世界數一數二的大城市。為什麼特諾奇提特蘭沒有致命的病菌可以送給自己送上門來的西班牙人？

會有這種結果可能是因為新世界的人口發展要比舊世界來得晚。另一個原因是當時美洲人口最為稠密的三個中心——安地斯山區、中美洲和密西西比河谷，從未連結成繁忙的貿易網路，如在羅馬時代串連起來的歐洲、北非、印度和中國，成為微生物繁衍的天堂。然而，這幾個因素仍無法解釋為何新世界沒有發展出致命傳染病。（根據文獻報告，有人在秘魯印第安人的千年木乃伊身上發現肺結核菌的DNA。但這種辨識程序並不能判斷到底是人類肺結核，還是在野生動物間頗為流行的近親病原牛結核桿菌〔Mycobacterium bovis〕。）

為什麼致命傳染病不能在美洲興起？這個問題其實可以另一個簡單的問題來回答：這些病菌是從什麼微生物演化來的？歐亞大陸的群聚傳染病是從牲口身上來的。歐亞大陸可豢養的牲畜不少，但在美洲馴化的只有五種：墨西哥的火雞、美國西南的駱馬（或羊駝）、安地斯山區的天竺鼠、南美熱帶的古俄羅斯鴨（Muscovy dudk）和遍布於全美洲的狗。

話說回來，新世界馴化動物之少反映一個事實：野生物種的貧乏。在最後一次冰期，約當一萬三千年前，八〇％的美洲大型哺乳動物已經滅絕，剩下可供馴化的動物寥寥無幾，根本不可能和群聚疾病的來源如牛、豬等相提並論。

古俄羅斯鴨和火雞都沒有成群結隊的生活習慣，也不是像小綿羊般可讓人摟摟抱抱的寵物。天竺鼠則可能是卻格司氏病（Chagas's disease 或稱南美洲錐蟲病）或利什曼病（leishmaniasis）的禍源，但未有定論。安地斯山區的駱馬（或羊駝）乍看之下和歐亞大陸牲畜最為類似，讓人不得不驚訝的是人類疾病沒有一種是源於這種動物。有四個地方可看出為什麼牠們不利於人類病原體的發展：一，不像綿羊或山羊那麼大量飼養；二，由於駱馬從未翻山越嶺到安地斯山以北的地區，總數和歐亞大陸的牲口相比只有九牛之一毛；三、人們不喝駱馬的奶，因而不會被藏在駱馬奶的病菌感染；四、駱馬不是在家裡豢養的動物，和人類的關係沒有那麼親密。反觀新幾內亞高地的女人還會以自己的奶餵小豬，而豬跟牛也常常和農夫住在一個屋簷下。

源於動物的疾病代表重大的歷史意義，相形之下，新舊世界的衝突反倒變得微不足道。歐亞病菌就是使世界許多土著滅族的厲害角色，遭到魔手的包括太平洋島民、澳洲土著和南非的科伊桑族群（霍屯督人〔Hottentots〕和布須曼人〔Bushmen〕）。總計，因未曾接觸過歐亞病菌而喪生的死亡率約在五〇%和百分之百間。例如希斯盤扭拉島（Hispaniola）在一四九二年也就是哥倫布發現這個新世界時，約有八百萬人，到了一五三五年，這八百萬人全成了白骨，無一倖存。斐濟的痲疹就是一個酋長在一八七五年從澳洲帶回來的「紀念品」，一下子泯滅了四分之一的人口。斐濟本已飽受傳染病的侵擾，自一七九一年歐洲人造訪此地，即浩劫連連：一七七九年，隨著庫克船長前來的是梅毒、淋病、肺結核和流行性感冒；在一八〇四年之後登場的是斑疹傷寒和幾種來頭較小的傳染病，但也使原本五十萬人口的夏威夷（一七七九年）遽降為八萬四千人（一八五三年）。禍不單行的是，在一八五三年又爆發天花，又取走了一萬條人命。這種實例不勝枚舉。

然而，病菌並非一面倒向歐洲人，做專屬他們的爪牙。新世界雖沒有發展出本土的傳染病來對付歐洲人，熱帶亞洲、非洲、印尼和新幾內亞確實有準備「侍候」歐洲人的致命病菌：舊世界熱帶的瘧疾、東南亞的霍亂和熱帶非洲的黃熱病都是赫赫有名的熱帶殺手、歐洲殖民的障礙。這也可解釋為何歐洲人的瓜分新幾內亞和大部分的非洲，要比歐洲人攻佔美洲幾乎晚了四百年。此外，一旦瘧疾和黃熱病隨著歐洲汽船登陸新世界，不但使美洲人感染，也在新世界的熱帶地區形成殖民的阻礙。

銘記這些史實有於我們重新解讀病菌這個角色和亞力問題的關連。沒錯，歐洲人在武器、科技和政治組織佔盡優勢，勝過他們的手下敗將，也就是大多數的有色族群。但單憑這種優勢並無法解釋清楚為何歐洲白人打從一開始以寡擊眾，大敗為數眾多的美洲土著，也在其他地區造成族群更替的原因。少了病菌這個親密戰友——歐亞族群和馴化牲畜長久以來朝朝暮暮的結果——歐洲人恐怕難以稱心快意地痛宰其他大洲。

CHAPTER 12

文字的起源

十九世紀的作家常把歷史當作從野蠻進化到文明的過程。這種轉變的里程碑犖犖大者有農業、冶金術、複雜的科技、中央集權政府和文字。在傳統觀念中，以上幾項最受地理條件限制的就是文字：在回教世界和歐洲殖民白人向外擴張以前，很多地區都是沒有文字的蠻荒，如澳洲、太平洋上的島嶼和赤道非洲地帶。新世界當然也是，唯一的例外是中美洲的一小部分。結果，以文明自詡的族群總把文字當作最鮮明的識別證，以顯示自己有別於蠻夷之人。

知識帶給我們力量。因為文字在知識的傳達上，可以更精確、大量而且詳實，現代社會的力量正來自文字，我們因而得以汲取遙遠時空的知識。當然，也有嘗試不用文字來治理國家的族群（如大名鼎鼎的印加帝國）。此外，「文明人」不一定能打敗「野蠻人」，羅馬人碰上匈奴人時就學到教訓了。

文字和武器、微生物、中央集權的政治組織並駕齊驅，成為現代征戰的利器。帝王和商賈都是利用文字發號施令、組織船艦向海外擴張。艦隊航行依循的海圖和航海指示都是以前的探險家留下來的。早期航海探險記載中的金銀財寶和良田肥土，讓後人心生嚮往，躍躍欲試。這些記載告訴後代探險家外地的景況，使人得以未雨綢繆。帝國的統治、管轄也靠文字。在沒有文字的史前時代社會，則是利用別的方式來表情達意，但文字還是比較簡便、詳細、精確，而且更容易打動人心。

然而，為什麼只有一些族群得以發展出文字，其他族群就沒有？例如，傳統的狩獵—採集族群沒能發展出自己的文字，也不採借別人的文字？在島嶼帝國當中，為何克里特（Minoan Crete）有文字，玻里尼西亞的東加就沒有？文字究竟在人類歷史上分別演化過幾次？在什麼情況下發生的？用途何在？此外，在那些有文字的族群中，為什麼有些很早就發展出文字來？例如，今天日本和北歐識字率都相當高，伊拉克則還有很多文盲。為什麼伊拉克不早四千年發展出文字呢？

文字從起源地開始向外傳播後，隨即浮現幾個重要的問題：例如，為什麼文字是從肥沃月彎傳到衣索比亞和阿拉伯，而墨西哥的文字卻沒有傳到安地斯山區？此外，文字的傳播是藉由抄本，還是附近地區得到啟發後，自己也來發明文字？某一個語言相合的文字系統如何讓另一種語言套用？其實，人類文化的其他面相也出現類似問題，如科技、宗教和糧食生產。但是，對文字的起源和傳播種種問題感興趣的史學家佔了一個優勢：這些問題都有文字紀錄可按圖索驥，進而找到確切的答案。我們追本溯源，研究文字發展的發程，不僅因為文字的本質重要，更因為可藉此洞悉整部文化史。

造字策略主要有三種，每一種涉及的語言單位大小各不相同，可能是一個基本的單音、一整個音節或是一個完整的字。每個單位都有一個代表符號。今天大多數族群使用的是音節。最理想的就是每一個單音（音素）都有一個獨特的符號相對應。其實，大部分語言只有二、三十個字母，但音素卻不只這個數目。例如，英語只有二十六個字母，音素卻多達四十個左右。因此，大多數以字母組合的文字，包括英語在內，不得不用同一個字母來代表幾個不同的音素，或用幾個字母組合起來代表某些音素，例如英語中的sh和th（但在俄文和希臘各有單一的字母相對應）。

第二個策略就是利用語標（logogram），也就是用一個符號來代表一個完整的字，如中國文字和日本的漢字。在字母書寫系統得以風行以前，多運用語標，如埃及和瑪雅文化的象形文字、蘇美人的楔形文字。

第三種策略，大多數的讀者可能都很陌生，也就是用一個符號來代表一個音節。這種音節文字（syllabary）其實就是用一個符號來代表一個子音後面跟著一個母音形成的音節。若要用那些符號來表示其他音節，則需要借助各種特殊設計。古時，這種音節文字很普遍，如邁錫尼希臘文（Mycenaean Greek）中的乙系線型文字（Linear B）。今天，依舊有人使用音節文字，最重要的就是日本人的假名。

以上，我名之為「造字策略」，而不說是「文字系統」，有我的用意。沒有一種文字單單只用一種策略，例如中國文字並不全是語標構成的，英文也不只是字母文字。英文就像其他字母文字，也用抽象的語標，例如數子、$、%和＋等不代表語音的單位。上述採音節策略的乙系線型文字也有很多語標，而埃及的象形文字也包括了不少音節符號，而且每個子音都有一個字母相對應。

從零開始創造一種文字系統必定比從其他文字借用或改造要來得困難。最早開始造字的人必須先擬定基本原則。這些我們認為理所當然的原則，在創造之初可不簡單，例如得先想辦法把一連串的聲音分解成幾個語音單位（如字、音節或音素）。還要能辨識相同的聲音或語音單位，而不受其他變素的影響，如音量大小、語調高低、速度、加強語氣、語群或個人發音的習性，然後設計出代表語音的符號。

在沒有可以依樣畫葫蘆的情況下，最初造字的人還是解決了這些問題。造字這任務極其艱鉅，要無中生有更是難上加難，因而歷史上的實例可說鳳毛麟角。確實是自己發

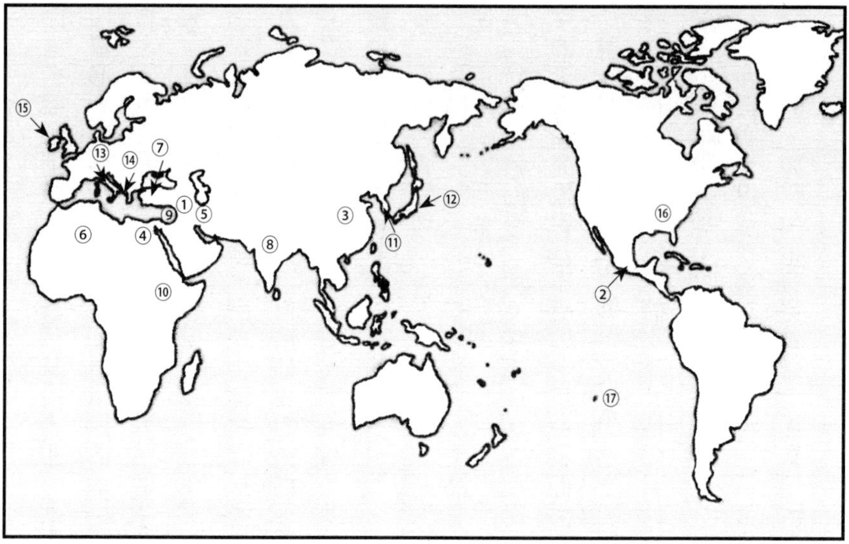

獨立發明文字的源頭	字母	音節	其他
1. 蘇美	9. 西閃米特、腓尼基	6. 克里特	5. 原始埃蘭
2. 中美洲	10. 衣索比亞	12. 日本	7. 赫梯
3. 中國 ?	11. 韓國	16. 徹羅基	8. 印度河河谷
4. 埃及 ??	13. 義大利		17. 復活節島
	14. 希臘		
	15. 愛爾蘭		

圖12.1　中國和埃及的文字是原創，還是受到在其他地區出現的文字刺激發展出來的，還是個疑問，故標上問號。「其他」指的既不是字母文字，也不是音節文字，而是或許在更早期文字的影響所發展出來的。

明文字的族群有略早於公元前三千年美索不達米亞的蘇美人，和公元前六百年的墨西哥印第安人（圖12.1）。公元前三千年的埃及和公元前一千三百年的中國也許已獨立創造出文字。至於其他族群的文字，多半是借用或改造自其他文字，或者受到現成的文字系統的啟發而發展出自己的文字。

目前我們所能找到的最古老的文字就是蘇美人的楔形文字（圖12.1），出土史料非常豐富。這種文字大約成形於幾千年前的肥沃月彎。那兒的農民用簡單的陶土記號作為計數之用，如記載綿羊和穀物的數目。在公元前三千年前的幾百年，這種種計算、格式和符號很快演變成人類第一個文字系統。書寫技術的一大突破就是黏土板或稱土簡的利用，文字記載就簡便多了。起先，人們是用尖尖的工具在上面刻畫，後來發現蘆葦做的尖筆畫的記號更加整齊美觀。至於格式的發展，由於有其必要，已慢慢發展成一般的準則：如有行列組織（蘇美言的楔形文字和現代歐洲文字就是一行行水平排列的文字）、行文的方向必須一定（如由左至右），而且是由上至下逐行閱讀，非由下到上。

所有的文字系統都牽涉的一個基本問題：如何設計出一個約定俗成的符號系統以代表真實的口語聲音？不可因代表意念或其他的字而偏廢發音。這點，我們可從蘇美人在幼發拉底河畔的遺址烏魯克城（Uruk，現今的巴格達東南三百二十公里處）出土的幾千片石簡略知一、二。蘇美人最早創造出來的書寫符號都是可以辨識出來的圖形（如魚和鳥）。自然而然，這些具有圖象的符號主要是由數字和名詞（代表物體）構成的。結果，這個文本就是無文法要素、如速記般簡練的帳目報告。這些符號慢慢變得愈來愈抽象，特別是在書寫工具換成了蘆葦尖筆後。幾個舊的符號組合起來就成了新的符號，以代表新的意義。如代表「頭」的符號加上「麵包」就可象徵「吃」這個字。

最早的蘇美文字還有不代表語音的語標，但這語標有多種發音方式，代表的意義還是同一個，不管是什麼語言都一樣，如「4」這個數字在以下幾種語言的發音為：「four」（英語）「chetwire」（俄文）「nelja」（芬蘭語）和「empat」（印尼語）。或許在文字發展史上最關鍵的一步就是蘇美人的採用語音代表符號。碰到無法描繪出的抽象名詞時，他們就用同音而且可以畫出來的名詞來代表。例如，「弓」易畫，「生命」卻難以描繪，但在蘇美人的語言中，兩者的發音相同，所以就用「弓」來代表「生命」這個字。然而，在看到「弓」這個符號時，我們如何斷定是「弓」還是「生命」？為了避免混淆不清，蘇美人在前面加上一個無聲的符號（限定詞determinative），來指示名詞的類別。語言學家認為這種做法真是一大突破——這也就是今天的雙關語或謎語的創造原則。

蘇美人在靈光乍現之下想到了這個語音原則，就可以處理抽象名詞以外的問題了，如寫出包含文法結尾的音節或字母。以英文為例，要畫出-tion這個常見的音節，一開始可能不大容易，但我們可利用同音的動詞shun，以這個字的圖畫來代表。由語音來表達的符號也可「拼出」較長的字，成了一連串的圖畫，每一個都是一個音節。例如，英文中的believe（相信），就可拆成be+lieve，再用同音字bee（蜜蜂）+leave（樹葉）的圖畫來

源於蘇美的巴比倫楔形文字

表示。語音符號也可使造字者用同一個圖案來代表同一組相關字（如牙齒、話語和說話的人）。為了解決歧義，則必須加上一個語音解釋符號（如斷定「二」〔two〕、「兩者中的一個」〔each〕和「尖端」〔peak〕）。

因此，蘇美文字是一個複雜的組合，包括語標（用以代表一整個字或名字）、語音符號（以拚出音節、字母、加入文法標示或運用一部分的字）和限定詞（不發音，只用來斷定字義）這三種符號。然而，蘇美人的語音符號沒能發展成一套完整的音節文字和字母文字，有些音節沒有對應的文字符號，有的符號則有多種發音方式，而且同一符號還可能解讀成一個字、一個音節或一個字母。

除了蘇美人，在人類史上還有一個獨立創造文字的族群，那就是中美洲的印第安社群，此地可能是在墨西哥南部。一般以為中美洲的文字和舊世界的文字沒有關連是因為，沒有證據示新世界在前斯堪地那維亞時代能和有文字的舊世界接觸。此外，中美洲的文字形式和舊世界的文字完全不同。目前已知的中美洲文字約有十幾種，大都類似（如數字和曆法的記載），但是大部分仍神秘難解。現存的中美洲文字歷史最為久遠的來自公元前六百年墨西哥南方的薩波特克地區（Zapoec），我們了解最多的則是馬雅低地的文字，最早的書寫年代據推斷為公元二九二年。

儘管馬雅文字是獨立創造出來的，而且有特定的符號形式，基本組成原則還是類似蘇美文字和受到蘇美文字啟發而發展出來的歐亞西方文字。馬雅文字就如同蘇美文字，

17世紀早期印度雷阿斯薩尼（Rajasthani）或古雅拉提（Gujarati）畫派的作品。上面的文字就和現代大部分的印度文字一樣，源自古印度貴族的文字。這種古印度文字，或許是公元前7世紀在阿拉姆字母（Aramaic）的影響下發展出來的。但印度人沒有複製整套文字系統，只引用了字母原則且自行設計字母形式、順序和母音。

也使用語標和語音符號。用語標來代表抽象的字通常是源於字謎原則，也就用一個發音類似的字，意義雖不同，但很容易描繪出來。此外，馬雅文字的音節符號就像日本的假名和邁錫尼希臘語中的乙系線型文字，大都是一個子音加上一個母音（如 ta, te, ti, to, tu）。這些音節符號像早期的閃語字母，源於東西的圖像，此物的發音就是那個音節（如馬雅文字的音節符號 ne，發音類似尾巴〔馬雅字為 nejhl〕）。

中美洲和古歐亞西方文字的平行發展證實人類普遍都有創造力。雖然蘇美人和中美洲的語言沒有特別的關連，但都有往文字發展的特質。蘇美人在公元前三千年解決造字的問題後，過了二千四百年，在地球另一端的中美洲印第安人也想出造字問題的解決之道。

我們且把埃及、中國和復活節島的文字當作例外，稍後再來探討。其他地區的文字系統似乎都是源於蘇美文字或中美洲早期的文字，或修改後拿來使用，或得到啟發而發展出自己的一套。為什麼無中生有的文字這麼稀罕？正如前述，造字極難。還有個原因是，蘇美人和中美洲的印第安人已專美於前。

我們知道蘇美文字的發展至少要花幾百年時間，或許幾千年也說不定。文字發展的先決條件是：這個人類社群必須認為文字有用，而且能支援造字專家。除了蘇美人和最早的墨西哥人，有這種條件的地區是古印度、克里特島和衣索比亞，他們為什麼沒有創造出自己的文字？因為蘇美人和最早的墨西哥人造字成功後，造字的細節和原則很快就傳播出去了，其他地區人得以省去幾百年或幾千年的時間做造字實驗，何樂而不為？

文字的傳播有截然不同的兩種方式，分屬於科技和思想的範疇。有人已發明出一套可用的東西。你是個使用者，何必放棄現成的，大費周章、絞盡腦汁來創造發明？

發明的傳播方式有很多，一種是依照「藍本」，照單全收或略加修改後拿來運用。另一種截然不同的方式則是取其神髓，屬於一種「意念」的傳輸，學的只是基本概念，再來研發細節。你最先只是知道可行，後來自己也想試試，在嘗試的過程中不免碰到始料未及的問題，最早的發明者不一定就面臨過同樣的問題。

以近代的事件為例，史學家仍在爭論，蘇聯的原子彈是依照一個「藍本」複製出來的，還是由於「意念」的啟發？蘇聯是不是派間諜從美國竊取機密才製造出原子彈的？還是美國在廣島投下原子彈帶給他們的「啟示」，讓史達林靈機一動，命令蘇聯的科學家研發出自己的原子彈，和美國先前的努力幾乎不相干？類似問題也出現在車輪、金字塔和火藥的發展史，以下即將討論「藍本」和「意念」對於文字傳播之助。

今天的語言學家是參照一定的「藍本」為沒有文字的語言設計一套書寫系統。這種

「訂做」的系統大抵是修改現成的字母或音節。例如，精通語言學的傳教士就修改羅馬字母以供上百種新幾內亞和美洲土著語言之需；土耳其文也是，一九二八年官方的語言學家以羅馬字母為藍本造出的；俄國部族的語言也是自西里爾（Cryillic）字母修改而來。

在遙遠的古代，人類是怎麼採用藍本來設計文字的？我們可從幾個實驗略窺一二。例如，今天仍在蘇俄通行的西里爾字母是在公元九世紀由聖．西里爾（Saint Cyril）採用希臘文和希伯來文的字母發明的。日耳曼語族（包括英文）中保留下來最古老的文本則是烏爾斐拉斯主教（Bishop Ulfilas 311?-382?）創造出來的哥德字母（Gothic alphabet）寫成的。這個活躍於公元四世紀傳教士住在西哥德，也就是今天的保加利亞一帶。烏爾斐拉斯就和聖西里爾一樣，從幾種文字東拼西湊出哥德文：借了二十個左右的希臘字母、五個羅馬字母，還有兩個可能是如尼字母（runic alphabet），也有可能是烏爾斐拉斯自己發明的。然而，就史上有名的文字而言，造字的人多半已不可考。但是，我們還是可以比對最近出土的古代文字和先存的文字，從文字的形式推斷出哪個是「藍本」。因此，我們可確定邁錫尼希臘文中的乙系線型文字是源於公元年一千四百年克里特甲系線型文字。

世界上沒有任何兩種語言的發音完全相同，因此一個現成的文字系統作為其他語言的藍本，被借用了幾百次當中，不免會發生問題。在借用字母時，若原來的語言沒有某些語音，代表這些語音的字母自然而然就消失了。例如，和其他許多歐洲語言相比，芬蘭語就少了b、c、f、g、w、x、z等字母代表的語音，於是從羅馬字母借用字母時，就漏了這幾個字母。還有一個常見的問題則顛倒過來：借用字母不足，有些語音找不到對應字母。解決方式有好幾個：一，可結合兩個或兩個以上的字母來代表這個音（如英文中的th代表的音在希臘文和如尼文中只用一個字母；二，在現成的字母上加上小小的符號（如西班牙文中的鼻音ñ、德文的曲音ö，波蘭文和土其耳文上也有不少這種小小的、像在字母上跳躍的符號）；三，吸收還沒有用到的字母（如現代捷克文用羅馬字母的c來表達捷克語言當中的ts音）；四，發明新字母（如中世紀英文中的i、u和w）。

羅馬字母也是長期依照「藍本」描摹的產物。在人類歷史上，字母顯然只有一個起源：從閃族語言發展出來的，也就是從現代的敘利亞到西奈半島這個地區，時間當在公元前二千年開始的一千年內。之後在史上出現的數百種字母都是源於古閃族字母。有些是意念傳播的結果，如愛爾蘭的歐甘字母（ogham alphabet），但大多是參照「藍本」修訂而成的。

字母的演化可追溯至埃及的楔形文字。整組楔形文字有二十四個符號，每一個符號代表一個埃及字音。以我們的觀點來看，既然只運用子音字母，為了兩個或三個子音的結合而產生的語標、限定詞和符號不就沒有用了，何不捨去？埃及人還是加以保留。到了公元前一千七百年，閃族熟悉了埃及楔形文字就想通了，把那些沒有用的語標、限定詞等拋棄。

符號和單一子音的配對只是字母文字系統三大變革的第一步。這點和其他書寫系統的不同。第二步是把字母按照一個固定的順序排好，以幫助使用者記憶，再賦予琅琅上口的名稱。英文字母名稱大都是沒有意義的單音節（如a, bee, cee, dee,），但閃族的字母名稱在閃族中都是有意義的，而且是常見的物品（'aleph=牛，beth=房子，gimel=駱駝，daleth=門）閃族文字和閃語子音的關係屬截頭表音（acrophony）：物品名稱的第一個字母就可以代表這項東西（'a, b, g, d等）。

此外，閃族字母最早的形式正是那些物品的圖象，所以閃族字母的形狀、名稱和順序都很容易記。很多現代字母，包括英文字母，還是依照最先的順序，只是略加修改。（希臘字母的順序更是三千年來一成不變：α〔alpha〕，β〔beta〕，γ〔gamma〕，δ〔delta〕……）讀者該已注意到各文字間字母排序的些微差異：閃族字母和希臘字母中的g，到了羅馬字母和英文字母中卻變成了c。羅馬字母則在原來的位置上再造出一個新的g。

第三步也是最後一次變革就是母音字母的出現，現代字母才算完備。閃族字母造出不久，已有人嘗試在字母上加上小小的標示符號表示特定的母音，如在子音字母上加點、線或鉤等。第一個運用子音字母有系統地來標示母音字母的就是公元前八世紀的希臘人。這五個母音字母α、ε、η、ι、o「吸收」自腓尼基字母中，希臘文沒有用到的字母。

字母的演化路線有幾條：一條即依照最早的閃族字母這個「藍本」修改，發展出早期的阿拉伯字母，直到現代的衣索比亞字母。另一條更重要的發展路線是從阿拉姆字母（波斯帝國官方文獻所用的文字）發展成現代的阿拉伯文、希伯來文、印度文和東南亞的字母。但對歐美的讀者而言，最熟悉的莫過於第八世紀早期腓尼基字母傳到希臘這條路線。同一世紀到達伊特魯里亞（Etruia 義大利中部古國），再一個世紀到羅馬，羅馬字母又經過些微的修改後就成了本書英文原本印耐字母。由於字母具有準確和簡潔的優點，因此風行於世，現代世界大多數地區都採用這種文字。

就文字的傳播而言，最便捷的方式就是有個藍本可以仿照、修改，但不一定這麼理想。首先，這個藍本可能被隱藏起來。再說，這藍本落到對文字一無所知的人手裡也沒有用。文字這項發明的梗概可能一點一滴從遠方流傳過來，細節則付之闕如。或許只有基本概念：有人成功了，得以有文字可以使用了。這個成功的經驗帶給許多人靈感，讓他們在意念的啟發下，也去設計自己的路徑，而達到目的。

在文字史上有個令人嘆為觀止的實例：一八二〇年左右在阿肯色州由徹羅基印第安人（Cherokee）發展出的音節字母。造出這套字母的奇才就是西克亞（Sequoysh）。一開始，西克亞注意到白人在紙上做記號，有了這些記號做成的紀錄，再怎麼長的話語都可

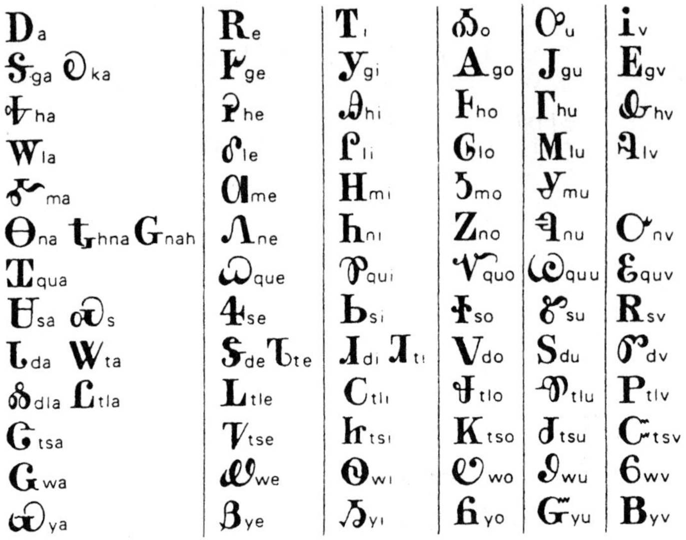

西克亞為徹羅基語發明的音節符號

以重複說出，一字不差。然而，這些記號究竟是怎麼作用的，對他來說仍是個謎。此時，他就和他的族人一樣，目不識丁，只會徹羅基語，不會說英文，也看不懂英文字母，西克亞是個鐵匠，由於顧客欠帳，他不得不想出一個辦法來紀錄帳款。他先畫出每一個顧客的臉，再以大小圓圈和長短線條代表顧客欠他的數目。

到了一八一〇年，西克亞決心再接再厲，為徹羅基語設計出一套文字。同樣地，他先畫圖，後來覺得太複雜了，而且老是畫不好，就放棄了。接下來，他開始為每一個字設計一個符號，造了幾千個符號還是不夠，因此又不滿意。

最後，西克亞終於茅塞頓開，

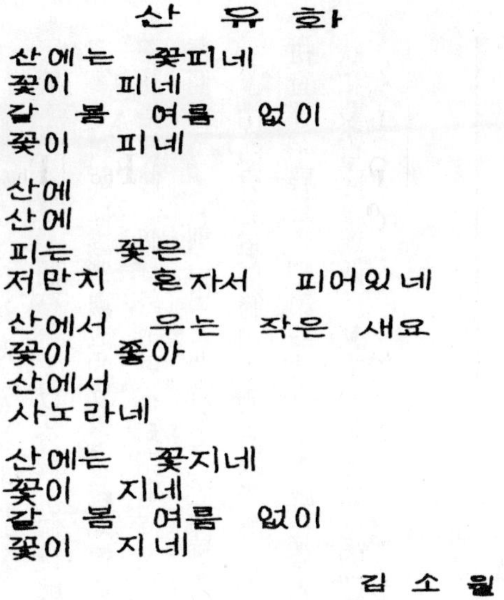
산 유 화
산에는 꽃피네
꽃이 피네
갈 봄 여름 없이
꽃이 피네
산에
산에
피는 꽃은
저만치 혼자서 피어있네
산에서 우는 작은 새요
꽃이 좋아
산에서
사노라네
산에는 꽃지네
꽃이 지네
갈 봄 여름 없이
꽃이 지네
김 소 월

韓國文字舉隅[1]。每一個方塊都是一個音節，而每一方塊又是由好幾個字母所組成。

想到一個字只是幾個的組合（也就是今天我們所謂的音節），因此轉向音節，一開始設計出二百個音節符號，慢慢地又縮減成八十五個，大都是一個字音和一個母音的組合。

學校老師給了西克亞一本英文拼字書，西克亞就以這本書作為範本不斷練習抄寫字母。這些英文字母就成了他造字的符號來源。他的徹羅基音節字母中就有二十來個取自英文字母。因為西克亞不懂英文字母的意義，只是借用這字母的形體，因此這些字母到了西克亞的文字系統，意義完全不同。例如，他用英文字D、R、b、h來代表徹羅基音節中的a、e、si和ni，用「4」這個數字符號來表示se這個音節。此外，他也將英文字母改造一番來用。西克亞設計的音節字母很實用，和徹羅基的語音配合得天衣無縫，又易懂易學，語言學家見了，無不讚賞。沒有多久，徹羅基人的識字率就達到百分之百，沒有文盲，還擁有印刷術，可以印行書報。

徹羅基文字就是意念傳播的最佳例證。西克亞只有紙筆、知道文字系統的原理、了解字母就是一個符號，以及幾十個符號的形狀，如此而已。他既看不懂英文，也不會寫，不可能從周遭現成的文字系統知道造字的細節或原則。他身處於陌生的文字環境，不認得任何一個字母，更不知克里特人在三千五百年前就有音節文字了——他就是在這種情況下獨立創造出一個音節文字系統。

由西克亞這個範例我們可以了解，古代因意念傳播而產生的文字系統。朝鮮最初的拼音文字就是李朝第四代世宗大王在公元一四四年制定的，顯然是受到中國方塊字的形狀和蒙古文（或西藏梵文）音節原則的啟發。然而，這套拼音文字字母的書寫形式則是

---

1 譯註：「丘上花」英譯（So-Wol Kim 作、華盛頓大學國學者柳宜相先生英譯）如下。Flowers on the hills / They are blossoming. / Be it fall, spring or summer / They are blossoming. On the hills/The flowers are blooming / Off by themselves. Oh, like bird singing / In the hills, There you live / Because you love flowers. The petals on the hills, / They are falling, / They are salling, / Be it fall, pring or summet / the petals are falling。

世宗大王獨創的，還有一些原則也是他發明的，例如把幾個字母合成一個方塊字、用相關字母來表示母音或字音、表示嘴唇和舌頭發音部位的子音字母等。歐甘字母（公元四世紀愛爾蘭和不列顛塞爾特一些地區所使用的文字）也是利用類似的字母原則，採借的是現有的歐洲字母，但字母形狀獨特，這是基於手語的手勢創造出來的。

我們可以肯定朝鮮拼音文字和歐甘字母都是意念傳播的產物，而不是單獨發明出來的。原因在這兩個語言社群和其他有文字的社群有密切的接觸，因而見賢思齊，有所啟發。相形之下，蘇美人的楔形文字和最早的美索不達米亞書寫系統則是獨立的發明，因為周遭空無，沒有什麼可以啟發他們。文字起源年代可考的還有復活節島、中國和埃及。

太平洋復活節島上的玻里尼西亞人也擁有獨一無二的文字。目前的資料可追溯到一八五一年，歐洲人踏上這塊土地則是在此之前一百多年前的事（一七二二年）。也許，在歐洲人登陸之前，這塊已獨立發展出文字，但沒有留下證據。最直截了當的詮釋就是有一分事實說一分話，因而推論復活節島文字也是在歐洲的刺激產生的：一七七〇年島民從西班牙征服者手中接獲合併公告而受到啟發。

至於中國文字的出現，最早可考的日期是在公元前一千三百年左右，或許還有更早也說不定。中國的文字有著獨特的符號和組合原則，所以大多數的學者都認為這是一種獨立發明的文字。就鄰近地區的文字而言，蘇美人在公元前三千年中國都市中心以西六千多公里處發明了文字；離中國四千多公里的印度河河谷在公元前二千二百年也有了文

埃及象形文字：悼安提尼王子（Entiu-ny）的紙草文獻。

字，但在印度河河谷和中國之間則是一個沒有文字的空白。因此，我們無法斷言中國的文字是因其他地區的啟發而生。

一般認為，古文字中最負盛名的埃及象形文字也是獨立發明的結果。但也有人視之為意念傳播的產物，相形之下，中國文字就不大可能。象形文字大約在公元前三千年左右突然出現，且已幾近完全。埃及就在蘇美以西一千兩百多公里處，而且兩者有貿易往來。為何找不到象形文字逐步發展的證據？這點讓我大惑不解。特別是，埃及天候乾燥，文字在更早期的發展經過應該很容易保存下來。在象形文字出現的幾個世紀前，同樣乾燥的蘇美不是保留了許多楔形文字發展的雛形嗎？同樣令人心生疑惑的是在蘇美楔形文字和埃及象形文字之後，於伊朗（pro-Elamite 原始埃蘭文字）、克里特（Cretan pictograph 克里特圖象文字）和土耳其（Hieroglyphic Hittite 赫梯文字）獨立創造出來的文字——雖然無一採借埃及人或蘇美人使用的符號，這幾個地方的族群不可能對鄰邦文字一無所知吧，更何況彼此還有貿易往來呢。

這幾個在地中海和近東的社群，沒有文字也好端端地過了幾百萬年。就在幾個世紀內，居然同時想到發明文字，這真是個莫大的巧合。我認為這可能就是意念傳播的結果，就像西克亞發明音節文字一樣。埃及和其他族群必定是從蘇美人那兒得到造字的靈感，學得一概念，再加上自己發明的原則，並設計出特別的文字形體。

我們再回到本章一開始提出的問題：為什麼文字發明後，只傳播到幾個社群，沒能廣為流傳到許多地區？從早期文字的限制、使用情形和使用文字的人這幾個層面下手，應該是個合適的起點。

早期的文字不完整、不明確或是複雜，也許三種問題都有。例如，最古老的蘇美楔形文字還不是一般散文，只是速記的工具，字彙只有名字、數字、測量單位、計數的名詞和幾個形容詞。假如現代美國的法院書記人員必須紀錄：「約翰必須還給政府二十七頭肥羊」，用早期的楔形文字只能寫成「約翰二十七頭肥羊」。後來的楔形文字可以寫作散文，但還夾雜著好幾百個語標、音標和不發音的限定詞。邁錫尼希臘文中的乙系線型文字就簡單多了，根據的是九十個左右的符號加上語標的音節文字。然有一利必有一弊，乙系線型文字簡化的結果就是不明確，如字尾的子音完全省略，而且用同一個符號來代表好幾個類似子音（如l、r不分，p、b、ph也一樣，另一個問題是g、k、kh的分別。）日本人也有這個問題，在說英語時，無法將l和r說清楚。想想看吧，若在英文這幾個類似的字母都無法分辨的話，會造成何種混亂！

另一個限制是，就那些古老的文字而言，根本沒有幾個人會。文字的只是少數人的專利，也就是國王和寺廟延請的專家。以邁錫尼希臘文中的乙系線型文字為例，只有幾個高官有讀寫的能力。由現存史料上的字跡來判斷，克諾索斯（Knossos）和派若斯（Pylos）宮殿中乙系線型文字文獻分別出自七十五人和四十人之手。

這些簡略、笨拙又不明確的古代文字都用來計載數量。若有人想從文字去了解公元前三千年蘇美人的想法，必定大失所望。最早的蘇美文字只是朝廷和廟宇官員帳冊，極其索然無味。從烏魯克城挖掘出的最早的「蘇美檔案」，九〇%的土簡內容都是神職人員記載採買貨物、工人配給或農產品分配等事項。日後，從語標進步到音標後，蘇美人才能書寫散文，如宣傳或神話。

然而，邁錫尼希臘文從未到達宣傳和神話這個階段。從克諾索斯宮殿遺址挖掘出的土簡有三分之一都是會計紀錄，記載綿羊和羊毛的數目。而派若斯宮殿遺址出土的文字中記載亞麻的文字比例出奇的高。乙系線型文字本來就不精確，因此只適合在宮廷使用，無法普及，還好上下文和用字都有限制，解讀起來不難。我們無法在這最早的希臘文找到文學。《伊里亞德》（*Iliad*）和《奧狄賽》（*Odyssey*）都是由目不識丁的遊吟詩人所作，聽眾也都是文盲。直到幾百年後希臘字母發展出來後，才訴諸文字。

同樣受到限制的文字還有古埃及文、中美洲的文字和中國文字。古埃及的象形文字是宗教和政治的宣傳工具，也是公文的書寫媒介。馬雅文字同樣用於宣傳，也記錄國王的生辰、登基和豐功偉業，還有祭司的天象觀察。現存最古老的中國文字是殷商的甲骨文，主要用於朝廷大事的占卜。

對今天的讀者而言，我們不禁要問：古老的文字為何這麼不明確，導致書寫的功能大受限制，且淪為少數人的工具？但這個問題又突顯出另一個問題：古代觀點和今人對文字普及的期望之間有鴻溝。古代文字是刻意模糊的，限制也是故意造成的。蘇美人的國王和祭司都希望文字只操在少數官員之手，由他們來記載課徵的綿羊數目，而不是大眾作詩或圖謀不軌的工具。正如人類學家李維．史陀（Claude Levi-Strauss）所言，古代書寫的主要目的就是「作為奴役他人之用」。文字為庶民利用是很久以後的事，那時書寫系統才變得簡單、更利於表情達意。

例如，邁錫尼希臘文人公元前一千二百年傾圮後，乙系線型文字也被埋在歷史的灰燼之中，希臘又回到沒有文字的史前時代。文字終於在公元前第八世紀重返希臘時，這種新的希臘文的使用者和用法都和以前的乙系線型文字大異其趣。這種文字不再是夾雜語標、曖昧的音節文字，而是採借自腓尼基字音字母，再加上希臘人自行創造的母音而成的文字。以往乙系線型文字只用來條列綿羊，而且只供官方使用，之後的字母文字開始成為詩歌和玩笑的媒介，普及到庶民的私人生活。例如公元前七四〇年左右的一個雅典酒罐上就刻寫一行宣布舞蹈比賽的詩句：「這個酒罐將屬於舞姿最曼妙的人。」還有一個酒杯上面刻著三行揚抑抑格六音步詩：「我盛瓊漿玉液，飛快飲一口，你已到愛神掌心。」現存的古伊特魯里亞和羅馬字母，也有銘印在酒杯和酒罐之例。直到後來，公眾或官方才開始使用這種方便的個人通訊媒介。這種傳播順序和較早的語標文字和音節字母恰好相反。

早期文字的用途和限制，就是文字為何在人類演化這條路上姍姍來遲的主因。所有可能獨立發明的書寫系統（如蘇美、墨西哥、中國和埃及），和早期採借這些文字的地區（如克里特、伊朗、土耳其、印度河河谷和馬雅）的共同特點是社會階層嚴明、有著複雜的中央集權政府。這些地區和農業的關係，我們將在之後的章節再行討論。早期的文字滿足政府組織的需要（紀錄和宣導忠君愛國的思想），使用者也都是全職的官員，由專事糧食生產的農民供養。狩獵—採集社群從來就沒有發展出文字，因為他們沒有需要文字的政治組織，也沒有社會或農業機制生產多餘的糧食來支援造字專家。

由此可知，糧食生產以及幾千年文字社會的演變就是書寫系統演化的要素，正如導致人類傳染病的微生物演化模式相當。文字只在肥沃月彎、墨西哥，或許還有中國獨立發明出來，這幾個地區正是糧食生產的發源地。一旦文字發明後，即藉由貿易、征戰或宗教向外傳播到其他政經結構相當的社群。

雖然糧食生產是文字演化或早期採借的前提，但還不夠。我在本章一開始曾提到有些政治組織複雜，也有糧食生產的社群在現代以前從未發展出自己的書寫系統或是採借其他地區的文字。在我們這些現代人眼裡，文字總是一個複雜的社會最鮮明的標記，但有些文明社群就是沒有文字，如在公元一五二〇年稱霸南美的印加帝國、東加的原始海洋帝國、十八世紀末崛起的夏威夷王國、赤道非洲帶的王國和酋邦、回教入侵前的西非亞撒哈拉地區，以及在北美密西西比河一帶最大的土著社群。這些例子往往令人一頭霧水，這些社群明明有發展文字的條件，為何甘於停留在沒有文字的「史前時代」？

在此，我們必須提醒自己：絕大多數有文字的社群都是從鄰國借來的，或是受到啟發而發展自己的文字，而非獨立發明的。上述沒有文字的社群在糧食生產方面起跑得慢，遠遠落後於蘇美、墨西哥和中國。假以時日，這些沒有文字的社群終有一天也會擁有自己的書寫系統。若是他們和蘇美、墨西哥或中國毗鄰，早就像印度和馬雅等大多數的社群，採借或得到文字的啟發。但這些地區離最初的文字中心都太遠了，成為文字傳播的盲點，直到現代才知文字是為何物。

就地理隔絕而言，最明顯的例子莫過於夏威夷和東加，兩者離有文字的社群至少有六千四百公里。但距離並非一定代表隔絕，安地斯山區和密西西比河口與有文字的墨西哥分別相距二千公里和一千一百公里，西非王國離有文字的北非二千四百公里，但哪裡比得上字母從地中海東岸的老家到愛爾蘭、衣索比亞和東南亞的路程。飛鳥可輕易穿過千山萬水，人類卻不得不受到水陸生態環境的阻撓：有文字的北非和沒有文字的西非中隔沒有農業和人煙的撒哈拉沙漠；墨西哥南部的城市和密西西比河谷的酋邦中間也是一片荒漠。因此，墨西哥南部和安地斯山區的連絡得靠海路或是狹窄、林木叢生、未有人文發展的達瑞恩地峽（Isthmus of Darien）。因此，安地斯山區、西非和密西西比河谷難以和有文字的社群接觸。但並非沒有文字的社群就全然孤絕、一無所有，西非還是得到了遠道從肥沃月彎而來、越過撒哈拉沙漠的家畜，後來更在回教的影響下，採借了阿拉伯書寫系統；作物也從墨西哥南下至安地斯山區，當然也從墨西哥北上至密西西比河河谷。不過速度更為緩慢。我們在第十章看到美、非兩洲南北軸線和生態障礙如何減低作物的傳播速率。文字史也不能自外，和人類其他發明一樣，受到地理和生態條件的左右。

CHAPTER 13

發明為需求之母

一九〇八年七月三號，考古學家在愛琴海克里特島邁諾安文明的菲士托遺址（Phaistos），無意中發現了人類技術史上最令人驚訝的東西。那玩意乍見之下並不起眼：不過是一個黏土烘烤成的圓盤，直徑十六點五公分，小、扁、又沒彩繪。仔細再看看，才發現這圓碟兩面都有書寫記號，所有記號的下緣都端正的緊貼著基準線上。那基準線在圓碟上盤旋，由碟子邊緣順時針向碟子中心捲進去，共盤了五捲。那些記號又成群結黨的，鄰近的三五個似構成一個單位，與其他單位以垂直線隔開。碟子兩面共有兩百四十一個記號，作者必然花了一番心思經營有限的空間：那些記號似乎一個不多、一個不少，空間也沒有浪費。（見次頁圖）

自從那碟子出土以來，一直是個謎，研究文字歷史的學者百思不得其解。碟子上共

雙面菲士托碟的其中一面

有四十五個不同的記號，似乎代表的是音節，而不是字母。但我們仍不瞭解它們的意思，而且它們的「長相」和所有已知的文字都不相同。這九十年來，再沒有類似的東西出土過，也沒有發現過類似的記號。因此，我們甚至不知當年它究竟是「進口貨」，還是當地的「土產」？

技術史家對菲士托碟更感到困惑。考古學家估計那碟子是公元前一千七百年的東西，因此該是世上最早的一份「印刷」文件。碟子上的記號，並不像克里特島上比較晚期的甲、乙系線型文字是用手寫的，而是以「陽文印」壓印在黏土上再烘製的。製作這碟子的人，至少有四十五個那樣的「印」（字模）。製作那些印模必然花費了極大的工夫，且必定不是只為了這一份文作而製成的。不管使用印模的人是誰，他一定有許多東西要寫，因此使用字模就可以寫得又快又工整。那些記號每個都複雜得很，不容易寫得工整。

菲士托碟預先呈現了人類印刷技術的下一步發展：用刻好的印模沾墨印到紙上，而不是不沾墨就印到黏土上。但是那些發展過了兩千五百年才在中國發生，三千一百年後才在中世紀歐洲發生。這碟子蘊含的早熟技術，為什麼克里特島或地中海世界沒有廣泛採用呢？為什麼這個印刷技術公元前一千七百年在克里特島發明，而不在美索不達米亞、墨西哥或其他古代文字起源地？為什麼要花上幾千年時間才能想出沾墨壓紙的主意？那不就是印刷機嗎？因此那個碟子對歷史家構成了莫大的威脅：要是世上的發明都像那個碟子一樣，猶如天外遊龍，飄乎不定、難以捉摸，那麼技術史不就註定了是一堆斷爛朝報，永難發現通則？

表現在武器與運輸工具上的技術，是族群擴張與征服的憑藉。而歷史最基本的模式就是族群的擴張與征服，因此技術是創造歷史模式的主要因素。但是，為什麼發明火器、越洋船隻與鋼鐵器具的是歐亞大陸上的族群，而不是美洲土著或生活在非洲撒哈拉沙漠以南的族群？洲際的技術發展差異，還不只是武器與交通工具，其他的重要技術進展，從印刷機到玻璃和蒸汽機，無不是歐亞族群的業績。為什麼？為什麼新幾內亞和澳洲土著到了十九世紀初還在使用石器？事實上，世界上蘊藏量最豐富的銅礦與鐵礦，分別在新幾內亞和澳洲。同樣的石器，歐亞大陸上族群和大部分非洲族群在幾千年前就放棄了。從那些事實看來，許多老百姓相信歐亞族群精於發明、智力高超，倒不算無的放矢。

另一方面，要是各大洲的族群間沒有想像的神經生物學的差異，那洲際技術發展的差異如何解釋呢？有人主張英雄史觀。根據這個看法，人類技術的創新、發展主要靠少數天才人物的靈感，像是古騰堡（Johannes Gutenberg 139?-1467）、瓦特（James Watt 1736-1819）、愛迪生（Thomas Edison 1847-1931）、萊特兄弟（Wilbur Wright, 1867-1812; Orville Wright, 1871-1948）。可是他們都是歐洲人，或美洲的歐洲裔移民。阿幾米德（Archimedes 287-212 b.c.）也是，其他的古代稀有天才都是。那樣的天才也會出生在塔斯馬尼亞或納米比亞（Namibia）嗎？少數幾個發明家湊巧出生在同一洲，於是決定了技術史的發展，是這樣的嗎？

另一個主張是：技術發展與個人的發明天才關係不大，整個社會對於發明創新的態度才是關鍵。有些社會根本無可救藥，保守、內向、仇視變遷。許多西方人嘗試幫助第三世界的民眾，卻敗興而返，他們的印象就是那樣。那些人每個頭腦都靈光得很，問題似乎出在他們的社會。不然的話，你怎麼能夠解釋澳洲東北部的土著為什麼不採借弓箭？與他們貿易往來的托雷斯海峽島民，不就使用弓箭嗎？我們可以假定某個大洲上的所有社會都對新事物不感興趣嗎？這樣才能解釋洲際間的技術發展差距嗎？本章我們終於要仔細討論本書的一個中心問題：各大洲技術演進的速率為何差別如此之大？

讓我們從「需求為發明之母」這句老生常談說起吧。一般認為：要是社會中有一種普遍的需求不能滿足，或者是某件技術不如人意，人人盼望改善，就會產生發明。有發明天才的人察覺到社會的需求，受經濟（金錢）或社會文化（聲譽）因素的驅策，就會著手發明創新。有些發明家最後成功的設計出優越的產品，取代令人不滿的技術。要是新發明符合社會的價值，與其他技術也能相容，社會就會採納那個新發明。

說起來，符合「需求為發明之母」這個常識觀點的發明，還真不少。一九四二年，第二次大戰正在進行，美國政府展開「曼哈頓計畫」，目標就是發明製造原子彈的技術，並且要趕在納粹造出原子彈之前完成。那個計畫在三年之內就成功了，共花了二十億美元（值現在的兩百億）。其他的例子還有：一七九四年惠特尼發明軋棉機，從棉花中分離出種籽，就是因為在美國南部那是非常耗費人力的工作；一七六九年瓦特發明蒸汽引擎，是為了把水從英國的煤礦中抽出來。

這些熟悉的例子誤導了我們，讓我們以為其他的主要發明也是回應需求的產物。事實上許多——甚至大部分——發明是好奇心的產物，發明家動手動腳、修葺補綴，做出巧奪天工的玩意，往往福至心靈、妙手偶得之，事前哪裡有什麼目標、藍圖。一旦發明了一件物事，發明家必須做的就是為它找個事做。只有在新發明「工作」了一段時間之後，消費者才會覺得他們「需要」那件發明。還有一些新發明，經過一段時間後發明的初衷給忘記了，因為消費者為它們找到了新的用途。事後才找用途的發明並不罕見，現代史上許多重大的技術突破都屬這一類，例如飛機、汽車，內燃機和電燈泡，以及留聲機和電晶體，讀者知道了有沒有大吃一驚呢？所以，發明往往才是需求之母，常識觀點顛覆了兩者的關係。

愛迪生發明的留聲機是個好例子。愛迪生是現代史上最偉大的發明家，留聲機是他最有創意的發明。一八七七年愛迪生造出第一架留聲機。他發表了一篇文章，鼓吹這個新發明的十大用途，例如紀錄垂死的人的遺囑；為盲胞錄下有聲書；報時；教學童拼字。「複製音樂」在他的建議中並不佔什麼顯著地位。幾年後愛迪生還告訴他的助理，他的留聲機並沒有商業價值。又過了幾年，愛迪生改變了主意，開始生產留聲機出售——作為辦公室中的留言機。其他有商業腦筋的人想出點子，將愛迪生的留聲機當點唱機用，只要投幣就可以播放流行音樂，愛迪生認為那對他的機器是種侮辱，因為辦公室事務機才是比較「正經」的機器。直到二十年以後，愛迪生才不情不願的同意：他的留聲機最主要的用途就是錄放音樂。

機動車是另一個對我們而言用途明顯的發明。不過，它不是發明來應付任何需求的。德國人奧圖（Nikolaus Otto 1832-1891）一八六六年建造了第一具汽油引擎，那時馬匹作為人類陸上交通工具已經有六千年之久，蒸汽引擎推動的火車才出現幾十年，重要性逐漸增加。當年馬匹供應沒有什麼危機，大眾對於鐵路運輸也沒有什麼不滿。

奧圖的引擎力量不大、笨重、高達兩公尺，光那副德性就比不上馬匹。直到一八八五年，另一位德國發明家單樂（Gottfried Daimler 1834-1900）改進了引擎設計，並裝了一具在自行車上，那就是世界上第一輛摩托車；他等到一八九六年才造出第一輛卡車。

一九〇五年機動車仍是有錢人的玩具，昂貴而且靠不住。大家對馬匹、火車仍然非常滿意，直到第一次世界大戰，軍方決定需要採購卡車。戰後，卡車製造業者與陸軍展開密集遊說，終於讓大眾覺得他們需要機動車輛，於是在工業國家中卡車開始逐漸取代了馬車。這一場變革，即使在美國最大的城市，也花了五十年才完成。

由於新發明的早期原型多表現不佳，很難看出什麼用途，發明家往往必須獨立堅持很久，以改善他們的發明。最初的照相機、打字機和電視機，都與奧圖兩公尺高的引擎一樣糟。因此發明家本人都難以預見他的原型是否必然有用，除非確定有用，才可能繼續花費資源改進。美國政府每一年發出七萬件專利憑證，只有少數能達到商業生產的階段。相對於每一件找到用途的發明，有無數的發明根本找不到用途。甚至能滿足原始目的的發明、後來也可能因為發現新用途而變得更有價值。瓦特的蒸汽機原本是為了從礦坑中抽水設計的，後來卻用來推動軋棉機，連火車與船都用上了。

因此，常識觀點事實上顛倒了發明與需求的關係。常識觀點也過分突顯稀有天才人物（如瓦特和愛迪生）的重要性。那個「發明的英雄史觀」，又受到專利法的推波助瀾，因為專利申請人必須證明他們的發明是新奇的玩意。從專利法律師的觀點來看，「理想的」發明，就是全無先例的新玩意，就像成年的雅典娜（希臘雅典邦的守護神）從父親宙斯的前額出生一樣。

事實上，即使最有名的現代發明，表面看來沒有人會對眾所周知的發明人有疑義，三不五時也會冒出過去受忽視的「先驅」，讓人無法理直氣壯的說「某人發明某東西」。舉個例子好了，課本上都說「瓦特在一七六九年發明蒸汽機」，因為水燒開後他看見茶壺嘴有蒸汽冒出，由此悟到利用蒸汽做工的點子。這個故事實在太妙了，可惜卻是迷思。原來瓦特的點子是在他修理一具蒸汽機的時候產生的。是的，那時蒸汽機已經發明了五十七年了，發明人是英國人鈕康曼（Thomas Newcomen 1664-1729）。瓦特修理機器的時候，那種蒸汽機在英格蘭已經生產了一百多具。而鈕康曼的蒸汽機，則是從沙佛利（Thomas Savery 1650?-1715）的蒸汽機改良來的。沙佛利的蒸汽機還在一六九八年（清康熙三十七年）得到專利。可是他的靈感源自法國人巴潘（Denis Papin 1647-1714）的蒸汽機設計圖（約在一六八〇年代）。巴潘的設計圖也不是獨見創或的產物，他的點子源自荷蘭科學家海更思（Christiaan Huygens 1629-95）和其他的人，追溯發明蒸汽機的「先烈」，目的不在否定瓦特的成就，他的新設計的確改進了鈕康曼蒸汽機（加上獨立的蒸汽凝結器，以及複式汽缸），就像鈕康曼也改進了沙佛利的蒸汽機一樣。

所有的現代發明，只要有完整的文獻可考，都能發現同樣的發展模式。通常大家承認的發明家，都在前人既有的基礎上改進，而前人在同樣動機的驅使下，已經完成了設計、製作出原型、甚至生產出受歡迎的產品（就像鈕康曼的蒸汽機）。愛迪生在一八七八年十月二十一號發明了電燈泡，是大家都知道的著名故事。其實一八四一年到一八七八年間，別的發明家已經發明了燈泡，並取得專利。愛迪生所作的，是改進他人的發明。同樣的，萊特兄弟的載人動力飛機，也是在前人的基礎上發展成功的：利連索（Otto Lilienthal 1848-96）發明了載人的滑翔機，藍利（Samuel Langley 1834-1906）發明了無人動力飛機。一八四四年摩斯（Samuel Morse 1791-1872）發明了發報機。但是在他之前，亨利（Joseph Henry 1777-1878）、庫克（William Cook 1806-79）、惠斯通（Charles Wheatstone 1802-75）都已經發明電報機了。惠特尼的軋棉機是為了內陸生長的短纖維綿花設計的，可是他不必無中生有，因為清理海島棉花（長纖維）的軋棉機，已經發明幾千年了。

我們並不是要否定瓦特、愛迪生、萊特兄弟、摩斯以及惠特尼的成就，他們大幅改進了既有的發明，因此增加銷路，或因他們的改進，產品才有商業利益。最後世人接受的新發明，它們的樣子也許是那位公認的發明家決定的。但是我們要討論的問題是：世界史的基本模式，會不會因某些天才沒有在某時某地出生而發生有意義的變化？答案很明顯：歷史上從來沒有那樣的人物。所有世人熟悉的著名發明家，既有先驅，也後繼有人，他們都很上道。他們讓人記得，關鍵在於：在社會有能力利用他們的產品的時候，他們做出了適當的貢獻。以下的討論會指出：菲士托圓諜上的字模工藝儘管已經很完善了，但是社會沒有能力大規模的利用這項發明。這真是發明家的悲哀。

前面我舉出的例子都是現代工藝，因為它們的歷史都很清楚。我的兩個主要結論是：第一，技術的發展是累積式的，而不是英雄憑空創造的；第二，技術發明了之後，才產生用途的問題；而不是先有需求，才刺激了發明。這兩個結論更能應用在沒有詳細紀錄的古代發明史上。例如窗玻璃是在羅馬時代發明的（約公元元年），它的前身是公元前四千年出現的帶釉面的物品，公元前二千五百年在埃及與兩河流域出現的獨立玻璃物品，公元前一千五百年的玻璃容器。冰期的狩獵—採集族群即使注到灶底灰燼中沙與石灰石的渣滓，又怎能預見那是發展出窗玻璃的第一步？在那漫長的過程中，需要多少福至心靈的發現，才能累積成或許有用的玩意？

那些最早的帶釉面的物品，我們不知道是怎樣發展出來的。不過觀察現在技術「原始」的族群，例如新幾內亞人，我們可以推論史前發明的方法。我與新幾內亞人一起工作過，我曾提到他們對於生活環境中的幾百種動、植物都有詳細的知識，哪些可以食用、藥用，或其他用途，他們清楚得很。他們對周遭幾十種岩石也有同樣詳盡的認識，各種岩石無論顏色、質地，以及敲擊、分解後的產物有什麼性質與用途，他們都很熟。他們的知識來自觀察與嘗試。那個「發明」過程，只要與我合作的新幾內亞人到遠離他們家園的地方工作，就會發生在我眼前。他們在森林中不斷撿拾不熟悉的東西在手中把玩，偶爾發現有用的東西，就帶回家。同樣的過程也發生在我們離開營地之後，當地居民會到我們放棄的營地發現中，翻撿我們留下的東西。他們把我們丟下的東西，試著找出它們的用途。丟棄的錫罐比較容易，拿回家可以當作容器。其他的玩意有時會找到完全不同的用途。誰會想到黃色的二號鉛筆可以當作裝飾品？插在耳洞中或者橫插在鼻子上（穿過鼻中隔）試試嘛！一片破玻璃可以當做刀片嗎？鋒利的話有何不可！

古人利用的原料都是自然物，像是石頭、木頭、骨頭、皮毛、纖維、黏土、沙、石灰石與礦石，它們的形狀、大小、性質，各式各樣，不一而足。在那些物質中，人們逐漸學會將特殊類型的石頭、木頭、骨頭加工，製造工具；以特殊的黏土造陶器與磚；將沙、石灰石與其他塵土混合，製造玻璃；先利用軟質的純金屬（如金與銅），再發現從礦石中提煉金屬的方法，最後發明硬金屬（青銅、鐵）加工法。

火藥與汽油的發展過程，是那種從嘗試／錯誤中學習的好例子。能夠燃燒的自然物必然會讓人注意到，要是一段含有樹脂的木材在營火中爆炸了，怎麼不會引人注意？大約公元前二千年，兩河流域的人發現：加熱瀝青礦石可以提煉石油。大量的石油就是這麼開採的。古代希臘人發現石油、瀝青、樹脂、硫磺、生石灰混合起來後，可以當作燃燒彈，彈射弩、弓箭、火彈或船隻都能將燃燒彈送入敵人的陣營。中世紀，回教世界的煉金術士發展出製造酒精、香水的蒸餾技術，同樣的技能可以從石油中分離出不同的產品，有的更容易燃燒，製造更大的火勢。用手榴彈、火箭、魚雷射那些易燃的石油分餾物，是回教國擊退十字軍的主要法寶。那時中國人已經觀察到硫磺、木炭、硝石以一定的比例混合，點燃後會發生爆炸，那就是火藥。公元一千一百年（北宋哲宗元符三年；徽宗即位）的一本回教化學書，記載了七種火藥配方；公元一二八〇年（元世祖至元十七年）的另一本書，紀錄了七十種配方，各有各的用途，例如其中一種用來發射火箭，一種用在火砲上。

中世紀以後石油分餾技術繼續發展，十九世紀化學家發現分餾產物中，中間那一層可以用來點燈。化學家將最容易揮發的石油分餾物（汽油）丟棄，當它是廢物。直到發現了內燃機，才發現汽油是理想的內燃機燃料。汽油是現代文明的燃料，今天誰還記得汽油也是一個必須尋找用途的發明呢？

發明家到了一項新技術的用途後，下一步就是說服社會採用那個技術。新發明是比較大、比較快、比較強而有力的器械，並不能保證它容易讓社會接受。無數這樣的新發明不是沒人理睬，就是在長期的抵制之後才得到社會認可。著名的例子包括：一九七一年美國國會否決了發展超音速客機的法案；世界曾不斷抵制有效率的打字鍵盤設計；英國也曾經長期抵制電燈照明。究竟哪些條件或特質讓新發明受到社會的歡迎呢？

讓我們先討論同一個社會對發明的不同態度。我們可以歸納出四個讓新技術受歡迎的因素。

第一，也是最明顯的就是：與既有的技術比較，新技術的相對經濟利益較大。輪子在現代工業社會中非常有用，但是在其他類型的社會未必如此。古代墨西哥土著發明了帶輪軸的輪車，卻拿來當玩具，而不是運輸工具。我們也許會覺得難以置信，可是稍微動腦筋想一想，就會發現古代的墨西哥人沒有家畜拉輪車，因此輪車比挑伕好不了多少。

第二個因素是社會價值與聲望，這些因素可以凌駕經濟利益。今天幾百萬人花費兩倍的價錢購買標有名設計師名字的牛仔褲，那些牛仔褲不見得比一般的牛仔褲更耐穿，只不過名設計師標誌的社會價值，超過了多付的價錢就是了。同樣的，日本人仍在使用難學、難寫的漢字，而不全面使用日文拼音假名，就是因為漢字已經承載了沈重的社會威望。割捨不得。

另一個因素是與既有利益的相容程度。目前英語世界中的打字鍵盤有個渾名：「笨拙鍵盤」。讀者可知道笨拙鍵盤是怎麼設計出來的嗎？說來你可能不信，那個鍵盤在一八七三年就是故意讓人「使用不方便」而設計的。設計師在鍵盤中暗藏了許多玄機，強迫打字員將速度放慢，例如將最常用的字母鍵打散、並集中在左邊，使慣用右手的人必須以左手使用那些常用鍵。笨拙鍵盤上那些降低生產力的笨拙特徵，是針對一八七三年的打字機製造技術設計的，那時要是快速敲擊相鄰的鍵，那兩個鍵就會沾黏一起，回不了原位，下一次敲擊，就打不出字了。難怪打字機製造商必須設法使打字員放慢打字速度。後來打字機製造技術改進了，克服了快打時鍵與鍵會黏在一起的問題，不必再擔心打字員的快打神功了，於是有人提議改良鍵盤字母的安排。一九三二年實驗過一種以提升打字效率為著眼點的鍵盤設計，發現使用新鍵盤打字速度可以增加一倍，而省下的精力達九十五%。但是那時笨拙鍵盤在人類社會中已經營造出堅實的生態區位。熟練的打字員、教打字的人、打字機與電腦的銷售員、製造商，成千上億人的既得利益，六十多年來一次又一次的封殺了「效率」鍵盤的生路。

雖然笨拙鍵盤的故事聽來可能好笑，許多類似的案例涉及的，卻是更沈重的經濟後果。以電晶體來說吧。電晶體是美國人發明的，也在美國拿到了專利，為什麼美國的產業界沒有好好利用這個發明，反而是日本生產的消費性電晶體產品獨佔了世界市場，甚至還影響到美日貿易平衡，造成美國的貿易赤字？因為日本新力公司向美國的西方電子公司買下了生產電晶體產品的權利，那時美國的消費性電子工業仍在生產真空管產品，他們不想生產電晶體產品，免得自家產品彼此競爭。為什麼英國城市直到第一次大戰結束後，仍繼續使用煤氣街燈，不肯改用電燈呢？因為市政府已經在煤氣街燈上作了大量的投資，所以他們設下了重重關卡牽制電力公司，讓煤氣公司維持競爭優勢。

最後一個要考慮的因素是：新技術的優勢是否容易觀察？一三四〇年（元順帝至元六年）大部分歐洲地區還沒有出現火器，阿拉伯人把火炮帶到西班牙，並在塔立法之役（Tarifa）用火炮攻擊西班牙人，英國的德比公爵與沙利斯堡公爵正巧在場，目睹了火炮的威力。於是六年後派上用場，攻擊法軍，那就是克勒西之役（Battle of Crecy 1346），是役奪得多佛每峽的加萊港（Calais）。

輪子（有用）、有設計師名字的牛仔褲（有名）、笨拙鍵盤（既得利益），顯示同一個社會為了不同的理由，對新奇事物有不同的接受程度。同一件發明，在不同社會中也有不同的遭遇。許多人抱怨第三世界的社會不容易接納新鮮事物，西方工業化社會才趨新騖奇。而工業化世界之內，有些地區比較時髦，有些地區比較保守。這樣的差異，若以洲為分野，或許可以解釋技術在某一發展得較快、另一洲發展得較慢的事實。譬如說，要是澳洲所有的土著社會都一致的抗拒變遷，不管為了什麼理由，他們一直停滯在石器時代，而其他各洲已經出現金屬工具，就好解釋了。不同的社會為什麼對創新有不同的態度？

技術史家已經提出一張清單，至少列出了十四項因素來解釋不同社會的態度。其中之一是預期壽年；發明家需要歲月的熬煉，累積經驗；發展技術有賴長期投資心力，耐心、信心都不可或缺。現代醫學增進了預期壽年，因此也許是近來發明步調加速的原因。

另外五個因素，則與經濟或社會組織有關：一，古時候廉價勞工易找，因此創新發明的動機微弱，而高工資與缺乏勞力的地方，非得創造解決問題的技術不可。例如美國移民政策一旦改變，使南加州農場農忙季節不再能依賴墨西哥的廉價勞工，那麼農場最好種植適於機器收割的農作物。適於機器採收的番茄就是這麼培育出來的。二，在現代西方世界，專利法和其他智財法律保障了發明家的權利；而中國或其他國家缺乏這種保障，因此打消了發明創新的動機。三，現代工業社會提供了廣泛的技術訓練機會，中世紀的回教世界也一樣，但是現代非洲的薩伊則沒有那樣的機會。四，現代資本主義的運作，使投資發展技術的人有得到回報的機會，古羅馬的經濟則沒有這種機制。五，美國社會濃厚的個人主義，使成功的創新者為自己而活，為自己賺錢；而新幾內亞社會強固的大家族扭帶，使賺了錢的人必須供應任何慕名而來的親戚。

另有四個因素涉及意識形態，而經濟與組織。一，冒險行為是創新過程中不可少的元素，有些社會鼓勵冒險，有些則否。二，歐洲社會在文藝復興之後，以科學觀點為獨有的特色，歐洲在現代技術發展史上的地位便是源自這一特色。三，容忍多元觀點與異端的社會，較能孕育創新；故步自封的社會，較會扼殺創新（如傳統中國專注於古典的鑽研）。四，宗教與技術創新的關係並不固定。猶太教、基督教某些教派據說與技術創新特別相容，某些回教、印度教、婆羅門教教派，可能特別不相容。

上面舉的十個假說都說得過去。但是它們與地理似乎沒有必然關係。要是專利權、資本主義、某一宗教的確促進了技術發展，那些因素又如何在中世紀結束之後的歐洲出現？為什麼就不能發生在現代中國或印度呢？

至少那十個因素所指出影響技術的方向是清楚的。剩下的四個因素——戰爭、中央政府、氣候、資源——似乎並不一貫：有時促進技術，有時防礙技術。一，通觀歷史，戰爭經常是技術創新的首要因素。例如二次世界大戰中對核子武器的鉅額投資，以及一次世界大戰中對飛機、卡車的投資，都開創了新的技術領域。但是戰爭往往也能對技術發展造成巨大的打擊。二，十九世紀末強有力的中央政府在德國和日本，促成了技術；在十六世紀後的中國，阻滯了技術。三，許多北歐人相信，在氣候嚴峻的地方，仰賴技術才能生存，所以嚴峻的氣候是技術創新的誘因，而和暖的氣候使人沒有凍餒之虞，只要坐在樹下就有香蕉自動落下，所以住在熱帶的人不必創新。相反的意見是這麼說的：嚴酷的環境使人忙於求生，和暖的氣候使人有閒創新。四，環境資源的豐寡，對技術創新的影響是正面抑或負面？學者仍在辯論。豐富的資源也許會激發利用資源的發明，例如水車技術是在多雨、多河的北歐發展出來的，但是為何沒有在雨量更豐沛的新幾內亞發展出來？英國在煤業技術上領先西歐諸國，有人說那是因為不列顛群島上的森林已經大規模破壞了，才不得不發展煤業。為什麼砍伐森林在中國沒有導致同樣的發展？

不同的社會對技術有不同的接受模式，以上的討論並未窮盡所有學者提出的理由。最糟的是，所有提出的都是近因，根本沒有觸及遠因（使近因得以發生的終極因素）。技術無疑是推動歷史的強大力量，可是我們似乎捉摸不住主宰技術發展的因素，那麼我們有什麼希望了解歷史的路徑呢？不過，我們已經觀察到，影響技術創新過程的獨立因素，形形色色，這個事實讓我們更容易了解歷史的基本模式，而不是更困難。下面就是我的論證。

就本書討論的主題而言，我們探討影響技術發展的因素，是為了發現洲際技術差異的模式，因此我們期望找到在各大洲發生不同影響的因素。大多數外行人和許多歷史學者都假定我們可以找到這樣的因素，有的人明白的這麼說，有只是默默的假定。許多人相信澳洲土著受意識形態的束縛，所以無法在技術創新上有表現。大家假定澳洲土著是保守的，沈溺於想像的神話世界中，對現實世界視而不見，得過且過。有一位著名的非洲歷史家認為：非洲人的特質是追求內在精神的滿足，缺乏歐洲人向外馳求的擴張驅力。

但是所有那樣的認定都是想像的產物，不符現實。從來沒有人做過系統的比較研究，證明兩大洲社會經濟條件相似的社會，有一致而系統的意識形態差異。通常我們聽到的都是循環論證：因為有技術的差異，因此推論他們有意識形態的差異。

實際上，我在新幾內亞經常觀察的事實是：在流行觀點上，土著社會有巨大的差異。仍維持傳統的新幾內亞，與工業化了的歐洲與美國一樣，有的社會故步自封，抗拒新的生活形態，也有社會趨新騖奇，主動選擇喜歡的新生活。因此，西方的技術輸入後，敢創新求變的社會就能利用西方技術，擊敗比較保守的鄰居。

舉例來說，歐洲人在一九三〇年代第一次進入新幾內亞東部高地，他們「發現」了幾十個過去從未接觸過西方人的石器時代部落。其中欽卜部落非常積極的採納西方技術。他們看見白人拓墾者種植咖啡，也種植咖啡當作經濟作物。一九六四年我遇見一位五十歲的欽卜人（Chimbu），他不識字，穿著傳統的草裙，在石器時代的部落中成長，因為種咖啡發了財。我遇見他的時候，他花了十萬美金現款買下一座鋸木場，又買了卡車隊，運送咖啡與木材。相對的，他們的鄰居達力比部落（Darbi）我已經和他們合作八年了，他們非常的保守，對西方技術不感興趣。當第一架直升機降臨達力比村子的時候，他們看了一眼那架飛機，接著回頭繼續手邊的事。換成是欽卜人一定會上前討價還價，看得花多少錢才能租用那架直升機。結果欽卜人逐漸擴張地盤，佔領了達力比的土地，種植經濟作物，最後達力比人成了欽卜人的工人。

其他各大洲也都有這樣的現象，有的土著社會特別善於採納外來的新奇事物與技術，並成功的結合新鮮玩意與傳統事物。在奈及利亞，依波族（Ibo）和新幾內亞的欽卜族一樣，是勇於嘗試的企業家。今天美洲人口最多的土著族，是拿伐荷族（Navajo），歐洲人剛到美洲的時候，他們不過是幾百個部落中的一個。但是拿伐荷族是特別有韌性的族群，也善於採納新鮮事物。他們將西方人的染料與傳統的紡織結合一起，他們製作銀器，當牧場工人，現在又能開卡車，可是繼續住在傳統的村子裡。

澳洲土著社會也不例外，有保守的，也有進取的。馬達加斯加人代表保守的極端，他們繼續使用歐洲人幾萬年前已經超越了的石器，那些石器即使在澳洲大陸上都不怎麼流行了。在另一個極端，澳洲東南部有一些捕魚族群，設計了複雜的技術經營捕魚事業，包括建築運河、魚堰與陷阱。

就這樣，同一個大洲上的社會，在發展與接納發明方面，各有各的模式。同一個社會在歷上也有不同的變化。現在中東的回教社會，相對來說比較保守，並未居於技術發展的前鋒。但是在中世紀，那個地區的回教社會卻是技術領先、歡迎創新的。他們的識字率比同時期的歐洲社會高得多；他們吸收了古典希臘文明的遺產，許多古希臘典籍我們現在還能讀到，全是因為它們有阿拉伯文譯本的緣故。他們發明或者改良了風車、利用潮汐推動的磨、三角測量術還有三角帆；他們改進了冶金術、機械工程、煉金術（化學工程）與灌溉方法；他們從中國採借了造紙術、火藥，又將它們傳入歐洲。在中世紀，技術流動的主流是從回教世界到歐洲，而不像今天，主要從歐洲流向回教國。技術流動的主流方向，大約到了十六世紀才開始逆轉。

中國的創新在歷史上也有明顯的起伏。中國在技術方面的成就與創新的活力，直到公元一四五〇年（明代宗景泰元年）仍獨步全世界，不但領先歐洲，比中世紀回教世界更為先進。中國人的業績說來一長串，有運河控制閘門、鑄鐵、深鑽技術、馬具、火藥、風箏、磁鐵羅盤、活字排版、紙、瓷器、印刷術（菲士托碟例外）、船尾舵、獨輪車等。然後中國就不再創新了，我們會在跋語中推測可能的理由。現在我們認為西歐與源自西歐的美國社會，在現代世界中是技術創新的領導中心。但是直到中世紀晚期，西歐的技術仍比舊世界所有其他文明地區的落後得多。

總之，並沒有哪個洲所有的社會都保守，或所有的社會都進取、創新。任何一個大洲，在任何一個時刻，都有保守的社會，也有創新的社會。即使在同一地區，對於創新的態度與立場，都會隨時間的變遷而變化。

仔細考慮之後，我們恍然大悟：如果一個社會的創造力是由許多獨立因素決定的，這些結論正是我們應該期待的。對所有因素我們都得有詳細的知識，否則創新就成為不可預測的現象。所以社會科學家繼續辯論，為什麼歐洲、回教世界、中國的創造力發生了變化？為什麼欽卜、依波、那代荷比較能接受新技術，而他們的鄰居卻不能？但是，要是你感興趣的是歷史的基本模式，哪一個特定的理由才是答案，並不重要。影響創新的可能理由越多，歷史家的工作反而越簡單，因為社會間的創新差異，可以當成隨機變數處理。就是說，一個地區只要面積夠大（例如一整個洲），當地社會中必然有一定的比例可能會創新。

創新是打哪兒來的呢？除了過去有過幾個和外界完全隔絕的社會之外，在所有社會中，大部分新的技術都不是當地發明的，而是從其他的社會採借來的。當地發明與採借兩者的相對重要性主要取決於兩個因素：發明特定技術的難易程度，以及該社會與其他社會的接受程度。

某些發明直截了當的從操弄自然原程過程中產生。這樣的發明會獨立發展許多次，分別在不同的地點、不同的時代。栽種植物就是一個例子，在世界上至少獨立發生過九次，我們已經花了很長的篇幅討論過了。製陶是另一個例子，大概是從觀察黏土受熱或晒乾後的變化得到靈感，世界上許多地方都有黏土這種自然物質。一萬四千年前日本就有陶器了；肥沃月彎與中國，大約一萬年前；亞馬遜河流域、非洲的薩赫爾、美國東南部、墨西哥稍後。

以高難度的發明而論，文字就是個好例子，觀察任何自然物都不會得到文字的點子。我們在第十二章討論過，文字只獨立發生過幾次而已；字母可能在世界史上只發明過一次。其他困難的發明，例子有水輪、轉磨、齒輪、羅盤、風車、顯影箱，它們在舊世界只發明了一次或兩次，新世界從來沒有發明過。

那樣的複雜發明通常是採借來的，因為傳播的速度比在地人自行發明快多了。一個清楚的例子就是輪子。輪子大約公元前三千四百年在黑海附近出現，以後在幾個世紀之內就已傳遍了歐亞各地。所有那些早期的輪子，都一個樣，它們設計很奇特：以三片厚木板拼成，而不是我們熟悉的有牙（輪的外周）有輻的輪子。美洲土著社會只有一種輪子（畫在墨西哥的陶器上），是用一片木板做的，可見是獨立發明的。從其他的證據，我們知道古時候新世界與舊世界的文明並無接觸，美洲的輪有不同的設計，證實了原先的看法。

人類過了七百萬年沒有輪子的歲月，然後在舊世界各地出現了一模一樣的輪子，彼此相隔短短幾百年而已，這是巧合嗎？沒有人相信。實情應該是：因為輪子很有用，所以一定會很快的向東西兩方傳播，最後舊世界各地都有了輪子。舊世界在古代還有其他的複雜技術，同樣的從一個西亞發源地迅速向東、西兩方傳播，例如門鎖、滑車、轉磨、風車，還有字母。新世界也有類似的例子，例如冶金術從安地斯山區北傳，通過巴拿馬地峽進入中美洲。

一件用途廣泛的發明一旦問世，通常以兩種方式散布到其他社會。一種方式是：其他社會的人看見了這樣發明，或者聽說了，覺得有用，就採用了。另一種方式是：缺乏該項發明的社會，處於明顯的不利地位，擁有那項發明的社會，有時因此而能控制其他社會。發現自己處於不利地位，當然得採取行動。毛瑟槍在紐西蘭毛利部落間的傳播，就是一個簡單的例子。大約在一八一八年，恩嘎普人（Ngaquhi一個毛利部落）從歐洲人手裡得到了毛瑟槍。以後的十五年內，紐西蘭島上「毛瑟槍之戰」就沒停過，島上沒有毛瑟槍的部落，不是引進了毛瑟槍，就是給其他仗著毛瑟槍的部落吞併了。到了一八三三年，島上還存在的部落都有了毛瑟槍。

採借新技術可能發生在許多不同的脈胳中——平時的貿易往來（例如一九五四年日本從美國買到了半導體技術）、間諜（如公元五五二年，蠶繭由東南亞走私到中東）、移民（如十七世紀時，法國新教徒遭到驅逐，而將玻璃和服裝業輪往歐洲各地），還有戰爭。中國的造紙技術，就是透過戰爭傳入回教世界的，那是世界文明史上的大事。唐玄宗天寶十年（公元七五一年）高仙芝與大食（一個阿拉伯國家）戰於怛邏斯城（Talas River位於中亞婆勒川畔），大敗，大食人在俘虜中發現造紙工人，於是將他們帶到撒馬耳干（Samarkand），設立工廠，生產紙張。

在第十二章我們已經討論過，文化傳播的媒介可以是詳細的藍圖，也可以只是籠統的概念。籠統的概念也可以激發創作靈感。第十二章討論的是文字的傳播，但是同樣的原則也可以套用在技術傳播上。上一段講的都是藍圖傳播的例子。歐洲發展出瓷器技術，就是觀念傳播的例子。歐洲人從中國得到瓷器的觀念，自行研發了很長的時間，才發明了瓷器技術。瓷器質地細緻、表面晶瑩，中國大約在唐朝初年（公元第七世紀）發明的。元朝時中國瓷器由絲路傳到歐洲，歐洲人驚艷不已，但是不明白製造方法。有許多歐洲人嘗試製作瓷器，都失敗了。到了一七〇七年（清康熙四十六年）德國煉金家博特格（Johann Bottger 1682-1719）終於發現了瓷器的秘密。他長期實驗各種燒製程序，並調製各種礦物和黏土的配方，才有那個成就。德國有名的邁森（Meissen，德國中部的城市，位於易北河岸）瓷器業於是興起。法國、英國後來也有人獨立發明了瓷器技術，賽弗洛（Sevres 法國的城市）、威吉伍（Wedgwood 英國的瓷器家族）、司炮德（英國人 Josiah Spode 1754-1827）瓷器，各有一片天。歐洲的製陶家必須重新發明瓷器技術，但是他們研發的動機，源自中國製作的精美瓷器，要是沒有中國的榜樣，他們會發心鑽研嗎？

各個社會從別處採借技術的機會並不相同，視他們的地理位置而定。近代史上最孤零零的族群就是塔斯馬尼亞島民了。塔斯馬尼亞島距澳洲一百六十五公里，島民沒有航海工具。其實澳洲本身也是塊最孤立的大洲。塔斯馬尼亞島民在過去一萬年間，沒有與任何社會接觸過，他們除了自己發明的東西外，沒有採借過任何技術。新幾內亞、澳洲和亞洲大陸之間，有印尼島孤居其中，所以亞洲發源的技術長河，到了紐、澳地區，聲勢不復波瀾壯闊，已呈涓涓細流，不絕如縷。最能從技術傳播得益的社會，是位於各大洲要衝之地的社會。在這些社會裡，技術發展最快，因為除了獨見創獲外，更容易接觸其他社會的業績，集諸家之長，開歷史新局，不在話下。例如中世紀的回教世界，位居歐亞大陸之中，輸入中國、印度的發明，又承襲古希臘的學術，左右逢源，承先啟後，難怪風華絕代。

傳播對於社會的發展非常重要，地理位置又決定了接觸外界的機會。下面有幾個例子可以更清楚的說明這個簡單的道理。有些社會曾經放棄非常實用的新技術，令人難以理解。因為我們通常假定有用的技術一旦問世了，就會流傳下去，直到有更新、更好的技術替代為止。實際上，技術不僅要有取得管道，取得之後還得善加維護，才能流傳久遠。維護之道並無定法，許多難以預測的因素，都會影響社會維護既有技術的能力。每個社會都有社會運動與流行熱潮，沒有經濟價值的玩意炒作翻了天，有價值的東西棄如敝屣，全拜流行賜予。現在我們已經生活在地球村中，我們很難想像流行熱潮會離譜到讓人全面棄絕重要的技術。即使某個社會這麼幹了，那個技術也不會立即消失，因為總有鄰近的社會清明在躬，繼續維持那個技術。所以流行退燒之後，原來的狂熱份子還有機會重新掌握故技。（狂熱也有可能將社會帶到危亡的境地，那就使人更能看清楚「狂熱」的本質了。）但是孤絕的社會中，流行熱潮比較不容易退燒。

日本人當年放棄槍械就是有名的例子。火器是明世宗嘉靖二十二年（A.D. 1543）傳入日本的。當年兩名葡萄牙冒險家帶著火繩槍，搭乘中國貨船抵達日本。日本對於這種新武器印象非常深刻，於是開始自行製造，還改良了槍械技術。到了明神宗萬曆二十八年（A.D. 1600），日本的槍枝無論數量或品質，都是世界第一。

但是日本也有一些因素醞釀抵制火器。日本的武士階級人口眾多，武士刀既是階級象徵，也是藝術品，更是宰制下層階級的利器。日本的傳統戰爭，主要由武士公開對決定勝負。在兩軍之間，雙方武士出列，先發表儀式性的演說，再以武士刀展露高超的武藝，輸贏毫無僥倖。這樣的行為模式，要是碰上了手持長槍的粗鄙農民，絕無倖免。此外，火槍是外國人發明的，因此逐漸受人鄙視。（公元一千六百年之後，這是外國物事在日本最常遭遇的命運。）武士階級控制的政府於是開始限制生產槍枝，只有幾個城市開放。然後政府又設計了執照制度，生產槍枝必須獲得政府的執照。然後又規定為政府生產槍枝的廠商才能取得執照。最後，政府減少定購槍枝的訂單。於是全日本幾乎找不到一枝還管用的槍。

當年歐洲也有幾位君主鄙視槍，管制槍枝在國內的流通。但是歐洲的抵制措施從來沒有發展到日本的極端地步，因為任何一個執意不玩槍的國家，都有可能給玩槍的鄰國給滅了。日本是個人口眾多的孤懸島國，所以在放棄了強大的火力之後，並未遭遇那樣的命運。一八五三年，美國艦隊在培里（Matthew C. Perry 1794-1858）的指揮下，闖入日本海域，以艦砲粉碎了日本的孤懸天險。日本人這才恢復生產槍械。

日本人放棄火槍、中國人放棄遠洋航行船隻（還有機械鐘、水運紡織機），都是著名的技術逆轉事例，在孤絕或半孤絕的社會中最容易發生。其他的技術逆轉事例發生在史前時代。最極端的例子是塔斯馬尼亞島民，他們連骨器與漁撈都放棄了。托雷斯海峽中的島民放棄了獨木舟，高亞島民（Gaua Island位於澳洲東方一千七百七十公里）先放棄了獨木舟，但是後來又恢復使用。玻里尼西亞島民都放棄了陶器。大部分玻里尼西亞島民，和許多美拉尼西亞島民，都不使用弓箭作戰。北極附近的愛斯基摩人失落了弓箭與皮艇，朵色愛斯基摩人（Dorset Eskimos）失落了弓箭、弓錐，還有狗。

這些例子乍聽之下奇怪得很，卻將傳播與地理在技術史上的角色表現得非常清楚。要不是傳播，我們擁有的技術會更少，丟失的技術會更多。

由於技術會衍生新的技術，因此一件發明的傳播，比發明本身重要得多。技術的歷史就是自體催化的過程：在這個過程中，速率不斷增加，速度隨之飛躍，在這個過程中每一時刻的變化，導致下一時刻的變化。工業革命之後的技術爆炸讓我們驚訝不已，但是中世紀的技術進步比起銅器時代，也可用爆炸來描述；銅器時代的技術更新，比舊石器時代晚期的技術，當然令人目不暇給。

技術發展是一自我催化的過程，理由之一是：對先前比較簡單的問題有很好的掌握，才能進一步發展技術。例如石器時代的農民不會直接去採鐵礦煉鐵。那必須有高溫的熔爐才成。人類利用自然露頭的軟質純金屬礦（銅與金），至少有幾千年了，因為那些金屬不須高溫熔煉，用槌子搥打就成了。人類也花了幾千年以簡單的爐灶燒陶，然後煉銅，製作銅合金（如青銅），煉鐵需要高溫才成。肥沃月彎和中國，都是在累積了兩千年製作青銅器的經驗後，鐵器才變得普遍。歐洲人發現美洲時，美洲土著剛開始製作青銅器，還沒有製作鐵器。他們沒有機會走完自己獨立發展出來的技術道路。

自我催化的另一個主要理由，是新技術、新材料出現後，將它們組合後可產生更新的技術。舉例來說，為什麼古騰堡在一四五五年印製了聖經之後，印刷業就在中世紀的歐洲以爆炸的速度傳布開來？而菲士托盤的無名印工，在公元前一千七百年印製了菲士托盤之後，卻什麼也沒有觸發？一部分原因是：中世紀歐洲的印刷業者，能夠將六個新技術組合在一起，那些新技術大部分都是菲士托盤的製造人聞未所聞的——紙張、活字模、冶金術、印刷機、油墨與文字。古騰堡發展出金屬模子範圍字型，以解決活字印刷最困難的問題——字型大小不一。他能成功，是因為當時冶金學已有許多進展：鋼鐵可以做陽文打印模，青銅或黃銅做字形模子，鉛可用來作陰文字型，錫—鋅—鉛合金做字型。古騰堡印刷機的前身是螺旋壓榨機，原來用於製酒或壓榨橄欖油。他使用的油墨，是在通用的墨水中加入油份改良而成的。至於以字母拼寫的文字，已有三千年的發展史，中世紀的歐洲繼承了這一筆遺產，使活字印刷成為比較經濟的書籍製作方式，因為只要鑄造有限的幾打字型就成了。中文的話，至少須要幾千個常用字型才夠印書。

在這六個方面，製作菲士托盤的人沒有什麼先進的技術可以憑藉，古騰堡才掌握了那些重要的技術，將它們組合起來，印刷系統就問世了。菲士托盤是黏土製作的，這種寫作媒體體積大，又比紙張重。公元前一千七百年的克里特島，無論冶金術、墨水、印刷機，都比公元一四五五年的德國原始得多，菲士托盤的作者必須用手壓印，而古騰堡用金屬架子將活字型鎖定後，再上墨、印刷。盤上的文字是音節文字，符號比較多，比較複雜，古騰堡用的羅馬字母簡單多了。結果，菲士托盤的印刷技術，與古騰堡的比起來，太過笨拙，比起手寫也高明不到那裡。除了上述的技術缺陷之外，菲士托盤製作時，只有少數的王宮或廟宇的書記懂得書寫。因此菲士托盤這樣精美的產品需求量一定不高，難以吸引人投資生產。中世紀的歐洲則不然，由於考慮到印刷品潛在的市場需求，許多人都資助古騰堡發展活字印刷技術。

人類技術的發展是從兩百五十萬年前的第一件石器，到一九九六年出廠的雷射印表機（取代了我在一九九二年買的雷射印表機，並印出本書的稿本）。發展的速率剛開始的時候的確很慢。幾十萬年過去了，石器上看不出什麼名堂，其他材質的工具又沒有留下證據。到了今天，技術的進步已經快得驚人，每天報上都有報導。

在這麼長的逐步加速發展期間，有兩個飛躍發展特別值得一提。第一個發生在十萬年到五萬年前，也許源自遺傳變化，就是現代人的形態出現了，現代人的語言或認知能力（或兩者）可能是這個形態變化的結果。這一個飛躍產生了骨角器、用途專門的石器以及複合工具。第二個飛躍源自定居生活。世界各地的社會並不是同時經歷這一飛躍發展的，有的早在一萬三千年前已經開始，有的現在還沒有開始。大體而言，以生產糧食為生計的社會才會定居，因為生產糧食的生計，使人必須接近農作物、果樹園，還得儲存餘糧。

定居生活是人類技術史的關鍵，因為定居生活使人累積不容易攜帶的財產。流動的獵人與採集者只能發展可以攜帶的技術。要是你經常跑來跑去，又沒有車或可以負重的牲口，你的財產充其量不過是子女、武器，還有其他一些絕對需要的必需品，而且體積不能大，得方便攜帶。在搬遷營地的時候，可不能給陶器或印刷機給牽絆住了。由於有這些實際的困難，某些技術即使很早出現，之後就長時間停滯不動。例如陶器的前身，最早是黏土燒製的人形，大約兩萬七千年前在捷克發現的，比最早的燒製陶容器（一萬四千年前日本繩文時代）要早多了。捷克同一地區的同一時段，還發現了最早的編織證據。在此之前，最古老的編籃是在一萬三千年前出現的，而最古老的織布是九千年前出現的。雖然這些技術出現的時間都比過去知道的早，而陶器與編織卻在人類定居後才發展出來。不定居的人，如何能將陶器與織布機帶在身邊呢？

生產糧食的生計不僅讓人類可以定居，累積財產，在技術發展史上也居關鍵地位，理由與前面談的不同。在人類演化史上，生產糧食的生計第一次使人類社會有機會發展農業——不事耕作的專家，由勞苦終日的農民供養。但是本書第二部已經討論過了，各大洲的糧食生計在不同的時間興起。此外，本章也討論過，某一特定社會的技術，無論發源還是維持，不僅依賴當地的發明，也有賴於其他社會的傳播。因此沒有什麼地理、生態障礙妨礙傳播的大洲（無論內部傳播與外部傳播），技術發展得特別快。最後，各大洲上每個社會都代表一個新機會，去發明或採借新技術，因為社會之間為了各式各樣的理由會有很大的差異性。在條件相同的情況下，面積大、人口多的地區，會有比較迅速的技術發展，面積大，能容納的社會就多，人口多，發明家也多。

現在讓我們總結一下前面談過的三個因素——生產糧食的生計出現的年代、傳播的地理、生態限制、人口數量，看它們怎樣導致我們觀察到的洲際技術差異。歐亞大陸（包括北非）是世界上最大的陸塊，上面相互競爭的社會也最多。那裡有兩個最早的糧食生產中心，肥沃月彎與中國。歐亞大陸的東西軸線，使許多發明可以從歐亞大陸上的一個點，迅速傳播到同一緯度、氣候相似的另一個點。歐亞大陸的短軸（南北軸線），與美洲巴拿馬地峽比較起來，是強烈的對比。切割美洲、非洲主要軸線的地理或生態障礙，歐亞大陸上沒有。歐亞大陸上，妨礙技術流通的地理與生態障礙，比較不嚴重。由於以上列舉出的條件，自更新世晚期開始的技術發達史，在歐亞大陸發展得最早，因此在歐亞大陸上累積了最多的技術。

南美洲與北美洲通常都當作不同的洲來討論。但是南北美洲連結在一起幾百萬年了，為了與歐亞大陸比較，我們要向它們問同樣的歷史問題。美洲是世界上第二大的陸塊，比起歐亞大陸小很多。不過美洲的地理與生態十分破碎：巴拿馬地峽寬不過六十四公里，等於將美洲從地理上切割成兩半。地峽上的大莉安雨林，以及墨西哥北部的沙漠，又將美洲從生態上分割了。墨西哥的沙漠將中美洲的文明社會，和北美洲隔離開；地峽上的雨林，將中、南美洲文明發達的社會隔開了。此外，美洲的主軸線是南北向，使技術傳播得接受不同緯度（氣候）的考驗。舉例來說，中美洲的社會發明了輪子，南美洲安地斯山區中部公元前三千年馴養了駱馬，結果五千年後美洲唯一的負重畜生，和美洲只發明了一次的輪子，始終沒碰上頭。事實上，馬雅社會與南美洲安地斯山區印加帝國的北緣，相距不到兩千公里。這個距離比都會利用輪子與馬匹的法國和中國（相距將近九千六百公里），近的太多了。我認為那些因素足以解釋美洲在技術發展上，落後於歐亞大陸的事實。

撒哈拉沙漠以南的非洲，是世界第二大陸塊，比美洲小得多了。在大部分人類歷史中，對歐亞大陸上的人而言，非洲比美洲易於接近。但是撒哈拉沙漠至今仍是主要的生態障礙，將北非、歐亞大陸與非洲其他地區隔開了。非洲的南北軸線更讓技術難以傳播，歐亞大陸、撒哈拉沙漠、撒哈拉沙漠以南地區三者之間難有交流。撒哈拉沙漠的障礙很容易說明。陶器與煉鐵術大約在進入歐洲的同時，也傳到了撒哈拉沙漠以南的薩赫爾區（赤道以北）。然而直到公元元年陶器才傳到非洲的南端，而歐洲人乘船來到南非地

表 13.1　各大洲的人口

大洲	1990 年人口	面積（平方英里）
歐亞和北非	4,120,000,000	24,200,000
（歐亞）	（4,000,000,000）	（21,500,000）
（北非）	（120,000,000）	（2,700,000）
南、北美	736,000,000	16,400,000
非洲亞撒拉	535,000,000	9,100,000
澳洲	18,000,000	3,000,000

區時，冶鐵術還未傳到非洲南端。

最後談澳洲。澳洲是最小一洲，那裡大部分地區雨量、土地產值俱低，因此就澳洲土地所能養活的人而言，澳洲顯得很小。澳洲也是最孤絕的陸塊。此外，澳洲土著從未獨自發展出糧食生產生計。那些因素加起來，使澳洲直到現代開始之前，仍是唯一沒有金屬器具的大洲。

表 13.1 將那些因素翻譯成數字，比較各大洲的面積與人口。一萬年以前，也就是在農業發展前夕，各大洲上人口有多少，我們仍不清楚。但是就次序而言，應與這張表沒有什麼差異，因為今天農業產值高的地區，在一萬年前也會是肥美的地方，對狩獵、採集族群而言是最好的覓食地點。各大洲之間的人口差距，最顯眼。歐亞大陸（包括北非）人口約是美洲的六倍，非洲的八倍，澳洲的二百三十倍。人口越多，發明家越多，社會的數目也越多。光這張表，已可以解釋槍炮、鋼鐵在歐亞大陸上發源的主因。

各大洲在面積、人口方面的差異，各洲對內對外聯絡的便利，糧食生產生計的起源時間，都對技術的起源與發展造成影響。可是所有這些影響力，因為技術的自體催化特性而給擴張了。歐亞大陸在起步上就領先，到了一九九二年，起步時的領先已造成了巨大的差異。歐亞大陸獨特的地理條件是推波助瀾的主力，而不是歐亞族群的智力。我認得的新幾內亞人，包括愛迪生之流的天才，他們致力於與環境配合的技術問題：如何不依賴進口物資在新幾內亞的叢林中生存？他們才不關心什麼留聲機呢。

CHAPTER 14

國家的誕生

一九七九年，我們幾位傳教士朋友搭機飛越新幾內亞一個偏遠盆地，那裡布滿沼澤。我注意到相距幾公里的幾間茅舍。駕駛員向我解釋，就在下面這一大片泥淖中，不久前一群印尼鱷魚獵人碰上了一群新幾內亞遊牧民。由於是不期之遇，雙方一開始都很驚恐，最後印尼獵人開槍射殺了幾個新幾內亞人。

我的傳教士朋友猜測，這些遊牧民屬於一個從未和外界接觸過的法玉族（Fayu）。外界透過嚇壞了的奇里奇里族（Kirikiri）的描述，才知道他們的存在。奇里奇里族和法玉族是鄰居，過去也過著遊牧生活。現在奇里奇里族人已經接納了傳教士的幫助，和文明世界有了聯繫。外人和新幾內亞的族群接觸，總是有危險的，印尼獵人的遭遇，更不是個好兆頭，不過我的朋友道格還是坐直升機飛進了法玉族人的地盤，想建立友善的關係。道格老兄安全歸來，卻嚇壞了。他的「法玉族傳奇」，值得一談。

原來法玉人平常生活在單純的家族中，各個家庭散居在沼澤中，一年聚會個一兩次，商量交換新娘。道格正巧碰下了這麼一場盛會，大約有幾十個法玉人聚在一起。在我們看來，這幾十個人的聚會和一般小型集會沒啥差別，但對法玉人而言，這種聚會是少見的，而且是個充滿威脅的場合。例如謀殺兇手與死者親戚突然間照面——一個法玉人認出了殺父仇人。於是他提起斧頭就往人砍去，但給同伴壓制在地上；他的仇人不甘示弱也掄起斧頭，也讓朋友制住。這兩個人都給壓在地上，不斷咆哮；直到精疲力竭沒有幹架的氣力後，同伴才釋放他們。兩夥人則不時對罵，憤怒和沮喪得身體發顫，用斧頭猛敲地面洩憤。在幾天的聚會當中，緊張的情緒未嘗稍歇。這位道格老兄只能祈禱自己別捲入。

法玉人過著狩獵—採集生活，大約有四百人，分屬四個宗族，地盤有幾百平方公里。根據他們自己的說法，他們本來有兩千多人，因為自相殘殺才花果飄零。那裡沒有政治或社會機制可和平解決嚴重的爭端，我們對那些機制都以為天經地義的。後來，由於道格造訪的結果，有一群法玉族人邀請了一對傳教士夫婦和他們一起生活。這對勇敢的夫婦已經在那裡生活了十二年，逐漸勸服法玉人放棄暴力。就這樣法玉族給帶入了現代世界，前途未卜。

許多新幾內亞族群和亞馬遜印第安人，先前從未和外界接觸，都是傳教士帶領著進入現代社會的。隨著傳教士而來的，是教師、醫師、官僚和軍人。歷史上，政府和宗教的勢力範圍多是重疊的，無論那個勢力範圍是以和平手段（如法玉族最後歸順了）還是武力拿下的。使用武力的例子，往往是政府先用兵，宗教再來辯護。雖然遊牧族群和部落有時能擊退有組織的政府與宗教，過去一萬三千年的歷史，趨勢是：遊牧族群和部落輸了。

最後一次冰期結束時，世界上大多數人口都生活在類似法玉族的社會中，沒有一個族群組成更為複雜的社會。到了公元一千五百年，全世界的土地，由國家佔領的——由官僚根據法律治理的——不到五分之一。今天，地球上除了南極之外，所有的土地都由國家劃分治理。最早組成中央政府和有組織的宗教的社會，他們的子孫因而搶了先機，主宰了現代世界。政府和宗教因此是基本歷史模式的四組近因之一，另外三組分別是：病菌、文字和科技。政治和宗教到是怎麼起源的？

法玉族這個隊群社會和現代國家，代表人類社會形式的兩個極端，兩者之間有許多不同程度的中間類型。現代美國社會和法玉社會的不同，在於美國有職業警力、城市、金錢、貧富差距，以及其他的政治、經濟和社會制度。那些制度是同時出現的？還是有先後之別？為了找這個問題的答案，我們可以利用三種不同的方法：第一，比較組織程度不同的現代社會；第二，研究考古證據與史料，觀察過去的社會；第三，觀察一個社會中的制度如何變遷。

文化人類學家為了描述人類社會的多樣性，經常將人類社會分為不同的類型，可以多達六種。任何在演化或發展過程中劃分階段的努力，都註定失敗，無論那是音樂風格、人類生活的階段、還是人類社會。首先，由於每一階段都是目前一階段發展出來的，階段與階段之間的分野必然是武斷的。（例如十九歲，該算是青少年還是成人？）其次，發展順序並不是不變的。因此列入同一階段中的事例必然是異質的（今天布拉姆斯〔Brahms〕和李斯特〔Liszt〕都給列為浪漫派作曲家，要是他們地下有知，必然起身抗議。）然而武斷的階級劃分，能幫助我們討論複雜多樣的音樂與人類社會，只要我們謹記它們的限制。下面我們就利用一個簡單的分類系統——隊群、部落、酋邦和國家（見表14.1）——了解人類社會。

隊群是最迷你的社會，一般而言，成員少至五人，多至八十人，幾乎全都是血緣或姻親關係的親族。隊群其實就是一個大家庭，或是其中包括幾個有親緣關係的家庭。今天，仍然過著自治生活的隊群，幾乎只能在新幾內亞和亞馬遜流域外界不易接觸的地方遇上。但在現代史上，有更多的隊群社會最近才給國家編入戶口管理，或給同化、消滅，例如非洲俾格米人（Pygmies）、南非桑族（所謂的布須曼人）、澳洲土著、愛斯基摩人（因紐特人），和在美洲資源貧乏地區的印第安人（如南美南端的火地島或北美北邊林區）。所有那些現代隊群都過著狩獵—採集生活，或過去過著狩獵—採集生活。至少在四萬年年前，所有的人類皆過狩獵—採集生活，直到一萬一千年前，大多數人還過著這種生活。

隊群社會缺乏我們視為當然的那些制度。他們居無定所。隊群活動範圍由全體成員分享，並沒有次級團體或個人分地盤的情事。那裡沒有規律的經濟分工，只有年齡和性別之分：只要四肢健全就得自行覓食。他們沒有正式的制度，例如法律、警察、條約等，以解決隊群內外的爭端。隊群組織的一大特色就是「人人平等」：沒有社會階層，例如階級；沒有制度化的或世襲的領袖；也沒有壟斷資訊、決策的制度。然而，「人人平等」並不等於所有成員都有同樣的威望，或人人都參與決策。「人人平等」指的是：隊群中並無正式領袖，而領袖的出現是由個性、力量、智力和戰鬥技能等條件決定。

我個人的隊群經驗來自於新幾內亞泥沼低地——湖原（Lakes Plains）也就是法玉人的居住範圍。我在那兒碰到了幾個大家庭，主要由幾個大人和家中老小組成，溪畔搭建的臨時小屋就是他們遮風避雨的家，在陸上徒步行走，在水中則划獨木舟。今日世界和新幾內亞絕大多數的族群都採群體定居的生活型態，為何湖原上的族群仍過著流浪的生涯？答案是，這個地區資源匱乏，無法養活一大群在一起生活的人（直到傳教士引進作物才有轉機），當地也沒有可以發展農業的植物。隊群的主食就是澱粉含量豐富的西米棕櫚。這些隊群之所以居無定所，是因為砍伐完一地成熟的西米棕櫚後，就得另覓目標。

表 14.1　社群的種類

	隊群	部落	酋邦	國家
【成員】				
人數	數十	數百	數千	五萬以上
生活型態	遊牧	定居（一村落）	定居（一個以上村落）	
基本關係	親族	以親族為基礎的宗族	有階級之分	有階級之分
種族和語言	一種	一種	一種	一種或以上
【政府】				
決策、領導	人人平等	人人平等	中央集權	中央集權
官僚	無	無	無或一兩個階層	很多階層
武力和資訊的壟斷	無	無	有	有
解決爭端	非正式	非正式	中央	法律
聚落體系的最高層	無	無	無→超大型村落	首都
【宗教】				
為政治宣傳	無	無	有	有→無
【經濟】				
糧食生產	無	無→有	有→集約	集約
分工	無	無	無→有	有
交換	互相交換	互相交換	重新分配（貢品）	重新分配（賦稅）
土地控制	親族	宗族	酋長	不一定
【社會】				
分層	無	無	有（以血緣為基礎的統治階級）	有（與血緣無關）
奴隸	無	無	小規模	大規模
上層社會奢侈品	無	無	有	有
公共建築	無	無	無→有	有
固定的文字	無	無	無	經常有

箭頭（→）表示因社會複雜度而產生的屬性變化。

隊群因為疾病的侵襲（特別是瘧疾），人口無法成長，一直很稀少，由於沼澤區缺乏原料，甚至連做石器的石頭都得用以物易物的方式換來，食物的來源也不多。其他隊群活動的地方科技發展受到的限制也很大。

我們的動物近親，大猩猩、黑猩猩和非洲的巴諾布猩猩也是隊群。本來所有的人類也是如此，直到獲得糧食的技術進步後，資源豐富之處才開始出現定居型態的族群。隊群這個政治的、經濟的，以及社會的組織可說是數百萬年的人類演化遺產，超越這個階段則是近幾萬年的事。

隊群的下一個階段是部落，主要的分別是人數眾多（一般有幾百人而非只有幾十個）且定居於一地。然也有隨季節遷徙的部落或酋邦。

部落組織的代表就是新幾內亞的高山族。在殖民政府進駐之前，他們的政治單位是一個村落或是幾個關係密切的村落。因此，「村落」在政治學上的定義要比語言學家或文化人類學家的定義（語言與文化相同的一個群體）要來得小。例如，一九六四年起，我在新幾內亞一支名為福特（Fort）的高山族間進行田野調查。以語言或文化的標準來看，福特族人約有一萬兩千，說兩種互通的方言，住在六十五個村落，每個村落約有數百人。但這些說福特語的族群並非是一個政治統一的實體，每一個小村子和鄰村關係複雜，有時爭戰，有時結盟，教人眼花撩亂。

最近，在新幾內亞、美拉尼西亞和亞馬遜河流域還有許多歸國家管轄的獨立部落。我們可從考古學證據推測出，過去該也有同樣的部落組織，但沒有挖掘出酋邦的里程碑。證據顯示，部落組織出現的年代約當一萬三千年前的肥沃月彎，之後在其他地方也有發現。村落生活的先決條件不是糧食生產，就是資源豐富的環境，使狩獵—採集族群得以在一個小區域內過著自給自足、不假外求的生活。這就是村落（部落）生活型得以在肥沃月彎流行的原因。再者，肥沃月彎氣候條件良好和技術進步，野生穀物長得特別茂盛。

部落和隊群的差異除了一定居、一流動和人數多寡，此外部落不只是一個親族的集合，也就是所謂的宗族，這幾個宗族常通婚。土地則屬於某一個宗族，非全體部落所有。因部落人口仍然稀疏，大家彼此熟識，親如一家。

就其他形式的人類團體而言，「好幾百人」似乎已是個上限，超過這個數目，這個團體的人就不可能互相熟稔。以我們的社會形態為例，如果一個學校只有幾百個學童，校長該叫得出每個人的名字，要是有上千個學童就不可能了。為何人類的政治組織會從部落演進到多個社群、幾百人以上組成的酋邦？一個解釋是群體愈來愈大，陌生人之間的爭端就愈難解決。部落成員之間的衝突較易消弭的原因就是，幾乎人人是親戚或姻親。由於部落是個關係親密的小團體，不需要警察、法律等大團體用以解決爭端的制度。若有爭吵，雙方的親友會施加壓力，避免兩人大打出手或刀戈相向。在新幾內亞傳統部落社會，同是新幾內亞人的張三和李四碰上了，一個來自東南、一個來自西北，兩個皆離鄉背井來到陌生的第三地，相遇之後則互道家世，希望「一表三千里」，努力「發現」彼此的親戚關係，進而得到共識：我們該相親相愛，而非互相殘殺。

儘管隊群和部落間有這麼多差異，還是有共通點：部落也有一個非正式的「人人平等」的政治制度。資訊和決策都是公共而不是專斷的。我曾旁聽新幾內亞高山族的會議。所有的成人都出席上，一律坐在地上，大家輪流發言，沒有高高在上的主席來控制或引導發言，然而，許多高山族還是有自己的大人物，也就是部落裡最有影響力的人，但這不是一個正式的職銜，而且沒有什麼實權、不能自作主張、對外交秘密一無所知，至多只是參與公共決策。大人物之所以有這個地位，完全是靠自己的貢獻，這個尊榮無法代代相傳。

部落「人人平等」另一個特質是沒有系譜和階級高低之分。傳統部落或隊群的成員對其他許多成員都有責任和義務，沒有人因為特別努力而大富大貴。此外，在外人眼裡，很難從外表判別誰是村落裡的大人物，因這人的茅舍、衣飾和眾人完全相同，若大家一絲不掛，他也就赤身裸體。

部落就像隊群，沒有官僚、警方，也不知賦稅是為何物。他們的經濟形態是基於個人和家庭之間平等互惠的交換，而非中央當權者收納貢品再重新分配。也沒有什麼經濟分工：沒有全職的工藝專家、每一個四肢健全的成人（包括大人物）都得耕種、狩獵或採集。記得有一次我經過所羅門島上的一座花園，我看到遠方有個正在挖土的人頻頻向我揮手。看清楚後，驚喜萬分，原來是我的朋友法勒多（Faletau）——所羅門群島上最富盛名的木刻家、一位天才橫溢的藝術家，但是他還是得親自下田，種自己的甘薯。部落也沒有經濟專家，也沒有奴隸，大家都自食其力，沒有利用他人勞力的必要。

以古典作曲家而言，從巴哈到舒伯特，可謂從巴洛克時期橫跨到浪漫時期。部落也是一樣，從隊群橫跨到酋邦，少者接近隊群，人口眾多者近似酋邦。特別是在部落裡幫大家分配豬肉等祭品的大人物，這個角色已近徵收、分配食物和物品的酋長。而這糧食與物品就是酋邦中的貢品。還有，我們可從公共建築的有無來區分部落和酋邦，但新幾內亞的大型村落也專做祭祀的屋宇，可謂酋邦廟堂的前身。

雖然今天仍有幾個隊群和部落還殘存在無人可管的邊陲地帶或窮鄉僻壤，不知國家的存在。完全獨立的酋邦卻早在二十世紀初期從人間消失，正因酋邦安身立命的地方正是國家覬覦之地。然而，直至公元一四九二年以前，美國東部還是酋邦的天下。此外，中、南美洲、非洲亞撒哈拉地區和玻里尼西亞全部不是國家管轄之地。考古學證據顯示，酋邦約於公元前五千五百年興起於肥沃月彎、公元前一千年出現在中美洲和安地斯山區。一探酋邦的真面目，我們將發現酋邦有很多特徵和現代歐美國家大異其趣，和隊群和部落也有很大的差異。

就人口總數而言，酋邦不是部落所能比擬的，人數約在幾千到幾萬之譜。由於人口眾多，內部衝突的問題便比較嚴重，不像部落，人人都可拉關係、搭上線，接著大事化小、小事化無。酋邦在七千五百年前興起時，就是人類學習面對陌生人的第一課：如何習以為常，不互相殘殺。

解決這個問題的一個方式是賦予某個人，也就是首領或酋長，絕對的權力。和部落的有實無名的大人物相比，酋長可說名副其實，是眾人認可的頭銜，而且是世襲的。部落集會沒有主席、人人平起平坐，酋長則是永遠的權威中心，負責所有的重大決策，而且壟斷一切重要資訊（如鄰邦酋長個人遭受威脅，或諸神應允的豐收）。酋長不像部落的大人物，有著醒目的標記，如西南太平洋的連內爾島，他們的酋長就是背後掛著一面大扇子的人。平民遇見酋長必須行禮，例如在夏威夷則需拜倒。酋長的命令由一、兩個階級的官僚來傳達，這些官僚多半是地位比較低的酋長。然而，和國家的官僚相比，酋邦的官僚分工較沒那麼細。夏威夷的酋邦的官僚從徵糧、灌溉和徭役都得負責，而一個國家的稅收、水力管理和勞役徵募分別由不同的官僚來掌管。

酋邦地窄人稠、食指浩繁需要相當多的糧食。食物的來源大抵是糧食生產的生計，在資源特別豐富的地區，靠狩獵—採集維生未嘗不可，但畢竟是少數。例如美國西北太平洋岸的印第安人夸魁圖（Kwakiutl）、努特卡（Nootka）和特靈吉特（Tlingit）等族，雖上有酋長，還是住在沒有農業，也沒有家畜的村落。能夠如此，是因附近的河流和海洋鮭魚和大比目魚成群結隊、多得教人嘆為觀止。平民生產的餘糧則供養酋長家庭、官僚和工藝專家（專司獨木舟、斧頭、捕鳥或刺青）。

奢侈品或與遠方貿易得來的珍奇之物專歸酋長，如夏威夷的酋長那件由數萬根鳥羽、幾代人的努力才織出的羽毛斗篷。在考古的過程中，這種奢侈品的集中就是酋邦的記號——某些墳墓（酋長）的陪葬品皆是珍貴的寶物，教人眼界大開，有些（平民）則乏善可陳。但若是更早的隊群或部落，人人不但生而平等，死後的待遇也差不多，沒有特別豪華的墳墓。遠古某些複雜的酋邦公共建築（如廟宇）雕樑畫棟，有別於村落的粗枝大葉；此外，酋邦的聚落也分高低貴賤，酋長的住處自然最大而豪華。

酋邦就像部落，幾個家族、幾代人住在同一個地方。然在部落，各個家族都是平等的，酋邦則不然，酋長家族最為尊貴。酋邦的社會階級已相當複雜，不但有平民和酋長之分，就酋長而言，又分成八個階層，只能和同一階層的家族通婚。此外，酋長有僕人和工藝專家為其效勞。酋邦和部落的另一個差別是有許多工作差使奴隸來完成，這些奴隸一般是突襲的戰利品。

酋邦在經濟上最特出的一點就是，除了交換，另外還有重新分配的經濟型態。隊群和部落則全仰賴互相交換，例如甲送給乙一份禮物之後，則期待乙在不久的將來也以同值的禮物回報。我們這些現代國家的子民通常只有在生日或節慶互相饋贈，生活所需的物品大抵是根據供需法則、買賣得來。若是交換，毋需市場或金錢。舉個簡單的例子，假如在收穫時節，酋邦裡的每個農夫都把小麥獻給酋長，酋長除了貯存起來，也以麵包等宴請大家。若是從平民手上收取的糧食、物品大都歸酋長家族和工藝專家使用、儲藏，則不是重新分配，而成為貢品，這也就是史上最早的稅收。平民貢獻給酋長的，不只是糧食、物品，還有一己之力，因此也充當勞役，投身公共工程的建設行伍。當然，這對平民本身也有利（如灌溉溝渠），但有時也為了酋長的私利（如豪華的墓穴）。

以上是一概而論，彷彿所有的酋邦都是一個模子刻出來的。其實不然，酋邦之間也有很大的差異。大的酋邦，酋長比較強勢、酋長階級的劃分也比較細、酋長和平民之間的差距更大、酋長獲得的貢品較多、官僚階層也較為複雜，而且公共建築更形壯麗。例如，玻里尼西亞小島上的社群較近似部落，然而有世襲的酋長。這個酋長的茅屋和平民沒有兩樣，這裡沒有官僚，也沒有公共工程；糧食、貨品大都由酋長重新分配給大家，土地則為整個社群所有。但是像夏威夷、大溪地和東加這樣大的島嶼，一望過去，穿著打扮最為華麗、尊貴的就是酋長；有專司公共建設的徭役、貢品大抵歸酋長所有，土地也歸酋長。

至此，有一點相當明顯，酋邦的階級、貴賤之分帶來兩難的局面。從好的方面來看，酋邦得以徵召眾人之力，創造徵多福祉，但也有壞的一面，等於是上層階級光明正大的搶劫平民的財物，因此有「盜賊政治」這個名稱。雖然有的統治階級強調自己動機高尚，但高尚和自私常常分不清，私欲也有可能冠冕堂皇。賊和政治家有時只有一線之隔，這個區分主要是看貢品稅收之於統治者自身和平民的比率。例如，薩伊的莫布圖總統（Mobutu）就是盜賊，因為他幾乎把國家所有的財物（約當好幾億美元）收歸己有，最後再吐出一點骨頭給民眾做重新分配，這個數目當然少得可憐（在薩伊一般人都無法打電話）。而華盛頓（George Washington）在我們眼裡，則是偉大的政治家，因為他把稅收用在人人稱道的公共建設上，而非中飽私囊。然而，他生於美國的豪門，本就不愁吃穿，美國的貧富差距要比新幾內亞的村落大得多。

對任何階級之分的社會，酋邦也好，國家也好，我們要問：為什麼平民要忍受盜賊統治者對他們的強取豪奪？為何要雙手奉上自己辛苦耕耘的成果？所有的政治理論家，從柏拉圖（Plato）到馬克思（Marx）都討論過這個問題，今天的選民也有這個疑問。沒有民意基礎的盜賊政治自然會被推翻，取而代之的是另一個受到民眾支持的盜賊政治。要得到支持很簡單，就是取之於民，用之於民。夏威夷過去戰亂不斷的原因，就是平民不滿酋長的壓迫。

就統治階級而論，錦衣玉食的他們有什麼條件要平民粗茶淡飯而且百依百順？以下四者就是盜賊統治者祭出的法寶：

一，武裝自己，不給平民武器。在今日高科技時代。這點比較容易，因為生產武器的兵工廠是由統治者一手掌控。遠古的矛頭或棍棒則是平民在家也能製作的武器，統治者就難以制止。

二，貢品儘量全部重新分配給平民，皆大歡喜，自然不會怨聲載道。夏威夷的酋邦和美國的政治家多半如此。

三，使用武力來保障人民的幸福、維持公共秩序並制止暴力。這是現代社會國家的一大優點，但民眾卻不見得特別心懷感激。以前的人類學家常把隊群或部落所在的地方當作和平、沒有暴力的理想國。三年觀察、研究一個二十五人組成的隊群，發現完全沒有謀殺的情事。這似乎是想當然耳，這個隊群就只有十來個大人和一打左右的孩童。天災造成的死亡要比謀殺機率高。然而，若長期研究下來可發現，隊群和部落社群的死亡殺手就是謀殺。例如，有一次我造訪新幾內亞的伊佑人（Iyan）時，剛好碰到一個女人類學家正在訪問伊佑婦女，調查她們的生活史。一問到丈夫姓氏，總是一把辛酸淚，老公橫死，再嫁又是死於非命。「我的第一任丈夫被來襲的伊洛匹族（Elopi）殺害，第二任號則被想要我的男人砍死。後來，我就跟這個男的一起生活。後來，第二任老公的兄弟前來尋仇，宰了我第三任丈夫。」這種遭遇在所謂「性情平和」的部落族群中可謂司空見慣。因此，在部落愈來愈大時，就傾向接受中央統治，同時換得保護。

盜賊統治尋求公眾支持的另一個厲害的做法就是利用意識型態或宗教為人民洗腦，讓他們相信自己的統治。隊群和部落當然也有信鬼神，但不利用鬼神來為自己喉舌，為自己的搜括找個名正言順的理由，同時藉以維持眾人之間的和平。信仰有了功效和制度後，就轉變為宗教。夏威夷的酋長和其他地方的酋長沒什麼兩樣，都稱自己是天神下凡或是可上達天聽，與神溝通，因此是平民與天神的媒介，可呼風喚雨，是否能國泰民安、年年豐收，都仰賴他的本領。

酋邦的意識型態就是宗教的前身，以鞏固酋長的權威。酋長身兼政治領導人和宗教領袖，酋邦也有可能出現一小撮的祭司，來幫酋長助陣，這些人也就形成了盜賊政治。此即酋邦能搜刮這麼多財物來建廟宇或其他公共工程的原因。而這些公共的設備又成為宣揚宗教之地，或是酋長權力的標記。

宗教除了為盜賊政治張目，對中央集權的社群還有兩個好處：第一、宗教或意識型態有助於化解陌生人之間的紛爭，讓民眾相信「四海之內皆兄弟」，所以得和睦相處。第二、給民眾犧牲奉獻的動機，捐棄自私自利的念頭。褒揚為國捐軀的少數士兵，使得人人奮起為「大我」向外攻城掠地，或保鄉衛土。

我們對今天身處的國家，這種政治、經濟和社會結構，我們再熟悉不過了。這種統治方式幾乎主宰了全世界，唯一的例外是南極。所有現代國家的上層階級都是知識份子，許多早期的國家也是。到了現代國家，大多數的民眾都讀書識字，以汲取知識的力量。消失的國家也留下許多明顯的印記，如廟宇的遺跡、大小不同的四種聚落以及散布在幾千公里以內陶器作品。我們現在已知國家約在公元前三千七百年興起於美索不達米亞、公元前三百年左右出現在中美洲，二千年前在安地斯山、中國和東南亞生根，一千年前在西非茁壯。到了現代，更可以不斷看到從酋邦蛻變成國家之例。因此，我們對過去國家的了解遠超過過去的酋邦、部落和隊群。

原始國家就是超大型酋邦再更上一層樓。隊群擴大成部落，部落又坐大成酋邦。酋邦的人口少則幾千人，多達數萬人，但現代國家的人口很少不超過百萬，中國更破億。超大型酋邦酋長所在地進而成為國家的首都。首都外人口集中的地方就成為城市。酋邦就沒有城市。城市的指標有公共建設、統治者的宮殿、國庫（貢品和稅收）就在這兒，也是人口集中地，卻不是糧食的集散地。

早期國家世襲的領袖頭銜約和國王相當，就像大酋長，壟斷資訊、決策和權力。即使是民主時代的今天，重要機密也是少數幾個人知道而已，這少數就是治府和決策的主導人。例如一九六三年古巴飛彈危機發生時，是否要發動核彈攻擊，完全看甘迺迪總統和他指派的國安會十人小組，接著甘迺迪又把決策限定在以他自己為首和三名內閣組成的核心組織。

國家和酋邦相比，中樞的控制範圍更大，經濟的重新分配（稅收）形式也更廣。再者，國家的經濟分工極細，甚至連農夫都無法自給自足，很多物品還得仰賴其他行業。因此，國家的政府一崩潰，對社會的衝擊極巨，後果難以設想，例如在公元四〇七年和四一一年間的不例顛，羅馬軍隊、行政官和鑄幣廠全數撤退後的情景。即使是最早的美索不達米亞國家，中央對經濟仍有主控權。美索不達米亞的糧食生產者主要有四：種植穀物的農夫、牧人、漁夫和種植果菜者，他們把收穫貢獻給國家，國家再供給他們自身不生產的東西，如生活必需的糧食、物品和工具等。例如，國家給農夫種子和可以幫忙耕作的家畜，從牧羊人那兒取得羊毛，再和遠方國家進行交易，換取金屬等重要原料，也供給負責水利工程的勞工糧食。

或許大多數的國家比酋邦更仰賴奴隸。不是因為酋邦比較善良，肯放俘虜回到他們的老家，而是和國家的經濟分工有關。國家的大量生產和眾多的公共工程都需要奴隸。又國家因常進行大規模的戰爭，虜獲的奴隸更為可觀。

酋邦的行政階層不多，國家的行政組織則複雜的嚇人，我們一看到任何政府的行政組織體系表就一目瞭然。除了從上到下有不同等級的官僚，水平的分工也不少。夏威夷酋邦的官僚無所不管，國家的政府則分成許多部門，各有所司，如分別掌管水利、稅收、兵役等，每一部門也有自己的階層劃分。小國家和大酋邦相比，行政組織還是複雜得多。例如西非的馬拉迪（Maradi）雖是個不起眼的小國，中央行政職務卻有一百三十種以上。

國家內部的衝突愈來愈依賴司法和警察系統。由於多數國家的統治階層都是識字的菁英（印加帝國除外），法律通常有明文規定。書寫系統的發展和早期國家在美索不達米亞和中美洲的興起時機相當。相形之下，早期酋邦完全沒有文字。

早期國家有宗教和形式一致的廟宇，早先許多國王都被神格化，地位崇高無比。例如和印加帝國皇帝出巡時都有人沿途先撒上稻草，走在皇帝之前的奴僕再一路清掃。日語在稱呼天皇時，也用獨一無二的代名詞。古時的國家，宗教領袖不是祭司就是國王本人。美索不達米亞的廟宇不僅是宗教中樞，也是經濟、文字和工藝技術的中心。

這些特質已大幅超越部落到酋邦之間的變化。此外，雖然國家在許多方面都和酋邦不同，最根本的差異就在國家是有組織的政治實體，領土有一定界線，不像隊群、部落和原始的酋邦主要繫於親屬關係。而且隊群和部落的種族和語言總是相同，酋邦通常也一樣，但國家（特別是帝國）是一個混合體，或開疆擴土把其他國家擊潰並納入自己的國土，因此種族和語言都很複雜。國家官僚的選拔不像酋邦，都是酋長近親，而是選賢與能，著重專業、訓練與能力各方面的表現。後期的國家，像我們今天所看到的，國家的領導人很少是世襲產生，酋邦的父子相傳已不多見。

這一萬三千年來的人類社會大趨勢就是走向大而複雜。當然，人類社會千變萬化，分久必合，合久必分。我們從新聞得知，大的政體也有分化成許多小單位的時候（例如前蘇聯、南斯拉夫和捷克），二千年前亞歷山大的馬其頓帝國（Macedon）不正是如此？而且大而複雜並不總是能取勝，也有俯首稱臣的例子，如羅馬帝國屈居在蠻族之下，中國被蒙古酋邦統治都是事實。但人類社會的長期走向，還是趨於大而複雜，以國家型態為主流。

國家的優勢何在？她是如何征服比較簡單的政體的？主要憑恃先進的武器、科技和眾多的人口。但國家和酋邦有兩相同的潛在優勢：第一，決策操在一人之手，可集中運用軍隊和資源。第二，利用國教和愛國情操使軍隊視死如歸，願意為國捐軀。

這種「高尚的」情操是如此深植於現代國家人民的心中，加上學校、教會和政府的鼓吹，我們因此忘了先前的人類歷史並非如此。每個國家都有教人民勇於獻身的一套，如英國的「為了吾王五國」和西班牙的「為了偉大的上帝和西班牙」等等。十六世紀帝國的戰士，也是在同樣的感召下「置個人死生於度外」：「在沙場上，沒有什麼比得上光榮的死亡。把美麗的鮮血奉獻給賜與我們生命的之神輝茲羅波奇利（Huitzilopochtli）：我遙望祂的身影，內心滿是渴望。」

這種思維和感情都是隊群和部落想像不出的。新幾內亞朋友敘述給我聽的部落戰爭，完全沒有「忠君愛國」這碼子事，也沒有「馬革裹屍」的壯烈。他們對敵人的突擊通常是利用埋伏或以優勢兵力進攻，令人措手不及，盡可能避免我方傷亡。這種心態使得部落戰爭大受限制。和國家發動的戰爭相比，簡直是小兒科。此外，以國家之名或宗教的名義發動戰爭的狂熱份子，往往用不著獻上自己寶貴的生命，他們算計的是以一小部分同胞的犧牲來殲滅敵人。這種狂熱使得基督教和回教國家拿下了許多地區，但這不過是近六千年的事，在酋邦以前，還沒有人知道如何運用這種意識型態。

社群的演變究竟如何？是怎麼從小型、非中央集權且以親族為基礎走向大型、中央集權，且成員間不一定關係密切？研究了從隊群到國家的各種階段後，現在我們可以探討社群形成背後的力量。

史上可見不少獨立興起的國家，或有文化人類學家稱這種「獨立發生」為「原始」，也就是說周遭沒有任何國家作為範例，沒有模式可以依循。除了澳洲和北美，各大洲都出現過原始國家。史前時代在以下地區已有國家的出現：美索不達米亞、中國、尼羅河和印度河河谷、安地斯山區、西非等。近三百年來，在馬達加斯加、夏威夷、大溪地與西非許多地區的酋邦，因和歐洲的國家有接觸，便晉身為國家。上述地方和美國的東南部和西北太平洋地區、亞馬遜河流域、玻里尼西亞和非洲亞撒哈拉一帶出現更多的原始酋邦。這些複雜的社群當初是怎麼興起的？這些社群的起源給予我們相當豐富的資料，我們因而得以了解它們的發展過程。

至於國家起源的問題，有好幾個理論。最簡單的一個理論是，根本認為國家的起源不是個「問題」。亞里斯多德就主張，國家就是人類社群的自然狀態，毋需解釋。他為什麼會犯這種錯誤？因為他看到的社群，也就是公元前第四世紀的希臘，都是國家。然而，正如我們已知，直到公元一四九二年，這世界還有許多地區是酋邦、部落，甚至是隊群的地盤。國家究竟是怎麼形成的？這個問題的確需要解釋一下。

第二種解釋是大家最熟悉的，也就是法國哲學家盧梭（Jean-Jacques Rousseau 1712-1778）提出的社會契約：眾人衡量自己的利益後，達成共識，認為國家帶來的福祉超過其他較為簡單的社群型態，因此志願選擇國家。這是一個理性的決定。但是，我們仔細觀察並考察歷史紀錄便會發現，難以找到這麼一個「不食人間煙火」、超然絕俗的國家。小的政體不會主動願意放棄主權，和大的政體合併，總在被征服了或外力的脅迫下，才不得不如此。

第三種理論就是國家的出現和大型灌溉系統息息相關，如在美索不達米亞、華北和墨西哥等地。這個理論根據的是千真萬確的事實，至今仍受到一些史學家和經濟學家的青睞。只有一個中央集權的官僚組織得以建設大而複雜的農田水利系統，並維持這個體系的運作。從時間來看這個理論的因果關係，便會發現這個假設不夠縝密。想像這種情況：當時美索不達米亞、華北和墨西哥等地的居在數千里內從未見識過大型水利系統的好處，但還是有這種遠見，因此決定團結，放棄有限的小酋邦，進而組成得以興建大型水利系統的國家。

這種水利理論和上面的社會契約論犯的錯誤大同小異，也就是只專注在複雜社群演化到最後的階段，跳過了從隊群到部落到酋邦這漫長的一千年，回首一看，地平線上已出現一座巨大的水壩。關於這個理論，難以從歷史和考古學上的資料找到有力證據。美索不達米亞、華北、墨西哥、馬達加斯加等在國家興起之前已有小型的水利系統。大型水利系統的建構和國家興起並不是同時，而是國家在先，大型水利系統則是日後的事。在馬雅地區和安地斯山區，大多數的國家都靠小型水利系統，也就是當地居民自己興建、維護的。雖然那些地區後來出現複雜的水利系統，但已遠在國家形成之後。我們不得不再接再厲，繼續探討其他原因。

我認為較為合理的解釋似乎是一地人口的數目。人口愈多，社群必然愈複雜。正如前述，隊群只有幾十個人，部落幾百人，酋邦從數千到幾萬人，國家則大都在五萬人以上。各種社群型態之間，依人口多寡而有複雜和簡單之分，在每一種社群型態之內，還有更細的分別，例如一樣是酋邦，人口眾多者，則愈傾向中央集權、社群分層愈多，且愈複雜。

這種比例顯示，一地人口的數量、密度或壓力對複雜社群的形成有絕對的關係。但這種比例並沒有解釋清楚人口在這因果鎖鏈中的地位。為了一探究竟，我們再思索：是什麼原因造成人口稠密的？什麼樣的社群是大而簡單，且無法自給自足？我們就以此為背景回到先前的問題：一個簡單的社群如何隨著人口的增長而日趨複雜？

我們已知人口激增的主要關鍵在於糧食生產或者狩獵—採集的收獲量特別可觀。狩獵—採集社群若生產力高，也能成為酋邦，但沒有一個到達國家的水準。這種考量加上剛才討論的人口數量和社群複雜的關係，就產生了一個雞生蛋、蛋生雞的問題：糧食生產、人口數量和社群的複雜程度，到底何者先、何者後？人口成長是不是密集農業觸發的，進而形成複雜的社群？還是人口稠密、複雜的社群先形成，然後走向密集農業？

這種提出問題的方式沒有切中核心。其實，密集農業和複雜社群由於自體催化，有互相刺激的作用。也就是說，人口成長將使社群日益複雜，而社群的複雜又會助長密集農業，從而刺激人口成長。中央集權且複雜的社群精於公共建設（如水利系統）和遠方貿易（進口金屬以製造更多農具），經濟分工也較細（可用農民的穀物供給牧人，又提供牧人的牲畜給農幫助犁田）。這些能力都將助長糧食生產，從而締造高密度的人口。

此外，複雜社群至少有三個特徵是糧食生產塑造出來的。第一，定期注入勞力。穀物都收割、貯藏之後，中央政府就可令空閒的農民進行公共工程，以彰顯國力（如埃及的金字塔），或為農田水利工程效勞（如夏威夷灌系統或魚池）以餵飽更多張嘴，或徵召他們攻城掠地，以壯大成更大的政體。

第二，農業帶來的餘糧使經濟分工和社群分層。餘糧可以養複雜社群所有階層的人：領導人、官僚等統治階級；文書、技匠等不從事糧食生產的專家和徵召投身公共工程暫時不下田的農民。

最後，農業得以使人採行定居型態。有了這個前提，社群才累積物品、發展科技和工藝，並從事公共工程。沒有定居型態的社群皆桀傲難馴。傳教士和政府首度碰上新幾內亞或亞馬遜地區從未和外人接觸的部落或隊群時，通常抱著兩大目的：一，是綏靖，希望他們不要殺人或自相殘殺；二，是引導這些流動不定的人在村落定居，這樣傳教士和官員才找得到他們，提供他們藥品、幫他們設立學校，給他們信仰，接著就可加以控制。

農業不但造成人口大幅成長，社群可能走向複雜。但農業和人口還不足以證明複雜社群的必然性。至少還有四個顯而易見的成因。

第一，陌生人之間的衝突問題。人口愈多，這個問題就愈棘手。以一個二十人組成的隊群為例，每兩個人形成一種對應關係，則有一百九十種（20×19／2），但若是一個多達兩千人的隊群，則有近兩百萬種組合——每一種組合都是一個不定時炸彈，隨時都有可能爆發謀殺事件。在血債血還的惡性循環下，整個社群因而動盪不安，充滿血腥與暴力。

在隊群中，人與人之間的關係非常密切，若兩人發生爭執，則雙方親友都會出面干涉。在部落，大家的連繫也還緊密，至少叫得出每一個人的名字，在爭吵時，雙方親友也會出來仲裁，避免衝突擴大，危害到自己。但如果人數多達好幾百，超過了一個臨界點，陌生的兩人組合就會愈來愈多。這兩個陌生人發生衝突時，很少見到雙方親友都挺身而出做和事佬。當時的旁觀者大都是其中一方的親友，因偏袒自己人，衝突就會愈演愈烈。因此社群愈大，衝突愈無法避免，若沒有一個高高在上的權威運用武力來制止爭執，難以維繫和平。

第二，人口的增多造成決策的困難。在新幾內亞村落，決策仍是全體一致的決定。因為團體小，消息和資訊的流通很容易，且在開會時，人人都有表達意見的機會，也可聽完每一個人的意見。但團體太大，這點就難以辦到。即使是在麥克風和擴音器極其普遍的今天，也無法讓幾千人都好好表達完自己的想法。因此，大型社群必定有結構，而且有個統御一切的中心，決策才能有效率。

第三，牽涉到經濟的層面。任何社群成員之間都會互通有無。由於人人才具不同，獲得的糧食、物品也就不同。小型社群個人間和兩個家庭間常進行交換。但社群一大，互通有無的效率就低很多，除非在交換之外還有重新分配的經濟體系。個人多餘的物品直接交給中央，再由中央分配給匱乏的人。

最後一點和人口密度有關。大型社群不但人口數量多，而且有集中的現象。如果是一個十來個獵人組成的小社群，在資源豐富的大地上討生活，若有多餘的東西，則會和鄰近的隊群交換。但人口日益增加，隊群生活的範圍就開始縮小，愈來愈多生活必需品得向外求取。這種空間的現實使得人口密集的地區不得不支持大而複雜的社群，透過經濟的重新分配來獲得所需物品。

從衝突的解決、決策、經濟和空間等面相來考量，大型社群要長治久安，不得不依賴一個權力核心。權力集中有利也有弊，資訊、決策和財物的分配操在少數人之手便容易造成偏私，圖利自己和家族——這已是今日世界大家司空見慣的事。在社群發展過程中，握有權力者，便成為上層階級，宰制其他階級。「人人平等」從此成為已逝的美夢，原始隊群和部落的遺跡。

大型社會是複雜的剝削政治組織，無法以隊群組織運作，理由我們已經討論過了。但是還有一個問題我們還沒有討論：小型、簡單的社會怎樣演化或合併成大型、複雜的社會的？兼併、解決衝突的權力結構、決策機制、經濟再分配機制、剝削型的宗教等等，並不是自然發展出來的，好像大家簽了一份盧梭式的社會契約似的。社群為什麼會合併呢？

回答這個問題需要懂得一點演化邏輯。我在前面提到過，屬於同一類型的社群，並不完全一樣，因為人與人之間，社群與社群之間本來就有很大的差異。舉例來說，隊群與部落之中，有些強人必然會比其他的更有魅力、更有權力、更有政治手腕。在比較大的部落中，有些有強有力的領袖，因此也有比較高的集權程度，那些部落要是與集權程度低的部落競爭，會比較有利。部落中解決衝突的機制若與法玉人的一樣糟，那個部落就很容易分裂成互相競爭的隊群；酋邦若無善政，很容易分裂成小的酋邦或部落。一個社會若能有效解決成員間的衝突，有健全的決策機制，有和諧的經濟再分配的手段，就能夠發展比較好的技術，維持對外征戰的軍事實力，奪取更大、更有生產力的土地，逐一擊潰小的社會。

因此，同一類型的社群相互競爭，若情況允許，可能會產生複雜程度較高的社群。部落間的征戰造成兼併，最後形成的社群，大小可能接近國家；國家間的兼併，會產生帝國。要是大型的社群能解決社群規模變大之後產生的問題，大體而言，大型的社群與小型的社群競爭。佔許多的便宜。大型社群的問題有：政治領袖必然要面對的權力挑戰、平民對剝削體制的憎恨、經濟整合越來越困難。

考古資料與史料中都有小型社群合併為大型社群的案例。與盧梭斷言的正相反，說什麼小型社群的成員以自由意志決定組成大型社群，以保障所有人的福祉，全是神話。

小型社群的領袖，和大型社群的領袖一樣，都珍惜自己的獨立與權位。合併通常以兩種途徑達成：在外力威脅下同意合併，或征服，例子史不絕書。

受外力威脅而同意合併，最好的例子就是美國東南部的徹洛基（Cherokee）印第安邦聯。原來他們是三十或四十個獨立的酋邦，每個酋邦大約是四百人左右的村子。白人拓殖者在這一地區逐漸增加後，與土著發生了衝突。白人受到徹洛基人搶劫或攻擊後，由於無法分辨當地土著間的差別，因此實行報復時，往往黑白不分，或者火力掃蕩，或者切斷貿易管道。十八世紀時，徹洛基各酋邦逐漸被迫形成一個邦聯。起先，比較大的酋邦選擇了一位盟主，名叫莫依拓（Moytoy），那是一七三〇年，到了一七四一年，莫依拓的兒子繼承了這個位子。這些領袖的第一個任務，就是禁止任何族人攻擊白人，以及與白人政府交涉。到了一七五八年，徹洛基人以各村子裡的決策議會為模型，各酋邦之間的政治決策，在每年舉行一次的議會中協商，地點在艾科塔村（酋邦），於是這個地點就成為邦聯的「首都」。最後徹洛基人也有了文字（見第十二章），制定了成文憲法。

所以徹洛基邦聯不是以戰爭打造的，原來獨立的小型社群受到強大的外力威脅，才合併成的。美國當年也是在幾乎同樣的情況下形成的。最初的北美十三州，在英國軍事威脅下同意成立邦聯。當初各州也非常珍惜自己的獨立地位，而各州間的第一份協議書——邦聯條款（一七八一年）——根本行不通，因為每一州保留的自主權力太大了。直到後來大家面臨更大的威脅，才讓各州捐棄本位主義，在一七八七年通過了現行的美國聯邦憲法。十九世紀日耳曼諸邦放棄主權，成立統一帝國，也是個艱辛的過程。一八七〇年法國宣戰的威脅，最後讓各小邦放棄了大部分主權，移交德意志帝國中央政府（一八七一年）。在這之前，統一的努力失敗了三次：一八四八年的法蘭克福議會、一八五〇年的日耳曼邦聯、一八六六年的北日耳曼邦聯。

另一種形成複雜社群的模式是征服。非洲東南部的祖魯國是個好例子，我們有詳細的史料可以覆案。白人到達那個地區的時候，當地只有幾十個小酋邦，不相統屬。到了一七〇〇年代晚期，人口壓力增加了，酋邦間的鬥爭趨於緊張。其中一位酋長成功的在酋邦間建構了一個集權的權力架構，他就是丁吉思瓦（Dingiswayo）。他在一八〇七年左右殺了對手，奪得了特瓦邦的酋長位子。丁吉思瓦設計了一個優越的一元軍事組織，他從個村落中徵召年輕人，然後以年齡為編組原則（而不是村落）。他也發展出了一個優越的中央政治組織，他征服了其他酋邦之後，大肆收攬人心，不再殺戮酋長，而從原來酋長的家族中，扶植一位能與他合作的人。他還發展了一套一元司法系統，擴大司法仲裁範圍。丁吉思瓦因此征服、兼併了三十個其他的祖魯酋邦，祖魯國的雛形於是成立了。他的繼承人擴張了他設計的司法系統、警察制度、還有儀式，祖魯國逐漸茁壯。

類似祖魯國的例子，不勝枚舉。十八、十九世紀，歐洲人在世界各地殖民，觀察到許多從酋邦形成國家的例子。例如波里尼西亞的夏威夷國、大溪地國，馬達加斯加的馬里那國，非洲南部除了祖魯國外，還有賴索托、史瓦濟國，西非的雅桑提國，烏干達的安可國、布干達國。美洲的帝國、印加帝國，是在十五世紀形成的，那時歐洲人還未踏上美洲，但是早期的西班牙殖民者保存了美洲土著的口傳歷史，所以我們能夠研究美洲土著國家的形成過程。羅馬國的形成、馬奇頓帝國在亞力山大領導下的擴張，都有當代人留下的詳細紀錄，可供考察。

所有這些例子都說明了：戰爭的威脅或戰爭是促使社群合併主要因素。但是戰爭是人類歷史的常態，即使隊群間也不例外。那麼，為什麼戰爭只在最近的一萬三千年才促成社群的合併？我們已經知道複雜社會的形成與人口壓力有關，所以現在我們應該尋繹人口壓力與戰爭結果之間的關連。為什麼人口比較密集的社會在戰爭後傾向合併，而人口稀少的社群則否。答案是：給擊敗了的社群會遭遇的命運，與人口密度有關，有三種可能的結局：

人口密度非常低的地方，例如狩獵—採集族群生活的地方，給擊敗的社群只要躲得遠遠的就成了。新幾內亞與亞馬遜河流域的不定居隊群，就採取這種策略。

人口密度不太低的地方，例如生產食物的部落居住的地方，沒有空曠的大片土地可供退避。但是不事密集食物生產的部落社群，用不著奴工，也無法生產太多的剩餘糧食當作貢品。因此勝利者無法利用敗戰部落的倖存者，最多搶了女人回去。所以男性會遭殺害，土地給強佔。

酋邦與國家佔據的地區，人口密度非常高，戰敗者無處可逃，戰勝者有兩種利用他們的方式而不殺他們。因為經濟分工在酋邦與國家中已經出現了，所以戰敗者可以用作奴隸，《舊約》中有很多這樣的例子。其次，由於許多這樣的社群已經發展出密集的食物生產系統，所以他們能生產足夠的糧食繳交貢賦。於是勝利者留下活口，限制他們的政治權力，在他們身上徵稅，兼併他們的土地。歷史的國家或帝國，建國初期的戰爭結果往往就是這樣。例如當年西班牙征服者想要從墨西哥的土著族群徵稅，所以他對帝國的貢賦紀錄十分感興趣。結果發現帝國每年收到七千噸玉米，四千噸菜豆、四千噸藜穀、兩百萬件棉斗篷，還有巨量的可可豆、戰服、盾牌、羽毛頭飾和琥珀。

所以，糧食生產及社群間的競爭與兼併，都是終極原因，征服的各種近因——病菌、文字、技術、中央政治組織——都是從終極因發展出來的，其間的因果鏈鎖在細節上各不相同，但是全部涉及密集的人口與定居的生活形態。由於那些終極因在各大洲上有不同的發展模式，各大洲上的征服近因也有不同的發展。前面舉出的近因通常都有發展的關連，但是那些關連並不是必然的。舉例來說，印加帝國並無文字，帝國有文字，但沒有病菌。每一個征服近因對歷史的影響，可能都是獨立的，丁吉思瓦的祖魯國是個例子。在祖魯酋邦中，特瓦酋邦威震群雄，擊敗其他酋邦，並不依靠技術、文字或病菌，而是丁吉思瓦的政治頭腦與手腕。特瓦酋邦憑著政治組織與意識形態上的優勢，控制了非洲的一部份，達一世紀之久。

PART 4

環遊世界

CHAPTER

15

亞力的族人

有一年夏天，我和太太瑪莉一起到澳洲度假。我們想去看那些保存良好的土著岩畫，那是一處沙漠的遺址，位於曼尼迪城附近（Menindee，澳洲東南的新南威爾斯省西部）。在動身以前，我聽說了澳洲沙漠又乾又熱，尤其是在夏天，不過我已經在加州的沙漠裡、新幾內亞的草原上工作過很長一陣子，那些地方也是又乾又熱，所以我自認為老鳥一個，沒把澳洲沙漠放在眼裡。我們兩人隨身帶了大量的水，就在中午出發了。

我們是從山區巡邏隊隊部出發的，沿著上山的路走，萬里無雲，四野開闊，略無蔭蔽。乾熱的空氣讓我想起芬蘭浴。到達岩畫的崖壁時，我們的水已經喝完了，也提不起欣賞藝術的興致，於是繼續上山，氣息緩和而規律。這時我注意到一隻鳥，我相當熟悉的一種新幾內亞、澳洲的特產，別的地方沒有。這隻鳥引起我的注意，因為它似乎比我見過的大得多。我恍然大悟，原來我熱昏頭了、產生幻覺——這還是生平頭一遭。於是我們決定立刻折返。

我們不再說話，只顧著走路，專心聆聽自己的呼吸聲，數著路標前進，反覆計算路程，估計回到隊部的時間。我嘴和舌頭乾得不得了，瑪莉的臉紅通通的。最後我們終於踏進了有空調隊部，立刻垮坐在飲水器旁的椅子裡，咕嚕咕嚕的喝乾了飲水器裡的半加侖水，還不夠，又要了一瓶。我精疲力竭的坐在那裡，洩了氣，腦海裡反來覆去的，就是在岩壁作畫的土著：他們終其一生在沙漠裡生活，沒有什麼空調，還得找食物、找水。

曼尼迪讓白澳人想起的，是一個更為悲慘的沙漠故事。大約在一個世紀以前，兩個歐洲裔白人——愛爾蘭人警察伯克（Robert Burke）、英國人天文學家威爾斯（William Wills）——從曼尼迪北進，想要縱貫澳洲。這歐洲人第一個縱貫澳洲的探險計畫。他們帶了六頭駱駝出發，背負的糧食足夠維持三個月，但是最後仍沒逃出沙漠的手掌心。在曼尼迪北部的沙漠裡，他們糧食已盡，幸好三次遇上住在沙漠中的土著，土著以魚、蕨類植物做的餅，還有烤肥鼠待客，他們才繼續活命。但是後來伯克糊裡糊塗的開槍打了一個土著，所有土著立刻腳底抹油，四散溜了。雖然他們的火力強大，土著瞠乎其後，卻沒獵到什麼吃的，最後讓飢餓擊倒了。一個月後，他倆死在乾熱的沙漠裡。

我太太和我在曼尼迪的經驗，加上伯克、威爾斯的故事，讓我對澳洲土著在當地生聚繁衍的困難有切身感受。在各大洲中，澳洲獨具一格。不錯，歐亞大陸、非洲、南北美洲各有不同，可是一與澳洲相比，它們之間的差異就不足道了。澳洲是最乾、最小、最平坦，而且最荒瘠的一洲，氣候最無常、生物相最貧乏，也是歐洲人佔領的最後一洲。歐洲人到這裡之前，在這塊大地上蕃息的是最特殊的一種人類社會，人口也最稀薄。因此，任何解釋洲際社會差異的理論，都必須接受澳洲的檢驗。這裡有最獨特的自然環境，也有最獨特的人文社會。自然的因，種出人文的果？果真如此，自然因如何種出人文果？為了了解各大洲人類歷史的差異，本書第二、第三篇已經總結出一些教訓。現在我們環遊世界檢驗那些教訓，以澳洲做第一站，似乎是符合邏輯的選擇。

世人一想起澳洲土著社會，第一個浮上心頭的印象，就是他們落後、原始。各大洲中，澳洲是唯一的蠻荒世界，萬古如長夜，文明從未現身。所有的人類社會都進入現代史了，只有澳洲土著仍陷在石器時代的沼澤中，沒有農業、沒有牧業、沒有金屬、沒有弓箭、沒有結實的屋宇、沒有定居的村落、沒有文字、沒有酋邦、更別說國家了。澳洲土著以狩獵—採集維生，以隊群為基本社會單位，過著流動或半流動生活，住的是臨時搭建的簡陋小屋，仍使用石器。在過去一萬三千年的歷史裡，文化積累比任何其他洲都少。當年有個法國探險家說：「澳洲土著是世界上最悲慘的族群，最接近野獸的人類。」他的看法代表了歐洲人向來對澳洲土著的看法，至今未變。

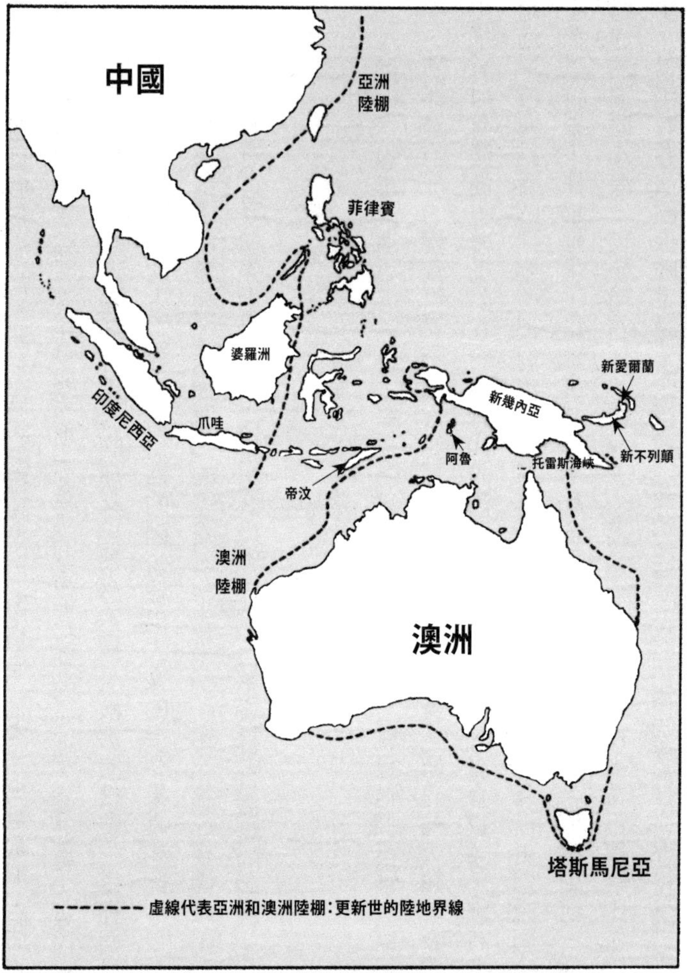

圖 15.1　從東南亞到澳洲、新幾內亞：實線是現在的海岸線，虛線是海平面比現在低的更新世海岸線，亦即亞洲及澳洲陸棚的海岸線。當時的新幾內亞與澳洲相連，而婆羅洲、爪哇、蘇門答臘及台灣則是亞洲大陸的一部分。

不過四萬年前的世界裡，澳洲土著可是佔了許多先機。已知的磨制石器，澳洲發現的最早；有柄的石器（例如石斧綁在木柄上）、船隻，也是澳洲發現的最早。最早的岩畫，有些出現在澳洲，和我們完全一樣的人類殖民澳洲的時候，西歐可能還杳無人跡。儘管有那麼多領先之處，到頭來為什麼是歐洲人征服了澳洲，而不是澳洲人征服了歐洲呢？

這個問題裡還套著另一個問題，在更新世的冰期裡，陸地上的冰河、冰山凍住了地球上大量的水，海平面因此下降，目前分隔澳洲、新幾內亞的阿拉福拉淺海（Arafura Sea），當年就乾涸了，成為動物可以通行的低地。大約在一萬兩千年到八千年之間，大地回暖，銷融冰山，海面上升，氾濫低地，澳洲、新幾內亞從此分隔，望洋興歎（見圖15.1）。

在那兩個原來連成一體的陸塊上，發展出非常獨特的人類社會。新幾內亞的土著，和我對澳洲土著的描述，幾乎每一方面都相反。大多數新幾內亞土著是農人，或養豬人家。他們在村子裡定居，以部落為政治單位，而不是隊群；所有人都使用弓箭，許多人用陶器；住房比較堅實，船隻比較適於航海，使用的容器數量、種類都比較多。由於新幾內亞人能生產糧食，而不是靠狩獵—採集維生，所以人口密度比較高：新幾內亞的面積只有澳洲的十分之一，人口卻是澳洲的好幾倍。

為什麼當年「分家」後，分到較大地塊的澳洲人毫無寸進，而家當較小的新幾內亞人卻能發展超越？兩地之間的托雷斯海峽寬不過一百五十公里，為什麼新幾內亞人的先進發明沒有傳入澳洲呢？從文化人類學的角度來觀察，澳洲與新幾內亞的距離比那一百五十公里還窄，因為托雷斯海峽中有幾個島嶼，上面住了和新幾內亞人沒什麼差別的農民，同樣會用弓箭，許多文化特質也一樣。托雷斯海峽中最大的島嶼，距澳洲不過十六公里。海峽中的島民和雙方都有貿易往來。既然雙方只隔著十幾公里寬的平靜水面，又有獨木舟常相來往，為什麼還能維持兩個不同文化世界？

與澳洲土著比較起來，新幾內亞土著的文化業績顯得比較先進。但是大多數其他的現代族群，認為新幾內亞土著也落後得很。歐洲人十九世紀末開始殖民新幾內亞。在那以前，島上居民沒有文字，仍依賴石器，根本沒有國家，了不起有雛形的酋邦罷了。既然新幾內亞土著超越了澳洲土著，為什麼他們不能從此乘風破浪、日新又新呢？許多其他大陸塊上的族群，都發展出高度文明的社會了呢。因此亞力的族人和他們的澳洲表親，帶給我們的是謎中之謎，真教人傷腦筋。

現在的澳洲白人，對於澳洲土著的原始、落後，有個簡單的答案：澳洲土著是天生輸家。澳洲土著的顏面結構與膚色，與歐洲人迥異，因此十九世紀末有些歐洲學者相信他們是猿與人之間的「缺環」（missing link）。還有別的解釋嗎？到澳洲殖民的白種英國人，在幾十年之內就創造了一個使用文字、生產糧食、工業化的民主社會，而在那裡生聚藩息了四萬年的土著，仍過著沒有文明的狩獵—採集生活。這不是事實嗎？更讓人難以釋懷的是，澳洲的礦藏如鐵、鋁、銅、鋅、錫、鉛，都是世界上最豐富的，為什麼澳洲土著不會利用，一直生活在石器時代中？

這好比是個設計縝密的實驗，目的在找出人類社會演化的秘密。澳洲土著是「控制組」。同樣的大洲（土地／環境），不一樣的人。所以澳洲土著社會和白澳社會之間的差異，必然是組成社會的人決定的。這個充滿種族偏見的結論，邏輯上顯得無懈可擊。然而，筆者會讓讀者明白，那個論證是錯的。

為了檢驗這個論證，第一步我們要討論的是人。四萬年前，人已經在澳洲和新幾內亞定居，那時它們仍是一塊大陸，並未分離。只要看一眼地圖，就能知道當時的人是從東南亞來的，他們經過印度尼西亞，逐島推進，登陸「大澳洲」。現代的遺傳學研究可以證實這個推論：澳洲、新幾內亞和亞洲人有親緣關係。現在菲律賓、馬來半島以及安達曼島（Andaman Island）都還有當年殘留的東南亞「土著」，他們和澳洲、新幾內亞土著有相似的體質特徵。

這些人登上大澳洲之後，很快的分布到各地，即使天涯海角、不適人居之處。四萬年前，他們在澳洲西北角留下了化石與石器；三萬五千年前，到達東南角以及塔斯馬尼亞——這裡是距離他們可能登陸的地點（澳洲西部或新幾內亞）最遠的地區；三萬年前，到達寒冷的新幾內亞高原。所有那些地從澳洲西岸（可能的最早登陸地點）可以徒步到達。但新幾內亞東北的俾斯麥群島、所羅門群島，有幾十公里海路要走，三萬五千年前非得使用船隻不可。從那些年代看起來，當年第一批登上大澳洲陸塊的人，花了一萬年（四萬年前到三萬年前）才全面佔領了那裡。他們實際上花的時間可能短得多，因為那些年代彼此的差異，都在實驗誤差的範圍內。

人類登上大澳洲陸塊的時候，亞洲大陸的範圍事實上向東延伸到今天的婆羅州、爪哇、峇里，所以當年亞洲與大澳洲的距離，比今天東南亞南緣到新幾內亞、澳洲，近了一千六百公里。不過從亞洲到大澳洲，當年仍需要渡過八個寬約八十公里的海峽。四萬年前渡過那些海峽的工具，可能是木筏——算不上什麼先進的技術，但是還過得去的航海工具，至今華南沿海還在使用。當年航海或穿越海峽必然是十分困難的壯舉，因為四萬年前人類登陸了大澳洲之後，再也沒有證據顯示人類繼續不斷的進入那塊大陸蕃息。根據考古證據，直到數千年前，才有新移民進入那個地區，例如在新幾內亞出現了源自亞洲的家豬，在澳洲有亞洲輸入的狗。

因此，澳洲與新幾內亞的人類社會是在隔絕的情況下發展的。隔絕的結果，反應在那裡的語言上。經過了幾萬年的隔絕之後，澳洲土著語言和新幾內亞土著的語言（所謂的巴布亞語〔Papuan lauguages〕），與亞洲的任何語言都看不出有什麼關係。

隔離也反映在基因與體質上。族群遺傳學調查發現，澳洲土著與新幾內亞高山族，和現代亞洲人比較接近，於其他各大洲的人比較疏遠，但是即使接近，也算不上親密。體質人類學調查發現，澳洲與新幾內亞土著與大部分東南亞的亞洲人迥異，從他們的照片可以看得很清楚。大澳洲的移民和他們留在亞洲家園的表現，不通音問達幾萬年，各自發展出分歧性狀，再自然不過了。可是更重要的是：他們的祖先家園後來遭到華南來的「異族」侵入，親戚早已離散或消滅了，只有少數幾個地方還保存了一點苗裔。難怪他們與大多數華南、東南亞族群都不相似。

澳洲土著與新幾內亞高山族在遺傳、體質和語言上也分化了。例如澳洲土著的血型，以ABO血型來說，沒有B型，也沒有MNS血型S型。而新幾內亞和其他地區的族群一樣，兩種血型都有。大多數新幾內亞高山族的緊密卷髮，澳洲土著就沒有，他們是直髮或波浪卷。澳洲土著與新幾內亞高山族的語言，也沒有什麼關連，只有一些共有的辭彙，是由托雷斯海峽中的島民在交易過程中向雙方傳播的。

澳洲土著與新幾內亞高山族的所有差異，反映的是：他們長期隔絕在迥然不同的環境裡。一萬年前，阿拉福拉淺海水面上升，隔離了澳洲與新幾內亞，兩地的基因交流仍不絕如縷，唯一的管道是托雷斯海峽中的小島。兩地居民為了適應當地環境，而走上了不同的社會、文化發展途徑。儘管新幾內亞南部海岸的紅樹林、草原，與澳洲北岸的生態非常相似，兩地其他的棲境幾乎都不同。

舉些例子來說吧。新幾內亞貼近赤道，澳洲則有南回歸線橫貫，一半以上的面積位於南回歸線以南，伸入溫帶。新幾內亞多山，高達五千公尺的峰頂有冰帽覆蓋，境內地形極為崎嶇；澳洲比較低平，九四％面積在海拔六百公尺以下。新幾內亞極為潮溼，澳洲乾燥。新幾內亞大部分地帶每年都有兩千五百公釐的雨量，大部分高地超過五千公釐；澳洲大部分地區則不超過五百公釐。新幾內亞的熱帶氣候，沒有顯著的季節變化，年年如此。但是澳洲的氣候富於季節變化，而且年年不同，各大洲中最變幻莫測。因此，縱橫新幾內亞的大河常川流不息，澳洲只有東部有河流終年不斷流，境內最大的河流系統（莫瑞—達令河〔Murray-adarling〕）在旱季時也會乾涸，達數月之久。新幾內亞雨林密佈，澳洲多是沙漠，以及開闊、乾燥的林地。

新幾內亞全境覆蓋著新生的肥沃土壤，原因有幾個：新幾內亞位於環太平洋火山帶上，火山活動地表注入豐富的礦物質；冰川反覆前進、退縮，侵蝕高地；高山激流在低地堆積大量的淤泥。而澳洲在各洲中，是一塊最古老、最荒涼、最貧瘠的土地，因為澳洲沒有什麼火山活動，也沒有高山、冰河。儘新幾內亞的面積只有澳洲的十分之一，它的鳥類、哺乳類與澳洲一樣的豐富，因為新幾內亞位置接近赤道、雨量豐沛、地勢高、土壤肥。所有那些環境差異，影響了兩地的文化發展，使兩地的文化史走上不同的道路。

大澳洲上最早、最密集的糧食生產活動，以及最稠密的人口，出現在新幾內亞的高地河谷中，約海拔一千兩百公尺到兩千七百公尺之間。考古學家在那裡發現了九千年前的排水溝渠，到了六千年前已出現發達的排水系統，還發展出台地（在旱季中保持土壤溼度的設計）。當年的溝渠系統，與今天高地上用來排水的溝渠相似，可以將溼地改良成耕地。孢粉分析的結果，顯示五千年前高地河谷中發生過大規模的伐木活動，可能是為了開墾農地。

今天，新幾內亞高地的農作物，有新近從美洲引進的蕃薯，加上芋頭、香蕉、山藥、甘蔗、可供食用的草本莖、葉菜。因為芋頭、香蕉、山藥是東南亞的原生種，而東南亞自古是馴化植物的中心，所以過去大家認為新幾內亞高地的農作物，除了美洲的蕃薯外，都是從亞洲引進的。不過我們已經有可靠的證據，顯示甘蔗的野生種以及當地的葉菜類、莖菜類，都是新幾內亞種，當地的香蕉也是就地馴化的，芋頭和某些山藥也不例外。要是新幾內亞的高地農業果真由亞洲傳入，我們應該能在當地農作物中發現貨真價實的亞洲品種，但卻沒有發現過。因此學者的結論是：新幾內亞的高地農業，是從當地野生植物的資源發展出來的。

因此，新幾內亞在歷史上和肥沃月彎、中國等地並立，都是獨立發展出農業的中心。雖然那裡的考古遺址中並沒有發現六千年以前的食物遺留、遺跡，那不應令人覺得驚訝。現在新幾內亞高地上的農作物，都是不容易在地下留下雪泥鴻爪的品種，要是最早的農作物也是同一類的，當然就無法在遺址中現身了。而且當年的溝渠系統，和今天芋頭田的排水系統非常相似。

從最早的歐洲人的記錄來判斷，新幾內亞高地農業中的「外來元素」，應該是雞、豬、蕃薯。雞與豬是在東南亞馴化的，大約三千六百年前由南島語族群帶到新幾內亞和大洋洲。（豬到達新幾內亞的時間可能稍早一點。）南島語族群源自中國華南，我們會在第十七章討論。蕃薯原產於南美，大約是西班牙人帶到菲律賓，再從那兒傳進新幾內亞，不過是最近幾百年的事。蕃薯傳進新幾內亞後，就取代了原來的芋頭成為主食，因為蕃薯的生長期短、產量高、對土壤比較不挑剔。

農業在新幾內亞高地發生了之後，必然造成人口的擴張。因為新幾內亞原有的大型哺乳類（有袋類）滅絕了之後，高地上的資源只能維持稀薄的狩獵—採集族群。蕃薯在現代史上扮演過同樣的角色，在新幾內亞促動了新的人口成長。一九三〇年代歐洲人第一次飛越新幾內亞上空時，他們看到的景象，和荷蘭非常相似，教人驚訝不已。寬闊的河谷中，森林全都砍伐了，村落四布，河谷平原上阡陌縱橫、排水道交錯。新幾內亞高地上石器時代的農民，所能創造的人口密度，著實驚人。

新幾內亞的低海拔地帶，地勢陡峭、雲霧繚繞、瘧疾肆虐，又有苦旱之虞，因此農業只在海拔一千兩百公尺以上的高地發展。新幾內亞高地像似一座矗立在空中的孤島，四周環繞著雲霧海洋，稠密的農民人口在島上蠅營狗苟、生生不息。低地上的人，多住在海岸、河邊的村子，以海產維生。那些距離水邊較遠的旱地居民，以燒墾法務農，種些香蕉、山藥，再以狩獵—採集為輔。低海拔的溼地，居民仍過著狩獵—採集的生活，以野生西米棕櫚富含澱粉的莖髓當主食。他們採集西米棕櫚，以收穫的熱量來計算，產值比起耕種多了三倍。新幾內亞溼地提供了一個明白的例子：在狩獵—採集產值比較高的環境，農業沒有競爭的空間，居民會維持狩獵—採集的生活方式。

在低地裡以西米棕櫚維生的狩獵—採集族群，仍生活在不定居的隊群中。他們提供了一個樣板，讓我們想像新幾內亞最早居民當年的社會組織。我們在第十三、十四章已經討論過，發展複雜的技術，以及複雜社會、政治組織的，是農民和漁民。新幾內亞的農民和漁民定居在村落中，組成部落社會，往往有作決策的首領。有的村子裡還有專供舉行儀式的大屋子，裝飾得極為費心。他們也發展出精緻的藝術品，他們的木雕人像與面具已成世界各大博物館爭相收藏的對象。

大澳洲上，無論先進的技術、社會與政治組織還是藝術，都出現在新幾內亞。不過，從美國或歐洲城市居民觀點來看，新幾內亞仍然顯得原始，而非先進。為什麼新幾內亞土著還在使用石器？為什麼沒有發展出金屬工具？為什麼沒有文字？也沒有形成酋邦或國家？原來新幾內亞土著受到了好幾重生物和地理的束縛。

第一，新幾內亞高地上雖然土生土長了農業，卻沒有生產出多少蛋白質（見第八章）。當地的主食都是蛋白質含量低的根莖類作物，而馴化的動物只有豬與雞，不足以支持土著人口的高度成長。此外，豬與雞不能提供什麼獸力，既不能拉車也不能牽犁，高地上農民只好親力親為、躬耕餬口。由於沒有足夠的人口，惡毒的傳染病菌也演化不出來，日後對付入侵的歐洲人，就少了有效的生物武器。

新幾內亞人口成長的第二個限制，就是高地上耕地面積有限。那裡只有幾個寬闊的河谷，足以支持稠密的人口。第三個限制，是新幾內亞適於集約農耕的土地僅限於中海拔地帶，就是海拔一千兩百公尺到兩千七百公尺之間的地帶。海拔兩千七百公尺以上根本無法務農，而海拔三百公尺到一千兩百公尺之間的山腰，農地有限。低地上只有零星的燒墾農田。因此，在新幾內亞從來沒有發展出「垂直分工」的經濟體系。在安地斯山脈、阿爾卑斯山脈、喜馬拉雅山脈，都發展出了那樣的經濟體系——各個海拔高度上的社群，發展出特化的產業，然後互相交換、共榮共存。那樣的交換體系，能增加人口密度，因為所有人都能獲得比較平衡的飲食；同時也能促進地區經濟、政治的整合。

因此，傳統新幾內亞的人口從未超過一百萬。歐洲殖民政府引進了西方醫學、禁止部落戰爭之後，人口才開始成長。在世界九大農業發源地中（見第五章），新幾內亞的人口最少。區區一百萬人，文化的創造力當然無法和中國、肥沃月彎、安地斯山脈、中美洲等地的數千萬人比肩。新幾內亞人在技術、書寫系統、政治體系上，都繳不出可觀的成績，非戰之罪。

新幾內亞人口不只稀少，還讓崎嶇的地形給切割成許多小群體：低地上布滿溼地、高地上交錯著陡峭的山壁和狹窄的河谷、高地和低地都有濃密的雨林盤據。我在新幾內亞作生物學調查的時候，請當地土著當田野助理，每天要是能推進五公里，就謝天謝地了。這還是走在前人踩出來的路徑上呢！在過去，新幾內亞高地上的人，一生中足跡大概不出方圓十六公里。

新幾內亞的地形特色，加上島上隊群、村落之間間歇不斷的戰爭，足以解釋傳統新幾內亞世界中語言、文化、政治的「破碎」風貌。新幾內亞是世界上語言密度最高的地區：全世界六千種語言中有一千種，擠在這比美國德州大不了多少的島上。而且那一千種語言中，可以區分出幾十個「語族」，以及一些與外界隔離的語言，它們之間的歧異程度，可以大到英語與漢語的程度。幾乎一半以上的新幾內亞語言只有五百個用語人，即使最大的語言群（每個不超過十萬個用語人），也在政治上分裂成上百個村落，彼此兇狠的鬥爭——和說不同語言的人鬥爭，就更不用說了。在那個破碎世界中，每個社群都小得可憐，別說產生不了政治領袖與技藝專家，發展冶金術與書寫系統就免談了。

新幾內亞除了人口不多、人口分裂的現實，妨礙了發展之外，另一個限制新幾內亞發展的因素，是地理的隔絕，使外界的技術、觀念難以輸入。新幾內亞隔海與三個鄰居相望，直到最近幾千年之前，無論技術還是農業，它們都比新幾內亞（尤其是高地）還落後。例如澳洲，到了十九世紀末土著仍過著狩獵—採集的生活，他們沒有什麼可供新幾內亞人採借的。新幾內亞的最後一個鄰居，就是印尼東部的島嶼了。可是那裡也是個文化落後的地區，長久以來都由狩獵—採集族群佔居。人類四萬年前定居新幾內亞之後，大概從來沒有從印度尼西亞輸入過什麼值得一提的文化產品，也從來沒有發現過。一直到西元前一千六百年，南島語族群擴張、散布到東南亞，這種情況才改觀。

南島語族群是發源於亞洲的農民，他們帶到印度尼西亞的，有家畜、家禽，他們的農業與技術，至少與新幾內亞的一樣複雜。南島語族群的航海技術，更有效率的聯繫了亞洲和新幾內亞。南島語族群占居了新幾內亞以西的東南亞，新幾內亞之西、北、東的各島嶼，甚至登陸了新幾內亞的北海岸、東南海岸。南島語族群帶到新幾內亞的，有陶器、家雞，甚至還可能有狗、豬。（根據早期的考古學調查報告，新幾內亞高地上發現過西元前四千年的豬骨，可是尚待進一步證實。）至少在最近一千年中，新幾內亞與爪哇、中國等技術比較先進的社會，有貿易往來。新幾內亞輸出天堂鳥羽毛、（食物）香料，交換東南亞生產的貨物，其還包括一些奢侈品，例如中南半島的銅鼓、中國的瓷器。

要是有足夠的時間，南島語族的擴張一定能對新幾內亞發生更大的影響。新幾內亞西部遲早會併入印尼東部的回教國，金屬器具也可能會從東印度傳入新幾內亞。但是歷史有自己的軌跡，半點不由人。西元一五一一年葡萄牙人到達摩鹿加群島（Moluccas），顛覆了由印尼開出的新幾內亞發展列車。不久之後，歐洲人登陸新幾內亞，他們發現的是：使用石器的土著，分裂成無數隊群或獨立村落，彼此無情、兇猛地鬥爭。

大澳洲上，新幾內亞這一部分發展出了農業，又養殖了動物，可是面積較大的澳洲部分，什麼都沒有發展出來。在冰河時代，澳洲那片土地上有更多的大型有袋哺乳類，包括雙門齒獸（類似牛、犀牛的有袋類）、巨型袋鼠、巨型袋熊。但是人類定居澳洲之後，發生了一波波的動物滅絕，大型有袋類絕大部分都消失了（或者消滅了）。因此澳洲就沒有可以養的土產哺乳類了，和新幾內亞一樣。澳洲土著馴養的唯一動物是狗，不過它們是外來族群，西元前一千五百年才到達歐洲，大概是隨著南島語族群飄洋過海散布到澳洲的。那些狗登陸澳洲後就成了澳洲野狗（dingo）的祖先。澳洲土著馴養了狗之後，狗就成了伴侶、守犬，甚至「肉毯」，當地人用「五條狗的夜晚」表示「極為寒冷的夜晚」。但是澳洲土著並不把狗當食物（玻里尼西亞人食狗），也不以狗作為打獵的幫手（新幾內亞土著有獵犬）。

澳洲土著也沒有發展出農業。澳洲這塊陸地，不僅是各大洲中最乾旱的，也是最貧瘠的。澳洲還有一個極為獨特的特色，那就是這塊大陸上的氣候，基本上不受季節週期調控，而是受南半球的聖嬰現象支配。聖嬰現象不以年度為循環週期，也無規則的週期。不定時的出現長期乾旱，又不定時的大雨滂沱、洪流橫行，在那裡是常態。即使在今天，引進源自歐亞大陸的農作物品種，再以卡車、鐵路運銷農產品，生產糧食在澳洲仍然是個高風險行業。年收成好的時候，牧群生養眾多，但是氣候一旦轉壞，只能眼睜睜的看著它們死於乾渴。澳洲土著當年若是發展農牧，一定也會面臨同樣的問題。在年收成好的時候累積的人口，到了乾旱年分，不就只能坐以待斃？社會的分化、文化的累積，都不可能在那樣不規律的氣候環中發展。

澳洲可供養殖的野生植物也少得可憐，即使現代植物遺傳學也幫不上什麼忙。澳洲野生植物中栽培出的作物，只有澳洲堅果。我們那一張野生穀物名單上（見第八章），列出了五十六種種子最大顆的草本植物，其中澳洲的原生種只有兩種。而且那兩種植物的種子，以重量而言（十三毫克），幾乎吊車尾。（名單上最重的達四〇毫克，就是野麥。）筆者並不是說澳洲根本沒有可供人工栽培的植物，也不是說澳洲土著絕對無法獨立發展出農業。新幾內亞南部有栽培作物，如芋頭、山藥、葛根，在澳洲北部也有野生種，而且也是澳洲土著採集的對象。下面我們會討論到，澳洲土著在澳洲氣候最宜人的地區，的確已經走上朝向農業的道路，假以時日，可能會發展出成熟的農業。但是在澳洲發展生產糧食的生計，必然要面對我們討論過的限制因素：缺乏可供馴養的野生動物、可供栽培的野生植物非常稀少、不可測的氣候、貧瘠的土地。

不定居、狩獵—採集生計，以及減少對居所和財產的投資，是澳洲土著發展出來的適應策略。一旦當地的生態情況惡化了，他們就遷居到情況尚可忍受的地區。他們沒有什麼主食，因為只依賴少數幾種食物資源是不智的，所以他們發展出了分散風險的經濟體系——增加食物內容的多樣性，總不會所有的食物資源同時「歉收」吧？他們維持小規模的人口，避免豐年和荒年的人口波動，豐年固然逍遙，荒年也不至於困窘。

澳洲土著發展出的糧食生計，是「火耕」（firestick farming）。那是澳洲土著修飾、經營土地的方法，以提升土地的產值。換言之，他們不必「耕種」土地，就可以提升土地的產值。他們的做法是：每隔一段時間，就在地面放一把火，這樣可以達到幾個目的：火驅逐了可以立即獵殺的動物，等於保育了動物資源；火清除了地面的植物，開闢了方便人類活動的空間；那樣的開闊空間也是袋鼠的理想棲境，而袋鼠是澳洲土著的美味；火促進了當地某些植物的生長，例如某些草木植物是袋鼠的食物，某些蘇鐵類的地下根是土著的食物。

我們往往認為澳洲土著是沙漠族群，但是他們大多數不住在沙漠裡。他們的人口分布隨著降雨量而變化，因為降雨量支配了陸地上動植物資源的生長；海、河、湖邊水產食物的豐寡也決定了他們人口的大小。他們人口最密集的地方，是在澳洲最潮溼的地帶，那裡土地的產值也最高：東南部的莫瑞—達令河流域、東海岸、北海岸以及東南角。今天的歐洲也集中在那些地區。歐洲拓墾者來到澳洲後，屠殺了當地土著、佔領了他們的土地，再將殘餘分子驅趕到沙漠中，所以我們才會有澳洲土著是沙漠族群的印象。只有原來就生活在艱困地區的土著，才能逃過人散族滅社群崩潰的命運。

在過去五千年中，澳洲那些土地產值高的地帶，有些地區傳統食物採集手段有密集施行的跡象，人口也有逐漸增長的趨勢。在東部，調理食物的技術有進一步的發展。那裡出產豐富的西米棕櫚種子，那種種子雖然富含澱粉，可是有劇毒，所以土著發展出過濾與發酵的技術，除去毒性。東南部先前沒有開發過的高地，夏季也成為土著經常出沒的地方，到那兒採集食物的土著，不僅以西米棕櫚種子、山藥裹腹，還會食用一種隨季節遷移棲境蛾（Bogong moth，它們會群聚在一起休眠，數量驚人。），烤著吃味道像似炒栗子。另一種密集的食物採集活動，是在莫瑞—達令流域出現的淡水鱔魚業。莫瑞—達令河流域的沼澤，水位隨季節雨量而升降。土著會修築長達兩公里以上的複雜水道系統，將各個沼澤聯繫起來，讓鱔魚能在各沼澤之間流通。土著也修築了同樣複雜的魚梁、陷阱（位於水道死巷中）以及魚網（裝在水堰石牆的開口上），捕捉鱔魚。沼澤中還有針對不同水位設置的陷阱。建築那樣的漁場必然要動員大量人力，可是完工後所能供養的人口也不少。十九世紀的歐洲人，還見過鱔魚場附近有十幾座石基房屋組成的村落。考古學家發現有的村落很大，由一百四十六座石基屋組成，可見這類村落至少在採集季節裡有幾百人居住。

澳洲東部、北部還有另一個發展，就是採集野生小米，那種小米和中國華北地區很早就成為人民主食的稷同一屬。澳洲土著用石刀收割帶有種子的草莖，然後打穀、取得種子（小米），以皮袋或木碟收藏，最後磨碎了食用。整個程序必須借重好幾種不同的工具才能完成，例如石刀、磨石，它們和肥沃月彎的居民獨立發明的工具相似，雖然他們採集不同的野草種子當食物。澳洲土著所有的採集食物方法中，收割小米大概是最有可能發展成農業的。

最近這五千年中，隨著密集的食物採集活動而發展的，還有新的工具類型。小型石瓣器、尖器工藝，使石器製作更為省料，過去的大件石器逐漸淘汰。有磨利鋒刃的石斧逐漸流行。最近一千年，出現了貝殼製作的魚鉤。

為什麼澳洲土著沒有發展出金屬工具、文字、複雜的政治體制？主要的理由是：澳洲土著一直維持狩獵—採集生計。我們在前三章已經討論過，只有在人口眾多、經濟分工的農業社會中才會發展出那些文明的里程碑。此外，澳洲的乾旱、貧瘠、無常的氣候，都讓那裡的狩獵—採集人口無法成長，一直不超過幾十萬人。與古代中國或中美洲的上千萬之眾比較起來，澳洲這塊大陸上註定了不會出現許多的發明家，願意實驗創新的社會，數目也不夠。這塊大陸上的幾十萬人，也沒有組成緊密互動的社會，那裡的人口像是散布在沙漠海洋中的幾個島嶼上，彼此的空間隔絕限制了互動。即使在比較潮溼、肥沃的東部，從東北昆士蘭省的熱帶雨林，到東南維多利亞省的溫帶雨林，有三千公里的距離，這個地理和生態的距離，就像洛杉磯與阿拉斯加之間的距離，使這裡的社會不容易交流各種資源。

在澳洲可以發現一些區域性的或全洲性的技術衰退事例，也許和區域的隔絕、人口中心的人口數量有限，都有關係。例如回力棒是澳洲特有的武器，但是在澳洲東北角的約克角半島上，居民已經放棄了這項技術。歐洲人登陸後，發現西南邊的土著不吃貝類。在五千年前的考古遺址中出生的小型石尖器，考古家一直沒弄它們的用途。也許最簡單的解釋是：那是魚叉尖和魚鉤，不過它們與世界上其他地區用在弓箭上的石尖頭與倒鉤，看起來也非常像。那些小型石尖叉器果真用在弓箭上的話，那麼新幾內亞土著使用弓箭、澳洲土著沒有弓箭的謎團，就更複雜了：也許過去澳洲土著也使用弓箭，但是後來不知怎地放棄了，弓箭技藝就在澳洲消失了。以上的例子讓我們想起日本人放棄了槍的例子，以及大多數玻里尼西亞島上也沒有弓箭、陶器，許多其他與世隔絕的島上喪失了祖傳技術的例子，也是所在多有。

澳洲地區喪失傳統技藝的一個極端例子，發生在塔斯馬尼亞島上。塔斯馬尼亞島距澳洲東南海岸兩百公里。在更新世的時候，澳洲與塔斯馬尼亞島之間的巴斯海峽並無海水，動物可以通行。那時居住在島上的人，和分布在大澳洲其他地區的人，源自同一群人，應無疑問。一萬年前巴斯海峽形成之後，兩地的人就不再互通音問，因為大家都沒有穿越海峽的航海工具與技藝。塔斯馬尼亞島上的四千名狩獵—採集人，從此與世隔絕。那種孤絕的生活，我們只能透過科幻小說才能想像。

西元一六四二年，塔斯馬尼亞人終於與外界恢復接觸了——他們與「來訪的」歐洲人碰面了。那時的塔斯馬尼亞人，大體是世界上物質文化最原始族群。他們與澳洲土著一樣，維持狩獵—採集的生計，沒有金屬工具。但是他們也沒有許多澳洲大陸上流行的技藝與工具，例如帶倒鉤的魚叉、骨器、回力棒、磨製石器、有柄石器、魚鉤、魚網、叉矛、陷阱，還有捕魚、食魚的習慣、縫衣技術、生火技術。那些技藝中也許有一些是澳洲土著後來才發明或採借的——顯然塔斯馬尼亞人因為人口過少，所以不能獨立發明同樣的技藝。但是許多早已發明的技藝，塔斯馬尼亞人都沒有保存下來——那是文化隔離的後果。例如考古學家已經發現：捕魚技術，以及骨錐、骨針等骨器，大約是在西元前一千五百年消失的。另外還有三個小島（Flinders, Kangaroo, King），也是在一萬年前，由於海水面上升才和澳洲大陸、塔斯馬尼亞島隔離開來，當初島上大約只有兩百到四百人，全都絕了後。

塔斯馬尼亞和其他三個島島民的命運，等於以極端的形式演示了人類歷史的一個通則。幾百人的小社群在隔絕的情況下，不可能生生不息；四千人倒可以活一萬年以上，可是註定要當個敗家子，既守不住家當，也發明不了什麼新玩意，最後只剩得光桿一身，呈現在世人眼前的，是寒傖得離譜的物質文化。澳洲大陸上有三十萬人，比起塔斯馬尼亞好過多了，可是在世界各大洲之中，仍然是人口最少、與外界最少接觸的族群。我們在澳洲大陸上觀察到的技藝退化、失傳的事例，以及塔斯馬尼亞島民的例子，讓人不由得懷疑：澳洲土著的文化業績有限，部分原因可能是人口數量較少，各社群又互相隔離，以致於傳統的維持與發展兩者俱疲。塔斯馬尼亞是個極端的例子，同樣的因素對澳洲土著的影響，當然小得多。循著這個理路演繹下去，地球上最大的陸塊（歐亞大陸）與較小的陸塊（非洲、北美洲、南美洲），在工藝業績上的差別，同樣的因素也許也發揮了作用。

為什麼先進的工藝技術沒有從印尼或新幾內亞到澳洲呢？它們都鄰近澳洲，不是嗎？印尼位於澳洲的西北方，與澳洲隔著大海，生態環境也大不相同。而且直到幾千年以前，印尼也是個文化落後地區。自從四萬年前人類到達澳洲後，從來沒有從印尼引進過任何新技術或其他文化產物，直到西元前一千五百年——澳洲犬（dingo）開始在澳洲出現。

澳洲犬是在南島語族群擴張的高潮期間到達澳洲的。南島語族群從華南深入東南亞。佔居了印尼各島嶼，包括帝汶與塔寧巴爾這兩個距離澳洲最近的島。它們與澳洲的距離分別是四百四十公里與三百三十公里。由於南島語族群飄洋過海，已不下幾千里，絕不會把那幾百公里的海路放在眼裡，即使我們沒有澳洲犬當證據，也不該懷疑他們曾經反覆接近過澳洲大陸。在歷史時期，澳洲西北部每一年都有來自印尼西里伯斯島的風帆獨木舟造訪，直到本世紀初（一九〇七年）澳洲政府才禁止這類接觸。根據考古證據，這類接觸在西元一千年左右（北宋初年）已經建立起來了，我們當然可以懷疑甚至還可能更早。西里伯斯人到此地的目的是採海參，然後輸往中國。（海參對中國人而言，既是壯陽藥，也是重的湯料。）

不用說，西里伯斯人的造訪在澳洲西北部留下了遺澤。他們在岸上紮營的地點種下了羅望子木（tamarind），也在澳洲土著的女人身上撒了種。他們帶來布匹、金屬工具、陶器、以及玻璃與澳洲土著交易，不過澳洲土著從來沒有學會製作的方法。澳洲土著從西里伯斯人那裡學會的，是採借了幾個詞、一些儀式、製作獨木舟並利用風帆航海的技術，還有抽煙斗。

但是所有那些遺澤，都沒有改變澳洲土著社會的基本性格。我們更應該注意的是：哪些事沒有發生。首先，西里伯斯人並沒有在澳洲定居，顯然是因為澳洲西北部的氣候太過乾燥，西里伯斯人的農業無法發展。要是澳洲比較接近印尼的區域，是東北部的雨林與草原帶，西里伯斯人是有可能定居下來的。可是目前沒有證據顯示他們曾到過澳洲東北部。登陸澳洲的西里伯斯人每次都是一小群，停留的時間也短，根本沒有深入內陸，只有一小段海岸上的澳洲土著和他們有接觸的機會。那些少數的澳洲土著對西里伯斯人的文化與技術，也只能管中窺豹，無緣得見西里伯斯社會的全貌——包括稻田、豬、村落、店舖。因為澳洲土著仍以狩獵—採集為生計，他們從西里伯斯人那裡，只採借了一些與他們生活形態相配的物品與習俗。風帆獨木舟、煙斗，成！煉鐵爐、豬，免了。

更讓人驚訝的，應該是澳洲土著也拒絕了新幾內亞的影響。說澳洲土語，沒有豬、沒有陶器、也沒有弓箭的澳洲土著，和說新幾內亞語，有豬、有陶器、有弓箭的新幾內亞土著，只隔著一衣帶水——托雷斯海峽。更離奇的是，這托雷斯海峽並不是開闊的水面，而是點綴著一些島嶼，其中最大的威爾士親王島（當地稱為Muralug）距離澳洲海岸不過十六公里。海峽中的島民溝通了新幾內亞和澳洲，與雙方都有貿易往來。許多澳洲土著女人嫁給島民，她們在島上看過耕田與弓箭。那麼，為什麼那些新幾內亞文化特徵沒有傳入澳洲？

托雷斯海峽會是一個令人驚訝的文化障礙，完全是因為我們誤導了自己的想像造成的，以為海峽中距澳洲海岸不過十六公里遠的島上。負載著新幾內亞社會的完整縮影。事實不然。澳洲約克角地區的土著。從來沒有見過新幾內亞島上的土著。海峽中有一系列的島嶼連接新幾內亞和澳洲，貿易接觸是逐島進行的。

因此，新幾內亞社會的形象在這一島鏈上逐漸失血，越接近澳洲就越蒼白。在那些島上，豬不是沒有，就是很少。新幾內亞島上面對澳洲的南岸低地，居民根本就不搞高地那種密集農業。他們以燒墾法耕作，大量依賴海產資源，狩獵、採集仍是重要生計。而且燒墾耕作的重要性，無疑在島鏈中湮滅了。那最近澳洲的島——威爾士親王島——十分乾旱，不適農作，居民不多，主要以海產、野山藥、紅樹林中的果子維生。

由此可見，澳洲與新幾內亞的界面，非常類似小孩子玩的傳話遊戲：幾個孩子坐成一個圓圈，其中一個將一張紙條上的一個字，貼近他右邊的人的耳朵，小聲說給他聽，那人再貼近他右邊的人的耳朵，小聲把聽來的字說給那人聽。如此這般。當最後一個人在第一個人的耳朵吐出那個他聽來的字後，往往引發難以抑制的笑聲。因為經過一連串的傳播，那個字已經變得和原來寫在字條上的字完全不同，竟無一點相似之處。同樣的，新幾內亞與澳洲間的文化交流，由於透過托雷斯海峽中的島嶼逐步傳遞，最後雙方收到的是嚴重失真的訊息。此外，我們也不應將威爾士親王島民和約克角澳洲土著的關係，想像成愛的饗宴，從未中斷過；以為澳洲土著對島民師父充滿孺慕之情，渴望學習一切事物。事實不然。他們之間的關係，糾纏著貿易與戰爭，獵人頭與搶女人，在他們的世界中是永恆的行為動機。

儘管新幾內亞文化澳洲土著眼中，因為距離和戰爭而失真，某些新幾內亞文化成分，的確在澳洲發生了影響。通婚使新幾內亞的一些體質特徵進入澳洲約克角半島，例如卷髮。那裡有四種語言有一些不尋常的音素，其他的澳洲土語沒有使用過，也許是受新幾內亞土語的影響。最重要的，是新幾內亞土著用貝殼製造的魚鉤，那種魚鉤傳入了澳洲大陸；還有雙舷架獨木舟。約克角半島很流行。來自新幾內亞的鼓、儀式面具、葬儀架與煙斗，約克角的土著都採借了。但是他們沒有採借農業。部分原因是他們在目拉島上所見的已經不復原貌。他們也沒有養豬，因為那條島鏈上沒有幾條豬。就算他們引進豬，大概也養不活，因為他們沒有農業。他們也沒有採借弓箭，繼續使用傳統的矛與拋矛器。

澳洲是一塊大陸，新幾內亞也是。但是這兩塊大陸的接觸，僅限於托雷斯海峽中的島鏈，新幾內亞文化在那條島鏈上已經嚴重失血、面色蒼白，而接觸到新幾內亞文化的澳洲土著，只有約克角的幾個小社群。那一小群人為了任何理由所作的決定，決定了廣大的澳洲群眾接觸到新幾內亞文化的機會。例如他們決定繼續使用老祖宗的長矛，就阻絕了其他人接觸新幾內亞弓箭的機會。結果，除了貝殼製魚鉤外，新幾內亞文化的其他特徵根本沒有傳入澳洲。要是在涼爽的新幾內亞高地上的幾十萬農民，與澳洲東南高地上的居民有密切的接觸，新幾內亞高地農業就有可能傳入澳洲了。可惜新幾亞高地與澳洲高地相距三千兩百公里，其間又是生態完全不同的地帶，就算想要逐步推進農業，都不可能。澳洲土著要想觀察並學習新幾內亞高地農業，即使不是完全沒有機會，也比不上精衛填海、愚公移山。

總之，石器時代的澳洲狩獵—採集族群，與石器時代的新幾內亞農民、鐵器時代的印尼農民都有貿易往來，可是他們仍然維持傳統的生計與文化。乍看之下那似乎彰顯了澳洲土著的頑固不化。進一步考察之後，澳洲土著的故事只不過反映出：地理在文化與技術傳播過程中無所不在的影響力。

最後我們要考察的，是新幾內亞與澳洲這兩地的石器時代社會與歐洲鐵器時代社會的接觸。西元一五二六年一位葡萄牙航海家「發現」了新幾內亞，荷蘭在西元一八一八年宣布擁有新幾內亞西半部的主權，英國與德國在西元一八八四年瓜分了東半部。起先歐洲人只在海岸地帶定居，他們花了很長的時間才探入內陸。但是到了一九六〇年代，歐洲人已在那裡建立了政府、統治全島。

是歐洲人到新幾內亞殖民，而不是新幾內亞人到歐洲殖民，這樣的歷史結局應不令人意外。畢竟建造越洋船隻、利用羅盤、航行四海的，是歐洲人。他們有書寫系統、印刷術，可以印刷地圖、描述報告，以及管理文件。方便他們治理新幾內亞。他們發展出了政治制度，可以組織船隻、軍隊，與統治衙門。他們有槍炮，可以對付用弓箭棍棒反抗的新幾內亞土著。不過，歐洲殖民者的人數一直不多，今天新幾內亞的人口仍以土著為主。那與澳洲、美洲、南非的情況完全不同。在那些地方歐洲移民佔人口中的多數，他們生生不息，並大規模代換了大片土地上的土著。為什麼新幾內亞沒有發生那樣的事？

一個主要的因素，就是瘧疾與其他熱帶傳染病，其中沒有任何一種是必須在稠密群眾中才能橫行的急性傳染病（見第十一章）。一八八〇年之前，那底疾病阻滯了歐洲人拓墾、定居新幾內亞低地的行動。當年最具雄心的拓墾低地計畫，是法國雷伊侯爵（Matquis de Rays）在一八八〇年代擬定的。他開墾的是新幾內亞附近的新愛爾蘭島，一千個殖民者三年內就死了九百三十人。即使今天有現代醫學做後盾，我的許多白人朋友在新幾內亞邦因為瘧疾、肝炎和其他疾病而迫離開。我本人因為在新幾內亞工作而中的健康大獎，包括一年的瘧疾病史和一年的痢疾病史。

好，歐洲人給新幾內亞低地的病菌摺倒了；那為什麼新幾內亞土著沒給歐亞病菌摺倒呢？有些新幾內亞土著的確受到感染，但是整體而言，歐亞病菌沒有在新幾內亞土著中造成大規模傳染也沒有殺死多少人，和那些病菌在美洲、澳洲展現的威力，難以比擬。部分原因是新幾內亞土著幸運得很，歐洲人直到一八八〇年代才在島上建立永久據點，那時已有許多重要的公共衛生發現，使得歐洲人帶來的一些傳染病受到了控制，例如天花。此外，南島語族群擴張後，印尼來的移民與商人不斷的登上了新幾內亞，前後達三千五百年。由於源自亞洲大陸的傳染病已在印尼生根，新幾內亞土著長期接觸印尼人，暴露在那些傳染病的威脅之下，逐漸產生了抵抗力。因此新幾內亞土著對於歐洲人帶來的傳染病，比起澳洲土著，抵抗力大得多了。

超過一定的海拔高度，瘧蚊就無法生存。所以只有在新幾內亞高地，歐洲人才不會遭遇嚴重的健康威脅。但是新幾內亞高地已經由密集的土著人口佔居，歐洲人到了一九三〇年代才能深入。那時澳洲與荷蘭的殖民政府都已放棄了傳統政策，不再以大規模殺戮、驅趕土著的方式強奪土地、建立白人社區。

歐洲拓墾者最後必須克服的障礙，是歐洲的農作物、牲口，和生計不適合新幾內亞的土地與氣候。雖然從美洲引進的作物，如瓜菜、玉米、蕃薯，都在那兒小規模的種植，茶與咖啡也在高地上栽種成功，歐洲的糧食作物如小麥、大麥、豌豆，卻從來沒能立足。從歐洲引進的牛、羊，數量也不多，因為牠們和歐洲人一樣，也深受熱帶疾病的侵擾。所以新幾內亞的糧食生產行當，仍以傳統作物和傳統方法為主，畢竟那都是在當地發展了幾千年的經驗結晶。

所有上面討論過的問題——疾病、地形、生計——是讓歐洲人決定離開新幾內亞東半部的原因。現在那裡是一個獨立的國家（巴布亞新幾內亞共和國），政府與人民都是新幾內亞人組成的。不過他們以英語為法定語言，使用英文書寫系統，抄襲英國的民主政制，以海外製造的武器保衛國家。新幾內亞西半部就是另外一個故事了。一九六三年印尼從荷蘭手中接收了新幾內亞西半部的主權，改成印尼的愛雲甲亞省（Irian Jaya），現在由印尼人治理、享有。鄉間的居民雖然仍以新幾內亞土著為主，城市中住滿了印尼人。那是印尼政府鼓勵移民的政策造成的結果。印尼人和新幾內亞人一樣，都長期暴露在瘧疾及其他熱帶疾病的威脅下，因此不像歐洲人那麼脆弱。印尼人在新幾內亞的生計也沒有太大的困難，因為印尼的農業也包括香蕉、蕃薯和其他新幾內亞人當作主食的作物。愛雲甲亞省目前進行的變化，早在三千五百年前就已經開始了，現在印尼政府所做的，不過是運用國家體制所能動用的資源，繼續推動南島語族群的擴張。印尼人是現代的南島語族群。

基於同樣的原因，歷史的結局是：歐洲人殖民澳洲、決定了澳洲土著的命運。但是澳洲土著的命運和新幾內亞土著的卻大不相同。今天的澳洲，是由兩千萬「非土著」澳洲人享有與控制。大部分澳洲人是歐洲裔，自從一九七三年澳洲政府放棄「白澳政策」後。亞洲裔移民就逐漸增加。澳洲土著人口衰減了八〇%（從歐洲人初臨時的三十萬人，到一九二一年的最低點六萬人）。現在澳洲土著處於澳洲社會的最底層，是最弱勢的族群，有許多人靠教會的接濟維生，或住在政府的保留區中，或為白人照顧牲口。為什麼他們的命運和新幾內亞土著差那麼多呢？

基本原因在於澳洲有部分地區適合歐洲人營生與居住，再加上歐洲移民的槍炮、病菌與鋼鐵消滅了擋路的澳洲土著。我在前面強調過澳洲的氣候與土壤帶給移民的困擾，不過那裡最肥腴的區域卻適合歐洲的農業。澳洲溫帶的農業，以歐亞大陸的溫帶主要作物佔大宗：小麥（澳洲的主要作物）、大麥、燕麥、蘋果、葡萄，加上來自非洲的高粱、棉花，來自南美的蕃薯。澳洲東北部（昆士蘭省）已超出了肥沃月彎作物的理想氣候區，歐洲農民引進了源自新幾內亞的甘蔗、熱帶東南亞的香蕉、柑橘，和源自熱帶南美的花生。至於牲口，源自歐亞大陸的綿羊，將不適於農業的旱地，變成生產食物的場所；源自歐亞大陸的牛，則在較溼潤的土地上，增進土地生產力，並殺身成仁，滿足人類的口腹需求。

澳洲的土地，必須引進在世界其他氣候相近地區馴化的作物、家畜，才能發展生產食物的行當。要不是有越洋運輸工具，那些作物、畜生也到不了澳洲。澳洲與新幾內亞不同，大部分地區都沒有嚴重的傳染病，足以阻滯歐洲人的深入。只有澳洲北部才有瘧疾和其他熱帶傳染病，讓十九世紀的歐洲人難以染指，不過現代醫藥已經使歐洲人在那個地方定居下來。

當然，澳洲土著是歐洲人拓墾的障礙，因為澳洲最肥美的農田、牧場，也是澳洲狩獵—採集族群最鍾愛的家園，那裡的土著人口最稠密。歐洲移民減少土著人口的辦法有兩個。第一個辦法就是射殺。十八世紀末、十九世紀的歐洲移民，比較肆無忌憚。一九三〇年代歐洲人進入新幾內亞高地，就比較不敢（也不願意）明目張膽的開槍。澳洲最後一場大屠殺，發生在一九二八年春季。共有三十一名土著死於非命。另一個辦法就是透過歐洲人帶來的病菌，澳洲土著從來沒有暴露在那些病菌的威脅之下，因此毫無抵抗力。歐洲人到達雪梨後（一七九九年），一年之內就到處可見死於傳染病的土著屍體。主要的殺手是：天花、感冒、麻疹、傷寒、斑疹傷寒、水痘、百日咳、肺結核、梅毒。

於是，幾乎所有居住在適於歐洲人開墾的土地上的土著社會，都給消滅了。只有那些生活在對歐洲人無用土地上的土著社會，才多少完整的存活了下來。歐洲人只花了一個世紀，土著花了四萬年創造出來的傳統就催毀了。

現在，我們可以回答我在本章開頭提出的問題了。到澳洲殖民的白種英國人，在幾十年內創造了一個使用文字、生產糧食、工業化的民主社會，而在那裡生聚蕃息了四萬年的土著，仍過著沒有文明的狩獵—採集生活。要是我們不假定澳洲土著是劣等族群的話，怎麼能夠解釋那個事實呢？英國人和澳洲土著在澳洲的業績，不正是人類社會演化的實驗？讓人不得不接受簡單的種族主義論調？

這個問題很容易回答。白種英國人並沒有在澳洲創造出使用文字、生產糧食、工業化的民主政體。他只不過引進了在別處發展的那些要素：牲口、農作物、冶金術、蒸汽機、槍炮、字母、政治制度、還有病菌。所有這些都是過去一萬年在歐亞環境中發展完成的成品。一七八八年登陸雪梨的歐洲人，繼承了那些要素，不是因為他們有偉大的天賦，而是因為地理的巧合，正巧出生在可以接觸那些要素的地理環境中。要不是他們繼承了歐亞大陸上發展出的技術，不可能學會在澳洲與新幾內亞生存的手段。伯克與威爾斯聰明得學得會寫字，卻無法在沙漠中生存，而澳洲土著已在那裡生活了幾萬年了。

在澳洲創造了社會的人，是澳洲土著。沒錯，他們創造的社會沒有文字、沒有生產食物技能也沒有工業民主體制。可是他們的社會是從澳洲環境的特色中生長出來的。

CHAPTER 16

中國——東亞之光

筆者住在加州。訂定「移民」、「保護弱勢族群條款」、「多元文化」、「族群共生」等引人爭議的法案，加州都是先驅。現在反挫當道，加州也一馬當先，主張撤銷那些當年頗為激進的法案。我的兒子在洛杉磯的公校就讀，只要走近教室向裡瞥一眼，議會裡大人的抽象辯論立刻就變得有血有肉，那些孩子的臉是最好的說明。在洛杉磯公校系統中就讀的學生，在家裡說的語言超過八十種，在家說英語的白人小孩成了「少數」。我兒子的每一個玩伴，父母或祖父母中至少有一人不是在美國出生的。我兒子也不例外，他的祖父母中有三個不在美國出生。但是移民只不過在恢復美洲這塊土地上的「族群成分」，美洲有好幾千年都是族群混雜的。在歐洲人登陸之前，美洲有幾百個土著部落與語言，統一的政府在這裡出現，不過最近幾百年的事。

在這些方面，美國是一個「正常」的國家。世界上人口最多的六大國，除了一國，其餘都是「民族大熔爐」——她們都在近代才完成政治上的統一，國民包括許多說不同語言的族裔。俄羅斯就是個例子，原來不過是個以莫斯科中心的斯拉夫國家，西元一五八二年以前國界從未超越烏拉山。到了十九世紀，俄羅斯已經併吞了成打的非斯拉夫民族，他們許多仍保持原有的語言與文化身分。美國這塊土地的近代史，就是美國的歷史，就是住在這裡的每個人都變成美國人的歷史。俄羅斯的歷史也一樣，就是現在住在俄羅斯土地上的人，變成俄羅斯人的歷史。印度、印尼、巴西國都是最近才創造出來的政治實體（就印度的例子來說，「重新創造」也許是更恰當的說詞），每個國家境內各有八百五十、六百七十、二百一十種語言。

中國，世界上人口最龐大的國家，是個例外。今天廣土眾民的中國，無論是政治、文化、語言，都顯得鐵板一塊，不易分割。至少一般人的感覺是那樣，儘管專家也許有獨特的看法。政治上，西元前二二一年（秦始皇二十六年）秦王政統一天下，至今中國一直是一個中央集權的國家。自從文字在中國地區出現之後，數千年一直維持單一的書寫系統，而歐洲的拼音書寫系統雖然同出一源，今天卻出現了成打的現代系統，互不相通。中國的十二億人口中，有八億人說北京話（普通話），這大概是世界上用語人最多的語言。另外有三億人口說七種語言（方言），那七種語言彼此的關係，和它們各自和北京話的關係一樣，都是漢語方言；好比西班牙語和義大利語都是拉丁語系中的方言一樣。

因此，中國不僅不是個「民族大熔爐」，連「中國是怎麼變成中國的？」這樣的問題聽來都覺得荒謬。中國早就是中國了，中國有史以來，就是中國。

中國一直維持統一國家的面貌，我們習以為常，認為理所當然，忘了這是多麼令人驚訝的事。其實我們不該期望中國能維持那麼長久的統一風貌的。理由之一是遺傳學的。雖然體質人類學向來把中國歸入蒙古人種，這個人種類目中蘊含的歧異成分，大於歐洲瑞典人、義大利人、愛爾蘭人之間的差異。特別是，華南與華北的人群，在遺傳上、體質上都頗不相同：華北人與西藏人、尼泊爾人最親近；華南人與越南人、菲律賓人比較接近。華南人與華北人的體質特徵有明顯的不同，我的中國朋友通常只要一眼就可以認出：華北人個子比較高、體型較大、皮膚較白、鼻子較高、眼睛較小（那是由於蒙古褶的關係。）。

華北、華南還有環境與氣候的差異。華北較乾燥、寒冷；華南潮溼、炎熱。這兩個不同環境中的遺傳差異，顯示南北族群各有各的遺傳歷史，沒有太大的交流。那麼這些中國人語言與文化的一致與一貫是怎麼維持的？

中國的語言現象也是個令人困惑的問題。世上其他地區，只要不是最近才開始有人開發居住的，都呈現眾聲喧嘩的語言現象。例如上一章討論的新幾內亞，就有上千種語言，其中包括成打的語言群，彼此的差異比中國八大主要語言的差異大多了，而它面積不足中國的十分之一，人類到此定居也不過才四萬年。大約六千到八千年前，印歐民族定居西歐，至今有四十多種語言流通，包括英語、芬蘭語、俄語，它們有的是早期語言分化的產物，有的是後來由外來族群帶進來的。然而化石證據顯示中國地區早在百萬年前就有人類定居。在那麼悠久的歷史中，中國地區必然也有過眾聲喧嘩的日子，那些成千甚至上萬的語言都到哪裡去了。

這些難解的事實，令人不由得懷疑：中國和其他廣土眾民的國家一樣，也曾經是個「複雜」地區，只不過很早就「統一」了。中國地區「華化」的過程，第一步是在一大片地區上的古代民族熔爐中搞大一統，然後再殖民熱帶東南亞，並對韓國、日本（甚至可能包括印度）發生了強大的影響。因此中國的歷史，是東亞史的樞紐。本章就是中國「華化」的故事。

我們可以從一張中國語言地圖（圖16.1）開始，比較容易進入情況。對我們認為中國是鐵板一塊的人來說，這張地圖教人大開眼界。原來在中國地區，除了八大語言（北京話和另七個漢語方言，以下本書將以「漢語」或「中國話」指稱）之外，還有一百三十多種「少數民族」語言，其中有許多最多只有幾千個用語人。整個來說，中國地區的語言可以分為四大語族，地理分布有很大的差異。

一方面，漢語（漢藏語系中的一個大支）從華北到華南的分布是連續的。從東北

（華北）到東京灣（華南），漢語通行無阻，放眼盡是漢人同胞，其他三個語族的分布，淹沒在漢語中，成了孤島，彼此不能呼應。

其中分布最分散的，是苗瑤語族，六百萬用語人，大約可以分出五種語言：紅苗、白苗（紋苗）、黑苗、綠苗（藍苗）、瑤。從華南到泰國，在一片五十萬平方英里的土地上，苗瑤語族分散在成打的小「飛地」裡，讓其他語族包圍著。當年由越南逃出的難民中，有超過十萬說苗語的人移民美國。

另一個四散分布的語言群是南亞語系，這個語系中說越南語、高棉語的人最多，分布也最廣。東起越南、西至印度北部、南達馬來半島的地理範圍內，住著六千萬南亞語民。中國地區第四個語族是傣—佧岱語系（包括傣語、老撾語）。這個語族有五千萬用語人，分布從華南到泰國半島，西至緬甸（見圖16.1）。

用不著說，說苗瑤語的族群，不是搭直升機降落至目前他們生活的飛地的。我們可以推測：當初他們生活的土地幾乎是連成一大片，只是後來遭到其他語族侵入，鯨吞蠶食。今天的飛地，是苗瑤語族花果飄零的見證。事實上，過去兩千五百年語言分布地圖的變遷過程，我們有相當完整的紀錄。現代傣語、老撾語、緬語族群的祖先，都是在歷史時期從華南鄰近地區遷居到目前的居所，他們逐步「淹沒」了先前住在那裡的移民。漢語族群一向鄙視其他語族。征伐驅趕、招降納叛、改土歸流，無所不用其極，不遺餘力。中國周朝的歷史（西元前一千一百年到二二一年），就有許多漢語族征服、吸納中國

圖 16.1　中國的四大語族

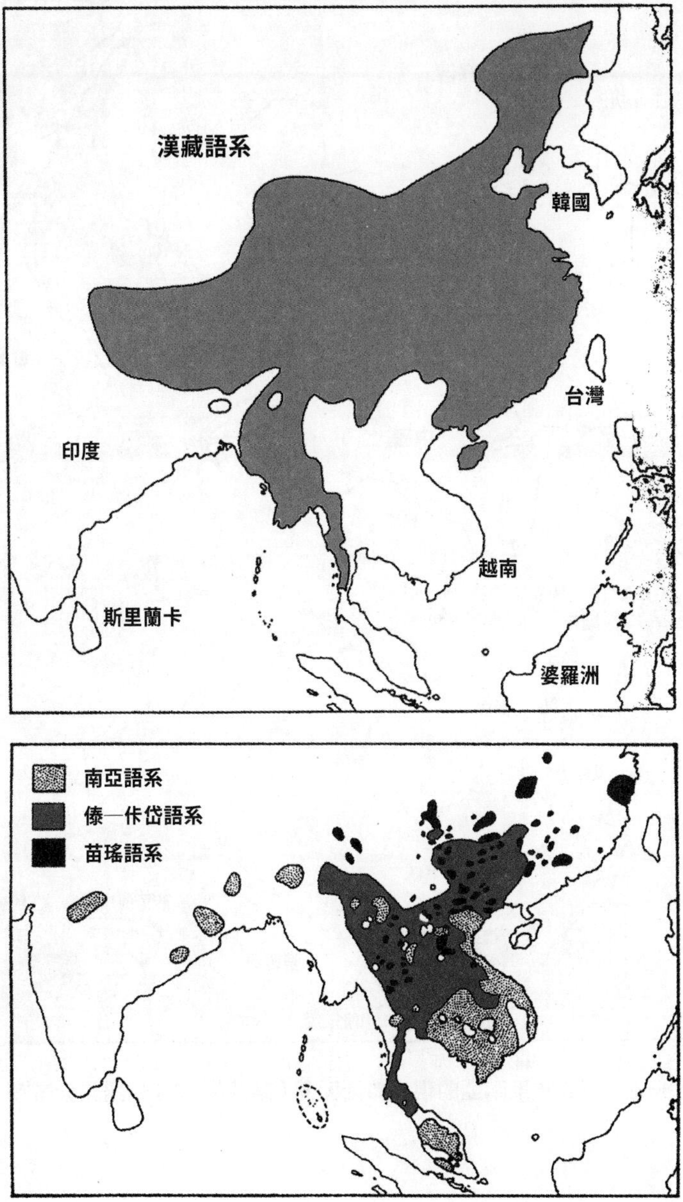

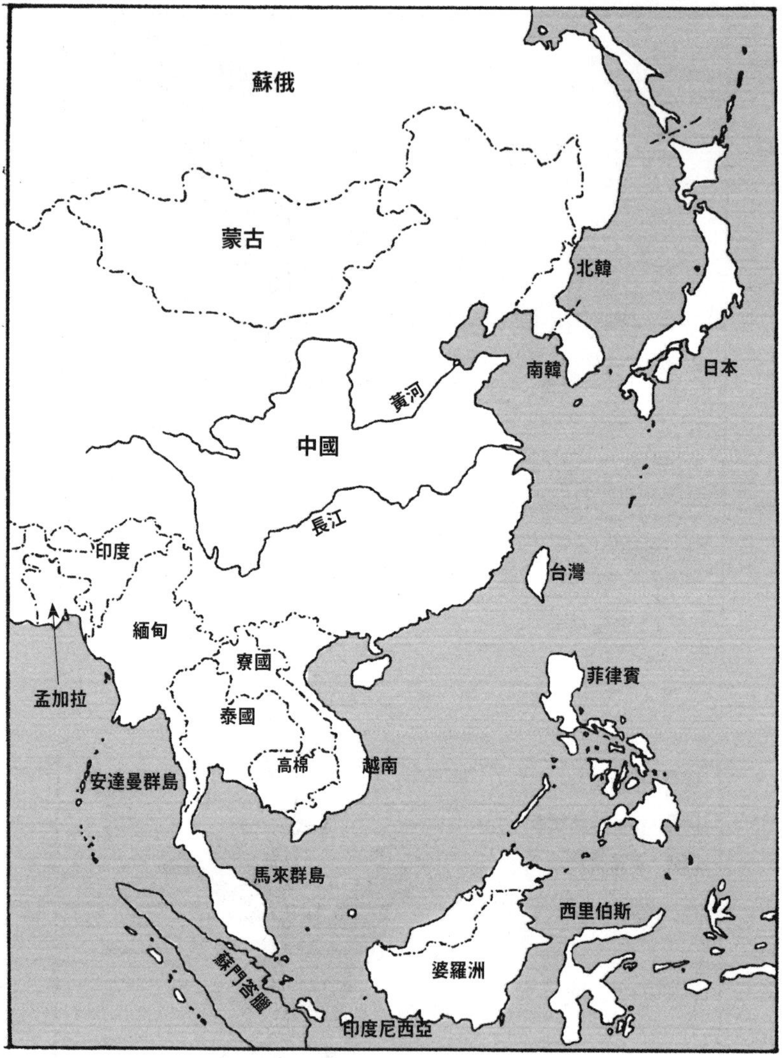

圖 16.2　東亞和東南亞的現代政治面貌（請參照 16.1 的語族分布圖）

地區大部分非漢語族群的紀錄。

我們可以用幾種不同的推論，重建幾千年以前的東亞語言地圖。第一，我們可以從最近一千年內已知的語言擴張事件，反推更早的情況。第二，某一語言和有親緣關係的語言，若連續分布在一大片土地上，是它們才剛完成了一次擴張的證據。因為任何一片土地上的語言，通常都會在歷史過程中分化成好幾個語言。最後，我們可以反過來想，若一大片土地上呈現高度的語言歧異現象，可是所有語言都屬於同一語族，表示這個語族很早就在這個地區落戶。

運用這三種推論回語言時鐘，我們的結論是：華北原來由漢語族群和其他漢藏語族群佔居；華南分布著苗瑤語系、南亞語系、傣－佧岱語系的族群；華北的漢藏語族群南向擴張，驅趕或同化了說其他語言的土著。另一個更為徹底的語言劇變，必然從華南掃過熱帶東南亞－包括泰國、緬甸、柬埔寨、寮國、越南、馬來半島。不管當年在那兒的土著說什麼語言，那些語言全都消失了，因為那些國家的現代語言都是最近的入侵者帶來的，主要從華南，還有從印尼來的少數例子。由於苗瑤語系看來不過在苟延殘喘，我們可以猜測，當年華南還有其語族，只是沒能存活下來。下一章討論南島語系（菲律賓人和玻里尼西亞人的語言屬於這個語族），我們會提到：南島語族群可能也在華南定居過；後來南島語在華南消失了，我們還能知道這個語族，是因為南島語族群散布到南太平洋諸島上，在那裡存活下來。

東亞發生的語言代換事件，提醒我們歐洲語言（尤其是英語、西班牙語）進入美洲的過程。歐洲人「發現新大陸」之前，美洲有上千種土著語言。歷史顯示：英語取代了美國的印第安土著語言，但並不是因為印第安人覺英語悅耳。語言代換的過程，涉及戰爭、謀殺、傳染病，移民直接、間接的殺戮土著，迫使殘存的土著不得不採用新出現的優勢語言——英語。語言代換的近因，是歐洲移民比美洲人擁有優勢的技術、政治組織，追根究柢，關鍵在糧食生產生計在舊世界出現得比較早。英語在澳洲取代了澳洲土著的語言、班圖語在赤道非洲取代了土著俾格米人和柯伊桑人的語言，基本上都是同樣的過程。

那麼，東亞的語言大變動是由哪些因素造成的？說漢藏語的族群從華北擴張到華南；南亞語族和華南其他的土著語族，從華南深入熱帶東南亞，他們憑藉的是什麼？要回答這個問題，我們必須爬梳考古資料，著眼於技術、政治和農業方面的證據，看看是不是某些東亞族著了先鞭，主宰了歷史。

東亞與世界其他地區一樣，考古證據顯示：這裡絕大部分的人類歷史是狩獵—採集族群的業績。他們使用並未打磨過的石器，也沒有陶器。歷史的新頁似乎在中國展開。考古遺址中出現穀物遺跡、畜養動物的骨骼、陶器、打磨過的石器，大約在西元前七千五百年，距離肥沃月彎農業開展的時間不過一千年。但是中國更早的考古紀錄並不完整，我們無法判斷中國的糧食生產生計，比起肥沃月彎是早是晚，或同時發展？不過我們至少可以說，中國是世界上最早生產糧食的地區之一。

事實上，中國地區可能有兩個甚至更多獨立發生農業的中心。我已經提過華北華南的生態差異，華北乾、冷，華南溼、熱。在同一緯度，東部沿海低地和西部內陸高地，也各有生態特色。因此各地有不同的原生植物，換言之，各地居民發展業的資源不同。這裡最早的農作物是在華北發現的，那是兩種抗旱力強的粟米，而不是華南的稻米。因此華北與華南可能各有一個獨立的農業中心。

除了最早的農作物，遺址還出土了家豬、狗、家雞的骨骼。其他人工養殖的動、植物，逐漸在後來遺址中出現。動物中以水牛最重要（可以犁田），還有蠶、鴨、鵝。後來的中國作物中，大家熟悉的有大豆、麻、橘、茶、杏、桃、梨。此外，由於歐亞大陸的軸線是東西向的，農牧品種在中國古代即已向西傳播，西亞品種也可以東傳，在東亞成為重要的生活資源。西亞傳入的動、植物，特別重要的有小麥、大麥，牛與馬，綿羊、山羊。

中國和其他地區一樣，從糧食生產生計中逐漸發展出其他的「文明」要素。（那些要素我們已經在十一到十四章討論過了。）中國精美絕倫的青銅工藝，大約在西元前三千到兩千年之間萌芽，最後導致世界上最早的鑄鐵工藝，約當春秋戰國之際（西元前五百年）。以後的一千五百年（直到北宋初年），中國是世界上最重要的工藝發明輸出國（見十三章），包括紙、羅盤、獨輪車（諸葛亮的木牛流馬）、火藥。有城牆保護的城市在西元前三千年到兩千年之間興起，墓葬形制的寒微堂皇與殉葬物的豐厚程度，也是社會階層分化的證據。還有其他的證據顯示：在當時階層分化的社會，統治者能夠動員民力，例如高大的城牆（防禦工事）、巨大的宮殿及溝通南北的大運河。文字紀錄（甲骨文）自西元前二千到一千年之間開始，但文字可能在更早就發明了。從此，我們對城市、國家在中國興起的知識，除了考古資料外，還有文字史料可以依據。根據文字史料，中國的歷史可以追溯到夏朝—中國第一個朝代，大約在西元前兩千年建立。

至於糧食生產生計最兇惡的副產品—傳染病，我們無法確定舊世界的主要傳染病是在什麼地方發源的。不過，歐洲的羅馬帝國和中世紀史料清楚的紀錄過，黑死病（腺鼠疫）和天花是從東方傳播到地中海地區的，因此有可能源自中國或遠東。感冒（源自豬感冒病毒）更有可能是從中國發源的，因為中國很早就馴養了豬，而且自古豬肉就是重要的餐食肉。

中國幅員廣大、生態複雜，各地發生了許多地域性文化，各不相屬。這在考古學資料上表現得很清楚，尤其是陶器和其他工藝品，各有特色。大約到了西元前四千年到三千年之間，各個地域文化開始向外擴張，相互接觸、交流、競爭、融合。各地採擷自當地生態資源發展出的糧食品種，也隨著傳播各地，豐富了中國地區的食物生產業。同時，這一相互作用圈也為日後形成的中國文明奠定了可大可久的文化、技術基礎。各地酋邦相互競爭，也為中央集權制的大型國家鋪路。（十四章）

雖然一般而言農作物不易沿南北軸線傳播，但是中國與美洲、非洲的情形不同，因此農作物南北向傳播在中國並沒有遭遇那麼大的困難。第一，中國南北距離較短。其次，中國南北之間並無難以踰越的地理屏障，例如沙漠，非洲與墨西哥北部就有大漠阻絕；例如狹窄的地峽，中美洲地峽構成南、北美洲的交通瓶頸。另一方面，橫貫中國東西的河流，像華北的黃河、華南的長江，讓沿海地區與內陸的農作物、技藝交流方便得很。同時，中國的東西橫軸綿長、東西坡度緩和，有利於南北向交流，而且使兩條大河之間構築運河的計畫得以實現。中國地區很早就完成了文化、政治的統一，所有這些地理因素都起了相當大的作用。與西歐對照起來，這一點就更明白了。西歐的面積與中國相當，可是地勢起伏，又無河流貫通，文化、政治上的割裂至今無法彌縫。

中國地區的文化交流，由南傳到北的例子有稻作、煉鐵，但是由北往南的方向是主要趨勢，文字是最明顯的例子。中國與歐亞大陸四部的文明中心不同，那裡發明了好多種早期書寫系統，例如蘇美人的楔形文字、埃及的象形文字、四台特文、邁諾安文、閃美字母等等。中國只發展出一種文字，在華北完成，流傳各地、所向披靡，所有其他的書寫系統（假如有的話）都失去了發展的機會。今天的漢語文字，就是從那一套古文字演進而來。其他源自華北社會、輸入華南的主要文化特徵，有青銅工藝、漢藏語、國家體制。中國史的開端，夏商周三代，大約在西元前兩千年到一千年之間，都在華北興起。西元前一千年之內的中國上古史文獻中，顯示出中國人（華夏民族）已經有文化優越感，認為非華夏民族是「蠻夷」（許多人今天仍然保持這種態度），甚至華北的中國人也瞧不起華南族群，當他們也是「蠻夷」。例如：

> 中國戎夷・五方之民・皆有性也・不可推移・東方曰夷・被髮文身・有不火食者矣・南方曰蠻・雕題交趾・有不火食者矣・西方曰戎・被髮衣皮・有不粒食者矣・北方曰狄・衣羽毛穴居・有不粒食者矣・（《禮記》〈王制〉）

淵源於華北周朝的國家體制，在周朝封建的過程中傳播到華南。西元前二二一年秦始皇統一全國，奠定了政治中國的規模。中國的文化統一也在同一期間內加速進行。以文字為基礎的「文明」中國，魅力無限，「夷狄」不是給同化，就是積極仿冒。當然，這個文化統一過程也有殘暴的面相，例如秦始皇下焚書令，「非秦記皆燒之」，我們對中國上古史感興趣的人有那個不嘆息痛恨呢！華北的漢藏語散播全中國，華南土著語言（如苗瑤語等非漢語）花果飄零，淹沒在華夏人海中，那些嚴厲措施必然發生過重大的作用。

在東亞，中國在生產糧食、工藝、文字和國家體制等方面，都著了先鞭，因此中國的創新對鄰近地區的發展有非常重要貢獻。例如熱帶東南亞直到西元前四千年至三千年之間，土著仍過著狩獵—採集生活，使用以礫石、石片製做的工具。考古學家稱這種文化為貨平文化，這個文化當初就是以越南貨平遺址命名的。後來，源自中國華南的農作物、新石器工藝、農莊聚落、陶器傳入熱帶東南亞，也許隨之而來的還有華南的非華夏語族。在歷史時期，緬甸、老撾、泰國的南向擴張，完成了熱帶東南亞的「華化」。現在那些國家的國民，是他們華南堂兄的苗裔。

中國散發出的影響力，有如壓路機，所到之處，靡有孑遺，先前安居在那裡的土著，竟然留不下一鱗半爪，憑空消失了。只有三個倖存的族群還能讓我們遙想當年，他們是：馬來半島上的賜芒族、孟加拉灣中的安達曼島民、斯里藍卡的味朵族。他們都是海洋黑種人。也許熱帶東南亞的土著是黑皮膚、捲髮的族群，與現代新幾內亞的居民比較像，而不像淺膚色、直髮的中國華南人，以及他們的旁支——現代中南半島居民。東南亞的海洋黑種人，可能是上古東南亞土著的孑遺，當年他們的祖先還曾移民新幾內亞，在那兒開枝散葉。賜芒族仍過著狩獵—採集生活，與鄰近的南島族農民交易農產品過日子，但是他們已經改說鄰居的語言了——現在他們的「母語」是南島語。狩獵—採集族群採用了農耕族群的語言，而不是生計，同樣的例子還有菲律賓的海洋黑種人，非洲的匹格米族也是。只有在遙遠的安達曼島上，島民說的語言和南島語毫無淵源，那大概是上古東南亞土著語言的標本吧。

朝鮮、日本的地理位置和外界有相當的隔離，所以朝鮮人、日本人能夠維持他們的語言，以及體質、遺傳上的特質，即使這樣，仍逃不出中國文化的掌心。西元前兩千年之後，朝鮮、日本從中國得到稻作農藝；西元前一千年之後，青銅工藝；唐代，文字傳人。源自西亞的小麥、大麥，也是從中國輸入的。

不過請讀者不要因為以上敘述，而產生錯誤的印象，以為東亞文明的唯一源頭是中國。中國扮演了歷史火車頭的角色，已立立人，各地的居民踵事增華，精益求精。日本人在上古時代發展出人類史上最古老的製陶技術，他們以狩獵—採集維生，雖然不會農耕，卻住在村落中過著安定生活，因為日本有豐富的海產資源。日本、朝鮮、熱帶東南亞的居民，可能獨立馴化過一些作物，其中有的還可能領先群倫。

但是中國的歷史角色再怎麼說也不容小覷。舉例來說，中國文化的威望在日、韓兩國仍未稍歇，儘管日文因為夾雜漢字而不方便書寫，日本人至今不願放棄漢字；韓國在二次大戰後才全面改用現代拼音系統書寫韓語。二十世紀中國漢字仍在日本、韓國通行，這個事實彰顯的，是一萬年前中國發生的生計革命。中國的歷史遺產仍在發熱放光。

CHAPTER 17

飛航大洋洲

有一次在印尼屬新幾內亞首府佳雅普拉（Jayapura），我和三位印尼朋友到一家店裡。那個場景對我來說，正是太平洋島嶼歷史的一個縮影。我的朋友叫做阿許瑪（Achmad）、維沃（Wiwor）、沙瓦卡里（Sauakari），那家店的老闆是華人，叫平華（Ping Wah）。在我們這幫人中，阿許瑪是頭兒，因為他和我主持一個生態調查，由政府委辦。我們雇用了在地人維沃和沙瓦卡里當助理。但是阿許瑪從來沒有到過新幾內亞，對當地的高山叢林毫無概念，因此在採辦裝備的時候就鬧笑話了。

我們走進店裡的時候，老闆平華正在看一份中文報紙。一開始平華看見的是維沃、沙瓦卡里，他沒在意，繼續看報。等到阿許瑪一出現，他立刻把報紙藏到櫃台下面。阿許瑪起了一把斧頭，維沃、沙瓦卡里就笑了起來，因為他斧頭拿反了。維沃、沙瓦卡里教他正確的握法，看看稱不稱手。然後阿許瑪、沙瓦卡里注意到維沃的光腳丫子，他的腳趾頭乖張，因為從來沒有穿過鞋子。沙瓦卡里挑了鞋頭最寬的鞋子給維沃試穿，都顯得窄穿不進去，讓阿許瑪、沙瓦卡里、平華笑不可抑。阿許瑪挑了一把塑膠梳子，梳了梳他粗黑的直髮。他注意到維沃濃密的卷髮，就把梳子交給維沃試試。那知梳子給維沃的卷髮咬住了，根本梳不動，維沃一用力，梳齒就折斷了。每個人都笑了，維沃也在笑。然後維沃提醒阿許瑪買米，因為山上的村子裡沒有米賣，那裡只有地瓜，阿許瑪肯定吃不慣，大家又笑了。

笑聲洋溢中，我卻能察覺緊張的伏流。阿許瑪是（印尼）爪哇人，平華是華人，維沃是新幾內亞「高山族」，沙瓦卡里是新幾內亞北岸的「平地人」。爪哇人主控了印尼的政府，是統治階級。印尼在一九六〇年代兼併了新幾內亞島的一部分（今印尼屬新幾內亞），並用機槍、砲彈擊潰了反抗的土著。阿許瑪後來決定留在城裡，由我帶著維沃、沙瓦卡里上山調查。他向我解釋：新幾內亞土著一旦發現他身邊沒有軍隊保護，就會殺了他，因為他粗黑的直髮就可以認出他的身分。

平華把報紙藏了起來，因為印尼屬新幾內亞禁止輸入中文出版品。印尼各地的商人，大多是華人移民。爪哇人控制政府、華人掌控經濟，兩者之間的矛盾引發排華暴動，一九六六年那一次，有數十萬華人死於暴亂。維沃、沙瓦卡里都是新幾內亞土著，都憎恨印尼的極權統治，但是他們也彼此仇視。高山族嘲笑平地人吃的是軟啪啪的西米，平地人譏諷高山族是「大頭番」——指高山族濃密的卷髮，也指高山族夜郎自大的心態。我和他們兩人在山上林子裡紮營住下，才不過幾天，他們差點就要動斧頭幹架。

這四個人之間的緊張暗流，是印尼政治的主調，這個國家就人口數量而言，是世界第四大國。這道暗流源遠流長，上溯幾千年。西方人一談到大規模的海外人口移動，就會想到哥倫布發現美洲之後的歐洲海外移民，以及白人在世界各地消滅土著的結果。事實上在更早——史前時代，就有非白人族群大規模的人口移動事例，許多非白人土著也因此消失了。阿許瑪、維沃、沙瓦卡里分別代表三波史前的族群移動，從亞洲大陸進佔太平洋諸島。維沃出身的高山族，大概源自四萬年前由亞洲移民新幾內亞的族群。阿許瑪的祖先源自華南沿海地區，他們四千年前登陸爪哇島，將原先住在那裡的族群（和維沃的祖先有親緣關係）給同化或消滅了。沙瓦卡里的祖先三千六百年前到達新幾內亞，他們來自華南沿海地區，那時平華的祖先仍住在那裡。

阿許瑪、沙瓦卡里的祖先到達爪哇島和新幾內亞，是「南島語族擴張」的結果。這次族群移動，是最近六千年規模最大的人口移動，其中一支成為今天的玻里尼西亞人，他們深入南太平洋各角落，佔居了幾乎所有適於人住的島嶼，是新石器時代最偉大的航海族群。現在南島語是世界上分布最廣的語言，從非洲東部外海的馬達加斯加島，到南美洲西岸外海的復活節島，幅員超過半個地球。本書討論冰期結束後的人口移動，南島語族擴張佔一中心地位，非得圓滿釋不可。南島語族源出華南，他們殖民爪哇島和其他印度尼西亞，同化或消滅了當地土著。為什麼不是印度尼西亞的土著到華南殖民、代換了華南的土著呢？南島語族佔領了印度尼西亞之後，卻不能進一步擁有新幾內亞，只能在新幾內亞沿海低地定居。為什麼他們不能顛覆維沃的高山族祖先？中國華南的怎樣變成玻里尼西亞人的？

今天的爪哇島，大部分其他印度尼西亞（除了最東端的幾個之外）和菲律賓群島上的族群，同質性很高。無論長相、遺傳，都與華南人相似，與東南亞族群（其是馬來西亞人）更像。也們的語言一樣，呈現高度的同質性。菲律賓群島，和印尼的中部、西部群島，有有三七四種語言，有很高的親緣關係，都屬於南島語中馬來亞—玻里尼西亞亞群（馬玻亞群）的西部支系（西部馬玻）。南島語族由馬來半島向北分布到亞洲大陸，越南、高棉有一些南島語族的小飛地，（接近馬來半島的）蘇門答臘、婆羅洲極西端的島嶼也有南島語族，可是亞洲大陸上再沒有其他地方有人說南島語了（圖17.1）。南島語還在英語中留下吉光片羽，例如「taboo」（禁忌）、「tattoo」（紋身，從某一玻里尼西亞語採借來的）、「boondocks」（榛莽之地，源自菲律賓的Tagalog語）、「amok」（狂熱）、「batik」（蠟染）、「orangutan」（紅毛猩猩，原意是「人」，源自馬來語）。

印尼人、菲律賓人的遺傳、語言，有那麼高的同質性，起初令人非常驚訝，就像

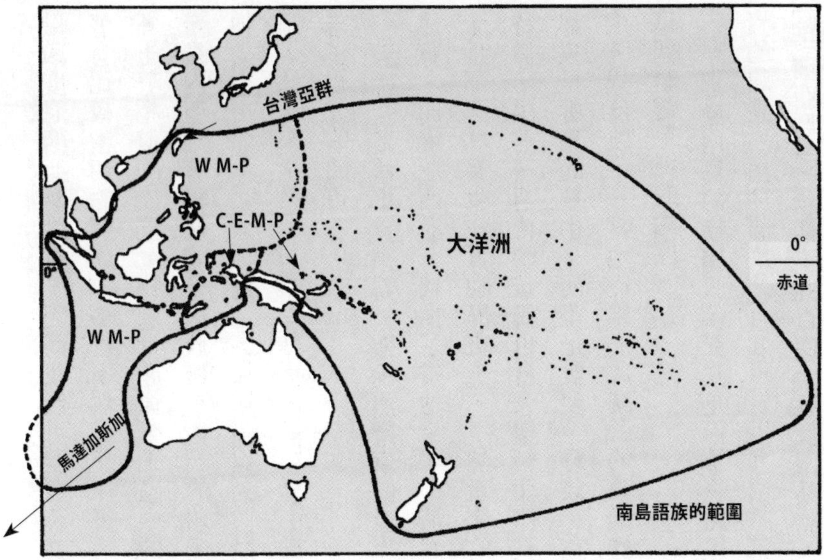

圖 17.1　南島語族：南島語族包含四個亞群，其中有三個都在台灣，只有一個向外傳播（馬玻語群）。馬玻語又可分戊西馬玻語（W M-P）和中—東馬玻語（C-E-M-P）兩個亞群。後者又分為四，一個往東至太洋洲，三個向西至哈馬哈拉島，鄰近的東印度群島和新幾內亞的最西端。

發現中國地區的語言同性質一樣。人類演化史上著名的爪哇人（直立人），證明這個地區將近兩百萬年前就有人類活動。這麼長的時間足夠演化出高度的遺傳、語言歧異，以及適應熱帶氣候的黑皮膚，其他熱帶地區的土著膚色都是黑的。然而印尼人、菲律賓人膚色卻很淺。

印尼人、菲律賓人與東南亞居民和華南人，除了膚色、遺傳相似外，其他的體質特徵也很相像。這一點同樣令人驚訝。只要看一眼地圖，就知道四萬年前抵達新幾內亞、澳洲的人，必然是以印度尼西亞為跳板。因此我們可能會天真的以為，現代印尼人和新幾內亞、澳洲的土著有比較密切的關係。事實不然，菲律賓、印度尼西亞西部，只有一些和新幾內亞、澳洲土著相似的族群，特別是菲律賓山區中的海洋黑種人。在前一章我提到過三個長相與新幾內亞土著相像的孑遺族群，他們的祖先可能是熱帶東南亞的土著；菲律賓的海洋黑種人也可能是孑遺族群，維沃的族群源自他們的祖先。菲律賓海洋黑種人現在說南島語，像馬來半島上的賜芒族（Semang Negritos）、非洲的匹格米族（Pygmies）一樣，都遺忘了祖先的語言。

綜合這些事實來看，顯示熱帶東南亞族群或是華南的南島語族群，最近才散布到菲律賓、印度尼西亞，代換了當地土著、消滅了他們的語言，只留下菲律賓海洋黑種人。而且那必然發生在近晚歷史上，不然新來的族群就會有時間發展出適應熱帶環境的體質特徵，語言、遺傳的歧異也會大增。菲律賓、印度尼西亞上的語言比中國多得多了，但那只是數量的孳生，而不是質變、分歧。在菲律賓、印度尼西亞上，同一種語言不斷分生，只反映了「當地從未形成統一的政治體」的事實。中國很早就是統一的帝國，所以是個語言單純的國度。

那麼南島語族擴張，究竟是沿那條路徑發展的呢？語言分布的詳細資料，提供了寶貴的線索。南島語族共有九百五十九個語言，可以分為四個亞群，其中之一獨大，就是「馬玻亞群」，包括了九百四十五個南島語，佔九八·五%強，幾乎整個南島語族的地理範圍，都由馬玻亞群獨領風騷。歐洲的印歐語族到了近代才開始海外擴張，先前的南島語族是世界上分布範圍最廣的族群。以上兩個事實，意味著馬玻語晚近才從南島語族中分化出來，而且在短時間內就散布到很大的地理範圍中，產生了許多地域語言。它們仍然有親密的親緣關係，因為還沒有時間發展更大的分歧。至於南島語族的故鄉，南島語另三個亞族的地理分布可以提供比較可靠的線索。南島語這四個亞族間的差異，比馬玻語內部的差異大多了。

我們發現那三個亞群的分布大致重疊，整個說來，比馬玻亞群小得多了，根本不成比例。只有距華南海岸一百五十公里遠的台灣島上，還有南島族群使用它們。台灣直到最近一千年，才有中國人登臨，先前由南島族群佔居。中國人大規模移民台灣島，是明鄭以來的事。一九四九年國民政府轉進台灣，數十萬大陸軍民一齊湧入。現在台灣的南島語族只佔台灣人口的二％。四個南島語亞群中，有三個集中在台灣，表示台灣是南島語群的故鄉，由於南島語在這裡已經說了幾千年，因此有顯著的分化歧異。所有其他的南島語，西起馬達加斯加島上的南島語，東到復活節島上的，都是由台灣出發的祖先群帶出去。

現在讓我們從考古證據開始談起。雖然在古代遺址中不會找到語言的化石，遺址中出土的骨骼與文化遺跡能透露人群與文化的移動，那些資料都和語言有關連。南島語族現在居住的地方，和世界上其他地區一樣，原來只有狩獵—採集民族活動，他們沒有陶藝、磨製石器、家畜家禽，與農作物。(馬達加斯加島以及大洋洲中的偏遠島嶼是例外。那裡直到南島語族造訪，才有人跡。)考古資料中，最早出現新鮮的文化要素的地方，是台灣。西元前四千年開始，大坌坑文化在台灣出現。是最早的新石器時代文化，除了磨製石器，陶器的特色是粗繩紋的裝飾。學者認為大坌坑文化與大陸福建、廣東的新石器時代文化有密切的關係。在新石器中期的遺址中稻米、小米也出土了，表示農業也是生計之一。

台灣的大坌坑文化遺址，和華南沿海相關的遺址中，出土了大量魚骨與貝殼，還有石網墜（捕魚用具）、石錛（適於挖鑿獨木舟）。可見台灣的新石器時代族群已有航海技藝，可以從事深海漁撈，並穿越台灣海峽。當時台灣海峽可能是南島語族的航海技藝訓練場，大陸華南沿海的南島語族祖先，在其中鍛鍊航海技藝。

台灣的大坌坑文化遺址出土的一件石器，使台灣和後來的泛太平洋島嶼文化聯繫在一起，就是樹皮布打棒。那是一種磨製石器，用來打擊某種樹的樹皮，以製作繩索、魚網、衣布。太平洋諸島有的缺乏產毛的家畜，又沒有可以抽取纖維的農作物，島民用樹皮製造衣物。蠻涅島（Rennell Island，所羅門群島南方）的土著是玻里尼西亞人，島上直至一九三〇年代場開始西化。那裡的人告訴我西化有個美妙的副產品，就是島上從此安

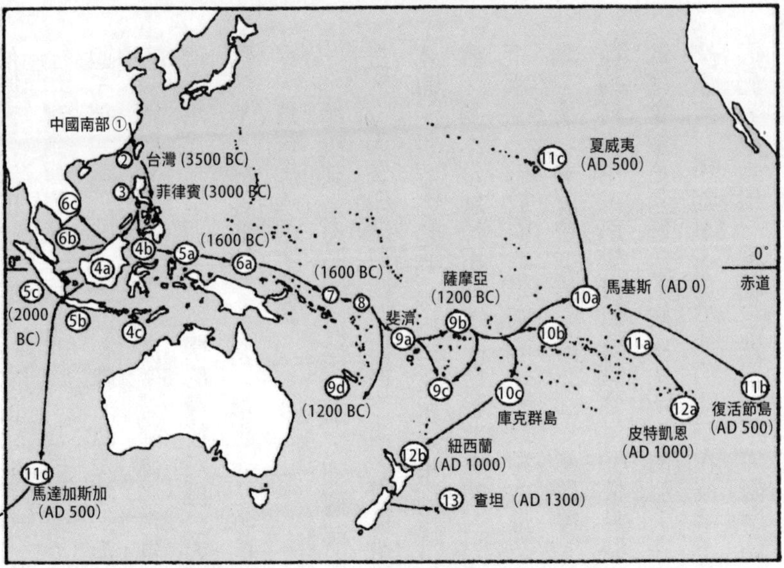

圖 17.2　南島語族的擴張（圖上的年代為抵達該區域的約略時間）

4a＝婆羅洲，4b＝西里伯斯，4c＝帝汶（約2500 BC）。5a＝哈馬哈拉島（約1600 BC），5b＝爪哇，5c＝蘇門答臘（約2000 BC）。6a＝俾斯麥群島（約1600 BC），6b＝馬來群島，6c＝越南（約1000 BC）。7＝所羅門群島（約1600 BC）。8＝聖克魯斯群島。9c＝東加，9d＝新喀里多尼亞群島（約1200 BC）。10b＝社會群島，10c＝庫克群島。11a＝土亞莫土群島（約AD 1）。

靜了下來，再也沒有萬戶搗衣聲了——從前家家得用樹皮布打棒天天敲個不停，製造樹皮布。

大坌坑文化出現在台灣以後，源自大坌坑文化的考古文化大約在一千年之內，逐漸散播到整個南島語族的分布範圍（圖17.2）。證據包括磨製石器、家豬骨和農作物遺跡。在台灣，由大坌坑式陶器發展出來的素面紅陶，也在菲律賓群島中的西里伯斯、帝汶出土。這個「文化包裹」——陶器、石器，加上農作物、家畜——西元前三千年到到菲律賓；西元前二千五百年到達印尼的西里伯斯、婆羅洲北岸、帝汶；西元前兩千年到達爪哇、蘇門答臘；西元前一千六百年到達新幾內亞。到了那裡之後，擴張速度就開始加足了馬力，攜帶著那個文化包裹的族群，東向衝入所羅門群島以東尚無人跡的太平洋。這個文化擴張的最後階段，大約在西元後一千年內完成，大洋洲所有適於人居的無人島都佔領了。令人驚訝的是，這個文化也大膽西進，越過印度洋，抵達非洲東岸，殖民馬達加斯加島。

擴張到新幾內亞海岸之前，那個航海族群用的船隻大概是有舷外浮木的風帆獨木舟，今天在印度尼西亞仍很普遍。那種船的設計，代表一個重要的技術發展，超越了獨木舟。世界各地利用內陸水路維生的族群，過去都以簡單的獨木舟航行河流。顧名思義，獨木舟就是用獨木（樹幹）做的，先用錛（鑿子）鑿空樹幹，再修飾兩端，就可以下水了。由於樹幹是圓的，所以獨木舟是圓底的。坐在這種船裡，只要重量分布稍有一點失衡，船就會從重心所在那一側翻覆。每次我坐在新幾內亞人的獨木舟航行在新幾內亞的河流中，都覺得驚恐萬分，好像身體只要稍微移動一下，小船就會傾覆，把我和我的望遠鏡送入鱷魚的腹中。新幾內亞人在寧靜的湖泊上、內陸河中，划起獨木舟來，看來還算行所無事，但是他們即使在波濤不怎麼洶湧的海面上，也無法安全駕馭獨木舟。因此，設計出一種穩定裝置。不僅對南島語族從印度尼西亞深入太平洋極為重要，可能連渡過台灣海峽殖民台灣這一步都少不了它。

解決方案是在船舷外側幾英呎處，裝上與船身平行、直徑較細的圓木（浮木）。固定舷外浮木的方法，是利用綁在船身、與船身垂直伸出兩側的圓木，將浮木緊綁在上面就成了。船舷兩側的浮木，因為本身有浮力，可以防止船身因為稍微的傾側而傾覆。發明有舷外浮木的風帆獨木舟，可能是促成南島語族擴張的技術突破，讓他們能夠乘風破浪、深入南太平洋。

那麼，那些台灣、菲律賓群島上的新石器時代文化是南島語族留下的嗎？他們是現代南島語族的祖先嗎？考古學證據與語言學證據有兩個引人注目的吻合，讓我們能比較肯定的回答這個問題。第一，這兩種證據都明白顯示殖民台灣是從華南海岸地區擴張的第一階段，從台灣到菲律賓、印尼殖民是下一階段的事。如果當初由熱帶東南亞的馬來半島開始擴張，先到附近的蘇門答臘島，再到印度尼西亞的其他島嶼，最後北上菲律賓、再到台灣，那麼我們應該能在馬來半島、蘇門答臘島上的南島語中，找到南島語族中最深刻的分化（反映長時間累積起來的歧異）；而且在台灣、菲律賓的南島語言中只能找到一個亞族內的變異（反映出它們分化的時日淺短）。然而，實際的資料呈現完全相反的模式：在台灣發現了南島語最古老的歧異，而馬來半島、印度尼西亞上的南島語全都屬於南島語馬玻亞群中的一個分支——馬玻亞群中最近才形成的一個分支。那些語言學關係的細節，與考古學資料完全吻合。我們才討論過，馬來半島上的新石器時代文化，比同類型文化出現在台灣、菲律賓、印尼的時間要晚，而不是早。

另一個吻合之處，涉及古南島語群的文化內容。考古提供的是直接的物證，例如陶器的形制、裝飾紋樣，豬、魚的骨骼等等。語言學家能夠提供什麼樣的證據，討論古代南島語族群的文化呢？南島語族群從來沒有發展出書寫系統（文字），不是嗎？他們怎麼知道六千年前住在台灣的南島語族群養過豬呢？語言學家解決這個問題的辦法是：比較古代語言現代傳人的辭彙，重建已經消失了的古代語言的詞彙。

舉例來說，現代印歐語中許多語言都有代表「綿羊」的字，那些字都很相似，立陶宛語、梵語、拉丁語、西班牙語、俄語、希臘語、愛爾蘭語分別使用avis, avis, ovis, oveja, ovtsa, owis, oi指涉綿羊。研究那些語言分化後的語音代換過程，就可以知道所有那些字同出一源：owis——六千年前的古印歐語族群指涉綿羊使用的字。那個沒有文字記錄的古代語言我們叫做「原印歐語」。

很明顯的，六千年前的原印歐語族群養過綿羊，這與考古證據吻合。另有兩千個辭彙已經以同樣的方法擬測出來了，包括山羊、馬、輪子、兄弟，還有眼睛。但原印歐語沒有「槍炮」這個詞，而且現代印歐語的各個語言，表示「槍炮」的字眼各有淵源。這應該不令人奇怪，槍炮是最近一千年才發明的，六千年前沒有必要造這個字眼表示「槍炮」。既然祖先沒傳過，各個印歐語族看見「槍炮」這新玩意，不是用古詞附會，就是鑄造新詞。

語言學家用同樣的方法，比較台灣、菲律賓、印尼、馬來半島等地的南島語，重建「原南島語」辭彙。結果發現原南島語有表示「二」、「鳥」、「耳朵」、「頭蝨」的字。大概沒有人會覺得驚訝，古代說南島語的族群當然會數數，看見過鳥，長了耳朵，也會長頭蝨。更有意思的發現，是「豬」、「狗」、「米」等字，它們必然是原南島語族群的文化成分。重建的辭彙中充滿了表現海洋經濟的字詞，例如有舷外浮木的獨木舟、帆、巨大的棕櫚樹、章魚、魚網、海龜。語言學證據對於原南島語族群的文化、原南島語族群的時空分布歷程，和考古學證據十分吻合。從考古發掘中，我們已經知道他們六千年前抵達台灣，懂得陶藝、農藝，過著以海洋資源為主的生活。

同樣的方法也可以用來重建「原馬玻亞群」的辭彙。原南島語族群從台灣啟程南下太平洋後，發生過什麼樣的文化變遷呢？原馬玻亞群包括了許多字指涉熱帶作物：芋頭、麵包果、香蕉、山藥、可可豆，原南島語中沒有那些字。因此語言學證據顯示：許多熱帶作物的名字，是原南島語族群離開台灣之後才出現在南島語中的。這個結論與考古證據吻合：從台灣南下的原南島語農民，到了赤道帶後，越來越依賴熱帶的地下莖和樹果維生，並將它們帶到南太平洋各島嶼。

可是源自華南、經過台灣南下太平洋的原南島語農民，並不是去開拓杳無人跡的土地。菲律賓和西印度尼西亞上都有經營狩獵—採集生活的土著，原南島語農民怎麼能夠把他們全都取而代之，而且把他們消滅得極為徹底，一點語言、遺傳的痕跡也不留？這個問題的答案，我們應該很熟悉了。歐洲人不就在過去兩個世紀中消滅了澳洲土著？更早的例子還有華南人消滅了熱帶東南亞土著。農民有稠密的人口，有犀利的工具與武器，更為先進的航海船隻和航海技術，還有令狩獵—採集族群擋者披靡的傳染病，都是原因。在亞洲大陸上，南島語農民只能在馬來半島代換了一些狩獵—採集族群。因為他們從馬來半島的南端和東部登陸（來自婆羅洲、蘇門答臘），而當時南亞語農民從暹邏南下進入馬來半島北部。其他的南島語族群則從中南半島的東南端登陸，在越南南部和高棉定居下來，現在當地的少數族群查姆人（Cham），就是他們的後裔。

不過，南島語農民無法再進一步的在東南亞大陸上推進，因為南亞語農民和傣—佧岱語農民，已經代換了那裡的狩獵—採集土著、站穩了腳跟，南島語農民沒有什麼便宜可撿。雖然我們推測南島語族群源自華南海岸地區，可是現在中國大陸上根本沒有人說南島話。當年漢藏語族群南下，取代了眾多華南的土著，也許南島語族群正是其中之一。但是南島語比較親近的語族是南亞語、傣—佧岱語，以及苗瑤語。雖然南島語族群在中國沒能逃過族滅的命運，他們的姊妹、表親族群逃過了。

南島語族的擴張，我們從華南海岸到台灣、菲律賓，再到印度尼西亞的中部與西部，已經追蹤了四千公里。可是那還只是南島語族擴張的初期階段。在那個過程中，南島族群佔居了那些島嶼上所有適於居住的土地，無論沿海還是內陸，低地還是高地。到了西元前一千五百年，南島語族已經在東印尼的哈馬哈拉島（Halmahera）上留下了雪泥鴻爪，供後世憑弔——考古學家在那裡發掘出了我們熟悉的南島語族文化標籤——包括豬骨、敷上紅紋的素面陶。哈馬哈拉島東距新幾內亞的西端約三百二十公里。新幾內亞是個多山的大島，南島語族能夠一鼓作氣拿下了新幾內亞嗎？他們已經拿下了西里伯斯、婆羅洲、爪哇、蘇門答臘，都是多山的大島，不是嗎？

他們沒有拿下新幾內亞。只消一瞥現代幾內亞人的面孔就知道，對新幾內亞人作的詳細遺傳調查也證實了這一點。我的朋友維沃以及所有新幾內亞高山族，和印尼人、菲律賓人、華南人不同，他們的皮膚是黑的，頭髮濃密而卷，臉形也不一樣。新幾內亞內陸和南部海岸地帶的低地人，與高山族看來很像，只是比較高。遺傳學家在新幾內亞高山族的血樣中，沒有找到南島語族群特有的標籤基因。但是新幾內亞北部與東部海岸的居民，以及新幾內亞北部與東部的俾斯麥群島、所羅門群島上的居民，呈現了更為複雜的圖像。他們的長相，似乎介於新幾內亞高山族維沃和印尼爪哇人阿許瑪之間，可是找不出「標準型」，只不過平均說來，倒比較接近維沃。例如我的朋友沙瓦卡里是新幾內亞北海岸來的，他的頭髮呈現自然的「波浪」，介於阿許瑪的直髮和維沃的緊密卷髮之間；

他的膚色比維沃的淡一點，可是比阿許瑪的黑多了。遺傳上，俾斯麥群島、所羅門群島上的居民，和新幾內亞北海岸的居民，大概有一五％的南島語群成分。另外八五％像新幾內亞高山族。因此南島語族群必然到過新幾內亞一帶，只是他們上岸後難以推進內陸，所以他們的基因就給登陸地區的土著「沖淡」了。

現代語言訴說的是同一個故事，只是增加了細節。我在第十五章討論過，新幾內亞人說的大多數語言是巴布亞語，他們與世界上任何其他的語言都沒有關係。南島語族群在新幾內亞，分布在北海岸與東南海岸沿海一小片狹長的土地上。俾斯麥群島、所羅門群島上的語言，絕大多數是南島語，巴布亞語僅限於幾個小島上的飛地裡。

俾斯麥群島、所羅門群島、新幾內亞北海岸的南島語。彼此有密切的關連，又與哈馬哈拉島、新幾內亞西端的南島語有關。我們推測南島語族群是從哈馬哈拉島來到新幾內亞一帶的，看一眼地圖就知道，那個語言學關係正是佐證。南島語、巴布亞語的細節，以及這兩種語言在新幾內亞北部的分布，顯示入侵的南島語族群與巴布亞語土著有過長期的接觸。這個地區的南島語和巴布亞語，無論辭彙還是文法，都受到對方廣泛的影響，因此很難判斷那些東西受誰影響。在新幾內亞沿著北海岸旅行，走過一個村子又一個村子，一個村子說巴布亞語，下一個村子說南島語，再下一個村子又說巴布亞語。可是那些村子並無遺傳鴻溝。

所有這些資料顯示的是：新幾內亞北海岸以及附近島嶼，入侵的南島語族群的後裔，與土著貿易、通婚，交流語言與基因，達數千年之久。不過那麼長時間的接觸，對轉移語言比較有效，轉移基因的成就有限。俾斯麥群島、所羅門群島上的語言，絕大多數是南島語，可是居民的長相和身體裡的基因仍然非常的「巴布亞」。但是南島語族群無論語言還是基因，都沒能滲透新幾內亞的內地。他們入侵新幾內亞的結果，和他們入侵所有印尼大島（婆羅洲、西里伯斯等）的結果迥異，他們侵掠如火、擋者披靡，幾乎消滅了當地土著的語言與基因。為了了解新幾內亞當時究竟發生過什麼事，讓我們到考古資料裡爬梳一番。

大約在西元前一千六百年，南島語族群到達新幾內亞一帶，那幾乎是他們登陸哈馬哈拉島的同時。那裡考古學家已經發掘出南語族群擴張初期的文化遺物，包括我們熟悉的豬、雞、狗、敷上紅紋的陶器、磨製石器、巨型貝殼。但是其中有兩個特徵是別的地方沒有見過的。

第一，陶器的紋飾。通常陶器紋飾是美術創作的產品，並無經濟價值。可是考古家卻能利用紋飾分別不同的遺址（以及時代、層位、地區）。雖然在菲律賓、印尼的早期遺址裡出土的陶器都是素面無飾的，新幾內亞地區的陶器上卻有精美的裝飾。主要是安排成水平帶狀的幾何圖案。在其他方面，那些陶器保存了早期陶器的形制與紅色敷飾，考古家在印尼的早期遺址裡看得多了。顯然新幾內亞地區的南島語族群會在陶器上「刺青」，也許他們是從衣服或身體上早就有的紋飾得到靈感。這種式樣的陶器叫做拉皮塔陶器，因為是在拉皮塔遺址報告中首次描述這種式樣的陶器的。

新幾內亞地區的早期南島語族群遺址，另一個更重要的特徵是它們的分布。在菲律賓、印尼發現的遺址，即使是最早期的，都是在大的島嶼上，像是呂宋島、婆羅洲、西里伯斯。可是新幾內亞地區出土拉皮塔陶器的遺址，都在貼近偏遠大島的小島上。至今，在新幾內亞只有北海岸有個遺址出土了拉皮塔陶器，所羅門群島上有幾個遺址也出了。新幾內亞地區大部分出土拉皮塔陶器的遺址，都在俾斯麥群島上，而且是在貼近較大島嶼的小島上，也有極少數出現在極大島嶼的海岸上。由於製作拉皮塔陶器的族群在大洋中航行上千里（我們就要談到這一塊了），他們竟然沒有把村子搬到近在咫尺的俾斯麥大島上，或幾十英里外的新幾內亞，非不能也。

拉皮塔人的生計基礎，可以從遺址出土的垃圾來重建。拉皮塔人以海產為主食，魚、海豚、海龜、鯊魚以及貝類。他們也養豬、雞、狗，還有樹上的堅果可以採食（包括可可豆）。他們可能也食用南島語族群的傳統食物——芋頭、山藥等根莖類作物，但是不容易找到證據，因為垃圾堆中堅果殼比較容易保存下來，根莖類食物殘肴很快就腐敗了。

當然，我們沒有辦法直接證明拉皮塔人說南島語。不過有兩個事實使我們的推論幾乎可說是定論。第一，除了陶器上的紋飾。陶器的形制以及其他伴隨陶器出土的文化遺跡、遺物，都與菲律賓、印尼諸島上古南島語族群的文化遺留相似。第二，拉皮塔陶器也在太平洋深處的島嶼遺址中出土。那裡本來都是無人島，帶去拉皮塔陶器的人是唯一登臨那些島嶼的族群；再也沒有過另一波移民出現在那些海域；現在島上居民都說南島語（見下文）。因此我們可以安心的假定：拉皮塔陶器是南島語族群造訪新幾內亞的名片。

那些說南島語的陶藝家在緊臨大島的小島上幹嘛？他們過的生活，也許和新幾內亞地區的現代陶匠過的，沒多大差別。（直到不久之前，那些陶匠的生活才開始改變。）一九七二年，我到一個叫做馬拉依的小島上訪問一個陶匠村子，那是俾斯麥群島中一個非常小的島。我到那裡原是為了訪鳥，對那裡的居民一無所知。我上岸後立刻就為眼前的情景驚訝不已。通常那裡只有矮茅屋組成的小村落，四周有廣大的園地可供耕作，另有幾條獨木舟擱淺在海灘上。可是馬拉依大部分面積都蓋滿了兩層的木屋，屋屋緊臨，沒有什麼綠地供耕作——像是新幾內亞的曼哈頓區。海灘上有成排的大獨木舟。原來馬拉依島民不只會捕魚，他們是專業的陶匠、雕刻匠、商人，他們製作裝飾精美的陶器與木碗，用獨木舟運到大島上，交換生活物資，如豬、狗、蔬菜和其他物品。甚至連他們製造獨木舟的木材，都從鄰近的島嶼交換回來，因為馬拉依島上沒有大樹可供他們製造獨木舟。

在歐洲人到達這裡之前，新幾內亞一帶各島嶼之間的貿易，由馬拉依島民之類的專業人士壟斷。他們有專門技藝，又精於航海，住在緊臨大島的小島上，偶而會在大島上的海岸村落裡。一九七二年，我訪問馬拉依的時候，那土著貿易網已經瓦解或萎縮，因為無法與歐洲機動船與鋁製品競爭。此外，澳洲殖民政府禁止以獨木舟遠洋航行也是原因（因為發生過幾次意外，商人喪生）。我相信拉皮塔陶匠當年就是以專門技藝和貿易維生的人，他們在島嶼之間穿梭，搬有運無。

南島語傳播到新幾內亞北岸，和俾斯麥群島、所羅門群島中最大的島上，必然在拉皮塔時代之後，因為拉皮塔遺址集中在俾斯麥群島的小島上。直到西元元年之後，源自拉皮塔式樣的陶器，才出現在新幾內亞東南半島上的南邊。歐洲人十九世紀末開始調查新幾內亞，新幾內亞的南部海岸只有說巴布亞語的土著居住。可是南島語族群已經在東南半島上定居很久了，而且距離西部七八十英里遠的兩個島上也有南島語族群。換言之，南島語族群有幾千年時間，可以從附近的基地深入新幾內亞內陸與南岸。然而他們從未成功。甚至他們在北岸一小片窄長的土地上「殖民」，也是語言的意義大於遺傳的意義。所有現在住在北方海岸地區的居民，遺傳上仍以巴布亞成分為主。也許當初那裡許多人只是採借了南島語，以便和那些長途貿易商人溝通。

所以，南島語族群在新幾內亞一帶擴張的結果，和在印尼、菲律賓島的結果不同。菲律賓、印度尼西亞上的土著消失了──也許是給入侵者驅離、殺害了，或傳染病殺死了，甚至同化了。可是新幾內亞一帶的土著卻能堅壁清野，力抗外來族群。在這兩個案例中，入侵者一樣（南島語族群），土著可能也有密切的親緣關係，那麼為什麼結果相反？

只要考慮一下印度尼西亞和新幾內亞的文化環境，就可以發現答案其實很明顯。南島語族群到達印度尼西亞之前，只有狩獵─採集族群生活在那裡。他們人口密度低，連磨制石器都沒有。新幾內亞就不同了，那裡的高地已經生產了幾千年糧食；至於新幾內亞低地和俾斯麥群島、所羅門群島，可能也一樣。因此新幾內亞高地供養了現代世界中最稠密的石器時代人口。

南島語族群與那些新幾內亞土著競爭，根本佔不著便宜。一些南島語族群當作主食的作物，例如芋頭、山藥、香蕉，新幾內亞土著可能老早就獨立馴化了。新幾內亞土著很快就把南島語族群帶來的豬、雞、狗納入了他們的食物生產經濟。新幾內亞土著已經有磨製石器。他們也已經適應了熱帶疾病，至少不比南島語族群脆弱，因為他們和南島語族群一樣，也有那五種抵抗瘧疾的基因型，它們也許全部都在新幾內亞獨立演化出來。新幾內亞土著也是航海家，雖然技藝可能比不上拉皮塔陶匠。幾萬年前，新幾內亞土著已經殖民俾斯麥群島、所羅門群島；南島語族群在此地現身之前一萬八千年，黑曜石（一種火山岩，適於製作銳利的工具）貿易在俾斯麥群島好生興旺。新幾內亞土著甚至還在近代大膽西進，進入印度尼西亞東部，迎擊南島語族群。印尼東部北哈馬哈拉島、帝汶島上的語言，是典型的巴布亞語，和新幾內亞西部的某些巴布亞語有關連。

總之，南島語族群擴張的不同結果，清楚呈現了生產糧食生計，在人類人口移動中的角色。南島語農民移民到兩個不同的地區（新幾內亞和印尼），而那兩個地區的土著可能有親緣關係。印尼土著仍過著狩獵—採集生活，而新幾內亞土著能夠生產糧食，並且發展出相應的結果（例如稠密的人口、對疾病的抵抗力、先進的技術等等）。結果，南島語族群消滅了印尼土著，卻在新幾內亞遭到頑抗。事實上，南島語族群和其他的民族群對陣，從來沒討過便宜，例如在中南半島上他們硬是給南亞農民、傣—佧岱農民檔了下來，逡巡不前。

我們追隨南島語族群擴張，已經到了印尼、新幾內亞海岸，以及熱帶東南亞。在十九章我們會繼續跟縱他們，橫越印度洋到馬達加斯加；在十五章我們已經討論過澳洲北部、西部困苦的生態環境，使南島語族群無法在那裡生活。南島語族群擴張的最後階段，由拉皮塔商人領軍，東向越過所羅門群島，深入太平洋的無人海域。大約在西元前一千兩百年，拉皮塔陶器、豬、雞、狗，以及其他南島語族群的文化特徵，出現在南太平洋中的斐濟、薩摩亞、東加等群島，位於所羅門群島以東一千六百公里處。耶穌紀元的早期，大部分同樣的特徵（這回少了陶器）出現在玻里尼西亞東部的島嶼上，包括社會群島和馬基斯島。再航行一段更長的水路，往北可以到達夏威夷；往東，皮特凱恩、復活節島；往西南，紐西蘭。今天大部分那些島嶼的土著是玻里尼西亞人，他們是拉皮塔商人的後裔。他們說的南島語，和新幾內亞一帶的有密切的關連，他們的主要作物，都是南島語族群的傳統玩意：芋頭、山藥、香蕉、可可豆，還有麵包果。

西元一千四百年左右，南島語族群登上了紐西蘭東方的查坦島定居，為亞洲人的太平洋探險記寫下了完結篇。大概一百年以後，歐洲「探險家」才進入太平洋。亞洲人的探險傳統，綿延了幾萬年，早在維沃的祖先散布到印尼、新幾內亞、澳洲之前，就已經開始了。亞洲人探險的傳統結束了，只因為那美好的仗已經打過，太平洋幾乎所有適於人居的島嶼都佔領了。當跑的路已經跑盡了。

任何對世界史感興趣的人，都會覺得東亞和太平洋的社會發人深省，因為它們提供了許多例子，展示了環境形塑歷史的力量。東亞族群和太平洋族群，可以接近的自然資源不同，能夠馴化的動、植物不同，因為他們的家園在不同的地理環境中。因此他們與其他族群也有不同的關係。老戲碼一再重複上演：生態環境有發展農牧業的資源，地理位置又方便採借別處的技術，佔有這些優勢的族群，代換了不具這些優勢的族群。太陽底下無新鮮事：一波移民散布到不同的環境中，他們的後裔會發展出不同類型的生活方式、社會、文化，視環境而定。

舉個例，我們討論過華南人獨立發展出了農業和技術、從華北採借了文字和政治結構、殖民東南亞和台灣、代換了大部分當地土著。在東南亞，永布人（Yumbri泰國東北的高山雨林中）和老撾人同樣是華南農民的後裔，他們都轉向狩獵—採集生活。但是永布人的近親安南人（語言與永布人的同屬南亞語的一個亞族）在肥沃的紅河三角洲繼續農耕，建立了一個使用金屬工具的大型帝國。同樣的，普南人（婆羅洲雨林中）和他們的親戚族群，同是從台灣、印尼來的南島語農民，可是普南人被迫返回狩獵—採集生活，他們在爪哇的親戚族群，因為生活在富含火山灰的土壤上，繼續經營農業，受到印度的影響建立了一個帝國，又從印度借了文字，並在婆羅布德建築了巨大的佛像。殖民玻里尼西亞各島嶼的南島語族群，由於與東亞的文字和冶金技術隔絕了，一直沒有文字與金屬工具。我們在第二章討論過玻里尼西亞的政治和社會組織，以及他們在各種不同的環境中，經濟生活發生的巨大分化。在一千年之中，玻里尼西亞東部的查坦島，島民都返回狩獵—採集生活，而夏威夷群島上則出現了一個以集約農業為基礎的原始帝國。

最後歐洲人來了。仗著技術上和其他方面的優勢鄉力他們在熱帶東南亞和太平洋諸島上，建立了短暫的殖民政制。不過，各地的風土病和土著農民阻滯了歐洲人在那裡擴張、佔居的努力。整個區域中，只有紐西蘭、新喀里多尼亞（New Caledonia）、夏威夷有大量歐洲人居住，它們是太平洋諸島中面積最大、距離赤道最遠的，氣候比較像歐洲。

因此東亞和大部分太平洋島嶼，仍然是由亞洲人和太平洋島民掌控。澳洲和美洲土著的命運就完全不一樣了。

CHAPTER 18

歐美大對抗

全新世（一萬三千年前開始）以來，地球上最大規模的人口代換，發生在舊世界征服新世界的過程中。這個過程中最富戲劇性也最具決定性的一刻，第三章已經描繪過了——皮薩羅帶領一小撮人馬，居然生擒了印加帝國國王阿塔花普拉。要知道，印加帝國是新世界最大、最富庶的國家，人口最多、統治機器最嚴整、技術最先進，而且這個國家的國王可不是什麼虛位元首。皮薩羅生擒阿塔花普拉，象徵歐洲人征服了美洲，因為讓皮薩羅成就那一功業的近因，也是歐洲人征服美洲其他社會的原因。本章將應用第三章總結的教訓，討論這場歐—美的衝突。我們要討論的問題是：為什麼是歐洲人越洋征服了美洲，而不是美洲人征服歐洲？哥倫布一四九二年「發現」美洲，比較一下當時歐洲的社會與美洲社會，是個很好的討論起點。

先從糧食生產方式談起，因為糧食生產方式決定了人口數量與社會的複雜程度——因此兩者是那個歷史結果（歐洲人征服美洲）的終極因。美洲與歐洲在糧食生產方面，最明顯的不同，就是大型哺乳類家畜。第九章我們討論過歐亞大陸上的十三種家畜，它們不僅是人類主要的動物性蛋白質來源（肉與奶），也供應毛、皮，還是陸上運輸工具，平時運送人員、物資，戰時更不可或缺；在農耕上，它們也節省了人力提高了土地的產量。大約到了中世紀水車與風車逐漸取代了獸力，但是在那時以前，家畜也是主要的「工業」能源，人力難及，例如碾坊拉磨、開關水閘。美洲呢？美洲只有一種大型哺乳類家畜，就是駱馬，只出沒於安地斯山派一個很小的區域，以及附近的秘魯海岸地區。駱馬供應肉、毛、皮，也可以運輸物資；但是不產奶，不供人乘騎，不拉車、拉犁，不供應工業能源，更別提用來衝鋒陷陣了。

因為美洲的大型哺乳類在冰後期發生了一場大滅絕，所以美洲缺乏大型哺乳類家畜；光是家畜的差異，足以說明歐亞社會與美洲社會的一組主要差異了。至於大滅絕的原因，有的學者認為是人類獵殺的結果，不過學界尚無共識。可以肯定的是，要不是那場大滅絕，歷史可能改寫。一五一九年科爾特斯帶著他那群邋遢的冒險家登上帝國的海岸（今天的墨西哥城附近），要是他們遇上的是幾千騎兵，討得了便宜嗎？（事實：西班人遇見的美洲人從沒見過馬，西班牙人的馬匹產生了震撼效果。）而且，西班牙人就算逃過騎兵的追殺，也可能逃不過美洲獨有病菌感染。（事實：西班牙人帶來的天花在阿茲提克人口中肆虐，殺死了大部分人。）懂得利用獸力的美洲文明，也可能會發兵入侵歐洲，造成浩劫。但是那些假設的狀況全沒發生，因為幾千年前的哺乳動物滅絕事件，阻絕了歷史那樣發展的可能。

美洲發生的動物滅絕事件，大量減少了美洲人馴養動物的機會。因為野生種少的話，可以馴養的動物就不多了。大多數「候選」家畜都為了各種理由而不適合人類畜養。清算之後，歐亞大陸產生了十三種大型哺乳類家畜，而美洲只有一種，還不算普遍。兩塊大陸都有家禽或小型哺乳類家禽，例如美洲有些地方有火雞、天竺鼠、野鴨，以及分布較廣的狗；歐亞大陸有雞、鴨、雁、鵝、貓、狗、兔、蜜蜂、蠶等。但是那些小動物的歷史作用，比起大型動物簡直微不足道。

兩塊大陸在糧食作物資源上也有差異，不過比起動物資源的差異就沒那麼顯著。在一四九二年，歐亞大陸上農業已很普遍。只有少數幾個狩獵—採集族群既沒有農作物，也沒有家禽家畜，如日本北海道的愛奴人，西伯利亞地區缺乏馴鹿的社群，以及散居在印度、熱帶東南亞森林中的族群，他們有的與鄰近農民交換生活必需物資。另有一些歐亞社群，有家畜，但是幾乎沒有農業，例如中亞的遊牧族群，畜養馴鹿的拉普人（Lapps），北極圈內的參模葉人（Samoyeds）。大部分歐亞社群都從事農耕、畜養動物。

農業在美洲也很普遍，但是狩獵—採集族群佔居的土地，比例上大多了。在美洲，沒有生產糧食的土地包括北美洲北部、南美洲南部、加拿大大平原，以及北美洲大部分西部地區（只有西南角一小塊土地上有灌溉農業）。讓人驚訝的是，歐洲人到達美洲後開發的農業地帶，有許多土著從來沒有發展過農業，例如美國瀕臨太平洋各州、加拿大的小麥帶、阿根廷的彭巴草原、智利的地中海型氣候區。那些地區先前沒有農業，因為缺乏土產動、植物資源，還有地理或生態的障礙，阻止了其他地區開發的農業資源傳入。那些土地的生產力，不是只有歐洲「拓荒者」才利用得著：歐洲人輸入了適當的農牧種之後，美洲土著也能在他們祖先的土地上創造奇蹟。舉例來說，許多美洲土著社會後來都以馬術聞名，有的甚至成為牛群、羊群的牧人，加拿大大平原上、美國西部、阿根廷彭巴草原上都有這類美洲土著。美國白人對美洲土著的一些印象，例如大平原上的「紅蕃騎士」、拿伐荷（Navajo）牧羊人以及著名織品，是一四九二年之後才出現的事實。這些例子證實了：美洲廣大的土地上沒有出現農牧業的唯一原因，就是缺乏土產資源。

在美洲自行發展出農業的地區，與歐亞大陸比較起來，有五大利空因素使它們的發展受到限制：農作物主要以蛋白質含量不高的玉米為主（歐亞大陸則有種類繁多而且蛋白質含量高的穀類）；種籽必須一粒一粒用手種下（歐亞的作物可以「播」種）；用手犁田（歐亞農業用家畜犁田，因此一個人可以耕作大片的田地；利用獸力，肥沃的乾硬土地也能開發，例如北美洲的大平原）；缺少動物肥料以增進土地的生產力；農事中許多工作只有人力可用，例如玉米脫粒、碾磨、灌溉。這些差異意味著：在一四九二年以前，歐亞大陸和美洲每人每小時的平均產值，用卡路里與蛋白質來計算的話，有很大的差別。

上面討論的在糧食生產方面的差異，是兩大洲社會發展迥異的主要終極因。所有導致歐洲人征服美洲的近因，都可溯源至這個終極因。那些近因中，最重要的有病菌、技術、政治組織以及書寫系統。其中與糧食生產差異最直接相關的是病因。人類歷史上最命殺手，就是經常光臨擁擠的歐亞社會的傳染病，結果，歐亞族群要不是因此而獲得免疫力，就是累積了抗病的遺傳力。那些疾病包括天花、痲疹、感冒、黑死病、肺結核、斑疹傷寒、霍亂、瘧疾，等等。相對於這張人類殺手的名單，美洲社會在哥倫布造訪之前，唯一經驗過的群聚傳染病。只有非梅毒螺旋體病（我在第十一章解釋過，梅毒究竟起源於美洲還是舊世界，目前還不清楚；雖然有人主張肺結核很早就在美洲出現了，我認為證據仍嫌不足。）

兩大洲在病菌方面的差異，源自家畜的差異。在擁擠的社會裡傳染的病菌，大多數是由家畜病菌演化出來的。大約一萬年前，農牧民開始每天與牲口密切接觸，在牲口中流行的病菌就趁機開發人體作為生殖場所。歐亞大陸的家畜種類較多，因此有機會嘗試殖民人體的家畜病菌比較多。美洲既然沒有什麼家畜，群聚傳染病的病菌當然就少了。

致命病菌沒有在美洲土著社會中演化出來的另一個理由是：有利於那種病菌演化的村落。在美洲興起得較晚，比歐亞大陸晚了好幾千年；而且新世界中出現都市型社會的三個區域——南美安地斯山脈、中美洲、美國西南部——從來沒有形成過高速、巨量的商業貿易網絡，亞洲輸往歐洲的黑死病、感冒、（或許）天花，都是透過那種貿易網絡傳播的。結果，連黃熱病、瘧疾等阻滯白人開發中、南美洲的病菌，都是由歐洲人帶到新世界的。當年構築巴拿馬運河的最大障礙，就是它們。

歐洲人征服美洲的近因中，可與病菌的威力比美的，是技術。雙方的技術每一個面相都有差距，這些差距源自雙方社會的不同發展史——歐亞世界中以農業生產為基礎的都市都早就興起了，都市裡人口稠密、經濟分工、政治集權，都市之間互動頻繁、相互競爭。下面要從五個技術領域，進一步觀察舊世界與新世界的差異。

第一，一四九二年所有歐亞大陸上的複雜社會都已經使用金屬工具了——起先是銅器，然後青銅器，最後鐵器。相對地，美洲所有社會仍以石頭、木頭、骨頭作為製造工具的主要材料。印加帝國與某些地區已經有銅、銀、金、合金等材質可用，但主要是用來當作飾物。

第二，軍事兵器以歐亞大陸的最具威力。歐洲的兵器有：鋼製的劍、鐵矛、匕首，加上小型火器與火砲，還有鋼鐵打造或鐵環串成的護身盔甲。面對強敵，美洲土著拿出來的武器，只有石製或木製的棍棒與斧頭（安地斯山脈中偶爾有銅製的）、拋石、弓箭、編織的盔甲，無論攻擊還是防禦，都小兒科得很。此外，美洲土著也動員不了什麼動物，足以對抗歐洲人的馬匹。馬匹除了戰陣衝突之外，還使軍隊擁有強大的運動能力，因此白人在美洲的軍事行動勢如破竹。後來一些美洲族群也學會利用馬匹，才稍挫白人氣燄。

第三，歐亞社會用來運轉機器的能源，比美洲土著的豐富得太多了。最早突破能限制的發明，是利用獸力。牛、馬、驢可以拉犁、推磨、打水、灌溉或排水。水輪在羅馬時代發明，用途日漸廣泛，到了中世紀，利用潮汐或風力的裝置也出現了。利用齒輪傳動，可以把原本利用水力或風力的「引擎」，組裝成可供製造業利用的動力機，而不只是碾磨穀物或汲引河水的工具，從此搾糖、鼓風、採礦、磨石、搾油、製鹽、織布、鋸木，都不再依賴人力。傳統上都以「十八世紀英國以蒸汽為動力」作為「工業革命」的起點，事實上，一場以風力與水力為基礎的工業革命，中世紀已經在歐洲許多地區展開了。到了一四九二年，歐亞大陸上所有利用獸力，風力、水力完成的工作，在美洲仍舊以人力操作。

其實在歐亞大陸上，輪子用作能量轉換的裝置，是後來的發展，輪子老早就是陸路運輸的基礎。利用畜牲拉車用不著多說，即使以人力拉動獨輪車，比徒手所能搬運的物資，也要超過好幾倍。輪子在歐亞大陸上還用在陶藝上，鐘錶也靠輪子運行。美洲土著從來沒有利用輪子做過前面提的那些事，在墨西哥發現的陶製玩具上倒有輪子。

最後我們要比較的技術領域是：航海。許多歐亞社會發展出大型帆船，有些能迎風破浪、橫渡大洋，並裝備了六分儀、羅盤、尾舵、大砲。無論裝載量、速度、操控性、耐航性，那些船隻都比美洲土著建造的筏子優越多了。美洲幾個比較進步的社會，就是由那種筏子在太平洋岸，藉著風力搬有運無、交通貿易的。皮薩羅在第一次航向秘魯的途中，就能夠輕易的超越那種筏子，攔截、追捕毫不費力。

除了病菌與技術，歐亞社會與美洲社會在政治組織方面也不同。到了中世紀晚期，或文藝復興時代，歐亞大陸上大部分社會都由國家統治。什麼哈布斯堡王室、鄂圖曼帝國、中國、印度的蒙兀兒王朝，以及十三世紀勢力達於顛峰的蒙古帝國，她們起初都是以征服四鄰起家的，最後形成的政治體，併吞了原來的異方殊俗。許多歐亞大陸上的國家或帝國，都有國定宗教，以維繫國內的政治秩序，團結民眾、對抗異族。歐亞大陸上的部落或隊群社會，大多是北極圈內的馴鹿牧民、西伯利亞的狩獵—採集族群，在印度次大陸以及熱帶東南亞，則是生活在飛地裡的狩獵—採集族群。

美洲有兩個帝國，印加與阿茲提克。她們與歐亞大陸上的帝國，在各方面都很相似——面積、人口、語言成份、國定宗教，與起源（征服鄰國）。在美洲，那兩個帝國是唯一可以有效動員資源的政治體，無論構築公共工程，還是發動戰爭，動員的規模也能

美洲（新世界）			
安地斯山區	亞馬遜	中美洲	美東
3000 B.C.	3000 B.C.	3000 B.C.	2500 B.C.
3500 B.C.	?	500 B.C.	-
3100-1800 B.C.	6000 B.C.	1500 B.C.	2500 B.C.
3100-1800 B.C.	3000 B.C.	1500 B.C.	500 B.C.
1500 B.C.	A.D. 1	1500 B.C.	200 B.C.
A.D.1000	-	-	-
A.D. 1	-	300 B.C.	-
-	-	600 B.C.	-
-	-	-	-

狗。至於酋邦的年代，是依各種階級分化型態的考古證據，以及大型公共建築和各種居住模式的出現來加以推定；詳細內容可參照內文敘述。

與歐亞國家相當。但是歐亞大陸上有七個國家有能力在美洲建立殖民地。在熱帶南美、中美洲（帝國勢力不及之處）、美國東南部，也有許多酋邦（有些無異於小型國家）。美洲其他地區的社會，只不過是部落或隊群。

我們要討論的最後一個近因，就是文字。大多數歐亞國家都有識字的官僚系統，平民中也有很高的比例能讀書識字。文字方便政治管理與經濟交換，激勵與指引探險、征服的雄心，使資訊與經驗得以累積、傳布，不受時空限制。一言以蔽之，文字增強了歐洲社會的競爭力。相對的，在美洲只有中美洲一個小區域中的一小撮知識份子，掌握了文字的奧祕。印加帝國發展出一種流水帳系統和標識符號（類似結繩紀事），可是與文字比起來，功

表 18.1　新舊世界的歷史里程碑

	歐亞（舊世界）		
	肥沃月彎	中國	英國
植物馴化	8500 B.C.	7500 B.C.	3500 B.C.
動物馴養	8000 B.C.	7500 B.C.	3500 B.C.
陶器	7000 B.C.	7500 B.C.	3500 B.C.
村落	9000 B.C.	7500 B.C.	3000 B.C.
酋邦	5500 B.C.	4000 B.C.	2500 B.C.
金屬工具或工藝品的傳播	4000 B.C.	2000 B.C.	2000 B.C.
國家	3700 B.C.	2000 B.C.	500 A.D.
文字	3200 B.C.	1300 B.C.	43 A.D.
鋼鐵工具的傳播	900 B.C.	500 B.C.	650 B.C.

上表顯示各種技術在歐亞大陸三個地區及美洲四個地區出現的約略年代。狗在兩個大陸開始發展糧食生產業以前就已經馴化，因此此表中的動物不包含

能差遠了，無法作為傳遞詳細資訊的工具。

因此，哥倫布的時代，歐亞社會在糧食生產、病菌、技術（包括武器）、政治組織、文字等方面，都比美洲土著社會佔優勢。這些優勢在歐—美衝突中產生了決定性影響。但是西元一四九二年的那些歐—美差異，源自不同的歷史發展軌跡。在美洲，那是過去一萬三千年歷史的結果；在歐亞大陸，歷史就更為沈重了。一四九二年的美洲社會，是美洲土著披棘斬荊獨立創造出來的。為了進一步了解一四九二非的情況，我們最好回溯美洲歷史發展的早期階段。表18.1比較了新舊世界的歷史里程碑，歐亞大陸以肥沃月彎、中國為代表；新世界以安地斯山、亞馬孫河流域、

中美洲為代表——都是歷史的「創造中心」。表中也列出了雙方比較不耀眼的地區：舊世界的英格蘭與新世界的美東地區。英格蘭並沒有生產過什麼影響歷史的發明，但是英格蘭的歷史可以提供文化傳播速度的資料。（肥沃月彎的文化創新傳播到英格蘭要花多少時間？）

這個表一定會令博學鴻儒倒盡胃口，因為這張表把極端複雜的歷史，化約成幾看似精確的年代數字。事實上，表中所有的年代數字不過代表了一段連續發展中的一個點，把那個點標示出來，目的在提醒讀者注意發展過程。例如有些考古學家發現了「最早的」金屬工具，但是更有意義的年代，應是「金屬工具佔所有工具的一定比例」的年代，就是金屬工具開始普遍的年代。好了，問題來了，那個「一定比例」算得上「普遍」？還有，在同一個「創造中心」，同一個發展並不在每個角落中同時出現。例如，陶器在安地斯山區域的厄瓜多海岸出現得較早（3100 B.C.），秘魯較晚（1800 B.C.），相距一千三百年。有一些「里程碑」的年代，比較難以從考古紀錄中推定，例如酋邦出現的年代，就比陶器或金屬工具的出現年代更難斷定。表18.1中有些年代非常的不確定，尤其是農業在美洲發生的時間。然而，讀者只要了解那張表是經過「簡化」的程序製作出來的，那樣的表用來比較各大洲的歷史倒是蠻有用的。

從表18.1我們可以發現：舊世界的糧食生產業，比新世界的早五千年達到一定的規模（食物中有很高的比例源自糧食生產）。不過我必須提醒讀者：舊世界的糧食生產行當，源遠流長，證據明確；至於新世界的農業，究竟什麼時候發生的？學者還有爭論。有些考古學家會徵引一些更古老的資料，證明農業在美洲有很悠久的歷史，例如墨西哥的Coxcatlan洞穴、秘魯的Guitarrero洞穴，以及其他的考古遺址。那些遺址的年代都比表18.1中列出的早得多。那些資料目前學界正在重新評估，理由有好幾個：最近直接以那些遺址出土的農作物測定碳十四年代，得到的結果比原先的年輕得多；先前報告的是以遺址出土的木炭測定的年代，而那木炭標本與農作物的關係並不確定；某些古老的植物遺留，究竟是不是農作物，尚不確定，也有可能只是採集的野生植物。即使農業在美洲發源的時間比表18.1的年代早得多，美洲的農業很晚才能成為人類主要卡路里來源，並支持定居的人類聚落，這一點倒無疑問。

我們在第五章、第十章討論過，世界上只有少數幾個地區獨立發展出糧食生產業，然後糧食生產業從那些「核心地區」（創造中心）傳播到其他的地區。歐亞大陸的肥沃月彎、中國；美洲的安地斯山區、亞馬遜河流域、中美洲、美東，都是核心地區。核心地區的主要突破成就向外傳播的速度，由於歐洲的考古學者已經忙了一個世紀以上，所以我們對歐洲的情況有很好的了解。從表18.1中英格蘭的各項數據，我們知道農業與定居聚落從肥沃月彎傳入英格蘭，花了五千年。兩者在英格蘭確立了以後，以後的重要發展就越來越快的輸入了，例如酋邦、國家、文字，特別是金屬工具——銅器、青銅器花了兩千年傳入英格蘭，鐵器只要兩百五十年。很明顯的，定居農人組成的社會，比較容易採借其他農業社會發展出的金屬技藝；狩獵—採集族群，反而不容易從定居的農業社會採借糧食生產生計——最後他們往往給農民替代了（驅逐或消滅）。

為什麼所有重要的歷史里程碑在美洲都豎立得比較晚呢？我想到了四組理由：起步遲；可供馴化的動植物資源有限；傳播障礙；美洲有稠密人口居住的地區或者較小，或者孤立，彼此並無緊密互動。

說到歐亞大陸著了先鞭，還需要多說嗎？人類在歐亞大陸活動，早在一百萬年前就開始了，美洲的人類史就顯得小兒科了。根據我們在第一章討論過的考古證據，人類大約在一萬四千年之前才進入北美阿拉斯加，在冰期結束前幾個世紀散布到加拿大冰蓋的南方，考古遺址中發現的葉形矛頭文化（Clovis Culture）就是那時的人類遺跡。西元前一萬年，南美洲南端已有人類活動。即使有證據可以證實人類在更早就已經進入美洲，那些人在美洲也分布得十分稀薄（所以留下的遺跡很少），更沒有搞出什麼名堂（西歐舊石器時代晚期的文化，從大約四萬年前開始，燦爛極了），美洲狩獵—採集族群到達南美洲南端之後的一千五百年，舊世界的肥沃月彎已發生了農業。

歐亞大陸先馳得點，領先美洲五千年，其中的緣由有幾個可能值得我們先考慮。第一，在冰期結束後，人類是否花了很長時間才完全佔居美洲？只要以紙筆列出相關數字計算一番，就知道那與五千年的落差關係不大。第一章報導過的計算結果，讓我們知道，當初即使只有一百個人組成的先遣小組，越過加拿大邊界進入空無一人的美國，假定人口增長率每年只有一％，只要一千年就能創造出足夠的狩獵—採集人口，布滿整個南北美洲。那個先遣小組要是每個月向南推進一公里半，那麼只要七百年就能到達南美洲的南端。而我們用來計算的人口增長率與人類社群的移動速率，比起已知的人類佔居無人土地的事例，要保守得太多了。因此，第一批狩獵—採集族群進入美洲之後，大約不出幾個世紀就已經分布到新世界各角落。

第二，那五千年的落差也許是因為：最初進入美洲的人必須化費大量的時間熟悉美洲的動、植物資源、岩石資源？我們可以再次引用人類進佔先前不熟悉的環境的事例，例如土達輝人（Tudawhe）到新幾內亞卡里木依盆地（Karimui Basin）殖民；毛利人的祖先到紐西蘭殖民。殖民者大概用不到一個世紀的時間，就搞清楚了新環境中那裡有最好的石頭，分辨有毒和有用的植物、動物。

第三，難道我們不該考慮歐亞大陸上源遠流長的技術傳統嗎？生活在舊世界的人，繼承了列祖列宗針對當地環境的特性發展出來的技藝，開發環境中的資源更得心應手，自是應有之義。根據考古證據，現代人在肥沃月彎和中國已經活動幾萬年了（更別提現代人的祖先在歐亞大陸一百萬年前就現身了）。肥沃月彎的狩獵—採集族群，已經發展出利用野生穀物的工具，如石鐮刀、地下窖藏穴，和其他技術，最初種植穀物的農民對那些工具、技術早就熟習了。而第一批進入美洲拓墾的族群，到達阿拉斯加時，無論隨身攜帶的、腦子裡裝著的，都是適應西伯利亞北極凍原的裝備、知識與經驗。他們必須在陌生的環境中摸索，自行創造適當的工藝與策略。也許那才是美洲的生計發展比較遲緩的主因？

美洲的生計發展落後於舊世界，一個更為明顯的因素，是美洲適於馴化的動、植物資源有限，我已經在第六章討論過了：狩獵—採集族群改採生產糧食的生計，並不是因為他們能預見農業或牧業對後代子孫有利，而是因為初期糧食生產生計，能提供更好、更穩定的生活。在美洲，初期的糧食生產生計，的確不能與狩獵—採集生計競爭。那裡與肥沃月彎和中國不同，部分原因是美洲缺乏可供馴養的野生哺乳類。因此美洲早期農民仍然以野生動物作為蛋白質的主要來源，他們不得不繼續維持狩獵—採集生計。肥沃月彎和中國的農民就沒有樣的問題，他們定居不久就馴養了野生動物，既然有了自足的糧食生計，就不必再狩獵—採集了。此外，舊世界的家畜糞便可以肥田，後來家畜又能犁田，不僅增加農業的生產力，還進一步提升了農業的競爭力。

美洲野生植物的一些特色，也削弱了農業在美洲的競爭力。這個結論在美東看得最清楚。那裡土著馴化的作物大約還不到一打，有小種籽的穀物（沒有大種籽的穀物）、豆子、纖維作物，還有果樹與堅果樹。中美洲的主食作物——玉米——也是個好例子。（玉米傳播到美洲其他地區，也成為各地的主食作物）肥沃月彎的野生小麥、大麥，在短短幾世紀內就演化成農作物，形態上幾乎沒有什麼改變，而野生玉米大概經過了好幾千年才演化成今日的玉米；在演化過程中，野生玉米的生殖生物學、生產種籽的能量分配機轉都必須發生巨大的變化，還得褪除包裹種籽的堅硬外殼、巨幅增大玉米穗軸。

結果，即使我們接受學者最近的主張，認為農業在美洲發生得比較晚近，那麼從農業發生（西元前三千年到兩千五百年之間），到終年定居的聚落普遍出現在中美洲、安地斯山區內陸、美東（西元前一千八百年到五百年），共花了一千五百年到兩千年。美洲土產的農業，有很長一段時間只是狩獵—採集族的小型「副業」，只能供養稀疏的人口。要是我們接受傳統的看法，認為農業在美洲很早就發生了，那麼美洲的農業花了五千年才供養定居村落，而不是一千五百年或兩千年了。在歐亞大陸，我們觀察到的是：農業發生村落生活在時間上幾乎密切的關連在一起。（狩獵—採集生計在新舊世界都足以支持定居聚落，例如舊世界的日本與肥沃月彎，新世界的厄瓜多海岸地區、亞馬遜河流域，在農業發展之前都有村落社群。）許多美洲土著社會在輸入外地的農作物和畜生之後（不論是美洲其他地區，還是從歐亞大陸），發生了重大的轉變，具體的例子有：玉米傳入美東、亞馬遜河流域之後的影響；安地斯山區南部的人馴養了駝馬之後，輸入安地斯山區北部；歐洲人帶來的馬匹在南、北美洲許多地方給土著馴養了之後。這些事例足以說明新世界各地的社會發展，受到土產資源的限制，是多麼的大。

農業社會首先在歐亞大陸上出現，那裡的動、植物資源豐富，又易於馴化。此外，歐亞大陸上還有幾組地理與生態條件一齊發揮了作用，方便動、植物、觀念、技術、人群的流通，加速了歐亞社會的發展。歐亞大陸的東西向主軸，相對於美洲的南北向主軸，更便利生物資源的傳播，因為東西向的流動，比較不必顧慮緯度的變化引起的適應問題。與歐亞大陸寬闊的東西主軸相比，美洲的南北軸線還受制於中美洲狹長的地形，特別是巴拿馬地峽，南北的交通真是不絕如縷。此外，美洲人文地理更為破碎，因為許多不適耕作或稠密人口居住的地帶穿插其間。那些生態障礙包括：巴拿馬地峽的熱帶雨林，將中美洲社會與南美亞馬遜河流域、安地斯山區的社會隔離開來；德州的乾旱地帶，隔離了美國東南區與西南區；美國太平洋岸是適合農耕的地帶，可惜讓沙漠高山隔絕了。結果，新世界各個「創造中心」（美東、中美洲、安地斯山區、亞馬遜河流域）彼此沒有緊密的聯繫與互動，馴化的動物、文字、政治體制完全沒有交流，農作物與技術的交流緩慢而有限。

美洲的這些障礙，發生了一些特定的後果值得一提。美國西南部與密西西比河河谷的農業，從未傳入加州與奧勒岡州（今日美國的穀倉），那裡的土著因為缺乏適當的農作物，仍過著狩獵—採集的生活。安地斯高地的駱馬、天竺鼠、馬鈴薯從未傳入墨西哥高地，以致於中美洲、北美洲唯一的哺乳類家畜就是狗。美東的向日葵從未傳入中美洲，中美洲的火雞從未傳到南美與美東。中美洲的玉米花了三千年、豆子花了四千年，才越過一千多公里的距離，從墨西哥的農地傳到美東的農地。玉米傳入美東後，經過七百年才發展出適於北美洲氣候的品種，從而造成密西西比河谷的繁榮盛況。玉米、豆子、南瓜也許花了幾千年才從中美洲傳入美國西南部。把肥沃月彎的農作物迅速的向東向西傳播，有效的阻絕了其他地區的族群馴化同一物種或相關物種的機會，而美洲的傳播障礙卻滋生了許多這種平行馴化植物的機會。

美洲的傳播障礙不只阻絕了農作物與牲畜的流通，對人類社會的其他面相也產生了同樣重大的影響。地中海東部發展出的字母，傳播到歐亞大陸所有複雜社會中——從英格蘭到印尼，只有東亞地區例外，那裡是中國書寫系統的勢力範圍。然而新世界唯一書寫系統（出現在中美洲），從未傳入安地斯山區和美東的複雜社會，他們是最有可能採借書寫系統的美洲社會。中美洲為玩具發明的輪子，從未有機會和安地斯山區馴化的駱馬合作，新世界因此喪失了一種強有力的運輸工具。在舊世界，馬其頓帝國、羅馬帝國由東至西橫亙近五千公里，蒙古帝國九千多公里。但是中美洲的帝國與國家，與北邊一千公里外的美東酋邦，與南邊近兩千公里的安地斯地區的帝國與國家，根本沒有政治關係，而且似乎聞未所聞。

美洲與歐亞大陸比較起來，地理上更為破碎。這個事實也反映在美洲土著的語言上。對於歐亞大陸上的語言，語言學家同意它們可以分成十二個語系（除了少數幾個語言之外），每個語系包括一些（可以多達幾百個）彼此有關的語言。例如印歐語系包括了英語、法語、俄語、希臘語和印度語等一百四十四語個語言。那十二個語系中，有不

表 18.2　舊世界的語言擴張

推斷年代	語言或語系	擴張	終極驅動力
6000 或 4000 BC	印歐語系	烏克蘭、安那托利亞→歐洲、中亞和印度	糧食生產或以馬匹為主的遊牧生涯
6000-2000 BC	埃摩—大衛語	伊朗→印度	糧食生產
4000 BC- 現代	漢藏語系	西藏高原、中國北部→中國南部、熱帶東南亞	糧食生產
3000 BC-1000 BC	南島語系	中國南部→印尼、太平洋地區	糧食生產
3000 BC-AD 1000	班圖語系	奈及利亞和喀麥隆→南非	糧食生產
1000 BC-AD 1	南亞語系	中國南部→熱帶東南亞	糧食生產
1000 BC-AD 1500	傣—佧岱、苗瑤語系	中國南部→熱帶東南亞	糧食生產
AD 892	匈牙利語系	烏拉山→匈牙利	以馬匹為主的遊牧生涯
AD 1000-AD 1300	俄羅斯語系	歐俄→亞洲的西伯利亞	糧食生產

少分布在連續的大片土地上，再以印歐語系為例，它的分布包括大部分歐洲，往東經由西亞延伸至印度。合併語言、歷史、考古證據，我們可以看出這類分布在連續的大片土地上的語系，源自一個祖先語族的擴張歷史，在遼闊的土地上本來同出一源的族群分化成許多地域性方言群，日子一久，各地方言演化成彼此有關又不相同的語言（表 18.2）。大部分這樣的族群擴張，看來都是祖先群取代了原先的狩獵—採集土著，而祖先群來自糧食生產社會。在前兩章，我們已經討論過漢藏語族、南島語族，還有其他東亞語族的族群擴張歷史，都造成同樣的語言現象。過去一千年中發生的大規模族群擴張現象，有：印歐語

族群殖民澳洲、美洲；俄羅斯語族由東歐擴張到西伯利亞；突厥語族（屬於阿爾泰語系）由西亞西進今日的土耳其。

美洲的語言現象歐亞大陸的迥異。在美洲，只有愛斯基摩語系（分布在北極圈內），以及分布在阿拉斯加、加拿大西北部、以及北美西南部的那玎語系（Na-Dene language family）；Oto-Manguean 語族（中美洲）；Natchez-Muskogean 語族（美國東南）；Arawak 語族（西印度群島）。）但是語言學家對美洲土著語言分類難以產生共識，他們面對的困難反映的是：美洲的複雜社會在擴張時遭遇的困難，要是生產糧食的美洲土著族群，能帶著他們的農作物、牲口迅速擴張，到處都能順利取代當地狩獵—採集土著，那麼他們必然會留下易於辨認的遺澤——清晰的語族分布圖，就像我們在歐亞大陸上觀察到的一樣，而且美洲土著語言彼此的關係也不會那麼眾說紛紜，沒有共識。

好了，我們已經找出了三組終極因，可以說明歐洲人侵入美洲時為什麼佔盡了優勢。第一，人類早就在舊世界生活了；第二，舊世界的糧食生產效率高，因為舊世界的生物資源比較豐富，尤其是適於人類馴養的動物；第三，舊世界中地理、生態障礙比較不至於妨礙各地的交通。第四個、也是比較臆測性的終極因，是從一些美洲土著「沒有發明」的項目推定的，那些項目令人十分不解：安地斯山區的複雜社會沒有發有文字與車輪，而美洲的複雜社會發明了文字與輪子，事實上他們有同樣久遠的歷史；中美洲發明了輪子，卻只用在玩具上，而且後來還失傳了——難道他們想不到手推車的用途

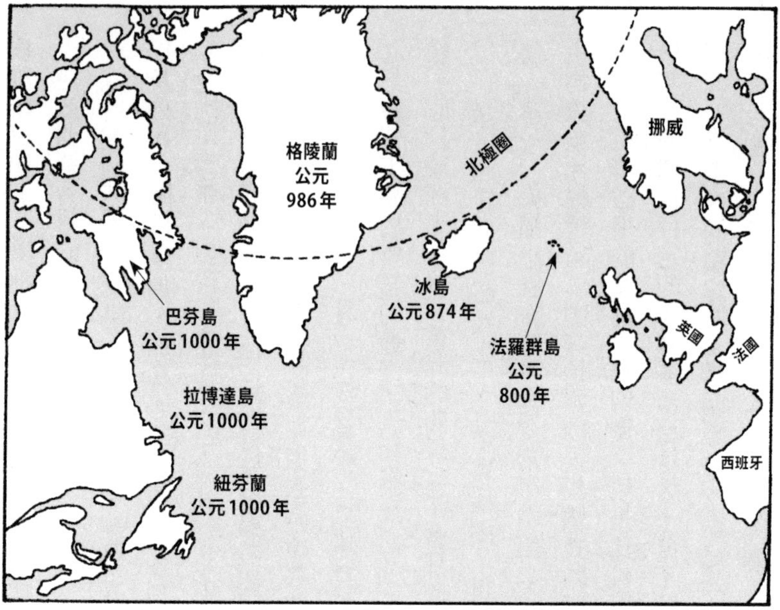

圖 18.1　諾爾斯人的足跡——從挪威出發橫渡大西洋
（圖上的年代為抵達該區域約略的時間）

嗎？這些令人不解的謎，讓人想起小型、孤絕的社會裡同樣的事例——該發明的沒有發明；發明了的，又沒有善用，以致於失傳。塔斯馬尼亞島、澳洲、日本、玻里尼西亞諸島，還有美洲北極圈地區，都有同樣令人不解的事例。論面積，美洲約有歐亞大陸的四分之三，我們當然不能說美洲是個小地方；論人口，一四九二年美洲的人口與歐洲大陸上的比較起來，不會太寒傖。但是我們已經討論過，美洲因為地理、生態障礙的切割，已分裂成許多「社會島嶼」，彼此的聯繫不絕如縷。也許美洲文字與輪子的歷史，反映的是真正島嶼社會的原則，只不過以極端的形式表現。

美洲社會與歐亞社會經過一萬三千年的隔離之後，在最近一千年終於起衝突了。之前，白令海峽兩岸的狩獵—採集族群的互動，是新、舊世界社會的唯一接觸。

美洲土著從未嘗試殖民歐亞大陸，他們只在白令海峽一帶活動，一小群從阿拉斯加來的愛斯基摩人的確越過了海峽，在西伯利亞上生活、蕃息。歷史上第一批嘗試殖民美洲的歐亞族群，是住在北歐極圈、亞極圈的諾爾斯人（圖 18.1）。由挪威出發的諾爾斯人在西元八七四年殖民冰島，然後由冰島出發，在西元九八六年殖民格陵蘭，最後諾爾斯人在西元一千年到一三五〇年之間，好幾次登陸北美東北海岸。美洲發現的唯一的諾爾斯人遺址，是在紐芬蘭島（Newfoundland），也許那就是諾爾斯人傳說中的 Vinland。但是諾爾斯人傳說中還描述了更為北邊的登陸地點，就是現在加拿大東北的拉博達（Labrado）海岸，與巴芬島（Baffin island）。

冰島的氣候容許畜牧以及非常有限的農業，面積也夠大，所以諾爾斯人族群在那兒生活至今。但是格陵蘭大部分面積都覆蓋著冰蓋，即使有兩處還算適合人居的峽灣，也不適於畜牧、耕作。格陵蘭的諾爾斯人，人口一直不超過幾千人，依賴進口物資維生。例如從挪威進口食物與鐵器，從拉博達海岸進口木材。格陵蘭與復活節島和其他玻里尼西亞最荒遠的島嶼不同，生產糧食的社會在那裡無法自給自足，不過狩獵—採集的愛斯基摩人在島上一直都能自給自足，他們早在諾爾斯人登陸之前就到了那裡，以後也沒給取代。

十三世紀起，地球進入小冰河期，北大西洋的酷寒使格陵蘭的食物生產陷於谷底，諾爾斯人從挪威、冰島到格陵蘭的航線也陷入癱瘓。格陵蘭島民與歐洲人最後一次有紀錄可查的接觸，是在西元一四一〇年，一艘冰島船因為給風吹得偏離了航線，在格陵蘭靠岸。到了一五七七年歐洲人終於再度造訪格陵蘭，諾爾斯人已經在島上消失了，沒有留下任何紀錄。

但是北美洲海岸對於挪威出發的船隻而言，實在太遠了；西元九八六至一四一〇年之間，諾爾斯人的造船技術還沒有那個水準。諾爾斯人造訪美洲，都是從格陵蘭出發的，那裡距離北美海岸只有三百多公里。但是格陵蘭島上的諾爾斯人策劃探險、征服美洲的能力，微乎其微，因為那只是一個微小的邊緣社區，不可能動員什麼資源——腦力、人力、物力。即使紐芬蘭島上的諾爾斯人營地，也不過是個過冬的營地，最多支持幾十個人過個幾年。諾斯傳說中描述了他們在Vinland的營地，遭到Skraelings人的攻擊。顯然那是指當地土著，不是印第安人就是愛斯基摩人。

格陵蘭是歐洲中世紀最邊遠的殖民站，島上諾爾斯人的命運，仍是考古學上最浪漫的謎團。最後一個諾爾斯人究竟是餓死了呢？還是投身怒海、不如歸去了呢？還是與愛斯基摩人通婚了？還是病死了或給愛斯基摩人殺害了？雖然那些有關近因的問題我們無法回答，諾爾斯人在格陵蘭與美洲的殖民努力都失敗了，終極因卻很清楚。他們失敗了，因為他們的「出身」（挪威）、目標（格陵蘭、紐芬蘭）、時機（九八四年至一四一〇年），使得歐洲人已經擁有了的優勢（糧食生產、技術、政治組織）完全不能發揮。高緯度地區無法有效的搞糧食生產業，幾十個諾爾斯人拿著鐵器，作為後盾的政府又是歐洲的窮國，當然抵擋不住愛斯基摩、印第安狩獵—採集群的石器、骨器、木器，他們可是北極圈內本領最高強的求生專家！

歐亞族群第二次殖民美洲的努力成功了。這一次由於各種條件的配合，歐洲人的優勢完全發揮出來了。西班牙與挪威不同，富庶、人口眾多，足以支援海外探險、補助殖民社群。西班牙人在美洲登陸的緯度屬於亞熱帶，非常適於糧食生產，起先耕作的是美洲的土產，歐洲帶來的牲口如牛、馬，也扮演重要的角色。西班牙的越洋殖民事業，在一四九二年開始，這時歐洲遠洋船隻的造船技術已經快速發展了一個世紀，吸收了舊世界社會（伊斯蘭、印度、中國）在印度洋發展出來的先進航海術、風帆、船舶設計。結果，在西班牙建造的船隻與招募的船員，能夠航行到西印度群島；挪威的諾爾斯人經由格陵蘭殖民美洲的嘗試，相形之下就太小兒科了。西班牙成功的殖民美洲之後，立刻就有六個其他歐洲國家加入競逐。

美洲的第一個歐洲殖民地，在西印度群島，那是一四九二年哥倫布開始建立的。大部分島上的印第安人，估計當時超過一百萬人，很快的就被消滅了，傳染病是最重要的元兇，此外，白人驅逐、奴役、戰事、漫不經心的謀殺都是幫兇。大約到了西元一五〇八年（明武宗正德三年），第一個歐洲殖民地在美洲大陸上出現了，那是在巴拿馬地峽。兩個美洲帝國——與印加——分別在一五一九至一五二〇年和一五三二至一五三三年給征服了。在那兩場征服中，歐洲人傳播的傳染病（可能是天花）扮演了主要的角色，兩位皇帝與他們的許多臣民都死於傳染病。一小撮西班牙騎兵展現的軍事優勢，加上他們的政治技巧，利用了土著族群之間的矛盾，更註定了兩大帝國崩潰的命運。然後歐洲人在十六、十七世紀，逐步征服了中美洲剩餘的國家，以及南美洲北部。

至於大多數比較先進的北美土著社會——位於美國東南部和密西西比河谷——是由傳染病摧毀的。早期的歐洲探險家將病菌帶到了那些地方，然後疫病蔓延的速度超過了白人推進的速度。當歐洲人足跡遍及美洲之後，許多其他的土著社會的消滅如大平原上的猛丹族（Mandans）、北極圈內的賽得繆愛斯基摩人（Sadlermiut Eskimos），也是傳染病幹的好事，根本用不著軍事手段。人口眾多的土著社會，若沒有給傳染病消滅，則難免戰爭蹂躪，但是他們的對方是越來越多的職業軍人以及白人的土著盟友。這些職業軍人起先有歐洲母國的政治組織做後盾，然後是新世界的殖民政府，最後是繼承殖民政府的歐洲式獨立國家。

比較小的土著社會，則是在比較漫不經心的過程中給消滅的——平民拓墾者組成小型的突擊隊，或者公然燒殺或者謀殺。例如美國加州的狩獵—採集族群，人口大約共有二十萬，但是他們分散在一百多個小部落中。消滅那麼一個小部落根本用不著「戰爭」。那些小部落大多在加州淘金潮（1848-52）中給殺光或驅散了。當時有大量的歐洲移民湧入加州。舉個例子吧。生活在北加州的雅裔（Yahi）小部落，人口大約兩千，沒有火器。武裝拓墾者四次突襲之後，這個部落就瓦解了。一八六五年八月六日，十七個白人發動拂曉突擊；一八六六年雅裔人在一個峽谷中遭到奇襲，死傷枕藉；一八六七年雅裔人被誘入一個山洞，三十三人給殺死了；一八六八年四個白人牛仔將雅裔人誘入另一個山洞，殺了大約三十人。許多亞馬遜河流域的印第安族群，也在十九世紀末、二十世紀初的橡膠熱潮中，讓白人拓墾者消滅了。征服的最後階段正在二十世紀最後十年上演，像Yanomamo之類仍然獨立的亞馬遜印第安人社會，不是一一屈服於傳染病，就是讓採礦人謀殺，或是給傳教機構或政府機構控制了。

幾百年來的征服行動，結局是：適於歐洲人糧食生產業與歐洲人生理的美洲溫帶區域，人口眾多的土著社會大多給消滅了。在北美洲，仍然存活的大型完整社群，絕大多數都在保留區生活，或其他不適合歐洲糧食生產業及採礦的地帶，例如北極圈和美國西部乾地。許多美洲熱帶的土著，也給舊世界熱帶地區來的移民替代了（特別是非洲黑人，以及蘇利南的印尼人和爪哇人）。

中美洲及安地斯山區的某些地區，原來土著的人口就很稠密，即使遭受過傳染病和戰爭的蹂躪，今日當地的人口中仍以土著或混血族群為主。特別是安地斯高地，那裡白人婦女的生殖生理難以適應，而土產農作物仍是最適合當地生態的作物。不過，即使在美洲土著仍然存活的地區，大部分美洲土著的文化與語言卻消失了，給舊大陸輸入的取代了。北美洲幾百種土著語言，只有一百八十七種還有人說，其中一百四十九種只有年長的人還會說，年輕世代都不再學了。新世界現在約有四十個國家，都以印歐語或洋涇濱印歐語作為官方語言。秘魯、玻利維亞、墨西哥、瓜地馬拉這些國家，是新世界土著族群倖存比例最高的，可是這國家的政治與商業領袖，歐洲人佔的比例還是太高，遠超過歐洲人在全人口中的比例。好幾個加勒比海國家倒有非洲黑人領袖，圭亞那的領袖是亞裔印度人。

原來的美洲土著族群究竟給白人消滅了多少？仍是個爭論不休的題材。有人估計北美洲有九五％的土著人口給消滅了。但是美洲現有的人口接近一四九二年時的十倍，因為有舊世界的移民湧入。美洲現有人口中，世界上各大洲的「土著」都有。美洲最近五百年的人口轉換，大概是各大洲中規模最大的人口轉換（僅次於澳洲），它的根源在一萬三千年和公元元年之間的發展就已經種下了。

CHAPTER 19

非洲大陸為何黑暗？

不管你事前讀過多少關於非洲的書，到了那裡，第一個印象仍然令你感到震撼。納米比亞（Namibia）是剛獨立的國家（一九九〇年三月），在首都溫得侯（Windhoek）的街上，眼中盡是黑皮膚的賀列羅族（Herero）、黑皮膚的歐文波族（Ovambos）、白人，還有納馬族（Namas和賀列羅族一樣，都是牧民，過去為爭奪牧場成為死對頭）。他們看來與前面兩族黑人、白人都不同。他們不再只是教科書中的照片，他們是活生生的人，就在我的眼前。在溫得侯城外，殘餘的布須曼人（Bushmen）正在為生存奮鬥，過去他們遍布於南非喀拉哈里沙漠（Kalahari）。但是到納米比亞後，最讓我震驚是一條街的路牌：溫得侯城中的一條幹道，叫做「戈林」街！

居然會有一個國家由納粹死硬派把持著，讓他們為所欲為，甚至以一條街來紀念納粹德國當年惡名昭彰的空軍元帥戈林（Hermann Goering, 1893-1946，二次大戰後給盟軍判處死刑，後服毒自殺）？我從來不相信。果不期然，那條街紀念的是老戈林（Heinrich Goering），戈林元帥的爸爸。老戈林是德意志帝國在非洲的殖民功臣，他建立了以溫得侯為中心的西南非殖民地（一八八四年）——納米比亞的「前身」，說來也算是「國父」了。但是老戈林也是個問題人物，因為他的遺澤包括德國一九〇四年發動的滅族攻擊，對象是長期與納馬族鬥爭的的賀列羅族。歐洲殖民者在非洲發動的戰事，那次最惡毒。雖然鄰國南非的情勢，受到世人較多的關注，納米比亞仍在努力擺脫殖民時代的歷史，建立各種族都能和平相處的社會。非洲的現況無法和過去分隔開來，納米比亞就是個具體的例子。

大部分美國人和許多歐洲人，都認為非洲土著就是黑人，非洲的白人是近代才侵入的，非洲史的主題就是歐洲殖民和奴隸貿易。他們只注意那些事實，理由很簡單：過去幾百年大量的非洲黑人給運到美國當奴隸，所以大多數美國人熟悉的非洲土著只有黑人。但是在歷史上，和非洲黑人非常不一樣的族群，可能佔居過今天的黑色非洲，而且所謂的「黑人」，也不是個均質的族群。甚至在白人殖民者到達非洲之前，那裡已經充斥了各「色」人等——非洲並不只有黑人，地球上的六種主要人群，有五種在非洲生活，其中有三種只生活在非洲。世界上的語言，四分之一只在非洲有人說。其他的大洲都沒有那麼高的人類歧異現象。

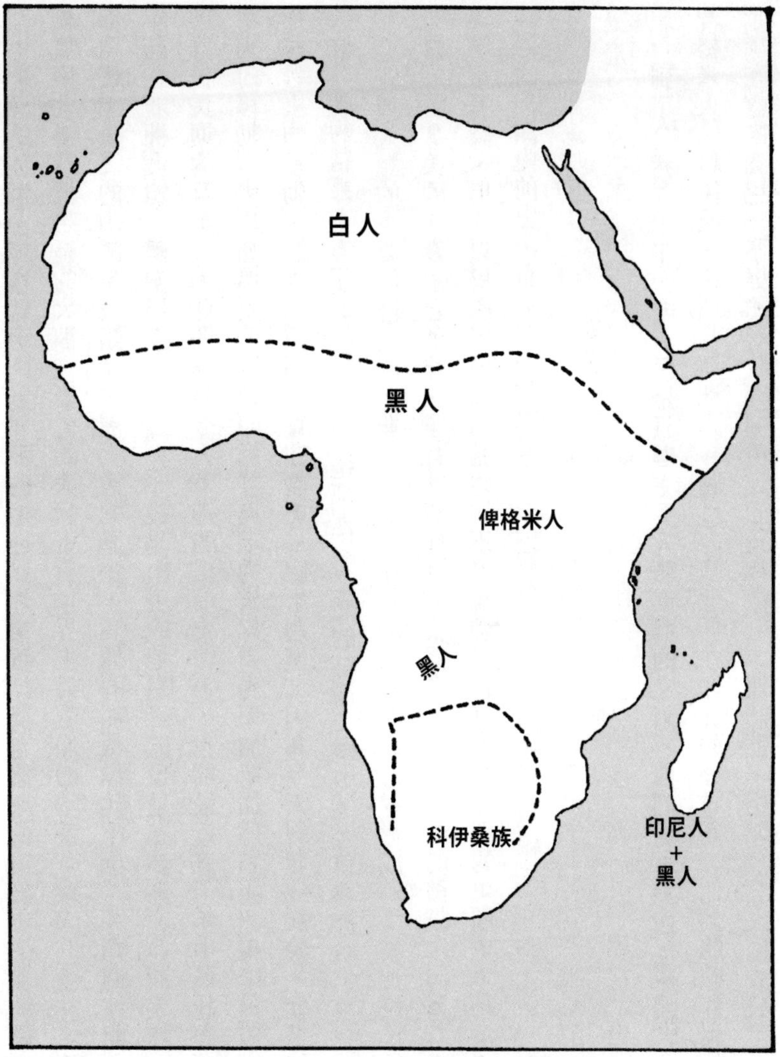

圖 19.1　公元 1400 年的非洲族群分布圖

非洲的族群源流複雜，因為非洲的地理條件複雜，又有悠久的史前史。非洲是唯一縱貫南北半球溫帶區的大洲，廣袤的大陸上有世界上最乾燥的沙漠、最大的雨林、地球赤道帶上最高的山脈。人類在非洲生活的歷史，其他的洲根本比不上：人類的遠祖七百年前在非洲發源；解剖學上的現代人，最早出現的地點可能也是在非洲。非洲大陸上的族群，長期的互動，因此非洲有令人著迷的史前史演義，包括最近五千年中最壯觀的兩次人口移動——班圖擴張，以及印尼群島上的族群到馬達加斯加島（非洲東岸）殖民。那些過去的互動，造成的波瀾一直在歷史長廊中迴盪，因為今天的非洲風貌，就是過去族群互動的結果——「誰在誰之前到達那裡」之類的細節，塑造了今日非洲。

五種人類的主要族群生活在非洲，他們在非洲的分布是怎樣形成的？為什麼黑人分布得最廣？美國人幾乎忘了非洲還有其他族群。我們了解羅馬帝國的興衰，因為有文字史料可考證，但是只揭露了局部的謎底。不過我們已經發現：非洲的史前史，和上一章談過的美洲史前史，有鮮明的對應之處，不過還沒有受到應有的重視。

到了公元一千年，非洲已是五個主要人類族群的家園。他們是：黑人、白人、非洲俾格米人、科伊桑人，以及亞洲人。圖 19.1 是他們在非洲的分布圖，他們的照片也能顯示：在皮膚顏色、頭髮的形狀與顏色、面孔特徵上，他們都不相似。黑人過去只生活在非洲，俾格米人與科伊桑人到今天仍然只生活在非洲，白人與亞洲人在非洲以外地區生活的人口比較多。所有主要的人類族群，只有澳洲土著（以及他的親戚）沒到過非洲。

讀到這裡，許多讀者可能會抗議，主張不要用「人種」這樣的詞區別人群，因為「人種」沒有客觀定義。對的，我承認每個所謂的主要族群，都是異質性很高的群體。將祖魯人（Zulus）、索馬利人（Somalis）、依波人（Ibos）歸入「黑人」，事實上忽略了他們之間的差異。將非洲的埃及人、勃勃人（Berbers）歸入「白人」，也犯了同樣的毛病，而且瑞典人也是白人，歐洲的白人與非洲的白人差別更大了。此外，所有族群的界限都不清楚，無法截然區別，找不到「自然的」界限，學者只能採用人工標準分類——因為不同的族群只要接觸，就會發生混血，是普遍的人類現象。不過，本章的討論仍然以前面舉出的五個族群為基礎，我使用黑人、白人、非洲俾格米人、科伊桑人，以及亞洲人這些名稱，是為了方便討論非洲歷史，而不是說他們之間從未發生過混血的事例。

在非洲的五個族群中，美國人與歐洲人比較熟悉的是黑人與白人，所以筆者就不必描述他們的體質特徵了。黑人在公元十五世紀的時候，已經是非洲佔居面積最大的族群了，擁有撒哈拉南部以及大部分撒哈拉以南地區（圖 19.1）。美國的黑人主要源自非洲的西海岸地區，可是同樣的族群當年也佔居了東非地區，北達蘇丹，南至南非東南沿海。白人（包括埃及人、利比亞人、摩洛哥人等）佔居北非沿海地區與撒哈拉北部。那些北非人的長相當然與藍眼金髮的瑞典人不同，但是我想大部分人仍然會把他們當作「白人」，因為比起南方的「黑人」，他們的膚色淺、頭髮直。非洲大部分黑人與白人務農或放牧維生，或兩者兼營。

另兩個族群就不一樣了，我說的是俾格米人與科伊桑人，他們有的仍然過著狩獵—採集生活，既沒有農作物也沒有牲口。俾格米人與黑人很像，膚色深、頭髮鬈。他們與黑人的差別是：身材矮小、皮膚比較紅而不那麼黑、毛髮在面孔與身體上的分布較廣，前額、眼睛、牙齒較突出。大部分俾格米人以狩獵—採集維生，他們的聚落散布在非洲中部的雨林中，與鄰近的黑人農民交易生活物資。

科伊桑人大概是美國人最不熟悉的非洲人了，許多美國人大概根本沒聽過他們。以前他們分布在南非大部分地區，其中有身材矮小的狩獵—採集族群，像是桑族（他們過去的名稱是霍屯督Hottentot），也有身材較高的牧民，像是郭依族（他們過去的名稱是布須曼Bushmen）。桑族與郭依族看來與非洲黑人很不同，他們的皮膚比較黃、頭髮鬈曲得緊，婦女的臀部還累積了大量的脂肪（這種「肥屁股」有個專有名詞，稱為steatopygia）。郭依族的「族群」地位，因為人口已經大幅度的減少而岌岌可危：歐洲殖民者槍殺他們、驅趕他們、感染他們；大部分倖存的人與歐洲人混血，在南非創造了新的族群，他們給叫做「有色人」（Cloloreds）或「野種」（Basters），或其他名稱。桑族也遭遇了同樣的命運，給槍殺、給驅趕、給感染，不過還是有一小撮人在納米比亞沙漠生存下來，因為那裡不適於農作，他們的人口雖然逐漸減少，但是給同化掉的可能性低多了。電影《上帝也瘋狂》描述的就是桑族的生活。

白人在非洲分布在北非，並不令人驚訝，因為體質相似的族群生活在鄰近的中東、歐洲地區。有史以來，歐洲、中東、北非之間的族群移動就很頻繁。因此我不會花太多篇幅討論白人，因為他們的來源並無神秘之處。顯得神秘的是黑人、俾格米人、科伊桑人，他們的分布透露了古代發生過的族群變動。舉例來說吧，現在俾格米人共有二十萬人口，只是他們散布在一億兩千萬黑人中，像似黑人大海中的孤島。俾格米人的分布圖，讓人懷疑他們本來是赤道非洲帶森林的土著，後來黑人農民入侵，霸佔了他們的土地，任他們在不適耕作的地方苟延殘喘。南非的科伊桑人有獨特的體質和語言，可是這樣獨特的族群人口卻少得可憐，這是令人驚訝的。會不會他們本來佔居的面積不只限於南非，只不過北方的領土遭其他族群侵入，人口也給消滅了？

非洲的族群史上，最出格的現象發生在馬達加斯加群島上。那裡最大的島距非洲東海岸不過四百公里，與亞洲、澳洲隔著印度洋。可是馬達加斯加島上的族群有兩種成份，其中之一是非洲黑人，另一種是從面孔上就能辨認出的熱帶東南亞人。具體點說，馬達加斯加人（非洲黑人、亞洲人與混血種）說的語言是南島語，與印尼婆羅洲人說的馬安亞語（Ma'anyan）非常相似——那可是六千四百公里開外的地方！馬達加斯加群島周圍方圓幾千公里，根本沒有任何類似婆羅洲人的族群存在。

公元一千五百年，歐洲人到達馬達加斯加群島，那時南島人和他們帶來的南島語、

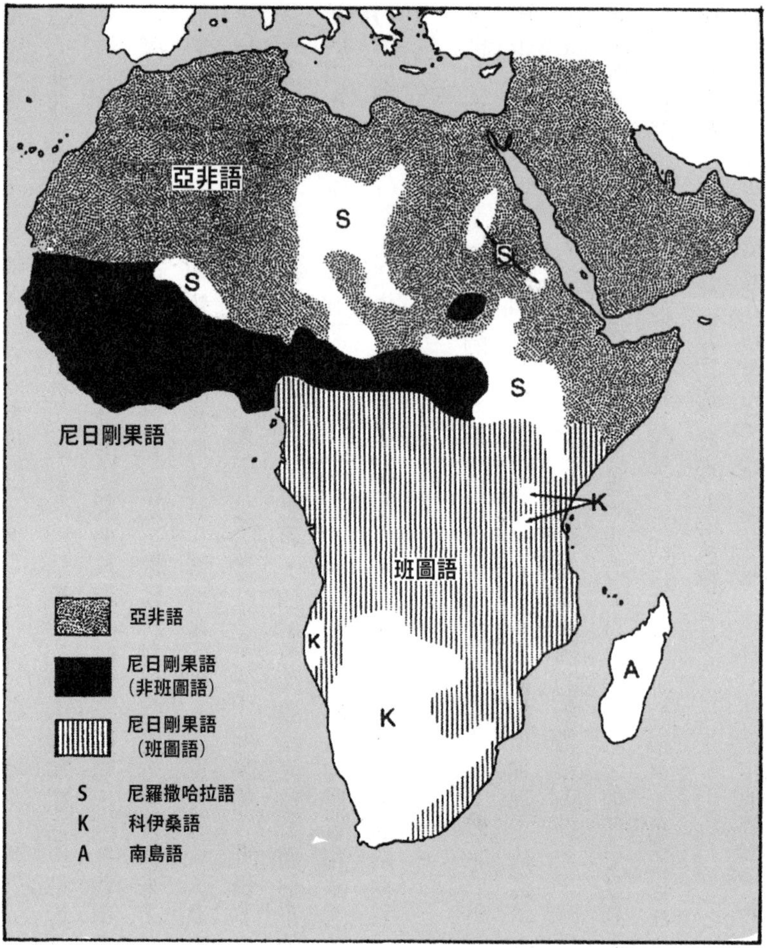
亞非語
S
S
S
S
S
尼日剛果語
K
班圖語
K
K
A
亞非語
尼日剛果語
(非班圖語)
尼日剛果語
(班圖語)
S 尼羅撒哈拉語
K 科伊桑語
A 南島語

圖 19.2　非洲的語族

調適過的南島文化，已經在島上生根了。我認為這是世界人類地理學上最令人驚訝的事實。這就好像哥倫布登陸古巴後，發現島上的居民是金髮藍眼的北歐人，說的語言接近瑞典話，而近在咫尺的美洲由完全不同的人種佔居、說完全不同的語言。婆羅洲的史前居民，應該是航行到馬達加斯加的吧？可是他們既沒有地圖又沒有羅盤，怎麼辦到的呢？

馬達加斯加的例子告訴我們：一個族群說的語言，還有他們的體質特徵，是研究他們起源的重要線索。在島上，只要憑他們的長相，你就可以知道有人源自熱帶東南亞。但是你無法知道那些人是從熱帶東南亞的哪些地方來的，你可能永遠猜不到婆羅洲。非洲的語言地圖可以透露哪些線索是難以從面孔上看出來的。

非洲有一千五百種語言，複雜得令人窒息，但是史丹福大學的語言學家格林柏（Joseph Greenberg）已經理出了頭緒。格林柏把非洲的語言分成五個語族（圖 19.2 是它們的分布）。認為語言學沈悶、過於專門的讀者，也許難以想像圖 19.2 能透露什麼有用的線索，增進我們對非洲的了解。

比較圖 19.1 與圖 19.2，可以發現，大體而言，語言分布與體質分布是互相對應的。某一特定體質的族群說某一特定語族的語言。具體的說，說亞非語（Afro-Asiatic）的族群大多是本章所謂的白人與黑人。說尼羅撒哈拉語（Nilo-Saharan）、尼日剛果語（Niger-Congo）的族群，是黑人。科伊桑人說科伊桑語（Khoisan）。說南島語（Austronesian）的是印尼人。這表示語言與族群（體質）是一起演化的。

許多人習慣從歐洲看天下，相信所謂的西方文明是人類最優越的文明，圖19.2上方顯示的對這種人可能是個殘酷的打擊。西方人所受的教育，一向強調西方文明發源於中東，然後由希臘人、羅馬人發展到燦爛的高峰，而且創造了人類三大宗教：基督教、猶太教、回教。創造那三大宗教的族群，說的語言關係十分密切，都是閃米特語（Semitic languages）：亞拉美語（Aramaic languge，基督與使徒說的語言）、希伯來語（猶太人）、阿拉伯語（回教世界的語言）。西方人一想到閃米特語族，就想到中東。

但是，根據格林柏的研究，閃米特語其實只是亞非語的一支，亞非語至少有六大支系，除了閃米特語，其他支系（目前共有二百二十二個語言）全都分布在非洲。甚至閃米特語也主要分布在非洲，它現有的十九個語言中有十二個分布在衣索比亞。所有這些事實告訴我們的是：亞非語起源於非洲，其中只有一支散布到中東。舊約、新約、古蘭經等是西方文明的道德支柱，可是那些經典的作者，說的語言卻可能起源於非洲。

圖19.2上另一個令人驚訝的現象是：俾格米人沒有「自己的」語言。剛才我說過：某一特定體質的族群說某一特定語族的語言。可是非洲的五種族群中，俾格米人沒有自己的語言，他們說的語言就是鄰近黑人農民說的語言。但是，比較俾格米人和鄰近黑人農民說的話，俾格米人的話裡似乎包含了一些獨特的字眼，發音也很特別。

俾格米人有獨特的體質，他們的居住地（赤道非洲雨林）也有獨特的生態，因此俾格米人應有機會發展出自己的語言。不過俾格米人的語言已經消失了。從圖19.1我們知道他們目前是散布在黑人海洋中的孤島。他們的分布資料以及他們的語言，合併起來顯示：俾格米人原來佔居的土地，後來讓黑人農民侵入，最後俾格米人不但喪失了土地，也喪失了語言，只剩下一些單字和語音可供憑弔。第十七章我們討論過同樣的現象：馬來西亞的賜芒族（海洋黑種人）和菲律賓的海洋黑種人，都採納了包圍著他們的農民說的語言——南亞語和南島語。

圖19.2中，尼羅撒哈拉語族的分布也是破碎的，換言之，有些說這種語言的族群，給亞非語族群或尼日剛果語族群吞噬了。但是科伊桑語族的分布，透露了更為不尋常的族群併吞史。科伊桑語族在世界上極為獨特，因為它們以咋舌音當子音。現在說科伊桑語的族群都生活在南非，但有兩個例外。那兩個例外是兩種獨特的科伊桑語，就是哈儈語和山達威語，說這兩種語言的族群生活在坦尚尼亞——距最近的南非科伊桑語族有一千六百公里！

此外，南非的梭撒語和其他尼日剛果語，也富有咋舌音。更令人想不到的是，在肯亞有兩個說亞非語黑人族群，也會用咋舌音和一些科伊桑語的字眼，比起坦尚尼亞的哈儈人和山達威人，他們距離南非的科伊桑語族大本營更遠。這種種事實都顯示：科伊桑語族本來在非洲的分布，遠超出他們目前在南非的範圍；他們過去在北方的勢力範圍，和俾格米人的一樣，都讓黑人給蠶食鯨吞了。那是語言學證據的獨特貢獻，光從體質人類學的資料，我們完全猜不到那種可能。

語言學透露的最重要的一條訊息，我還沒有討論。請仔細再看一眼圖19.2，尼日剛果語分布在整個西非與大部分赤道非洲帶，在這一大片地區中那裡才是他們的發源地呢？不過格林柏發現赤道非洲帶的尼日剛果語族，事實上屬於同一亞族，叫做班圖。尼日剛果語族包括一千零三十二個語言，其中有一半屬於班圖亞族。說尼日剛果語的人口，有一半說班圖語（近兩億人）。但是班圖語中的五百種語言，彼此太過相似，所以有人開玩笑的說：他們是同一種語言的方言。

整個說來，所有班圖語在尼日剛果語族中屬於同一個支系。除了班圖語。尼格岡果語族中另外還有一百七十六個支系，大部分都擠在西非——那只佔整個尼日剛果語族分布地區的一小部分。具體來說，最獨特的班圖語和最接近班圖語的非班圖尼日剛果語，都擠在喀麥隆和鄰近的奈及利亞東部，那實在是很小的一塊地區。

很明顯的，尼日剛果語起源於西非；班圖語從它分布地的東邊興起，就是喀麥隆和鄰近的奈及利亞東部；然後班圖語族從祖先的家園向外擴張，擁有大部分赤道非洲帶。班圖語族一定很早以前就開始擴張了，否則不會發展出五百種語言，但是也不會太早，因為那五百種語言還非常相似。由於說尼日剛果語的族群全是黑人，所以光從體質人類學的資料不可能推測出尼日剛果語的起源和族群發展史。

讓我舉一個大家熟悉的例子，進一步說明這一類型的語言學推論。那就是英語的起源。今天以英語為第一語言的人，以北美洲最多，其他人則分布於英國、澳洲，和其他國家。每一個英語國家都有自己的英語方言。要是我們對英語的分布與歷史所知不過如此，可能會猜英語起源於北美洲，然後由殖民者帶到英國與澳洲。

但是所有的英語方言集合起來。不過是日耳曼語族中的一個支系。其他的支系——包括各種德語、斯堪地納維亞語（北歐語）、荷蘭語——全都擠在歐洲西北一隅。例如飛仙語（Frisian）是與英語最接近的日耳曼語，流通於飛仙群島以及荷蘭、德國北海岸極小的地區（飛仙群島位於北海，貼近荷蘭、德國北海岸）。因此語言學家可以正確的推測：英語起源於歐洲西北部，然後散播到世界其他地區。事實上，公元第五、第六世紀盎格魯—撒克遜人侵入英格蘭，英語是他們帶過去的，我們有可靠的史料可以覆案。

基本上完全相同的推論，讓我們知道：今天佔居非洲大片土地的兩億班圖人，是從喀麥隆和鄰近的奈及利亞東部發源的。我們已經討論過：閃米特語起源於北非，馬達加斯加島上的亞洲人來自婆羅洲，那兩個結論和班圖語的起源一樣，是從語言學的證據得來的。

從科伊桑語的分布、俾格米人沒有自己的語言這兩個事實，我們推論科伊桑語族和俾格米人原先分布比較廣，可是後來給黑人吞噬了（這裡「吞噬」一詞是「中性的」，筆者不擬討論那個過程的具體機制——征服、驅逐、殺戮或疾病）。現在從尼日剛果語的分布圖，我們明白：吞噬科伊桑語族的和俾格米人的黑人，就是班圖語族。體質人類學和

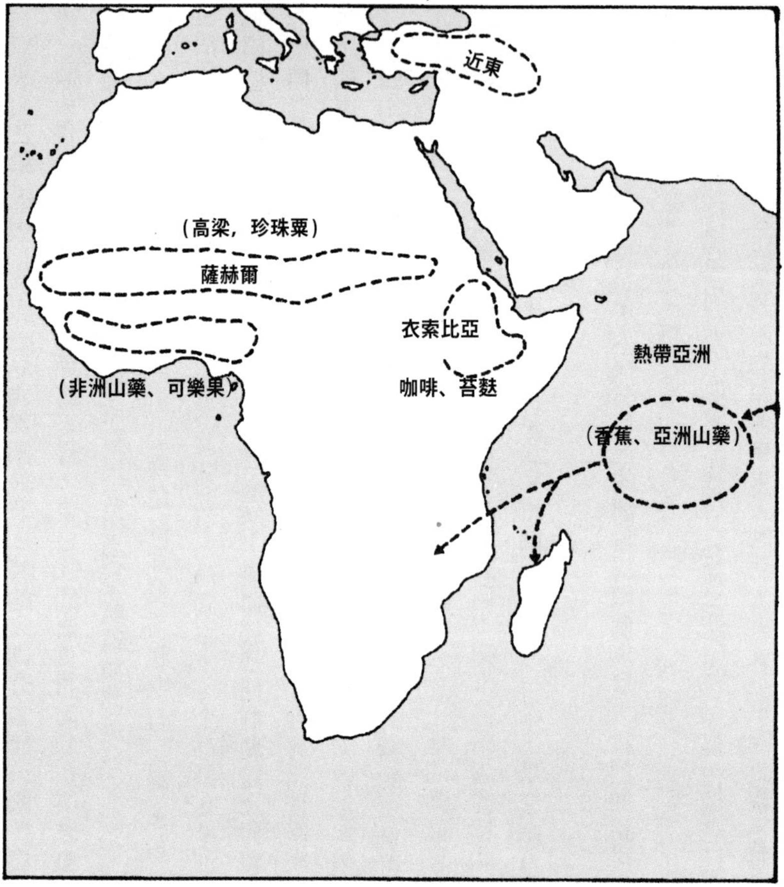

圖 19.3　非洲的傳統作物（在歐洲人來殖民前）

語言學的證據，已經讓我們推論出史前時代發生過的族群吞噬事件。但是我們仍然沒有解開非洲族群史上的祕密。我現在要鋪陳的證據，可以幫助回答另外兩個問題：班圖人憑什麼能吞噬科伊桑語族和俾格米人？那是什麼時候發生的？

班圖人憑什麼能吞噬科伊桑語族和俾格米人？為了回答這個問題，從目前非洲人的生活中，我們得研究一下他們的農作物與牲口，看看能發現什麼。在前面幾章已經討論過，農牧業能導致稠密的人口、惡毒的病菌、技術的發展、複雜的政治組織，以及其他使社會擁有強大力量的特徵。能採借或發展農牧業的族群，因此能吞噬未能發展農牧業的族群。而能與不能，是由地理條件決定的。

歐洲人在公元十五世紀初年到達非洲亞撒哈拉地區，那時非洲人種植的作物有五組（圖19.3），每一組都影響了非洲的歷史。第一組只在北非生長，向南延伸至衣索比亞高地。北非屬地中海型氣候，特徵是雨量集中在冬季。（美國南加州也是地中海型氣候，難怪許多南加州居民的地下室冬天經常會淹水，我的也不例外，而夏季永遠炎熱乾燥。）肥沃月彎也是同樣的地中海型氣候。

因此，北非的原生作物全是適應地中海型氣候的植物，在冬雨中發芽生長。從考古學證據我們知道：那些作物全是一萬年前首先在肥沃月彎馴化的。它們從肥沃月彎傳播到氣候相同的北非，奠定了古埃及文明的基礎。那些作物包括小麥、大麥、燕麥、豌豆和葡萄。聽來熟悉嗎？只不過因為它們傳播到氣候相同的地區，先是鄰近的歐洲，然後到美洲、澳洲，成為世界上溫帶農業的糧食作物。

在非洲從北非南下，越過撒哈拉沙漠進入薩赫爾區，等於再度進入有雨的地帶，可是那裡夏季下雨而不是冬季。原先適應地中海型氣候的肥沃月彎作物，即使能越過撒哈拉沙漠傳播到這裡，也很難在夏季下雨的薩赫爾區生長。事實上有兩組非洲作物，在非洲撒哈拉沙之南有野生祖先，又適應那裡的夏雨季與比較沒有季節性的日照。其中一組以高粱與非洲小米最值得注意，它們的祖先種在薩赫爾區分布廣泛，從東到西都有，因此可能是在那裡馴化的。高粱與非洲小米已成為非洲亞撒哈拉大部分地區的主食穀類。高粱的價值可以從今天在世界上的分布來看：各大洲炎熱、乾燥的地區都有它的蹤跡，美國也不例外。

另一組作物，祖先種生活在衣索比亞，也許它們就是在那裡的高地馴化的。它們大部分仍然主要在衣索比亞栽種，外地人不熟悉，其他大洲的人更沒聽說過，例如有一種具有麻醉性質的植物、有一種類似香蕉的阿比西尼亞香蕉、有一種油質高的奴格（noog）、有一種龍爪稷（可以釀啤酒）、有一種種子微細的穀物（可以做麵包）。但是每一位讀者都知道咖啡吧？那是衣索比亞古代農民的業績。本來咖啡只是衣索比亞的土產，後來風行阿拉伯半島，然後風靡世界。今天咖啡甚至在八竿子打不著的國家成為重要經濟作物，例如巴西、新幾內亞。

另外一組非洲作物，它們的祖先種是在西非的潮溼氣候中生長的。其中一些仍然只是當地的土產，例如非洲米。另有一些已經散布到其他亞撒哈拉地區，例如非洲山藥。不過有兩種傳入了其他大洲，那就是油棕櫚和可樂果。可樂果含有咖啡因，西非人很早就懂得咀嚼可樂果，享受飄飄然的感覺；現在大部分人和可樂果的關係，都是透過美國的可口可樂建立的——可口可樂的原始配方中，就含有可樂果的萃取物。

我們要討論的最後一組非洲作物，也適應潮溼的氣候，但是它們是圖19.3上最令人驚訝的部分。香蕉、亞洲山藥、芋頭在公元一千四百年已經廣泛的分布在亞撒哈拉地區，亞洲稻作農業也在東非海岸地區生根了。但是所有那些作物的源頭都在熱帶東南亞。我們已經知道馬達加斯加島上已有祖籍印尼的人生活，所以尋找非洲與亞洲的史前連繫是本研究的目標之一。不然的話，亞洲作物在非洲現身會令人感到意外的。怎麼回事呢？難道當年南島人從婆羅洲遠道而來，在非洲東岸登陸，將農作物傳給了當地農民，再搭載了當地漁民一齊東航，最後選擇馬達加斯加群島殖民？

另一個令人驚訝的地方是：所有的非洲原生作物，原來都生長在赤道以北地區——薩赫爾區、衣索比亞、西非。沒有任何作物發源於赤道以南。興起於赤道以北的尼日剛果語族群，吞噬了發源於赤道帶的俾格米人、南方科伊桑人。非洲作物的分布，已經透露了非洲族群消長歷史的玄機。俾格米人與科伊桑人沒能發展出農業，不是因為他們缺乏務農的天賦，而是他們生活環境中缺乏適合人工栽培的植物物種。班圖人、白人雖然是已有幾千年經驗的老農，在赤道非洲以南也沒發現過什麼適於耕作的植物。

至於非洲的養殖動物，用不了多少篇幅就能談完，因為實在沒有幾種。只有一種動物我們有把握是在非洲馴化的，就是與火雞類似的幾內亞火雞，因為牠的祖先只生活在非洲。牛、驢、豬、狗、貓的野生祖先種，都生活在北非，但也生活在東南亞，所以我們無法確定牠們是在那裡馴化的。不過目前已知最早的家驢與家貓出現在埃及。最近的證據顯示：家牛可能是在北非、東南亞、印度各自馴化的，但是牠們與現代非洲的牧牛品種有關。其他的畜生必然是在其他地方馴化，再引進非洲的，因為牠的祖先只在歐亞大陸棲息。非洲的山羊、綿羊是在西南亞馴化的，雞是在東南亞馴化的，馬是在俄羅斯南方馴化的，駱駝可能是在阿拉伯半島馴化的。

這張非洲的養殖動物清單，最令人意外的特色是上面沒有的物種。非洲以大型野生哺乳類而著名，種類與數量都多得不得了，可是一種也沒上榜。什麼斑馬與羚羊啦、犀牛與河馬、長頸鹿與野牛等等。我們下面的討論會顯示：非洲的野生動物相對非洲史有重大的影響，就像非洲的植物相一樣（赤道以南地區沒有適合栽培的植物種，對那一大片土地上的族群史有重大的影響）。

這一趟快速的非洲食物之旅，足以顯示：非洲人當作食物的生物，有一些曾經長途跋涉，或者原生地在非洲以外的地方，或者原生地在非洲內部，傳播四方。在非洲生活的族群，和其他洲的族群一樣，有幸有不幸，幸運的在生活環境中很容易找到適於人工養殖的生物種。有鑑於英國殖民者仗著小麥與牛群，在澳洲吞噬了過著狩獵—採集生活的土著，我們有理由懷疑：非洲比較幸運的族群，充分利用了他們的優勢吞噬了鄰居。現在，讓我們考察一下考古紀錄，看看誰在什麼時候吞噬了誰。

考古學能告訴我們：非洲的農業與牧業是何時何地發源的嗎？只熟悉西方文明的讀者，往往假定非洲的糧食生產生計發源於埃及的尼羅河谷——法老王與金字塔的國度。畢竟埃及在公元前三千年是非洲最複雜的社會，也是世界上最早使用文字的中心。然而，根據考古家找到證據，非洲最早的糧食生產地點，可能是在撒哈拉。

當然，今天的撒哈拉太過乾旱了，寸草不生。但是在公元前九千到四千年之間，撒哈拉是個很潮溼的地方，有許多湖泊，到處都是野生動物。那時生活在撒哈拉的族群，開始畜養牛群，製造陶器，後來又養羊（山羊、綿羊）。他們也許已經開始馴化高粱與小米。撒哈拉的放牧生計，比埃及最早的糧食生產業（公元前五千兩百年）還要早（不過埃及的糧食生產業，基本上源自肥沃月彎的農牧業，包括適應冬雨的農作物與西南亞的牲口）。糧食生產業也在西非與衣索比亞發生，到了公元前二千五百年，牧牛人已經從衣索比亞擴張進入肯亞北部。

雖然那些結論是根據考古學證據得來的，另外還有獨立的方法斷定農牧業出現的時代：我們可以比較現代語言中涉及農牧業的辭彙。學者研究南奈及利亞語（尼日剛果語族）的農作物辭彙，發現它們可以分為三類。第一類是所有南奈及利亞語言中都有相同或相似名稱的農作物。結果發現那些是西非山藥、油棕櫚、可樂果之類的農作物——也就是根據植物學研究或其他證據而認為是土產的農作物。因為那些植物是西非最古老的農作物，所有的現代南奈及利亞語都繼承了同一套辭彙。

第二類是只有在南奈及利亞某一支系中，才有相同或相似名稱的農作物。結果發現那些農作物都是源自印尼的植物，例如香蕉與亞洲山藥。很明顯的，那些農作物傳入南奈及利亞的時候，那裡的語言已經分化成許多支系，每一支系都得自行發明那些農作物的名稱，因此只有屬於同一支系的現代語言，才會有相同的名稱。最後一類農作物，它們的名字在各語群中並無一致性，反而與貿易路線有關。這一類農作物是在新世界發源的，例如玉米與花生。它們都是在大西洋航運開始之後（一四九二年）才輸入非洲，沿著貿易路線擴散，而且往往以葡萄牙名字或其他外國名字流通。

因此，即使我們沒有植物學或考古學證據，光從語言學證據我們就可以推論：西非土產農作物是最早的人工養殖作物，然後印尼發源的作物輸入此地，最後歐洲人從美洲輸入了一些作物。美國加州大學洛杉磯分校的歷史學者艾瑞特（Christopher Ehret）運用這個語言學方法，觀察每一非洲語系中農牧物種的辭彙，研究那農牧物種在各地出現的順序。還有一種方法叫語言年代學（glottochronology），根據辭彙變遷的速度，比較語言學家甚至可以估計農作物在當地馴化或自外地引進的年代。

合併直接的考古學證據與間接的語言學證據，我們可以推論：幾千年前在撒哈拉馴化高粱與小米的人，說的語言是現代尼羅撒哈拉語的「祖語」。在西非，適應潮溼氣候的農作物，是由說尼日剛果語的族群馴化的，現代尼日剛果語就是由他們的語言衍生出來的。衣索比亞的土產農作物也許是古亞非語族群馴化的，但是他們無疑是把肥沃月彎的農作物引入北非的人。

因此，從現代非洲語言中的植物名稱，我們得到的證據指出：幾千年前非洲已有古尼羅撒哈拉語、古尼日剛果語、古亞非語。此外，從其他的語言證據，也可以窺見當年的科伊桑族群（因為他們不是農耕族群，所以不能利用農作物辭彙）。非洲現有一千五百種語言，這塊大陸當年應該不只是那四種語族活動的場所，幾千年前難道沒有說其他語言的族群在那裡繁衍嗎？但是其他的語言最後消失了，或者說那些語言的族群放棄了祖語，像俾格米人；或者他們給消滅了。

現代非洲的四大語族（暫不談馬達加斯加的南島語），歷經數千年滄桑仍繼續流通，不是因為它們是比較優越的溝通工具，而是因為一件歷史意外：說古尼羅撒哈拉語、古尼日剛果語、古亞非語的古代族群，正巧在適當的時機生活在適當的地點，發展出了農業與牧業。農業與牧業使他們佔了人口數量的優勢，於是他們取代了其他的族群，或促成其他語言的消失。現在還有一些科伊桑語族倖存，只因為他們居住在南非不適農耕的土地上。

等一下我們會討論科伊桑語族逃脫了班圖浪潮的故事，現在我們先討論非洲另一個壯觀的史前人口移動事件——南島語族到馬達加斯加殖民。考古學能告訴我們什麼？考古學家在馬達加斯加的發掘，證明南島語族最晚公元八百年已經到達了，也可能早到公元三百年。在馬達加斯加群島，南島語族群踏進了一個奇怪的動物世界，那些動物像是從其他星球來的——因為馬達加斯加是個孤絕的環境，那裡的動物走出了自己的演化之路。那裡有巨大的象鳥、體形像大猩猩的原始靈長類——狐猴、侏儒河馬（後來都給滅絕了）。馬達加斯加最早的南島語族營地，考古家發現了鐵器、牲口，還有農作物，因此那些殖民者不是讓風吹離了航道的獨木舟漁民；他們是有備而來的探險家。史前時代怎麼會有六千五百公里航程的探險呢？

一本古代航海書中倒有一條線索——《環遊紅海》（編按：在古代地圖上「紅海」包括現代地圖上的阿拉伯海、波斯灣、紅海）。這書大約公元一百年完成，作者是個住在埃及的商人，姓名不詳。那位商人描述了當時已經非常發達的一條貿易路線，將印度、埃及與東非海岸地區聯繫起來。公元八百年之後回教勢力開始擴張。印度洋的貿易活動非常興盛，考古學家在東非海岸地區的居住遺址中發現了大量的中東（有時還有中國的）產品，例如陶器、玻璃器、瓷器。商人會等待適當的風向，從印度與東非渡過印度洋。葡萄牙航海家達加瑪（Vasco da Gama 1460-1524）是第一位繞過南非到達（東非）肯亞海岸的歐洲人，那是在一四九八年。在肯亞海岸達加瑪撞到了回教商人的營地，他找到了一位水手帶他直航印度。

但是從印度往東，也有一條同樣興盛的貿易路線，聯絡了印度與印尼。也許馬達加斯加的南島族群，先從印尼到達印度，再從印度到達東非；在東非他們加入了非洲人到馬達加斯加去拓殖。南島語族與東非人的結合，今天繼續在馬達加斯加維持著，只是所有的人都說南島語，不過從肯亞海岸的班圖語採借了一些辭彙。但是在肯亞的語言中卻沒有發現南島語的借字，東非的土地上南島語族也沒有留下多少痕跡：可能有樂器（木琴與箏），以及南島語族帶來的農作物（那農作物在非洲農業中扮演了重要的角色）。所以也許你會懷疑南島語族可能直接渡過印度洋，先發現了馬達加斯加，後來才加入了印度—東非貿易路線。不過我們目前還沒有證據。看來，非洲最令人驚訝的人類地理學事實，還環繞著些許謎團。

那麼非洲史前史晚期的另一個大規模族群移動——班圖擴張，考古學能告訴我們什麼呢？從體質人類學與語言學的證據，我們已經知道非洲亞撒哈拉並不一直是黑人的家園。根據同樣的證據，我們推測俾格米人過去曾擁有非洲中部的熱帶雨林，而科伊桑人曾經分布在赤道非洲比較乾旱的地區。考古學能夠驗證這些推測嗎？

對於俾格米人的原來分布，答案是——「還沒有」。考古學家還沒有在非洲中部雨林發掘出古代人骨。至於科伊桑人，答案是——「能」。考古學家已經在尚比亞（Zambia）——位於現代科伊桑人分布地的北部——發現了人骨，具有科伊桑人的形態特徵，出土的還有石器，歐洲人第一次在南非遇見科伊桑人的時候，他們製作的石器就是那一種。

那麼班圖族怎樣吞噬了那些北方的科伊桑人呢？考古學和語言學證據顯示：古代班圖農民從西非內陸草原，向南伸入氣候潮溼的海岸森林地帶，大概公元前三千年就已經開始了（圖19.4）。從大部分班圖語言都有的辭彙來看，班圖人在擴張之初，就已經牧牛和栽種適應潮溼氣候的山藥，但是他們還沒有金屬器，仍然花許多時間漁獵、採集。他們接近森林後，喪失了牛群，因為給采采蠅（tsetse flies）傳播的錐蟲殺光了。他們進入剛果盆地的赤道森林區後，伐林墾地耕作，人口漸增，於是狩獵—採集的俾格米人逐漸的給吞噬，在強大的壓力下向密林深處退卻。

公元前一千年之後，班圖人已經從赤道森林的東緣冒出來，向東非大裂谷和大湖（Rift Valley and Great Lakes）的開闊地進發。那裡是個「族群熔爐」，亞非語族和尼羅撒哈

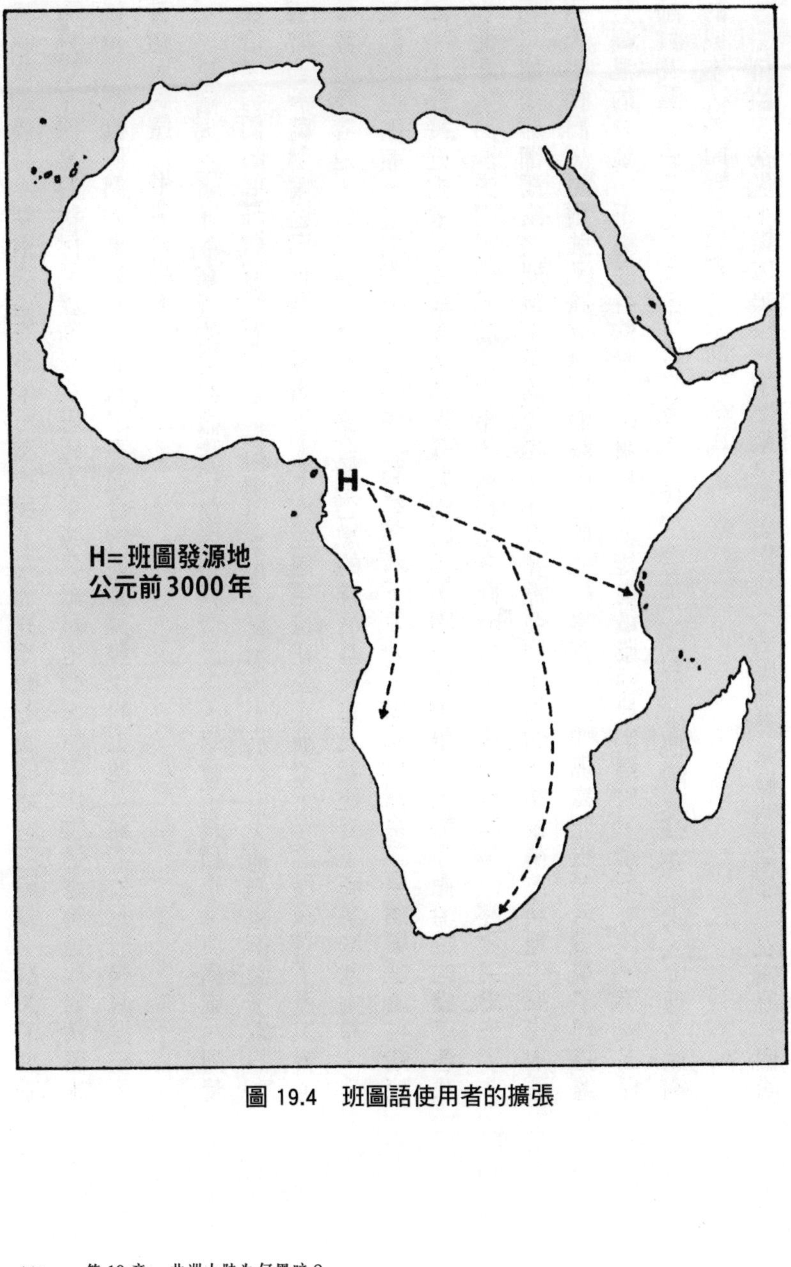

圖 19.4　班圖語使用者的擴張

拉語族的農民（種植高粱與小米）和牧民，在那裡比較乾燥的地區已經營生很久了，還有狩獵—採集的科伊桑族。好在班圖人從西非祖籍地帶來的農作物適應的是比較潮溼的氣候，所以他們人棄我取，佔居了不適合當地農民耕作的土地。到了公元前幾個世紀，班圖人到達了東非海岸。

班圖人在東非從鄰近的尼羅撒哈拉族群和非亞族群，學會了栽種小米與高粱（同時採借了它們的尼羅撒哈拉名稱），也得到了牛隻，恢復牧牛的行當。他們也得到了鐵器，那時非洲薩赫爾區已經開始煉鐵了。非洲亞撒哈拉在公元前一千年之後就有了鐵工藝，來源仍不清楚。公元前八百年，源自黎巴嫩的腓尼基人在北非建立了商業城迦太基（今日的突尼西亞），中東發展出的鐵工藝就傳入了非洲。由於煉鐵業在薩赫爾區出現的時間，十分接近中東鐵工藝輸入迦太基城的時間，因此歷史學者推斷亞撒哈拉的鐵工藝源自北非。另一方面，公元前二千年，煉銅業在撒哈拉西部與薩赫爾區已經發展出來了。那可能是非洲獨立發展鐵工業的先驅。而且非洲亞撒哈拉的煉鐵技術，與地中海岸地區的大不相同，更增強了獨立發展假說的說服力。事實上，非洲鐵匠很早就發現了維持爐灶高溫的訣竅，不需要特殊設計的爐灶，就能從鐵漿中煉出鋼來。兩千年後，英國工程師貝賽莫（Henry Bessemer 1813-1898）在一八五六年公布了他的煉鋼法，大大降低了煉鋼的成本，才開啟了煉鋼工業的新紀元。

班圖人採借了鐵工藝後，加上祖傳的農作物（適應潮溼氣候的植物），就成為一個農戰族群，在當時的赤道非洲地帶，蠶食鯨吞，毫無敵手。在東非，他們必須與鐵器時代的尼羅撒哈拉和非亞農民競爭。但是赤道以南三千多公里的土地上，只散布著科伊桑狩獵—採集族群，他們的人口密度很低，既無鐵器，也無農業。只不過幾個世紀的光景，班圖農民已經推進到了今日南非的納投省（Natal）——南非的東海岸。

班圖語族擴張版圖，（規模）波瀾壯闊、（速度）迅雷飆風，是非洲史前史晚期的大事，但是在敘述的時候，我們很容易簡化事實，讓人以為科伊桑族望風披靡，班圖人只是摧枯拉朽。真相更為複雜。南非的科伊桑族當時已經畜養牛、羊，有幾個世紀了。班圖人侵入此地的前鋒，數量大概不多，他們選擇氣候潮溼的森林地帶，種植祖傳的山藥。起初他們只挑選適合栽種山藥的潮溼地帶，所以安家立戶的地點散布在乾燥地帶之間，所以科伊桑族的牧民與獵人在乾燥地帶還有生存的空間。雙方建立了貿易與聯姻關係，也是自然不過的；現在赤道非洲帶以狩獵—採集維生的匹格米族與班圖農民，仍然維持這樣的關係。但是班圖語族的人口逐漸增長，他們又採借了牧牛生計、適於乾燥地帶的穀物，於是他們在南非的拓殖就不再只是佔點，班圖人開始水銀瀉地般蠶食鯨吞科伊桑族的祖傳大地。結局是明顯不過的：班圖農人佔據了先前科伊桑族的大片土地。到頭來，科伊桑族在這片大地上的奮鬥歷史，已經化約成：零星保留在班圖語言中的咋舌音、地下出土的人骨與石器、一些面孔帶著科伊桑族特徵的南非班圖部族了。

原先生活在南非土地上的科伊桑族，究竟到哪裡去了？不知道。我們能確定的只是：原先科伊桑族作息了近一萬年的土地，現在住著的是班圖人。我們只能推測當年發生的事，不過我們有許多實例約束想像，或許能接近事實。在近代史上，使用鐵鋼的族群和仍然使用石器的族群接觸，例如歐洲人與澳洲土著或美國加州土著，結局只有一個；使用石器的狩獵—採集族群不是很快的給消滅，就是退居與世隔絕的地區。消滅的手段不一而足：或者驅趕；或者男人給殺害、奴役，女人給收納當妻子；或者遭農人帶來的傳染病殺死。在非洲，瘧疾就是一個列子。農人的田地滋養了大量的病菌蚊，侵入南非的班圖農民，身體中已有祖傳的免疫力，狩獵—採集的科伊桑人大概還未發展出那種免疫力。

不過，現在的非洲族群分布圖（圖19.1）提醒了我們：班圖農民並未佔據科伊桑人的所有土地。科伊桑人仍然生活在南非，只是他們作息在不適於班圖農業的土地上。非洲班圖人居住在最南部的族群，是科沙族（Xhosa），他們的南進，到了南非南海岸的魚河就停頓不前，西距開普敦八百公里。倒不是因為好望角一帶太乾旱了不適於農業，事實上好望角一帶現在是南非的穀倉。問題出在：好望角一帶屬於地中海氣候區，冬季才有雨，而班圖農作物需要夏雨滋長。直到公元一六五二年，荷蘭人帶著源自中東的冬雨穀物到達好望角一帶，科沙族仍未越過魚河。

上面說的植物地理學細節，事實上有重大的歷史後果，影響了今日的南非族群政治。後果之一是：白人在南非迅速的吞噬了科伊桑族之後，就「正確的」宣布他們佔領的好望角一帶從來就不是班圖人的，因此他們有處置南非的優先權。當然，這不是什麼必須嚴肅對待的主張，因為科伊桑族早就佔領了好望角一帶，可是白人並沒有尊重科伊桑族對好望角一帶的處置優先權。更為沈重的歷史後果是：公元一六五二年荷蘭人的競爭對手是人口稀薄的科伊桑牧民，而不是人口稠密、擁有鐵器的班圖農民。一七〇二年荷蘭人終於東進，在魚河遭遇了科沙族，於是展開了一場長期的慘烈鬥棍。那時歐洲人在好望角已有安全的基地，進可攻退可守，可是他們的軍隊歷經九場戰役，花了一百七十五年，才擊敗科沙族——平均每年的進展不到一公里半。要是當年幾艘荷蘭船上的人一上岸就遭到這麼頑強的抵抗，他們有機會在南非立足嗎？（編按：南非黑人領袖曼德拉就是科沙族裔。）

因此，今日非洲的問題至少有一部分源自地理的意外。好望角一帶——科伊桑族的祖傳大地——正巧沒有適合人工栽種的野生植物；班圖人五千年前從祖先那裡繼承的農作物正巧是夏雨型作物；歐洲人從中東採借的農作物正巧是冬雨型的，它們有一萬年的歷史。新近才獨立的納米比亞共和國首都，有一條「戈林街」，那個路牌提醒了我們：非洲的過去深深烙印在非洲的現實中。

班圖農民吞噬了科伊桑族，而不是科伊桑族吞噬了班圖族。理由已經說明了。但是非洲史前史謎團，還有一些迷霧有待澄清：到亞撒哈拉殖民的，為什麼是歐洲人？問這個問題，不是因為其他的族群更不可能成功，而是歐洲人的成功實在沒什麼道理。數百萬年來，非洲是人類演化的唯一搖籃，現代智人（*Homo sapiens sapiens*）也可能在非洲發源。那麼長的歷史發展淵源，再加上複雜的氣候、地形，還有地球上最多元的族群現象。一萬年前若有任何一個外星人造訪過地球，他應該會預測歐洲最後必然成為亞撒哈拉帝國的附庸。那大概是唯一的合理預測。

歐非對決的結果，近因追究起來十分清楚。就像美洲土著面對的歐洲人一般，登陸非洲亞撒哈拉的歐洲人可不是空手天涯，他們手上有槍有其他技術，有用途廣泛、流傳四方的文字，還有支援探險、征服大業的政治組織。歐洲人的優勢幾乎在衝突初起那一刻，就顯露得十分清楚：達加瑪初訪東非海岸後，不過四年（一四九八年）就帶著配備大砲的艦隊，壓迫東非最重要的港口紀瓦（Kilwa）投降——這個港口控制著辛巴威的金礦。但是，為什麼歐洲人能趕在亞撒哈拉人之前，發展出那三種優勢呢？

本書前面各章已經討論過了，從發展的歷史來說，那三種優勢都源自食物生產。但是與歐亞大陸比較起來，食物生產業在亞撒哈拉的發展並不順利，因為缺乏必需的生物資源，可供馴化的土產物種太稀少了，供土產農牧業發展的土地面積太小，非洲的南北主軸更不利於馴化物種的散播。讓我們逐項細說。

第一，先談家畜。亞撒哈拉的畜生都來自歐亞大陸，有少數可能來自北非。結果是：各歐亞文明中心利用那些畜生已經幾千年了，亞撒哈拉才得到它們。對這個事實，起先我們或許感到驚訝，因為我們總認為非洲是野生動物的國度。但是我們在第九章討論過，有馴化潛力的野生動物，必須性情溫和、服從人類、飼養成本低、不易罹病、生長迅速、繁殖容易。世界上符合這些條件的大型野生哺乳類，寥寥可數。歐亞大陸上的牛、山羊、綿羊、馬、豬，正在其中。非洲也有牠們的親屬種，例如非洲水牛、斑馬、野豬、犀牛、河馬，不過從未馴養過，直到今天仍然是野獸。

當然，非洲有些大型野獸經常給馴服。當年迦太基名將漢尼拔（Hannibal, 247-183 B.C.）越過阿爾卑斯山攻擊羅馬（但未成功），利用過馴服的非洲大象。古埃及人可能馴服過長頸鹿和其他野獸。但是那些馴服了的野獸從未馴化過——在人工環境中完全控制牠們的生殖與遺傳。要是非洲的犀牛與河馬能夠馴化，供人騎乘，不僅可以供養軍隊，還能組成擋者披靡的騎兵，衝散歐洲的馬騎。試想乘著犀牛的班圖騎兵，那種驚人陣式，推翻羅馬帝國都是可能的。歷史真不知會怎樣改寫呢？

第二個因素是植物資源，歐亞大陸和亞撒哈拉也成為對比。不過倒不像動物資源那樣的懸殊。薩赫爾區、衣索比亞和西非都有土產作物。但是每種作物的野生種，缺乏多樣性。歐亞大陸上的古代農業中心，各種農作物的野生種有比較多的變種。變種的多寡，影響馴化的難易。變種多的，容易馴化。非洲最早的農業，也許落後肥沃月彎好幾千年，就是這個緣故。

因此，就發展農牧業而言，歐亞大陸得天獨厚，種類繁多，故能先馳得點。第三個因素是面積，非洲的面積不過是歐亞大陸的一半。而且，公元前一千年農民與牧民佔居的範圍（赤道以北的亞撒哈拉），只有非洲面積的三分之一。今日非洲的人口有七億，歐亞大陸的人口超四十億。若其他的條件都一樣，面積越大、人口越多的大洲，其中相互競爭的社會就越多、發明也越多，於是發展速度就越快。

最後一個因素，涉及非洲大陸主軸線的方向。非洲與美洲一樣，主軸走南北向，而歐亞大陸則是東西向（圖 10.1）。沿著南北軸線移動，會穿過許多不同區域，氣候、棲境、雨量、日照長度、農作物或牲口的疾病都不同。因此在非洲某一地點馴化或引進的生物種，很不容易散播到非洲其他地點。相對而言，在歐亞大陸上處於同一緯度或相近緯度的社會，即使相距幾千公里，農作物與牲口也容易交流，因為氣候與每日日照長度都接近。

物作物與牲口，沿非洲南北軸線移動的速度，或緩慢或停滯，產生了重要的後果。舉例來說，非洲埃及人的主食是地中海型作物，但是那些作物需要冬雨與季節性日照才能發芽。所以它們無法越過蘇丹傳到南方，因為南方夏季下雨，日照長度沒有季節變化。埃及的小麥、大麥從未到達南非好望角一帶，而那裡也是地中海型氣候。歐洲殖民者一六五二年在好望角登陸，帶去了中東的地中海型農作物；科伊桑人從未發展過農業。同樣的，薩赫爾區的作物是夏雨型，也適應了無季節變化的日照長度，班圖人把它們帶進了南方，可是好望角一帶不適合那樣的作物，班圖農業的擴張因此停滯。香蕉與其他亞洲熱帶作物，很能適應非洲氣候，現在是熱帶非洲農業中產值最高的主要產品。可是亞洲與非洲並無陸路交通，直到公元第一千年中才抵達非洲，因為那時才有大型越洋船隻在印度洋上溝通兩大洲。

非洲的南北軸線也嚴重阻滯了牲口的傳播。赤道非洲帶的采采蠅，攜帶錐蟲，傳染人畜，土著已經發展出遺傳免疫力，可是歐亞大陸或北非傳入的牲口，全無力抵抗。班圖人在薩赫爾區獲得的牛群，隨著班圖人擴張，南進赤道帶的森林區，遭遇采采蠅後，無一倖免。馬匹在公元前一千八百年左右傳入埃及，很快就改變了北非的戰爭模式，但是馬匹直到公元第一千年中，才越過撒哈拉，成為西非王國騎兵的坐騎。但是馬匹從未穿越過采采蠅出沒地帶，到達南方。直到公元前三千年，牛、綿羊、山羊已經出現在坦尚尼亞北部的塞倫蓋提北緣，但是它們花了兩千年才穿過塞倫蓋提，到達非洲南部。

同樣緩慢的沿著非洲南北軸線傳播的，還有人類的技術。公元前八千年陶器已經在蘇丹和撒哈拉出現，直到公元元年才傳入好望角一帶。埃及在公元前三千年以前已經發展出文字，然後以字母的形式傳入努比亞的麥羅威王國（埃及南部、尼羅河東岸的城市）；字母文字也傳入過衣索比亞（也許來自阿拉伯），但是非洲其他地區從未發有過文字，那些地方的文字是後來阿拉伯人與歐洲人帶過去的。

簡言之，歐洲人殖民非洲的事實，與歐洲人或非洲族群的天賦毫無關係。那個事實源自地理與生物地理的意外，具體的說，就是兩大洲面積不同、軸線方向不同、生物資源不同。換言之，非洲與歐洲有不同的歷史發展，終極因是兩大洲的族群繼承的不動產不同。

EPILOGUE

結語　人類史是歷史科學

亞力的問題直指人類當前處境的核心，也是人類歷史在更新世之後的發展關鍵。現在我們已經考察過世界各大洲的歷史，我們該如何回答亞力？

我會這樣回答亞力：各大洲上的族群，有截然不同的大歷史，原因不在人，而在環境。要是澳洲土著與歐亞大陸上的土著，在更新世晚期對調家園，我相信今天佔領美洲、澳洲大部分土地的（更別說歐亞大陸了），會是那些在歐亞大陸上繁衍的澳洲土著。而原來生活在歐亞大陸的族群，到了澳洲同樣一籌莫展，面臨滅種的命運。這話也許乍聽之下沒什麼意義，因為這只是個在想像中進行的實驗，無法證實。但是歷史學者能以回溯法測驗相關的假說。舉例來說，我們可以考察歐洲農民到了格陵蘭或美國大平原上，會發生什麼事？發源於中國的農民移民到查坦島、婆羅洲雨林、爪哇或夏威夷的火山灰土壤上，會發生什麼事？這些測驗證實了：同一祖先族群的苗裔，在不同的環境中會有不同的命運，他們或者滅絕了，或者返回狩獵—採集的生活形態，或者創建複雜的國家，視環境而定。同樣的，源自同一祖先族群的澳洲土著，到了佛林特斯島（Flinders Island）、塔斯馬尼亞島或澳洲東南部，或滅絕、或成為世界上工藝技術最原始的狩獵—採集族群，或建造運河密集經營高產值漁場，視環境而定。

當然，各大洲的環境有許多不同的特徵，每個特徵都能影響人類歷史的發展。但是逐項列舉所有可能的差異，並不足以回答亞力的問題，我覺得其中只有四組是最重要的。

第一組，洲際差異，就是可供馴化的動、植物資源。糧食生產非常重要，因為人類社會需要剩餘糧食餵養不事食物生產的專家，而在發展技術與政治優勢之前，充足的糧食可以餵養更多的人口，人口的優勢很容易轉化成軍事優勢，使社群進可攻退可守。就為了那兩個理由，從小型、萌芽中的酋邦階段，發展出複雜的經濟體系、分化社會階層、集權的政治組織，完全由糧食生產決定。

但是，大多數野生物種都不適合人工養殖。糧食生產業靠的就是那幾樣少得可憐的家畜和農作物。各洲可供馴化的野生物種數目差別很大，因為各洲的面積不同，而大型哺乳動物在更新世晚期發生了滅絕。大滅絕對美、澳兩洲的影響大得多，歐亞大陸和非洲倒還好。結果，以可供馴化的生物資源說，歐亞大陸最得天獨厚、非洲次之、美洲又差多了，而澳洲簡直是不毛之地。以亞力的家鄉新幾內亞為例，此地面積只有歐亞大陸的七十分之一，大型哺孔動物全部在更新世晚期消失。

在各大洲之上，動植物的馴化只在少數佔地利的地區完成，相對於整個大洲，那些地區以面積而言微不足道，技術發明與政治制度方面也一樣，大多數社會從其他社會採借現成的多，自行研發的少。因此，在一塊大洲上促進社會發展的重要途徑是傳播與遷徙，只要地理條件許可，最後所有社會都受惠。紐西蘭毛利人的毛瑟槍之戰，以比較簡單的形式展現了傳播與採借的過程——原先缺乏新發明的社群因為處於不利地位，要嘛，從其他已經擁有新發明的社群學習採借，不然就坐以待斃給只其他社群取代了。

因此第二組因素，就是那些影響傳播與遷徙速率的條件了，各大洲在這一方面有很大的差異。在歐亞大陸上，傳播與遷徙最迅速，因為歐亞大陸的主軸是東西向的。而且生態與地理障礙比較不礙事。對牲口與農作物的傳播而言，道理再明白不過了，因為發育、滋長受氣候的影響，而氣候又受緯度影響。同樣的道理也適用於技術發明的傳播，只要那些技術不經修改就能適用於特定環境。在非洲傳播的速度很慢，美洲更是特別的慢，因為大陸主軸為南北向，生態與地理障礙較難克服。在傳統新幾內亞，傳播也很困難。那裡地形崎嶇，再加上中央山脈，因此語言與政治統一希望渺茫。

談過了影響大陸內部傳播的傳播的因素，現在要談相關的一組因素，就是影響洲際傳播的因素。這就是我們要討論的第三組。由洲際傳播也可以獲得一組農作作物、牲口，和新技術，使社會進一步發展。各大洲與外界溝通的難易程度不同，有些洲比較與世隔絕，在過去六千年中，從歐亞大陸到非洲撒哈拉是最容易的，非洲大牲口就是這麼得到的。但是東西半球間的傳播，對美洲的複雜社會毫無貢獻，那裡與低緯度的歐亞社會隔著大洋，與高緯度的歐亞社會有地理、氣候的障礙，因此只適合狩獵—採集族群生存。澳洲土著與歐亞大陸隔著大洋，中間點綴著印度尼西亞，歐亞大陸在澳洲的遺澤，已經證實的只有澳洲野狗。

第四組也是最後一組因素，是各大洲在面積或人口總數上的差異。面積越大、人口總數越多的大洲，就有更多的發明家，更多的社會相互競爭，更多的創新——採借、維持新發明的壓力更大，因為不這麼就會被競爭對手淘汰。非洲俾格米人和許多其他狩獵—採集族群就遭到那樣的命運，他們讓農民取代了，還有相反的例子，格陵蘭島上固執保守的諾爾斯農民，也遭到同樣的命運，讓狩獵—採集的愛斯基摩人取代了，正因格陵蘭愛斯基摩人的謀生方法與技術，比諾爾斯農民優越多了。世界各大洲中，歐亞大陸的面積最大，相互競爭的社會數量也最多，澳洲與新幾內亞就小得多了，塔斯馬尼亞更不用說了。美洲的面積雖然很大，卻給地理與生態分割開來，實際上像是沒有緊密聯繫的幾個小洲。

這四組因素，凸顯了各大洲主要的環境差異，我們可以客觀地測量那些差異，不會言人人殊。我認為新幾內亞人平均說來比歐亞族群聰明，你也許不同意，認為那是主觀的偏見。可是你無法否認新幾內亞的面積小得太多的事實，新幾內亞比起歐亞大陸，大型哺乳類少得太多了，這是誰都不能否認的。但是提起這些環境差異，就會招來歷史學者指責你在宣傳「地理決定論」——一個招人惹人的標籤。那個標籤似乎有令人不快的意涵，例如「人類的創造力無法影響歷史」、「人類只不過是受氣候、動物相、植物相擺佈的棋子」，其實這些憂慮出自誤會。要不是人類的創造活動，我們今天還在用石器切肉，茹毛飲血，像我們兩百五十萬年前的祖先一樣。所有的人類社會都有發明人才。不過有環境提供了更多的起步素材，提供了更適合利用新發明的情境。其他的環境則否。

我這樣回答亞力的問題，比亞力當初想知道的答案長得多，也複雜得多。不過歷史學者也許會認為我的答案太簡短，也太粗略。將地球五大洲過去一萬三千年的歷史，塞進一本近五百頁的書，等於一頁涵蓋一大洲一百五十年。簡短、粗略在所難免，然而壓縮也帶來好處（算是補償吧）：這種長時段比較研究得到的睿見，是只研究一個社會的短期發展無法獲得的。

我承認亞力的問題引發的許多議題，還沒有解決。目前我們能夠提出一些部分的答案，以及指引未來研究的方略。我們提出的不是一個完整的理論。現在我們的挑戰，是將人類歷史發展成一門科學，使其與其他已確立的科學平起平坐，並駕齊驅，例如天文學、地質學和演化生物學。因此我現在要討論歷史這門學科的未來展望，並勾勒一些尚待解決的議題，這樣結束全書，該是適當的吧。

我已經提出四組最重要的因素，以描述洲際的差異。所以最自然的下一步驟，應是詳細的量化比較，讓人信服各洲的環境差異導致歷史發展的基本模式。各洲可供馴化生物資源有很大的差異，為了凸顯這一點，我提供了數字，顯示各洲大型陸居哺乳類野生種的數量（草食性與雜食性）（表9.1），以及大種子的穀類（表8.1）。可以進一步研究的是：各洲有多少大種子的豆類植物，例如豌豆、菜豆與其他野生豆？此外，我討論過許多大型哺乳類動物為了各種理由，不適於人工養殖。但是我沒有詳細列出各洲的候選物種有多少？分別為了那些理由難以馴化？這個一定很有趣，尤其是非洲的哺乳動物，難以馴化的主要理由是什麼？什麼樣的天擇壓力讓牠們演化出那些特徵？為什麼那樣的動物在非洲特別多？粗略的計算讓我相信：歐亞大陸、非洲、美洲沿主軸方向的傳播速率，各不相同，可以進一步做的，就是以量化資料測驗這個看法。

可以進一步研究的第二個方向，就是針對更小的地理範圍做比較短期的觀察。舉例來說，讀者可能已經想到這個問題了：在歐亞大陸上，殖民美洲與澳洲的為什麼是歐洲社會，而不是肥沃月彎、中國或印度？為什麼歐洲社會在技術上領先，而且在現代世界中佔據了政治與經濟的領導地位？在公元前八千五百年到公元一千四百五十年之間，任何歷史學者都不可能預見歐洲最後會脫穎而出、領袖群倫，因為在那一萬年間歐洲是舊世界中最落後的地區。從公元前八千五百年起，直到公元前五百年後希臘、羅馬相繼興起，歐亞大陸西部地區幾乎每一項重要的創新——馴化動植物、文字、冶金、輪子、國家，等等——都在中東肥沃月彎一帶發明的。大約公元九百年後，水車在歐洲逐漸傳布各地，這時阿爾卑斯山以西、以北地區，對舊世界的技術或文明還沒有任何貢獻；那些地區從地中海東部、肥沃月彎和中國撿現成。甚至公元一千年（北宋真宗咸平三年）到一四五〇年（明代宗景泰元年）之間，科學與技術的主要流向，是從回教世界（印度到北非）到歐洲，而不是從歐洲到回教世界。在那歲月中，中國是世界的技術領袖，而中國幾乎與肥沃月彎同時發明了農業。

那麼，為什麼中國與肥沃月彎領先了幾千年之後，最後輸給了當年的吳下阿蒙——歐洲呢？當然，我們可以指出促使歐洲興起的近因：商人階級的發展、資本主義、專利法、沒有發展出絕對專制體制和壓垮平民的稅賦以及希臘—猶太—基督教的批評實證研究傳統。不過我們還是要問：究竟是哪些終極因促成了哪些近因？為什麼這些近因在歐洲出現，而不是中國或肥沃月彎？

就肥沃月彎而言，答案很清楚。肥沃月彎除了在生物資源方面佔盡了便宜之外，並無顯著的地理優勢。肥沃月彎雖然先馳得點，可是後繼無力，細節我們已經了解得相當清楚，例如強有力的帝國在西方興起，區域權力重心西移。公元前第四個千年，國家在肥沃月彎興起，起先權力重心仍舊在肥沃月彎，巴比倫、西台、亞述、波斯相繼成為霸權。可是公元前第四世紀希臘人在亞歷山大的領導下，逐一征服了東方所有的進步社會，權力重心從此西移，再不復返。公元前二世紀羅馬征服希臘後，權力再度西移。羅馬帝國衰亡後，權力就轉移到了西歐與北歐。

造成這些權力轉移的主要因素，要是我們比較一下今天的肥沃月彎與古代人對肥沃月彎的描述，就很清楚了。今天，「肥沃月彎」、「世界上的農業發源地」這些描述都是荒謬的。過去的肥沃月彎，有很大的面積今天給沙漠、半沙漠、草原、或不適農耕的沖蝕、鹽化地帶佔據了。當地的一些國家，今天以不能更新的單一資源（石油）累積財富，隱藏了這一地區長期根本貧困和難以自給的實況。

可是在古代，肥沃月彎和地中海東部地區，包括希臘，大部分地區都覆蓋著森林。這個地區從肥沃的林地，轉變成土壤沖蝕灌木林帶或沙漠的過程，古植物學家和考古學家已經弄清楚了。原來的森林，或者給清除了當作農田，或者砍伐了當建材，或者當燃料燒了或生產石膏。由於那裡雨量極低，初級生產者的產值低，植被的重生速度跟不上破壞的速度。羊群大量增加了之後，更是雪上加霜，因為羊群對地面植被的破壞非常徹底，地面上森林與青草消失了之後，土壤沖蝕、河谷淤積，而灌溉農業在雨量低的地方，會導致土壤鹽化。這些過程在新石器時代就開始了，持續到現代。舉例來說，古代拿巴天國（Nabataen位於現代約旦東南部，公元一〇六年給羅馬征服）首都佩托拉

（Petra）附近殘餘的森林，第一次世界大戰前鄂圖曼帝國為了建築鐵路全都砍了。

所以，位於肥沃月彎與地中海東部的社會，運氣實在不好，因為那裡的生態系非常脆弱。他們摧毀了自己的基礎資源，無異自殺。那裡的社會相繼衰落後，權力便西移了。自從人類社會在那裡發展，這個過程就開始了。最古老的社會是在東邊（肥沃月彎）出現的，然後緣起緣滅，眼看他起高樓，眼看他樓塌了，於是權力西移。歐洲北部與西部的社會沒有遭到同樣的命運，不是因為居民比較聰明，而是因為他們運氣好，居住環境的雨量高，植被生長快，挺得住人類的折磨。歐洲北部與西部大部分地區，生產糧食已有七千年歷史，今天仍然有生產力，能夠支撐密集農業。事實上，歐洲的農作物、牲口、技術、文字，都是從肥沃月彎採借的。肥沃月彎作為權力與創造的中心，逐漸給自己的成就侵蝕了。

那是肥沃月彎從領先群倫的高峰，跌到命運的深谷的過程。那麼中國呢？中國的例子起先很令人驚訝，因為中國無疑佔盡了便宜：幾乎與肥沃月彎同時發展糧食生產業；生態相複雜，從華北到華南，從海岸到西藏高原，生物資源豐富，因此發展出許多種類的農作物、牲口、技術；幅員遼闊、生產力雄厚，供養了世界上最大的人口；環境強韌，不似肥沃月彎那樣脆弱，經過了一萬年的耕作，仍能支持密集農作（雖然今日中國的環境問題越來越多，比西歐嚴重）。

這些便宜使中國先馳得點，唐宋之間成為技術大國，領先世界。中國有一長串的

「技術第一」頭銜，例鑄鐵、羅盤、造紙、印刷等等。政治權威、航海、海權等方面，中國也曾經是世界領袖。明初三保太監鄭和（1371-1435）下西洋七次，率領的艦隊人員共兩萬八千人，船隻達數百艘，每艘可達一百二十公尺長，渡過印度洋，最遠到達非洲東部之紅海口。那時哥倫布（1451-1506）還沒出生呢，更別提載著他「發現」美洲的船有多寒傖了。為什麼鄭和沒有繞過好望角西進，殖民歐洲，反而是葡萄牙人達加瑪（1460-1524）率了二艘小船繞過好望角到達印度（約在一四九七年），開啟了歐洲人殖民遠東的時代？為什麼中國船沒有東渡太平洋，登陸美洲東岸？一言以蔽之，為什麼中國人會逐漸讓遠遠落後的歐洲人趕上呢？

鄭和西洋艦隊的下場，可以提供一條線索。一四〇五年（明成祖永樂三年）至一四三三年（宣宗宣德八年）鄭和七下西洋。後來朝中大臣與太監鬥爭，大臣佔了上風後，就不再維持艦隊，最後船塢荒廢，甚至頒佈禁海令。這樣的事例在人類政治史上並不少見：一八八〇年代倫敦通過繼續使用煤氣街燈的法案，美國在兩次世界大戰之間的孤立主義，還有許多國家開倒車的例子，不勝枚舉，全都是國內政治鬥爭的結果。但是中國的例子有一點不同，因為中國是個統一的國家。只要一個決定，就可以使全中國的艦隊停擺。那一個決定造成的結果難以挽回，因為船塢荒廢就不能造新船，無由證明先前的決定是荒謬的，同時，舊的船塢荒廢了，新船塢也無從興建。

現在請將中國發生的事與歐洲的做個對比：在那探險艦隊開始地理大發現的時代，

政治上分裂的歐洲怎樣回應時代的呼聲？哥倫布出生於義大利，在法國安周伯爵殿下（Duke of Anjou）服務過。後來和葡萄牙籍的妻子住在里斯本，他向葡萄牙國王求助，支援他西向航海探險的計畫，國王拒絕了。他轉向西班牙的貴族求助，都遭到拒絕。最後他找上了西班牙的費迪南二世（1452-1516）和依莎貝拉一世（1451-1504，1469年和費迪南二世結婚），他們先拒絕了哥倫布，哥倫布第二次上書，才批准了。要是歐洲也像中國一樣，是個統一的國家，要是統治者也像拒絕哥倫的頭幾位大人一樣，歐洲人就「發現」不了美洲啦，別說在美洲殖民了。

事實上，正因為歐洲是分裂的，哥倫布才有機會在幾百位大人中說服一位，資助出海的費用。一旦西班牙投身殖民美洲的大業，其他的國家眼見財富流入西班牙，立刻群起效尤，至少有六國加入了行列。在歐洲，大砲、電燈、印刷術、小型火器以及不計其數的其他發明，都經過同樣的過程才在歐洲流傳開來的：剛開始時，都在某個國家因為某種特殊的理由，受到忽視、冷落；一旦有個國家採納了，其他各地即爭相仿效。

歐洲分裂導致的結果，與發生在統一中國的事，成為尖銳的對比。中國朝廷決定擱置的，不只是遠洋航行，還有其他，例如放棄發展一種精緻的水運機械（譯註：元代王楨《農書》中記載的水力冶金鼓風機）、十四世紀時（元代至明初）硬生生從一場工業革命的邊緣退了回來（按：水力鼓風機可以看成西方蒸汽機的祖型）、放棄了領先世界的機械鐘（譯註：北宋蘇頌《新儀象法要》記載的天文鐘，使用水輪擒縱裝置，後汴京陷於金人之手，這座天文鐘給送到北京，運行不久就因無法維修而荒廢）、十五世紀晚期（明末）起就不再發展機械與技術。政治統一的潛在害處，在文化大革命中又展現出猙獰的面目，十年浩劫是大家親眼目睹的事，用不著多說了。

中國的統一體制與歐洲的諸邦並立各有淵源，由來已久。現代中國生產力最高土地，就是秦始皇二十六年（公元前二二一年）統一天下時的中國，維持了兩千多年。中國自有文字以來，就只有一種文字，中國地區的語言現象單純，中國的文化統一。歐洲則相反，從未出現過統一的局面：公元十四世紀時，約有一千個獨立小國，公元一千六百年（明萬曆二十八年）則有五百個。到了一九八〇年代已經兼併成二十五個，而我在寫作本段時又增加為近四十個。歐洲仍有四十五個語言，各有各的一套字母，不盡相同，至於文化歧異性，就更大了。歐洲內部的紛紜，至今難消，即使經濟合作，聯盟都不易達成，反映的是對於分裂的執著。

因此中國在現代史上喪失了政治與技術的優越地位，讓後起之秀的歐洲超越了，追根究柢必須從中國長期統一與歐洲長期分裂的歷史下手。地圖可以透露答案（見次頁圖）。歐洲的海岸極為曲折，有五個大半島，每個都接近孤立的島嶼，所以每個半島上都發展出了獨立的語言、族裔、政府：希臘、義大利、伊比利亞半島（西班牙、葡萄牙）、丹麥、斯堪地那維亞（挪威、瑞典）。比較起來中國的海岸線太單純了，只有朝鮮半島可視為獨立的島嶼。歐洲有兩個島嶼（不列顛與愛爾蘭），面積足夠大，能維持政治獨立，

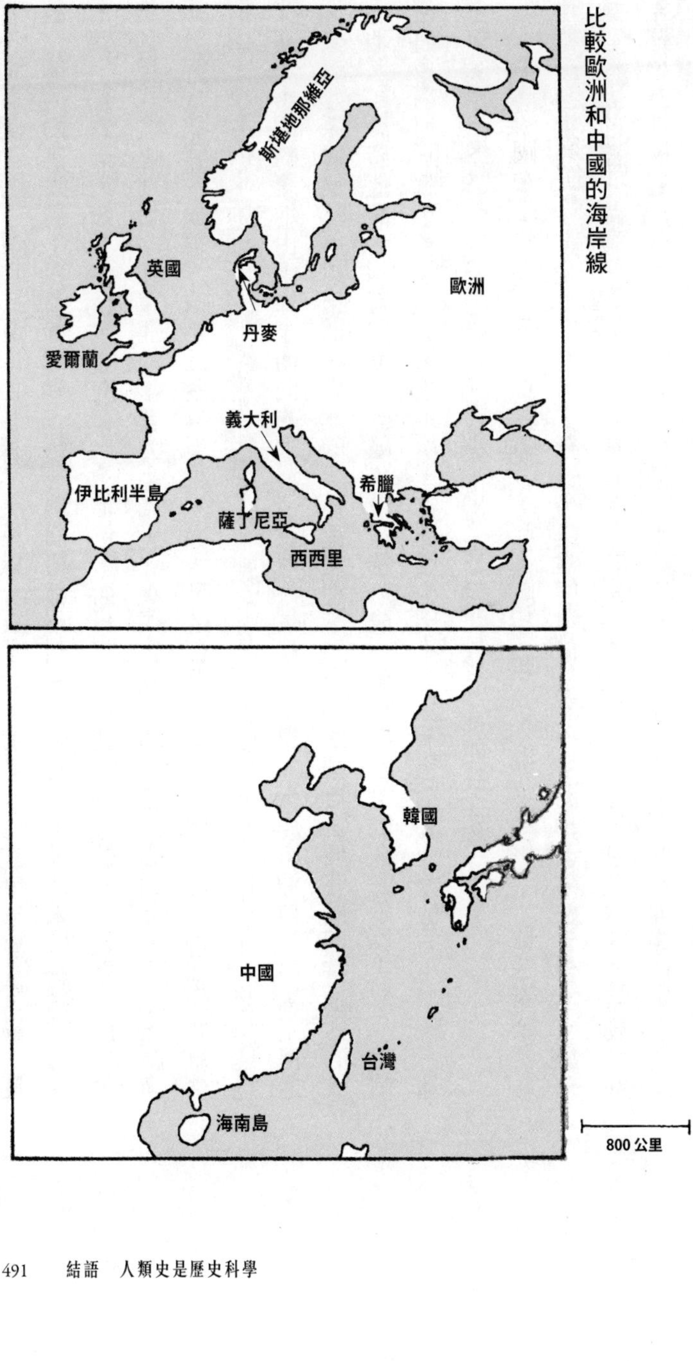

比較歐洲和中國的海岸線

保持血統與語言；其中不列顛面積很大，距歐洲又很近，能夠成為主要的歐洲大國。反觀中國的兩座大島：台灣與海南，每一個面積都不到愛爾蘭的一半，從未成為獨立的政治體，直到最近幾十年台灣才有突出的地位。而日本的地理位置使她保持獨立和孤立，直到現代史之前日本在東亞的影響力不高，與英國對歐盟的影響力相距甚遠。歐洲給高山分隔成語言、族群、政治的獨立單位（義大利北部的阿爾卑斯山、法國南部的庇里牛斯山、東歐的卡帕行山、挪威邊界山脈），中國在西藏高原以東並無崇山峻嶺，足以隔絕交通。中國的腹地由兩條東西向的大河（黃河、長江）聯繫，兩岸有沖積河谷，兩河之間又有水系聯絡，所以東西、南北的交通都便利。結果，中國自古便有兩個富地力的核心地區，農產值高，兩者間既不疏離，最後統一成一個核心區。歐洲的兩條大河（萊茵河與多瑙河）就小多了，流域也不廣。歐洲與中國不一樣，包括許多分散的小型核心地區，沒有一個大得足以長期控制其他地區，所以每個核心都能長保獨立。

自秦始皇統一中國之後，中國地區再也無法出現長期並立的國家，雖說秦漢之後中國分裂過幾次，但是分久必合，統一仍是常態。但是統一歐洲一直都是夢想，連最有雄心毅力的霸才都難免霸圖成空，像查理曼大帝（A.D. 742-814）、拿破崙、希特勒；甚至鼎盛時期的羅馬帝國也不過擁有歐洲一半的土地。因此中國享有的地理條件（地理通達、內部障礙小），使中國得以先馳得點。華北、華南、海岸、內陸各有各的農作物、牲口、技術、文化特徵，最後融合成大一統的國家。例如小米農作、青銅工藝、文字發源於北方；稻作農業、鑄鐵工藝發源於南方。我已經在本書一再強調過技術傳播對社會發展的重要性。但是中國的地理條件最後讓中國付出了代價——只要獨裁者一個決定，就能阻滯創新，這樣的事史不絕書。歐洲的情況完全不同，地理的障礙促成許多互相競爭的獨立小國。每個小國都是一個創新中心。要是其中一個小國拒絕一項創新，其他國接納了，就會迫使鄰國跟進，否則就落伍或給淘汰。歐洲的地理障礙足以妨礙統一，又不會妨礙技術與觀念的流通。在歐洲從未出現過能夠決定全歐洲命運獨裁者。

這些比較顯示：地理便利對技術的演進既有正面影響，也有負面影響。長程而言，地理便利程度中等的地區，可能技術發展的速度最快。地理便利程度高或低的地區，都比不上。過去一千年，技術在中國、歐洲以及（可能）印度次大陸發展的軌跡，分別代表地理便利程度高、中、低的例子。

當然，歐亞大陸不同地區有不同的歷史軌跡，還涉及其他因素。例如，中亞騎馬的遊牧民對肥沃月彎、中國、歐洲的威脅程度，各不相同。例如遊牧民中的蒙古人摧毀了伊朗、伊拉克的古代灌溉系統。但是亞洲的遊牧民從未在匈牙利平原以西的西歐森林地帶立足。環境因素也包括：肥沃月彎的地理位置，控制了從中國、印度到歐洲的貿易路線；中國與歐亞大陸上其他文明社會相距太遠，因此中國可以視為大陸上的孤島。中國相對孤立的地位，與技術的接納與拒絕有比較密切的關係，令人想起塔斯馬尼亞和其他島嶼的例子（十三、十五章）。但是這一簡略的討論足以指出：小規模、短短的歷史也受環境因素的擺佈，不只是大歷史（歷史的基本模式）。

從肥沃月彎、中國的歷史，我們得到的教訓是：世間不是一成不變的，過去的成功並不能保證未來的勝利。讀者也許會懷疑本書所鋪陳的地理推論，到了今天已不再有意義了，因為網際網路和國際快遞使觀念、貨物在洲際的流通不再有障礙。也許全球各族群的競爭，已經由一套全新的規則調控，因此新的權力中心正在形成，例如台灣、韓國、馬來西亞，特別是日本。

不過，仔細想一下，就會發現所謂的「新規則」只不過是「新版的舊規則」。對的，美國東部的貝爾實驗室發明的半導體，在一萬三千公里開外的日本有了電子工業的基礎——但是半導體並沒有在較近的查伊爾（非洲剛果）、巴拉圭開花結果。權力新貴國家，仍然是那些幾千年前就整合進舊中心權力結構的那些，不然就是給祖籍舊中心的族群殖民了。日本等權力新貴與薩伊、巴拉圭不同，能利用半導體開創新工業，因為這些地區的人民有長期使用文字的歷史，以及金屬機器和中央集權政府。世界上最早的兩個食物生產中心——肥沃月彎和中國——仍然支配著現代世界，或者由她們的直接後裔（例如現代中國），或者透過當年鄰近地區最早受惠的國家或族群（例如日本、韓國、馬來西亞，和歐洲），或者前述族群組成的或統治的新國家（例如美國、澳洲、巴西）。亞撒哈拉非洲土著、澳洲土著、美洲土著支配世界的遠景頗為黯淡。公元前八千年的歷史，仍然抓緊了我們不放。

回答亞力的問題，當然不能不提文化的因素與影響。先談文化的因素，環顧世界人類的文化特質變化多端。文化差異無疑有一部分是環境差異的反映，本書我討論過許多例子。但是與環境無關的文化因素，可能意義就是個重要問題。一個不算重要的文化因素，可能只是為了一時的瑣碎理由形成的，但是形成之後就會影響社會的「性向」，在比較重要的文化選擇時，發揮作用。這是應用混沌理論的一個例子。這樣的文化過程，對歷史學者而言本來就是不可預測的，歷史也因此變得不可預測。

舉個例子好了。我們在十三章討論過打字機鍵盤上的字鍵安排。當初有好幾個設計參與競爭，今天通用的鍵盤脫穎而出，涉及一些特定的技微末節，例如一八六〇年代美國製造打字機的技術、促銷手段、一位龍格太太（Mr. Longley）在一八八二年決定創設速記與打字學院以龍格太太訓練出來的明星學生法藍克·麥格林（Frank McGurrin）——他在一八八八年一場著名的打字比賽中，擊敗了使用另一種鍵盤的對手路易·陶柏（Louis Taub）。所以在一八六〇年代到一八八八年之間，有許多機會決定使用其他的鍵盤設計；那時美國的環境並不特別有利於任何一個參與競逐的鍵盤。不過一旦做出了決定，採納了其中之一，那種鍵盤就在美國生根了，一個世紀之後，電腦鍵盤也採用了同樣的設計。蘇美人採用十二進位的算術（現代的時計就是十二進位，如每小時六十分鐘、每天二十四小時、每年十二個月、圓周三百六十度），也可能為了同樣枝微末節的理由，只不過現在已經無從追溯，而中美洲的土著社會採用了二十進位（所以他們的曆法包括兩個同時運行的週期：一個有兩百六十天，每天有一個名字；另一個是一年三百六十五天）。

那些打字機、時計、曆法的設計細節，並沒有影響採用的社會的競爭力。但是我們很容易想像他們可能會有的影響。例如要是世界上其他的社會都不採用美國的這種鍵盤，例如日本或歐洲採用了另一種更有效率的鍵盤，那麼十九世紀決策過程中的枝微末節，就可能影響到美國技術在二十世紀的競爭地位。

同樣的，一份中國學童研究報告顯示：中國學童以拼音符號學寫字比較快，以方塊字寫作學來較慢，因為中文至少有幾千個字。有人認為中國方塊字的起源，是因為漢語中同音字多，所以拼音不容易達意，方塊字一目了然。果真如此，漢語中大量的同音字可能對識字在社會中的角色，有重大影響。可是中國環境中可有任何誘因，選擇了富於同音字的語言？安地斯山區的複雜文明沒有發展出文字，有什麼語言或文化因素嗎？不然真的難以理解。印度的環境「偏愛」僵硬的種性制度嗎？造成的後果可嚴峻得很哪——在四文明古國中，印度的技術發展似乎嚴重的落後。中國的環境有那些因子促成了儒家哲學和文化保守心態？那些因子可能因此對歷史的發展有重大的影響。為什麼普世宗教（基督教和伊斯蘭教）是歐洲人和西亞族群殖民與征服的驅力，而中國人卻不？

這些例子顯示的是：涉及文化特異性格的問題，範圍很廣，那些特異性格與環境無關，發展上又出於枝微末節，可是可能會演化成影響深遠、屹立不搖的文化特徵。文化特異性格的歷史意義，是重要的問題，只是目前我們無法作答。解答那個問題最好的途徑，是先把主要環境因素的作用都找出來，然後針對仍然令人不解的部分，再從文化下手。

那麼特異的個人呢？一個大家熟悉的現代例子，可以說明這個問題的意思。一九四四年六月六日盟軍在諾曼地登陸。一九四四年七月二十日，刺殺希特勒並在柏林製造暴亂的計畫功敗垂成。這一計畫乃是德國反納粹份子策劃的，他們相信戰局糜爛、大勢已去，希望停戰談和，當時德軍東線與俄國的對峙，仍在俄國境內。希特勒給定時炸彈（預置在會議桌下的公事包中）炸傷，但不礙事。要是公事包接近他的座位一點，他必然在劫難逃。要是他當時給炸死了，二次大戰隨即結束，戰後東歐的地圖、冷戰的發展可能就會與我們知道的很不同。

比較不那麼著名但是影響更為重大的事件，是一九三〇年夏天的一場車禍，那是在納粹黨大選勝利前夕，希特勒兩年半後才會成為總理。當時希特勒坐在一輛車的前座，就是駕駛旁邊我們說的「死座」（death seat），這輛車與一輛大卡車相撞，幸好大卡車及時煞車，希特勒才逃出鬼門關。由於希特勒的病態心理，在一定的程度上決定了納粹的政策與成功，要是當年那個卡車司機遲幾秒鐘踩煞車，日後第二次世界大戰的面貌可能就會非常的不同。

當然還有其他的人，像希特勒一樣，由於他們的人格特質，對歷史產生了可見的影響。例如亞歷山大大帝、奧古斯都（27 B.C.-A.D. 14，第一位羅馬皇帝）、佛陀、基督、列寧、馬丁路德、印加帝國皇帝帕查卡帝（Pachacuti），穆罕默德、征服者威廉（1028-1087）和祖魯國王沙卡（Shaka）。究竟他們真的改變了歷史，還是他們只不過是歷史的傀儡（時地人事物的巧合）？一方面我們有蘇格蘭的卡萊爾（Thomas Carlyle, 1795-1881），他主張：記錄人類業績的歷史，就是偉人史。另一方面，我們有普魯士的俾斯麥（1815-1898），他可不是個學究而是個老練的政治家，他說：政治家的任務，在傾聽上帝在歷史上的足音，祂經過的時候，必須努力亦步亦趨。

與文化的特異性格一樣，個人的特異性格也是歷史發展過程的不確定因素。他們使歷史變得不可解，別說環境力量，甚至任何通則都應用不上。不過，就本書探討的主題而言，個人的特異性格離題太遠了。因為歷史的基本模式不可能憑幾個偉人就創造出來，即使極端的「偉人論」者都不得不承認。也許亞歷山大大帝的確改變了西亞先進社會（有文字、生產糧食、使用鐵器）的命運，但是西亞兩千五百年前能夠支持有文字、生產糧食、使用鐵器的國家，而澳洲直到十九世紀初只有無文字的狩獵—採集族群活動，這樣的歷史事實和亞歷山大大帝無關。不過，個人的特異性格對歷史的影響，究竟能有多廣泛、多悠久，是個開放的問題，筆者並無定見。

歷史這門學科通常不當作科學，倒接近人文學。最多歷史被劃歸社會科學，而且認為是社會科學中最不科學的學門。雖然研究政府的領域常常掛出政治科學的招牌，表彰經濟學成就的諾貝爾獎項是「經濟科學」獎，歷史學系幾乎沒有掛出過「歷史科學系」的招牌。大多數歷史學者不認為自己是科學家，也從未在公認科學的領域中受過訓練。許多人認為歷史不過是一堆細節，流行的警語清楚的反映了這個觀點，什麼「歷史是一個又一個的事實」，「歷史幾乎是廢話」，「歷史沒有定律，連個萬花筒也沒有」，等等。

我們無法否認：研究歷史比較無法歸納出一般性的通則，研究行星軌道就容易多了。不過研究歷史的困難，並不是絕症。許多給當作科學的研究領域，如天文學、氣象學、生態學、演化生物學、地質學和古生物學，研究的都是歷史題材，學者遭遇同樣的困難。大眾對科學的印象來自物理學，以及一些運用相同方法的學科，這是很不幸的。那些領域中的科學家對不同類型的科學研究領域，經常由於無知而流露出輕蔑的態度。殊不知物理學的方法不適用所有的科學研究題材。既不適用，就得自行發展，找適用的方法，我的研究領域——生態學、演化生物學——就是這樣。科學的意義是追求知識，可是知識並不是物理學方法可以壟斷的。每個領域都有適當的追求知識的方法。因此我對歷史學者面對的困難非常同情。

廣義的歷史科學（包括天文學之類的學門）有共同的特徵，因此與非歷史科學（如物理、化學、分子生物學）有別。下面我要討論四個主要的差別：方法、因果、預測、複雜度。

物理學主要取得知識的方法是到實驗室做實驗：以操弄變項的方式找出各變項的作用與關係，複製實驗，取得量化資料。這個策略十分有用，化學、分子生物學也採用，所以許多人認為到實驗室做實驗就是科學，而實驗成了科學方法的核心。但是在許多歷史科學中，實驗並不扮演什麼角色。銀河系的生成、演化，氣象變化、氣候變遷，生物保育、恐龍的演化，都無法做實驗。在這些歷史科學中我們必須使用別的方法獲得知識，例如觀察、比較，以及所謂的自然實驗（下面會解釋）。

歷史科學研究的是近因與終極因的因果過程。在大部分物理學與化學中，終極因、目的、功能等觀念並無意義，它們卻是了解生物系統或人類活動不可或缺的。舉例來說，演化生物學家在北極發現一種兔子，牠們的毛皮夏天是棕色，冬天是白色，而他不只想知道毛皮變色的機制（色素分子構造與兔子體內合成色素的機制）。他認為更重要的問題是關於功能（欺敵的保護色？）與終極因（天擇？原先兔子的毛皮只有一種顏色？）的。同樣的，一位歐洲史學者並不只想將歐洲在一八一五年（滑鐵盧之役）和一九一八年（第一次世界大戰）的情況，描述成「一場歐洲大戰以和平落幕」。必須先分別了解那兩個和平協議的因果過程，再仔細比較兩者的異同，才有可能了解：為什麼一九一八年達成和平協議後，不過二十年戰端再啟，而一八一五年的和平協議卻能維持較久的和平？但是化學家不必關心兩種氣體分子碰撞的目的或功能，更別說碰撞的終極因了。

歷史科學家與非歷史科學還有一個差別，就是預測。在化學與物理中，測驗一個人對某一系統的理解，可以看他能不能預測那個系統的未來行為。物理學家看不起演化生物學與歷史，因為那兩個學門似乎通不過預測的考驗。在歷史科學中，學者可以做事後解釋，例如中生代結束時一顆隕石撞擊地球造成恐龍的大滅絕，可是還有許多其他物種倖存了，為什麼？可是學者很難做先驗的預測（要是我們沒有歷史資訊的指引，無法預測生態系中哪個物種會滅絕）。但是歷史學者和歷史科學家的確會做預測，他們的預言內容是過去發生的事，但是預言會受到未來發現（新資料、新證據）的考驗。

歷史系統的性質，使預測更為困難。描述這個事實，有幾個不同的方式。我們可以說人類社會與恐龍非常的複雜，特色是其中有許多獨立變數，並由反饋途徑相互影響。結果，在較低階層發生變化，可以導致較高階層的突現變化（emergent changes）。典型的例子就是一九三〇年希特勒的車禍。卡車司機的煞車反應，影響到第二次世界大戰中傷亡的一億人。大多數生物學家都同意：生物系統終究是由物理性質決定的，而且服從量子力學定律。但是生物系統是複雜的，意思是說：系統的細節可以做決定性的因果分析，但這不代表可以預測系統的行為。量子力學知識不能幫助學者理解：為什麼澳洲引進胎盤哺乳動物後，土產的有袋類就大量的滅絕？為什麼第一次大戰的結果是同盟國戰勝了軸心國？

每一條冰河、每一個星雲、颶風、人類社會、生物種甚至有性生殖物種的個體與細胞，都是獨一無二的，因為它們都是由許多變數控制的，而且由許多有變化的元件構成的。相對的，無論是物理學中任何一種基本粒子或同位素，或任何一種化學分子，都沒有前面提的那種「個體性」，例如碳十四就是碳十四，沒有什麼路人甲、路人乙的區別。因此物理學家和化學家能發明描述巨觀層次現象的因果定律，宇宙各處一體適用，但是生物學家和歷史學者只能發明描述統計趨勢的「定律」。我能預測：在我服務的加州大學醫學中心出生的下一千名嬰兒，男嬰的數目在四百八十到五百二十之間。這個預測正確的可能性很高。但是我事前無由知道我的兩個孩子是男生。同樣的，歷史學家指出：部落社會在兩個情況下更有可能發展酋邦；一，人口密度大、數量大；二，有能力生產大量餘糧。但是滿足這兩個條件的人口，各有各的特異性格，所以墨西哥、瓜地馬拉、秘魯和馬達加斯加的高地都出現了酋邦，而新幾內亞、瓜達卡納爾（所羅門群島）高地上就沒有。

歷史系統即使有終極的決定性（例如服從量子力學定律），它的複雜性和不可預測性仍是顯著的性格，另一個描述這種性格的方式就是：因果長鏈的解析，可以分別最後的「果」與源自研究領域之外的終極「因」。例如恐龍的滅絕可能是一顆天外隕石撞擊地球的結果，但是那顆隕石的軌道是由古典力學的定律控制的。換言之，六千七百萬年前假如有一位古生物學家在地球上，他不可能預測恐龍將滅絕。同樣的，公元一千三百年到一千五百年之間發生的小冰期，使格陵蘭的諾爾斯人滅絕了。但是沒有一位歷史學者，甚至沒有一位現代氣象學家，能夠預測小冰期。

所以，歷史學家為了建立人類社會歷史的因果關係，面臨的困難，大體而言與其他歷史科學的學者一樣。天文學、氣象學、生態學、演化生物學、地質學和古生物學，每一個研究領域都受下列諸困難的困擾，只是程度有別：無法實行可複製的控制實驗，由於變數數量多而產生的複雜性質，因此每個單獨系統都有特異性格，所以無法發明普同定律，難以預測系統的突現性質與未來行為。歷史預測和其他歷史科學中的預測一樣，在大的時空尺度上最可靠，因為每個小尺度事件的特異性格在大尺度中不再突出。我剛剛預測過下一千個嬰兒的男女性別比例，但我不能預則自己骨肉的性別。歐於歐—美土著衝突的結局，歷史學者能辨識出決定因素，因為歐亞大陸的社會和美洲社會，在過去一萬三千年走上了不同的發展道路。但是一九六〇年美國總統大選結果對歷史的影響，則無頭緒。當年十月的一場電視辯論會，那個候選人說了什麼之類的細節，可能會影響選舉的結果，讓尼克森當選，而不是甘迺迪，但是誰說了什麼之類的細節，不會影響歐洲人征服美洲的結局。

研究人類歷史的學者，怎樣才能從其他歷史科學的研究經驗獲益呢？有一套方略很管用，就是比較法與所謂的自然實驗（natural experiments）。雖然研究銀河演化的天文學家與人類歷史家，都不能操弄他們研究的對象，從事控制實驗；但是們他們可以利用自然的實驗，比較只差一個變項（有或無；作用強或弱）的自然系統。舉個例子吧，流行病學家無法以實驗研究高鹽食物對人體的影響，但是他們可以比較不同的人類社群，有些社群食物的含鹽量高，有些低。這樣也可以判別食鹽對人體的影響。對環境資源的長程影響有興趣的文化人類學家，也不能拿人類社群做實驗，所以他們研究南太平洋的波里尼西亞人，因為每個島的資源都不一樣。研究人類歷史的學者能夠汲取更多的自然實驗，比較五大洲生物資源的歷史後果只是其中之一。有些相當孤立的大島上發展出了複雜的社會，例如日本、馬達加斯加、南美的聖多明哥（上有海地與多明尼加兩個國家）、新幾內亞、夏威夷，可以作比較研究；還有小島上的社會，同一大洲上的區域社會，都可以做比較研究。

任何領域中的自然實驗，生態學也好，人類歷史也好，都難免方法論的批評。例如除了研究焦點的變項之外，其他的變項也有自然變異，如何釐清？變項間觀察得到的關連，與因果關係的推定，並不總是明白易曉的。這樣的方法論問題，在某些歷史科學中已經有很詳細的討論，特別是流行病學。流行病學家比較同一社會的不同人群（常透過歷史回溯研究），早就成功的利用定型程序，處理人類社會歷史學者遭遇的類似問題。生態學家也非常注意自然實驗的問題，因為在很多情況下他們也無法以直接的實驗，闡明各生態變項的意義與功能。演化生物學家最近發展出了更為複雜的方法，比較不同動、植物的演化史。

簡言之，我承認：了解人類歷史是相當困難的，在歷史不重要、變項少的科學領域中就沒有那麼困難的問題。不過，有好幾個研究領域，已經發展出分析歷史問題的方法，而且很成功。結果，恐龍、星雲和冰川的歷史研究，一般都承認屬科學的範疇。而不是人文學。但是，關於人類的行動，內省法提供我們更多的睿見，恐龍研究全用不上。因此我很樂觀，人類社會的歷史可以當作科學來研究，就像研究恐龍一樣，我們的收穫對自己的社會有益，因為我們會明白現代是怎麼出現的，塑造未來的又可能是什麼。

2003 AFTERWORD

後記

《槍炮、病菌與鋼鐵》（以下簡稱《槍炮》）講述的是近一萬三千年以來，複雜人類社會在各個大陸興起的原因。一九九六年，我修訂完全書，於一九九七年付梓，之後大抵專注在其他主題的研究，特別是下一本書，探討人類社會潰敗之因的《大崩壞》。回頭思之，我寫《槍炮》一書已是七年前的事，以現今的目光來檢視此書，書中立論是否仍站得住腳？自出版以來，又有那些改變？本書結論是否能繼續延伸？就我一己之見，我認為本書傳遞的主要訊息仍經得起時間的考驗。自出版以來，本書論點確可延伸至現代世界和近代史。我將從四個主題來說明。

我的結論主要是，人類社會在各個大陸的發展互異，是因為大陸環境的差異使然，而非人類體質結構。農業大約在公元前八千五百年興起，農民得以儲存餘糧，養活眾多的人口。只有在一個社群人口稠密、而且以定居為生活型態，才看得到科技進步和中央集權的政治組織等複雜社會的特點。農業的興起，端賴能馴化的野生動植物物種，然而各大陸能馴化者分配極度不均。地球上只有九個小區域得天獨厚，擁有能馴化的、最有價值的野生物種，這些地區於是成為農業的發源地。這些地區的居民拜農業之賜，蓄積了發展的動能，於是挾著槍炮、病菌與鋼鐵的威力攻城掠地，富強繁榮。這些農業居民的語言、基因，還有他們的牲畜、作物、科技和書寫系統不僅在古代社會大放異彩，在現代社會亦占盡優勢。

近六十年來，考古學、遺傳學和語言學等研究與發現，不只證明上述故事的輪廓大抵無誤，更加深我們對過去人類社會的了解。我將以三個例子來說明。儘管《槍炮》一書已涵蓋全世界各地區，仍有一些遺珠之憾，最大的遺漏就是日本。在一九九六年，我對日本史前史幾乎無可著墨之處。根據最近的遺傳學證據，現代日本人該也是農業擴張的結果，與其他地區農業社群的擴張如出一轍——正切合《槍炮》一書所述。有一群韓國農夫大約從公元前四百年開始，前往日本的西南發展，然後逐漸往東北，足跡因而遍布日本列島。這些韓國農夫帶來精耕稻作和鐵製工具，且與日本原住民族群（和現代愛奴族有血統關係）婚配。這種發展軌跡不禁讓人有似曾相識之感：現代歐洲人不正是肥沃月彎的農夫與歐洲採行狩獵—採集生活的原始部族婚配的結果？

另一個例子是有關墨西哥的玉米、豆類和南瓜。考古學家本來以為這些作物是從墨西哥經由其東北及德州東部，傳到美國東南。然而，研究人員後來發現，這條路徑過於乾燥，不宜農耕；因此這些作物必須繞道，從墨西哥傳入美國西南，也帶動阿納薩茲社會的興起，然後經由北美大平原的河谷，從新墨西哥和科羅拉多往東，傳到美國的西南地區。最後一個例子在本書第十章，即農作物在陸軸為東西向的歐亞大陸，東西傳播神速；相形之下，在陸軸為南北向的美洲，南北傳播則十分緩慢、困難。這種對比的例子不勝枚舉，但現在似乎歐亞大陸的五大哺乳類動物，幾乎皆可在這塊大陸各個地方獨立馴養——這就不像歐亞大陸的植物，而像美洲的植物。

這些發現讓我深深著迷，我們也得以深入了解農業的興起如何觸發古代複雜社會的形成。然而，在《槍炮》問世之後的討論，可延伸至四大主題，但這些主題並不在《槍炮》論述的焦點之列。自從本書出版以來，寫信給我、打電話給我、寄電子郵件給我的人多達好幾千人，有人甚至把我拉到一邊，與我討論。這些讀者發現《槍炮》所述的古代各大洲的發展過程，與他們研究的現代或新近的過程，有類似或可供對照之處。簡而言之，這四個延伸討論的主題如下：紐西蘭的毛瑟槍之戰；「為何勢力擴張到全球的是歐洲人，而非中國人？」；從競爭的角度來看古代世界與現代商業世界的類同點；以及為什麼今日有些社會富裕繁榮，有些貧窮困頓。

一九九六年，我寫《槍炮》一書，在探討新科技的傳播時，曾簡短地提到十九世紀紐西蘭毛利部落的毛瑟槍之戰（第十三章）。毛利部落本皆以石頭或木頭當武器，自一八一八年毛瑟槍傳入紐西蘭後，當地部落隨即陷入爭戰，一直打到一八三〇年代。這場戰爭既漫長又複雜，世人的了解向來非常有限。後來，由於兩本相關專書問世，我們才能深入了解這個混亂的時代，將之置入更大的歷史脈絡中來看，因而更加了解這場戰爭與《槍炮》一書的關連。

在十九世紀初期，來自歐洲的商人、傳教士與捕鯨人終於踏上紐西蘭。在此之前的六百年，紐西蘭島上皆是來自玻里尼西亞的農夫和漁民，也就是毛利人。最初來到此地的歐洲人，本來集中於紐西蘭的北端。北端的毛利部落因最早得以與歐洲人接觸，成了第一個擁有毛瑟槍的部落，因此具有很大的武力優勢，得以征服沒有毛瑟槍的部落。他們也利用這樣的優勢與鄰近的敵人算帳。毛瑟槍也使紐西蘭出現新型態的戰爭：得以遠距偷襲敵人，把他們納為奴隸，並藉以建立威望。

遠距偷襲除了仰仗毛瑟槍，另一個重要關鍵就是歐洲引進的馬鈴薯（原產於南美洲）。如栽種馬鈴薯，每公畝或每個農夫的產量，要比栽種甘薯這樣的傳統毛利農業多出好幾倍。毛利部落以前無法遠征的主要原因就是糧食不足——既無法餵飽長期離家遠征的戰士，留在家中的婦人和孩子也沒有足夠的甘薯可吃。馬鈴薯的引進解決了這個問題。因此，紐西蘭的毛瑟槍之戰又有一個沒那麼響亮的別稱，即馬鈴薯之戰。

不管叫毛瑟槍之戰或馬鈴薯之戰，這場戰爭讓生靈塗炭，毛利部落有四分之一的人口葬身其中。幾乎沒有幾把毛瑟槍、也沒有馬鈴薯的部落，一旦遇上擁有很多毛瑟槍與馬鈴薯的部落，死傷最為慘烈，幾乎全數遭到殲滅。還沒有毛瑟槍的部落，於是積極取得，才能與其他部落勢均力敵。我也曾在《槍炮》第二章描述過一場發生在紐西蘭古代的戰爭：手無寸鐵的莫里奧里人一旦遇上有農業和工具專家的毛利人，只能慘遭屠殺。

毛瑟槍／馬鈴薯之戰正象徵近一萬年人類社會發展的主要路徑：擁有槍炮、病菌與鋼鐵、或具有最初科技與武力優勢的人類社群得以不斷向外擴展，征服其他社群，除非其他社群急起直追，努力發展科技與武力優勢，才能存活下來。翻開近代史來看，這種實例比比皆是。像歐洲人向其他大陸擴展，幾乎勢如破竹；沒有槍枝等武器的當地人，只能任歐洲人宰割，或失去自由。而十九世紀末年的日本，經過明治維新之後，傳統的武士道為西式的火槍、大砲取代，儘管在一九〇四至〇五年的日露戰爭遭遇歐洲人（俄羅斯人）入侵、陷入苦戰，最後還是取得勝利，保持獨立。北美大平原的印第安人、南美的阿勞坎印第安人、紐西蘭的毛利人和非洲的衣索比亞人，也都曾以槍枝捍衛自己的土地，驅逐入侵的歐洲人。今天，第三世界國家也正在積極發展科技與農業優勢，希望有朝一日能趕上第一世界。人類社群互相競爭，刺激科技與農業的興起——這樣的情節在過去的一萬年，不知在不同的時空之下重演過多少次。

從這個角度來看，紐西蘭的毛瑟槍／馬鈴薯之戰實在並不特別。雖然這樣的戰爭侷限於紐西蘭，然而因為十分典型，足以代表發生在其他地區的爭戰，因而值得全世界關注。在毛瑟槍和馬鈴薯自紐西蘭北端引進之後，不到二十年，這樣的武器和作物已往南蔓延了一千一百四十公里，直至紐西蘭的最南端。過去，儘管農業、書寫系統與槍枝發明之前的武器傳播速度沒有這麼快，一樣有人口取代與競爭的壓力。雖然目前擁有核子武器的只有八個國家，我們還是不免憂心：這種武器是否會在戰爭的催化之下擴展到全世界？

自一九九七年《槍炮》一書出版之後，就很有多人討論：「為何勢力擴張到全球的是歐洲人，而非中國人？」《槍炮》一書著重於各大洲的差異，也就是探討何以有些歐亞民族得以在過去一千年內擴張到全世界，而非澳洲原住民、撒哈拉沙漠以南的非洲人，也不是美洲原住民。然而，很多讀者都有這麼一個疑問：「為什麼在歐亞民族當中，能擴張到全球的是歐洲人，不是中國人或其他族群？」我想，我要是不給讀者一個交代，大家必然不會放過我。

其實，我已在《槍炮》結語討論過這個問題。儘管中國在人類社會的起跑線上一馬當先，領先了幾千年，最後還是輸給了當年的吳下阿蒙——也就是歐洲。有關中國的落敗，史學家提出一些近因，如中國的儒家思想（相對於歐洲的猶太—基督教傳統）、西方科學的興起、歐洲的重商主義與資本主義、英國的伐林與煤藏等。在這些近因的背後，我還看到了有利於歐洲發展的一個關鍵，亦即所謂的「最佳分裂原則」（Optimal Fragmentation Principle）。歐洲長期處於分裂狀態；反之，中國因地理因素很早就統一了，往後一直維持統一的體制。但歐洲的分裂為技術、科學與資本主義的進展帶來契機，歐洲各國競相發展，願意給發明家所需的支持與資源，或在他們遭受迫害時給予庇護。

然而，有些史學家後來曾對我說，歐洲的分裂、中國的統一，以及歐洲和中國的相對優勢其實要比我在《槍炮》一書中的描述複雜得多。像「歐洲」或「中國」這種在政治／社會範疇劃分出來的地理疆界並非固定不變，幾百年來一直有所變動。至少到十五世紀，中國在技術方面仍領先歐洲，現在雖然落後，未來說不定又會大幅超越。因此，「為何勢力擴張到全球的是歐洲人，而非中國人？」這樣的問題指的是一種暫時的現象。政治的分裂其實要比我們想的來得複雜，不只是提供一個益於發展的競爭平台；在政治分裂之下的競爭，可能會帶來兩敗俱傷（如第一次與第二次世界大戰）。分裂本身有很多層面，而非單一的概念：分裂對創新的影響取決於幾個因素，例如：意念是否可以自由交流？人是否擁有跨越疆界的自由？此外，每一個裂塊是獨特的嗎？或者有如彼此的複製品？因此，分裂到底好不好，則需視結果而定。即使政治分裂對技術發展有利，也未必有助於經濟生產力、政治穩定度或全人類的福祉。

我發覺大多數社會科學家傾向用近因來看歐洲與中國不同的發展軌跡。例如高德史東（Jack Goldstone）就曾在最近發表的一篇文章強調歐洲（尤其是英國）「引擎科學」的重要性，亦即運用科學原則來發展機器與引擎。高德史東論道：「有關能量，前工業時代所有的經濟體都面臨兩個問題：一是量，另一則是集中程度。前工業時代的機械能來源非常有限，不外乎水力、牲畜或人力以及風力。在世界任何一個地區都一樣有限……因此，誰能把化石燃料轉化為能量，誰就具有莫大的優勢……人們將蒸汽引擎運用於織布機、收割機、水陸運輸、製造磚塊、煉鐵、鏟土、建築等，英國經濟就此脫胎換骨……其實，引擎科學在英國十七、十八世紀的發展純屬偶然，而非必然。」如果這種推想是正確的，那就毋需深究地理或生態方面的原因。

反之，有少數人則和我的觀點接近，贊同我在《槍炮》結語提出的見解。例如香港城市大學梁景文教授（Graeme Lang）所述：「歐洲與中國在生態和地理的差異，有助於我們了解科學在這兩個地區的宿命。首先，靠雨水澆灌的農業在六至九世紀為歐洲帶來農業革命，提供了充裕的餘糧，自治城鎮和大學等機構於是如雨後春筍蓬勃發展。至於歐洲國家政府則不介入農業生產，加上天高皇帝遠，便讓各市鎮自由發展。反之，中國的農業皆在河川平原發展，往往需要組織大規模的水利工程才能增加作物產量，養活龐大的人口，當權者因而坐擁很大的權力，而市鎮則未能像歐洲的城鎮那樣擁有自治權。其實，從地理來看，中國在過去兩千多年間大都是統一的大帝國。中國由於沒有重大地理屏障，境內沒有哪一個地區能在執意擴張的帝國面前保持獨立。儘管每次帝國瓦解之後曾出現許多獨立國家，但這些國家很快就會被統一，又成為幅員廣大的帝國。再者，中國因為地理因素，與外隔絕，缺乏競爭對手，結果抑制了科學發展……這樣解釋也許過於簡化，但是也有好處，亦即避免在死胡同裡打轉，除了洞視歐洲和中國的社會或文化差異，還能深究更深一層的原因。話說回來，這樣解釋總會碰上這樣的問題：為何歐洲和中國從社會和文化來看有這麼大的差異？歸根結柢，這樣的差異還是源於地理與生態環境。」

面對「為何勢力擴張到全球的是歐洲人，而非中國人？」這樣的問題，史學家要整合不同的答案，實是一大挑戰。然而，我們或許可透過史學家給我們的答案，想想今日中國和歐洲最佳治理之道。例如，在我和梁教授看來，中國在二十世紀六、七〇年代發動的文化大革命可謂十年浩劫，領導人被誤導，社會陷入動亂不安，全國各級學校甚至被迫停學。可以說，文革不是單一事件，要是中國政治體系固守中央集權，不願分權，同樣的災禍將再次重演。反之，今天的歐洲急於促成政治與經濟的統一，似乎像是在走倒退路，忘了今日的功業是如何在過去五百年締造出來的。

第三個延伸討論的主題，是從競爭來看古代世界與現代商業世界的類同點。我在寫完《槍炮》時，完全想不到本書會衍生出這樣的討論。此書出版後，比爾．蓋茲（Bill Gates）曾給予好評，我也收到多位企業界人士和經濟學家的來信，指出《槍炮》一書描述的人類社會發展史與企業發展史的相似之處。他們還提出種種問題，諸如：為了追求生產力、創造力、創新能力與財富的極致，人類社群、機構與企業體最佳組織方法為何？一個群體的領導人應該大權一把抓（最極端的例子就是獨裁）、分權或是讓每個成員為所欲為？你該把所有的人集合成一個團體，分成少少幾個小組或是很多小組？你應該讓各個團隊公開溝通、互通訊息，或者不讓他們往來，要他們祕密行事？你是否該為你的組織築起保護的高牆，還是讓門戶洞開，開放競爭？

上述問題牽連到的層次很廣，以及多種型態的群體。大者如整個國家。像是從古至今一直有人在辯論，最好的政府型態為何？是良善的獨裁、聯邦制或是無政府狀態的自由？同樣的問題，也可套在同一產業不同公司的組織。例如我們探討微軟（Microsoft）何以成為個人電腦產業霸主，而ＩＢＭ在失去盟主的地位後，如何透過組織變革急起直追。此外，我們如何解讀不同產業地帶的興盛與沒落？我小時候住在波士頓附近的工業地帶，即有麻州奇蹟之稱的一二八號公路高科技產業園區，這個地帶充滿科學創造力與想像力，可謂走在科技前端。如今，一二八號公路產業園區已黯淡無光，創新中心已轉移到矽谷。也許這種區域優勢的消長，源於矽谷和一二八號公路產業園區內各公司之間的關係。

當然，世界上各經濟強國之間也有差異，如日本、美國、法國和德國。即使以同一個國家而言，各個產業之間，生產力與財務表現也大有不同。例如，韓國的鋼鐵工業和美國一樣效能卓越，然而韓國其他產業的表現皆無法和美國相比。同一個國家不同產業的生產力有如此差別，是否和其企業的組織有關？

有關這樣的差異，最顯而易見的一個答案是：這和企業領導人個人的風格與意識型態有關。以微軟為例，這家公司之所以能成功，與創辦人蓋茲的才華息息相關。如果一家企業最高主管領導能力與效率欠佳，組織再怎麼精良也無濟於事。然而，除了領導人這個因素，什麼樣的組織型態效能最好？

答案可以參看我在《槍炮》一書結語討論國家技術創新的部分。我以中國、印度次大陸及歐洲等地區的歷史進行比較研究，發現不同政治體之間的競爭就是創新的動力。歐洲政治與地理上的分裂有利於創新，統一的中國則因缺乏競爭而不思創新，因而漸漸落後。這是否意謂分裂得愈厲害愈好？就地理環境而言，印度的分裂比歐洲更甚，卻沒有什麼技術創新。在我看來，這和「最佳分裂原則」有關：分裂太過或不及都無法讓創新的風火輪快速轉動。一個社會過於統一或分裂都有礙創新。

知名的麥肯錫企管顧問公司旗下麥肯錫全球研究所（McKinsey Global Institute）的主管盧易斯（Bill Lewis）等人，由於對上述論點頗感興趣，於是就全球重要的經濟體進行比較研究。他們發現我的歷史推論與他們的商業經驗多有吻合，於是買了幾百本《槍炮》，供公司所有的合夥人閱讀、研究，也寄給我他們對全球各經濟體的研究報告，包括美國、法國、德國、韓國、日本、巴西等國。他們除了發現競爭是一大關鍵，企業組織的規模和創新也大有關係。以下就是麥肯錫報告以及我與該機構主管討論出來的一些結論。

一般美國人對德國和日本公司印象極佳，認為這個國家的企業超有效能，生產力更是美國望塵莫及的。其實，這只是美國人的幻想：就所有產業的表現平均值而言，美國企業的生產力其實比德國和日本都來得強。但這終究是平均值，看不出一個國家之內各個產業之間的差異——如果我們仔細分析，將可從這樣的差異獲得不少啟示。且以麥肯錫報告中的兩個個案研究為例，即德國的啤酒產業與日本的食品加工業。

德國啤酒風味絕佳。每次我和我太太去德國，出發時總會帶著空行李箱。返國前，將一罐罐德國啤酒裝滿行李箱，如此滿載而歸，以便來年在美國暢飲德國啤酒。說來，德國啤酒產業的生產力只有美國的四三%。至於德國的金屬加工業和鋼鐵產業則和美國不相上下。顯然，德國人善於組織，然而為什麼啤酒產業的生產力遠遜於其他產業？

原來癥結在於德國啤酒廠的規模。全德國共有一千家左右的小啤酒廠，各啤酒廠因為壟斷所在地區的生意而免於相互競爭，也不必和進口啤酒競爭。相形之下，美國只有六十七家啤酒廠，每年生產的啤酒達二百三十億公升。德國一千家啤酒廠的產量總合，頂多只有美國啤酒廠的一半。因此，美國各家啤酒廠的平均產量，足足是德國啤酒廠的三十一倍。

這是德國各地區居民喜好的啤酒風味不同，加上德國政府的政策造成的。德國人喝啤酒都對當地的廠牌非常死忠，因此德國沒有像美國那樣全國性的大品牌，如百威（Budweiser）、美樂（Miller）或酷爾斯（Coors）。此外，德國各啤酒廠釀造出來的啤酒只供應方圓五十公里以內的居民。因此，德國啤酒產業都是小廠，沒有大廠，經濟規模有限。德國啤酒產業也和其他產業一樣，規模愈大，生產成本就愈低，如存放麥汁使之發酵的冰箱冷藏室愈大、裝填啤酒的裝配線愈長，製造啤酒的成本就愈低。由於德國啤酒廠規模很小，效能自然大打折扣。而且沒有競爭，這一千種左右的啤酒都是當地最受歡迎的品牌，壟斷當地的啤酒市場。

此外，進口啤酒因為受到德國法律的束縛，難以打入德國各地市場，與地區啤酒競爭。依照德國政府頒布的「啤酒純釀法」，規定啤酒只能用大麥芽、酵母、啤酒花和水四種原料。這當然是為德國當地啤酒廠量身定做的法規，其他國家如美國、法國、瑞典生產的啤酒，都會因為產地風土民情和農作物的差異而添加玉米、蔗糖或其他穀物，如此一來便很難進入德國販售。而德國啤酒因為生產效能低而且比較貴，也很難外銷到其他國家。（你或許會表示異議，說道美國不是到處都買得到德國金獅啤酒〔Löwenbräu〕。請你下回買金獅啤酒時仔細看一下瓶身標示：這些啤酒的產地不是德國，而是美國，美國啤酒大廠獲得德國啤酒廠的授權，在美國生產製造出來。）

德國香皂產業和消費者電子產品製造業一樣效能不彰。製造這些產品的公司既用不著互相競爭，又沒有來自進口商品的競爭壓力，因此無法成為全球知名的大企業。（你可曾買過德國製造的電視機？）但德國的金屬與鋼鐵產業則享有國際聲譽，這是因為德國金屬與鋼鐵公司不但相互競爭，還必須和世界各大公司一較長短，因此可執世界鋼鐵產品之牛耳。

我最欣賞的另一個例子，則是有關日本食品加工業。美國人常被日本人的效能佩服得五體投地。日本有些企業的確十分出色——但不包括食品加工業。日本食品加工業的效能只有美國的三二%。日本有六萬七千家食品加工廠，相形之下，美國則只有二萬一千家；但美國人口是日本的兩倍，因此美國食品加工廠平均規模是日本的六倍。為什麼日本的食品加工業都像德國啤酒廠，不但規模小，而且只做地區生意？原因和德國的啤酒廠如出一轍：一是因地方風味，另一則是因為政府政策。

日本人很喜歡新鮮食物。以盒裝鮮奶為例，在美國超市，鮮奶包裝上只有一個日期，即保存期限。然而，我和我太太在一位日本親戚的陪同下去東京的一家超市，發現日本盒裝鮮奶包裝上竟然有三個日期：鮮奶生產日期、鮮奶運抵超市的日期，以及保存期限。日本鮮奶廠總是在午夜過一分鐘開始生產，如此在凌晨出貨的鮮奶就可貼上今日生產的標籤。若是鮮奶生產於晚上十一點五十九分，只要過了十二點，盒上的標示即是昨日生產，如此就會遭到消費者嫌棄。

結果，日本食品加工業也有地區壟斷的現象。如果在日本南部，北海道鮮奶廠生產的乳品將無法與南部的鮮奶廠競爭，因為從北部運送到南部需要一、兩天的時間，在消費者看來，兩天前生產的鮮奶當然比不上當日生產的。再者，根據日本政府法令，自外國進口的加工食品都需經過十日的檢疫。（試想，日本人喜歡購買當日生產的食品，連前一天製造的都覺得不新鮮了，更何況是十幾天前生產的食品？）由於日本食品加工業免於來自國內、外的競爭壓力，只顧壟斷地區生意，當然無法和世界一流的大廠媲美。由於食品加工業缺乏競爭、效能偏低，消費者則必須忍受高昂的食品價格。在日本，頂級和牛一磅要價二百美元，而上等雞肉一磅則要二十五美元。

日本其他產業則和食品加工業大有不同。例如日本的鋼鐵、金屬、汽車、汽車零件、相機、消費電子產品等產業則必須面臨激烈競爭，生產力因而勝過美國。但日本的香皂、啤酒和電腦製造業，則像其食品加工業因缺乏競爭、故步自封，這幾個產業的生產力就比不上美國。（如果你人在家裡，看看四周，你會發現你家的電視機、相機，或許還有汽車都是日本製的；但你用的電腦和香皂則不是從日本進口的。）

最後，我們再利用從上述實例學到的，應用於美國不同工業地帶的比較。自從《槍炮》一書出版後，我花了不少時間和來自矽谷以及麻州一二八號公路高科技產業園區的企業界人士討論。他們表示，上述兩個地帶的企業文化有很大的差異。矽谷的高科技公司多如過江之鯽，競爭激烈。儘管如此，不同公司之間還是常有意念、人才和資訊的交流。反之，一二八號公路產業園區的公司則比較封閉，就像日本的鮮乳廠。

至於微軟與ＩＢＭ的對比呢？自從《槍炮》出版後，我和在微軟工作的一些人成為朋友，得知他們的組織很特別。微軟有非常多的單位，每一個單位約有五到十人，各單位之間可自由溝通。主管不會嚴密觀察、操控每個單位的成員，每個成員如果有很棒的點子，都能自由發揮，看如何付諸實現。在這種組織下，公司可分解為許許多多互相競爭又獨立的單位——這種型態恰好跟以前的ＩＢＭ成對比。以前的ＩＢＭ各單位往往自行其是，最後就失去競爭優勢。IBM的新執行長上任後，則針對原來的組織型態開刀，師法微軟，創新能力因而得以提升。

上述例子告訴我們一個有關群體組織的通則。如果你的目標是創新與競爭能力，那就不可太強調統一，過於分裂也不好。反之，若是希望將你的國家、產業、工業地帶或公司分成若干群體，使之互相競爭，就得注重自由溝通——就像美國聯邦體系，境內的五十州皆在競爭性的制度框架下運作，以求發揮最大的行政效能。

最後一個延伸討論的主題，一直是世界經濟的核心問題：為何有些國家富裕繁榮（如美國和瑞士），有些則窮苦困頓（如巴拉圭和馬利共和國）？在全世界的國家中，國民生產毛額最高者，是最低者的一百倍以上。為什麼會有這樣的天壤之別？這不但是商學院面試經濟學教授的好問題，也具有重要的策略意義。如果我們能找到答案，或許貧窮國家就知道如何改變，而擺脫悲慘的命運。

顯然，我們可以從政治體制的差異下手，來看幾組環境條件相同，但因政治體制不同，國民生產毛額差異甚大的國家。像下面四組都有鮮明的對比：南韓與北韓、前西德與前東德、多明尼加與海地、以色列及其阿拉伯鄰國。這四組中的前者因法治良好、尊重合約精神、私人財產權的保障、政府廉能、暗殺率低、自由貿易、資本流通、具有投資誘因等，而成為富強的國家，而這些特點皆和政治體制有關。

的確，好的政治體制得以使我們了解為何一國是富是窮。很多經濟學家深入研究之後，發現政治體制就是最重要的因素。所以，不少政府、機構和基金會，都把改善落後國家的政治體制列為第一要務，凡是政策的擬定、給予外援或經濟援助都根據這樣的原則。

改善政治體制的做法雖然是正確的，但這麼做還不夠。如果我們想幫助一個國家富強，還需考慮其他因素。就算我們已為巴拉圭和馬利共和國引進了好的政治體制，這兩個國家的國民生產毛額也無法飆升一百倍，與美國、瑞士媲美。除了好的政治體制，我們還需考慮其他近因，如公共衛生、土壤和氣候對農業生產力的影響、生態環境是否脆弱等。另一個必須考量的要點，則是好的政治體制是怎麼來的。

好的政治體制並非一個隨機變因，會任意出現在地球的任何一個角落，如瑞典或索馬利亞，而且在各地出現的機率完全相同。其實，翻開人類歷史來看，好的政治體制總是一連串歷史事件演變下來的結果，遠因可溯及地理環境，加上種種近因而成。如果我們想要把好的政治體制移植到貧窮落後的國家，希望早日看到開花結果，就不得不了解政治體制的淵源。

我在《槍炮》結語曾如此論道：「權力新貴國家仍然是那些幾千年前就整合進舊中心權力結構的那些，不然就是給舊中心的族群殖民了……公元前八千年的歷史，仍抓緊了我們不放。」最近有兩篇經濟學家提出的報告（其中一篇的作者是歐爾森〔Olsson〕與希伯斯〔Hibbs〕，另一篇的作者則是巴克斯泰特〔Bockstette〕、強達〔Chanda〕和普特曼〔Putterman〕）就仔細檢驗了這隻「抓緊不放的歷史之手」。他們發現，如果一個國家所在區域，國家社會[1]及農業發展久遠，排除其他變因之後，其國民生產毛額高於新近才發展的國家。因此，我們可透過這點來了解各國國民生產毛額的差異。即使同為國民生產額毛額低的國家，國家社會及農業發展久遠的國家（如南韓、日本、中國），經濟成長率還是比新近才發展的國家（如新幾內亞、菲律賓）來得高，就算那些新近才發展的國家擁有豐富的天然資源，經濟成長率依然很低。

顯然，歷史的影響力很大。國家社會或農業發展久遠，意謂政治和市場經濟皆有可觀之處。根據統計，歷史的終極影響包括政治體制，然而除了政治體制，我們還得考量其他因素。如果要幫助開發中國家擺脫貧窮的宿命，我們必須先了解一個關鍵問題，也就是國家社會及農業的發展，與現代經濟成長的因果關係。

總之，《槍炮》一書討論的主題，似乎不只驅使我去探索古代世界，也構成了一個成熟的研究領域，讓我得以洞視現代世界。

1 譯註：國家社會（state societies）：人類學家瑟維斯（Elman Service）將社會／政治組織分為四種類型（或層級）：隊群（band）、部落（tribe）、酋邦（chiefdom）與國家（state）。與隊群、部落及酋邦相較，國家的規模較大且人口眾多。

FURTHER READING

延伸閱讀

此建議書目乃為有興趣進一步閱讀的讀者而作。因此，除了一些重要的書籍、論文和研究報告外，我也列出一份完整的早期文獻參考書目。期刊名稱（標示為斜體字）之後的是出版期數，冒號後是第一頁與最後一頁的頁碼，在括弧內的則是出版年份。

前言

與本書大部分章節相關的著作中，*The History and Geography of Human Genes*, by L. Luca Cavalli-Sforza, Paolo Menozzi, and Alberto Piazza (Princeton: Princeton University Press, 1994)是討論人類基因頻率的重要專書。這本巨著窮究所有人類族群的身世，作者先簡要介紹各大陸的地理、生態、以及環境等資訊，然後再討論該地的史前時期、歷史時期、各語言、體質人類學以及各族群的文化等。由L. Luca Cavalli-Sforza and Francisco Cavalli-Sforza所著的 *The Great Human Diasporas* (Reading, Mass.: Addison-Wesley, 1995)，涵蓋的內容類似，不過這本書則是一般科普讀物。

另有一系列五本易讀的文獻，題為 *The Illustrated History of Humankind*, ed. Göran Burenhult (San Francisco: HarperCollins, 1993-94)。系列中的五冊分別是 *The First Humans*、*People of the Stone Age*、*Old World Civilizations*、*New World and Pacific Civilizations*，以及 *Traditional Peoples Today*。

劍橋大學出版社（Cambridge University Press）出版的一些系列圖書（出版於英格蘭的劍橋〔Cambridge, England〕，各冊出版日期不同）涵蓋特定地區或時期的歷史。還有一系列叢書，由題為 *The Cambridge History of [X]* 的各冊組成，其中X分別為非洲、早期亞洲腹地（Early Inner Asia）、中國、印度、伊朗、伊斯蘭、日本、拉丁美洲、波蘭以及東南亞。尚有一系列名為 *The Cambridge Encyclopedia of [X]* 的叢書，其中X分別為非洲、中國、日本、拉丁美洲與加勒比海、俄羅斯與前蘇聯、澳洲、中東與北美，以及印度、巴基斯坦與鄰近國家。其他系列見 *The Cambridge Ancient History*、*The Cambridge Medieval History*、*The Cambridge Modern History*、*The Cambridge Economic History of Europe*（簡體中文譯本：《劍橋歐洲經濟史》，北京：經濟科學出版社，2002），以及 *The Cambridge Economic History of India*。

世界上的語言可參看下列三本百科式的專書：Barbara Grimes, *Ethnologue: Languages of the World*, 13th ed. (Dallas: Summer Institute of Linguistics, 1996)、Merritt Ruhlen, *A Guide to the World's Languages*, (Stanford: Stanford University Press, 1987)，以及C. F. Voegelin and F. M. Voegelin, *Classification and Index of the World's Languages* (New York: Elsevier, 1977)。

大範圍的比較歷史學著作中，Arnold Toynbee, *A Study of History*, 12 vols. (London: Oxford University Press, 1934-54)（繁體中文譯本：《歷史之研究》〔第一冊至第六冊節譯〕，臺北：中華，1957-8），尤其出色。有關歐亞大陸上的文明——尤其歐亞大陸西部的文明，一本經典的歷史學著作為William McNeill, *The Rise of the West* (Chicago: University of Chicago Press, 1991)。同位作者的另一本書，儘管題為 *A World History* (New York: Oxford University Press, 1979)（繁體中文譯本：《世界史》，臺北：商周，2013），特別關注了歐亞大陸西部的文明，如同V. Gordon Childe, *What Happened in History*, rev. ed. (Baltimore: Penguin Books, 1954)（簡體中文譯本：《歷史發生了什麼》，上海：上海三聯書店，2012）。另一致力於歐亞大陸西部的比較歷史學研究：C. D. Darlington, *The Evolution of Man and Society* (New York: Simon and Schuster, 1969)，這位作者為生物學家，他也和我一樣發現了大陸歷史與馴化間的關聯。艾弗瑞・克羅

斯比（Alfred Crosby, 1931-）優秀的兩本專著，討論了歐洲的海外擴張，尤其著重此舉帶來的植物、動物、以及病菌：*The Columbian Exchange: Biological Consequences of 1492* (Westport, Conn.: Greenwood, 1972)（繁體中文譯本：《哥倫布大交換：1492年以後的生物影響和文化衝擊》，臺北：貓頭鷹，2008），以及*Ecological Imperialism: The Biological Expansion of Europe, 900-1900* (Cambridge: Cambridge University Press, 1986)（簡體中文譯本：《生態擴張主義：歐洲900-1900年的生態擴張》，瀋陽：遼寧教育出版社，2001）。Marvin Harris, *Cannibals and Kings: The Origins of Cultures* (New York: Vintage Books, 1978)（簡體中文譯本：《文化的起源》，北京：華夏出版社，1988），以及Marshall Sahlins and Elman Service, eds., *Evolution and Culture* (Ann Arbor: University of Michigan Press, 1960)，為採用文化人類學觀點的比較歷史學研究。Ellen Semple, *Influences of Geographic Environment* (New York: Holt, 1911)（繁體中文譯本：《地理環境之影響》，臺北：臺灣商務印書館，1966），為試探地理對人類社會影響的早期研究。其他重要的歷史學研究則列在結語的延伸閱讀中。我在歐亞大陸與美洲大陸間做的比較歷史學研究，*The Third Chimpanzee* (New York: HarperCollins, 1992)（繁體中文譯本：《第三種猩猩：人類的身世及未來》，臺北：時報，2014），特別是第十四章，提供了構思本書的起點。

近期有關智力群體差異的論辯，最著名或最受非議的著作為Richard Herrnstein and Charles Murray, *The Bell Curve: Intelligence and Class Structure in American Life* (New York: Free Press, 1994)。

第 1 章

有關人類早期演化，以下都是很值得參考的專書：Richard Klein, *The Human Career* (Chicago: University of Chicago Press, 1989)、Roger Lewin, *Bones of Contention* (New York: Simon and Schuster, 1989)、Paul Mellars and Chris Stringer, eds., *The Human Revolution: Behavioural and Biological Perspectives on the Origins of Modern Humans* (Edinburgh: Edinburgh University Press,

1989)、Richard Leakey and Roger Lewin, *Origins Reconsidered* (New York: Doubleday, 1992)、D. Tab Rasmussen, ed., *The Origin and Evolution of Humans and Humanness* (Boston: Jones and Bartlett, 1993)、Matthew Nitecki and Doris Nitecki, eds., *Origins of Anatomically Modern Humans* (New York: Plenum, 1994)、以及Chris Stringer and Robin McKie, *African Exodus* (London: Jonathan Cape, 1996)。有關尼安德塔人，可參看下列三本暢銷佳作：Christopher Stringer and Clive Gamble, *In Search of the Neanderthals* (New York: Thames and Hudson, 1993)、Erik Trinkaus and Pat Shipman, *The Neandertals* (New York: Knopf, 1993)、以及Ian Tattersall, *The Last Neanderthal* (New York: Macmillan, 1995)。

L. Luca Cavalli-Sforza et al. 所著的兩本書，討論了人類起源的遺傳證據：見序言的延伸閱讀，以及我的《第三種猩猩》的第一章。兩篇研究報告提及了近期在遺傳學證據上的進展：J. L. Mountain and L. L. Cavalli-Sforza, "Inference of human evolution through cladistics analysis of nuclear DNA restriction polymorphism," *Proceedings of the National Academy of Sciences* 91:6515-19 (1994)、以及D. B. Goldstein et al., "Genetic absolute dating based on microsatellites and the origin of modern humans," ibid. 92:6723-27 (1995)。

第十五章的延伸閱讀列出了論及澳洲、新幾內亞、以及俾斯麥與所羅門群島上，人類殖民與當地大型動物滅絕的參考著作。特別是Tim Flannery, *The Future Eaters* (New York: Braziller, 1995)，以清楚易懂的語言，輔以最近一些澳洲絕種大型哺乳動物仍然存活的論點，討論了上述這些問題。

論更新世晚期與近期大型動物絕種的代表作品為Paul Martin and Richard Klein, eds., *Quaternary Extinctions* (Tucson: University of Arizona Press, 1984)。更多近期更新資訊有Richard Klein, "The impact of early people on the environment: The case of large mammal extinctions," pp. 13-34 in J. E. Jacobsen and J. Firor, *Human Impact on the Environment* (Boulder, Colo.: Westview Press, 1992)，以及Anthony Stuart, "Mammalian extinctions in the Late Pleistocene of Northern Eurasia and North America," *Biological Reviews* 66:453-62 (1991)。David Steadman的論文"Prehistoric extinctions of Pacific island birds: Biodiversity meets zooarchaeology," *Science* 267:1123-31 (1995)，彙整了關於人類定居太平洋島嶼造成大批動物滅絕的近期證據。

關於美洲大陸定居，伴隨而來大型哺乳動物的絕種及其造成的爭議，最多人接受的論點有Brian Fagan, *The Great Journey: The Peopling of Ancient America* (New York: Thames and Hudson, 1978)以及我的《第三種猩猩》的第十八章，兩本書還提供了許多其他的參考著作。Ronald Carlisle, ed., *Americans before Columbus: Ice-Age Origins* (Pittsburgh: University of Pittsburgh, 1988)，收錄了一篇J．M．阿多瓦索（J. M. Adovasio, 1944-）與他的同事討論曼德克夫特遺址的前克洛維斯證據。C. Vance Haynes, Jr.是一位克洛維斯與據信為前克洛維斯遺址的專家，他的論文有"Contributions of radiocarbon dating to the geochronology of the peopling of the New World," pp. 354-74 in R. E. Taylor, A Long, and R. S. Kra, eds., *Radiocarbon after Four Decades* (New York: Springer, 1992)以及"Clovis-Folsom geochronology and climate change," pp. 219-36 in Olga Soffer and N. D. Praslov, eds., *From Kostenki to Clovis: Upper Paleolithic Paleo-Indian Adaptations* (New York: Plenum, 1993)。前克洛維斯支持富拉達遺址的論點，見N. Guidon and G. Delibrias, "Carbon-14 dates point to man in the Americas 32,000 years ago," *Nature* 321:769-71 (1986)，以及David Meltzer et al., "On a Pleistocene human occupation at Pedra Furada, Brazil," *Antiquity* 68:695-714 (1994)。其他有關前克洛維斯論辯的著作包括了T. D. Dillehay et al., "Earliest hunters and gatherers of South America," *Journal of World Prehistory* 6:145-204 (1992)，T. D. Dillehay, *Monte Verde: A Late Pleistocene Site in Chile* (Washington, D.C.: Smithsonian Institution Press, 1989)，T. D. Dillehay and D. J. Meltzer, eds., *The First Americans: Search and Research* (Boca Raton: CRC Press, 1991)，Thomas Lynch "Glacial-age man in South America?—a critical review," *American Antiquity* 55:12-36 (1990)，John Hoffecker et al., "The colonization of Beringia and the peopling of the New World," *Science* 259:46-53 (1993)，以及A. C. Roosevelt et al., "Paleoindian cave dwellers in the Amazon: The peopling of the Americas," *Science* 272:373-84 (1996)。

第2章

有關玻里尼亞西的文化差異，可參看兩本寶貴的專書：Patrick Kirch, *The Evolution of the Polynesian Chiefdoms* (Cambridge: Cambridge University Press, 1984)，以及同作者的 *The Wet and the Dry* (Chicago: University of Chicago Press, 1994)。Peter Bellwood的 *The Polynesians*, rev. ed. (London: Thames and Hudson, 1987)，當中有許多篇幅也探討了這個議題。討論玻里尼西亞特定島嶼、值得一讀的專書為Michael King, *Moriori* (Auckland: Penguin, 1989)，論查坦群島可參看Patrick Kirch, *Feathered Gods and Fishhooks* (Honolulu: University of Hawaii Press, 1985)，有關夏威夷的論述則可參看下列專書：Patrick Kirch and Marshall Sahlins, *Anahulu* (Chicago: University of Chicago Press, 1992)，Jo Anne Van Tilburg, *Easter Island* (Washington, D.C.: Smithsonian Institution Press, 1994)，以及Paul Bahn and John Flenley, *Easter Island, Earth Island* (London: Thames and Hudson, 1992)。

第3章

關於皮薩羅俘虜阿塔花普拉，我的描述結合了法蘭西斯柯．皮薩羅的弟弟何納多．皮薩羅與彼德若．皮薩羅，以及皮薩羅的同伴Miguel de Estete、Cristobal de Mena、Ruiz de Arce以及Francisco de Xerez等人的目擊證詞。何納多．皮薩羅、Miguel de Estete以及Francisco de Xerez的證詞已被譯為Clements Markham, *Reports on the Discovery of Peru, Hakluyt Society*, 1st ser., vol. 47 (New York: 1872)；彼德若．皮薩羅的證詞見Philip Means, *Relation of the Discovery and Conquest of the Kingdoms of Peru* (New York: Cortes Society, 1921)；Cristobal de Mena的證詞見Joseph Sinclair, *The Conquest of Peru, as Recorded by a Member of the Pizarro Expedition* (New York, 1929)。Ruiz de Arce的證詞則重刊於 *Boletin de la Real Academia de Historia* (Madrid) 102:327-84 (1933)。John Hemming出色的 *The Conquest of the Incas* (San Diego: Harcourt Brace Jovanovich, 1970)，提供了這次俘虜事件——其實是關於整個征服行動——一段完整的記載，連帶一份全面的參考書目。關於

這場征服行動有一份十九世紀的記載：William H. Prescott的*History of the Conquest of Peru* (New York: 1847)（簡體中文譯本：《秘魯征服史》，北京：商務印書館，1996），本書至今仍是非常易讀且名列歷史類寫作的經典之林。相對應的現代及經典十九世紀關於西班牙征服阿茲提克的記載分別為Hugh Thomas, *Conquest: Montezuma, Cortes, and the Fall of Old Mexico* (New York: Simon and Schuster, 1993)，以及William Prescott, *History of the Conquest of Mexico* (New York, 1843)（簡體中文譯本：《普萊斯苛特〈墨西哥征服史〉選》，北京：商務印書館，1965）。當時征服阿茲提克的目擊證詞由柯爾特斯本人所寫（重刊為Hernando Cortes, *Five Letters of Cortes to the Emperor* [New York: Norton, 1969]），其他許多證詞則由柯爾特斯的同伴所寫（重刊於Patricia de Fuentes, ed., *The Conquistadors* [Norman: University of Oklahoma Press, 1993]）。

第 4—10 章

這七個章節討論糧食生產，我將參考書目匯整在一起，因為其中許多書目不只適用於這些章節中的單一章節。

有關糧食生產如何自狩獵—採集型態演化，可參考下列五本羅列諸多事實的重要專書Kent Flannery, "The origins of agriculture," *Annual Reviews of Anthropology* 2:271-310 (1973)；Jack Harlan, *Crops and Man*, 2nd ed. (Madison, Wis.: American Society of Agronomy, 1992)；Richard MacNeish, *The Origins of Agriculture and Settled Life* (Norman: University of Oklahoma Press, 1992)；David Rindos, *The Origins of Agriculture: An Evolutionary Perspective* (San Diego: Academic Press, 1984)；以及Bruce Smith, *The Emergence of Agriculture* (New York: Scientific American Library, 1995)。有關早期糧食生產概論，可參看下面幾本重要之作：Peter Ucko and G. W. Dimbleby, eds., *The Domestication and Exploitation of Plants and Animals* (Chicago: Aldine, 1969)，以及Charles Reed, ed., *Origins of Agriculture* (The Hague: Mouton, 1977)。Carl Sauer, *Agricultural Origins and*

(New York: American Geographical Society, 1952)，是一部比較新舊世界糧食生產的早期經典；Erich Isaac, *Geography of Domestication* (Englewood Cliffs, N. J.: Prentice-Hall, 1970)（簡體中文譯本：《馴化地理學》，北京：商務印書館，1987）則問了在哪裡、什麼時候、以及動植物如何開始被馴化的問題。

植物馴化的專論中，寫得特別好的一本是Daniel Zohary and Maria Hopf, *Domestication of Plants in the Old World*, 2nd ed. (Oxford: Oxford University Press, 1993)。這本書提供了世界各地植物馴化最詳細的記載，並彙整了歐亞大陸西部各種重要作物馴化與散布的考古學及遺傳學證據。

有關植物馴化的重要著作有C. Wesley Cowan and Patty Jo Watson, eds.,*The Origins of Agriculture* (Washington, D.C., Smithsonian Institution Press, 1992)，David Harris and Gordon Hillman, eds., *Foraging and Farming: The Evolution of Plant Exploitation* (London: Unwin Hyman, 1989)，以及C. Barigozzi, ed., *The Origin and Domestication of Cultivated Plants* (Amsterdam: Elsevier, 1986)。Charles Heiser, Jr.兩本受歡迎討論植物馴化的著作為*Seed to Civilization: The Story of Food*, 3rd ed. (Cambridge: Harvard University Press, 1990)，以及*Of Plants and People* (Norman: University of Oklahoma Press, 1985)。J. Smartt and N. W. Simmonds, ed., *Evolution of Crop Plants*, 2nd ed. (London: Longman, 1995)，是世界上所有主要與許多次要作物相關資料標準的參考書。三篇精采的論文討論了野生植物在人類文明自動演化的改變：Mark Blunder and Roger Byrne, "The ecological genetics of domestication and the origins of agriculture," *Current Anthropology* 32:23-54 (1991)；Charles Heiser, Jr., "Aspects of unconscious selection and the evolution of domesticated plants," *Euphytica* 37:77-81 (1988)；以及Daniel Zohary, "Modes of evolution in plants under domestication," in W. F. Grant, ed., *Plant Biosystematics* (Montreal: Academic Press, 1984)。Mark Blumler, "Independent inventionism and recent genetic evidence on plant domestication," *Economic Botany* 46:98-111 (1992)，評估支持同一野生植物品種多重馴化，反對單一起源再擴散的證據。

與動物馴化相關的概論中，論世界上野生哺乳動物的百科式專書為Ronald Nowak, ed., *Walker's Mammals of the*

World, 5th ed. (Baltimore: Johns Hopkins University Press, 1991)。Juliet Clutton-Brock, *Domesticated Animals from Early Times* (London: British Museum [Natural History], 1981)，是關於所有重要的馴化哺乳動物的概要。I. L. Mason, ed., *Evolution of Domesticated Animals* (London: Longman, 1984)（簡體中文譯本：《馴養動物的進化》，南京：南京大學出版社，1991）是一本個別討論每一種重要的馴化動物的著作。Simon Davis, *The Archaeology of Animals* (New Haven: Yale University Press, 1987)，說明從考古遺址的哺乳動物遺骸中可得知什麼。Juliet Clutton-Brock, ed., *The Walking Larder* (London: Unwin-Hyman, 1989) 呈現了三十一篇關於人類如何馴化、豢養、獵食世界上其他動物，以及成為牠們的獵物。一本關於馴化動物的完整全面的德文書籍為 Wolf Herre and Manfred Rohrs, *Haustiere zoologisch gesehen* (Stuttgart: Fischer, 1990)。Stephen Budiansky, *The Covenant of the Wild* (New York: William Morrow, 1992) 論述動物馴化如何從人與動物的關係自然演變而成。Andrew Sheratt, "Plough and pastoralism: Aspects of the secondary products revolution," pp. 261-305 in Ian Hodder et al., eds., *Pattern of the Past* (Cambridge: Cambridge University Press, 1981) 則是論家畜如何用於耕田、交通運輸，也提供身上的毛與奶給人類使用。

關於世界上特定地區糧食生產的介紹可參看下列著作：Pliny, *Natural History*, vols. 17-19 是論羅馬農業的不朽之作，作者的描述極為詳細，文筆生動（拉丁文與英文譯文對照本見 Loeb Classical Library 版〔Cambridge: Harvard University Press, 1961〕）；Albert Ammerman and L. L. Cavalli-Sforza, *The Neolithic Transition and the Genetics of Populations in Europe* (Princeton: Princeton University Press, 1984)，分析糧食生產從肥沃月彎向西越過歐洲的擴散過程；Donald Henry, *From Foraging to Agriculture: The Levant at the End of the Ice Age* (Philadelphia: University of Pennsylvania Press, 1989)，論毗鄰地中海東岸的土地；以及 D. E. Yen, "Domestication: Lessons from New Guinea," pp. 558-69 in Andrew Pawley, ed., *Man and a Half* (Auckland: Polynesian Society, 1991)，論新幾內亞。Edward Schafer, *The Golden Peaches of Samarkand* (Berkeley: University of California Press, 1963)（簡體中文譯本：《唐代的外來文明》，北京：中國社會科學出版社，1995）描述唐朝時期輸

入中國的動物、植物以及其他事物。

接下來為關於植物馴化與世界上特定區塊作物的討論。歐洲與肥沃月彎：Willem van Zeist et al., eds., *Progress in Old World Palaeoethnobotany* (Rotterdam: Balkema, 1991)，以及Jane Renfrew, *Paleoethnobotany* (London: Methuen, 1973)。印度河谷地哈拉帕文明及印度次大陸概論，見：Steven Weber, *Plants and Harappan Subsistence* (New Delhi: American Institute of Indian Studies, 1991)。新世界的作物，見：Charles Heiser, Jr., "New perspectives on the origin and evolution of New World domesticated plants: Summary," *Economic Botany* 44(3 suppl.):111-16 (1990)，以及同作者的"Origins of some cultivated New World plants," *Annual Reviews of Ecology and Systematics* 10:309-26 (1979)。可能記錄中部美洲從獵食—採集轉型至早期農業的一個墨西哥遺址，見：Kent Flannery, ed., *Guilá Naquitz* (New York: Academic Press, 1986)。關於印加時期安地斯山區的作物以及今日他們可能的用途，見：National Research Council, *Lost Crops of the Incas* (Washington, D.C.: National Academy Press, 1989)。關於東部或西南部美國的植物馴化，見：Bruce Smith "Origins of agriculture in eastern North America," *Science* 246:1566-71 (1989)；William Keegan, ed., *Emergent Horticultural Economics of the Eastern Woodlands* (Carbondale: Southern Illinois University, 1987)；Richard Ford, ed., *Prehistoric Food Production in North America* (Ann Arbor: University of Michigan Museum of Anthropology, 1985)；以及R. G. Matson, *The Origins of Southwestern Agriculture* (Tucson: University of Arizona Press, 1991)。Bruce Smith, "The origins of agriculture in the Americas," *Evolutionary Anthropology* 3:174-84 (1995)根據非常少量植物樣本的加速質譜儀定年，討論美洲大陸農業起源其實比先前所想來得更晚的修正觀點。

關於動物馴化與世界上特定區域家禽的討論：論中歐與東歐，見：S. Bökönyi, *History of Domestic Mammals in Central and Eastern Europe* (Budapest: Akademiai Kiado, 1974)。論非洲，見：Andrew Smith, *Pastoralism in Africa* (London: Hurst, 1992)。論安地斯山區，見：Elizabeth Wing, "Domestication of Andean mammals," pp. 246-64 in F. Vuilleumier and M. Monasterio, eds., *High Altitude Tropical Biogeography* (Oxford: Oxford University Press, 1986)。

討論特定重要作物的參考著作如下：Thomas Sodestrom et al., eds., *Grass Systematics and Evolution* (Washington, D.C.: Smithsonian Institution Press, 1987)，Hugh Iltis, "From teosinte to maize: The catastrophic sexual transmutation," *Science* 222:886-94 (1983)，討論玉米的野生始祖大芻草，在繁殖生物學上的劇烈轉變。Yan Wenming（嚴文明）, "China's earliest rice agricultural remains," *Indo-Pacific Prehistory Association Bulletin* 10:118-26 (1991)，討論南中國早期稻米馴化的發展。Charles Heiser, Jr. 兩本論特定作物的名著：*The Sunflower* (Norman: University of Oklahoma Press, 1976)，以及 *The Gourd Book* (Norman: University of Oklahoma Press, 1979)。

關注特定馴化植物品種的許多論文或書籍如下：R. T. Loftus et al., "Evidence for two independent domestications of cattle," *Proceedings of the National Academy of Sciences* U.S.A. 91:2757-61 (1994)，使用粒線體ＤＮＡ的證據，論證歐亞大陸西部與印度次大陸上牛群的獨立馴化。論馬匹，見：Juliet Clutton-Brock, *Horse Power* (Cambridge: Harvard University Press, 1992)，Richard Meadow and Hans-Peter Uerpmann, eds., *Equids in the Ancient World* (Wiesbaden: Reichert, 1986)，Matthew J. Kust, *Man and Horse in History* (Alexandria, Va.: Plutarch Press, 1983)，以及Robin Law, *The Horse in West African History* (Oxford: Oxford University Press, 1980)。論豬隻，見：Colin Groves, *Ancestors for the Pigs: Taxonomy and Phylogeny of the Genus Sus* (Technical Bulletin no. 3, Department of Prehistory, Research School of Pacific Studies, Australian National University [1981])。論駱馬，見：Kent Flannery, Joyce Marcus, and Robert Reynolds, *The Flocks of the Wamani* (San Diego: Academic Press, 1989)。論犬隻，見：Stanley Olsen, *Origins of the Domestic Dog* (Tucson: University of Arizona Press, 1985)。John Varner and Jeannette Varner, *Dogs of the Conquest* (Norman: University of Oklahoma Press, 1983)，描述西班牙征服美洲時，西班牙人用犬隻做軍用武器殺死印地安人。Clive Spinnage, *The Natural History of Antelopes* (New York: Facts on File, 1986)，為羚羊的生物學研究，嘗試了解為何這些看似很可能馴化的動物，實際上卻未被馴化的入門討論。Derek Goodwin, *Domestic Birds* (London: Museum Press, 1965)，彙整了已被馴化的鳥類，以及R. A. Donkin, *The Muscovy Duck Cairina moschata domestica*

(Rotterdam: Balkema, 1989)，討論新大陸上兩種被馴化的鳥類之一。

最後，關於校正碳十四年代複雜性的討論見G. W. Pearson, "How to cope with calibration," *Antiquity* 61:98-103 (1987)，R. E. Taylor, eds., *Radiocarbon after Four Decades: An Interdisciplinary Perspective* (New York: Springer, 1992)，M. Stuiver et al., "Calibration," *Radiocarbon* 35:1-244 (1993)，S. Bowman "Using radiocarbon: An update," *Antiquity* 68:838-43 (1994)，以及R. E. Taylor, M. Stuiver, and C. Vance Haynes, Jr., "Calibration of the Late Pleistocene radiocarbon time scale: Clovis and Folsom age estimates," *Antiquity* vol. 70 (1996)。

第11章

關於人口受疾病影響的討論，沒有什麼比得上修昔底德（Thucydides, c. 460-c. 400 B.C.）討論雅典瘟疫的著作：《伯羅奔尼撒戰爭史》（*Peloponnesian War*）（譯本眾多）的第二卷（繁體中文譯本：《伯羅奔尼撒戰爭史：雅典斯巴達戰爭史》，臺北：臺灣商務印書館，2000）。

有關疾病史的三本開山之作為Hans Zinsser, *Rats, Lice, and History* (Boston: Little, Brown, 1935)、Geddes Smith, *A Plague on Us* (New York: Commonwealth Fund, 1941)，以及William McNeill, *Plagues and Peoples* (Garden City, N.Y.: Doubleday, 1976)（繁體中文譯本：《瘟疫與人：傳染病對人類歷史的衝擊》，臺北：天下，1998）。《瘟疫與人》的作者不是醫師，而是傑出的史學家，如同前言的延伸閱讀提到的艾弗瑞・克羅斯比的兩本書，本書也特別能使歷史學家體悟到疾病為人類社會帶來的衝擊。

Friedrich Vogel and Arno Motulsky, *Human Genetics*, 2nd ed. (Berlin: Springer, 1986)（簡體中文譯本：《人類遺傳學問題與方法》，北京：人民衛生出版社，1999）是一部人類遺傳學的標準教科書，也是一部討論疾病造成人口自然淘汰以及遺傳發展抵抗特定疾病的簡要著作。Roy Anderson and Robert May, *Infectious Diseases of Humans* (Ocford: Ocford

University Press, 1992)，是一部清晰的數學研究，關於疾病動力學、傳染以及流行病學。MacFarlane Burnet, *Natural History of Infectious Disease* (Cambridge: Cambridge University Press, 1953)，是一部由一流醫學研究人員所寫的經典著作，Arno Karlen, *Man and Microbes* (New York: Putnam, 1995)（繁體中文譯本：《病菌與人類的戰爭》，臺中：晨星，2000）則是近期頗受歡迎的著作。

專論人類傳染病演化的書籍與論文包括Aidan Cockburn, *Infectious Diseases: Their Evolution and Eradication* (Springfield, IL.: Thomas, 1967)；同作者的"Where did our infectious diseases come from?" pp. 103-13 in *Health and Disease in Tribal Societies*, CIBA Foundation Symposium, no. 49 (Amsterdam: Elsevier, 1977)；George Williams and Randolph Nesse, "The dawn of Darwinian medicine," *Quarterly Reviews of Biology* 66:1-62 (1991)；以及Paul Ewald, *Evolution of Infectious Disease* (New York: Oxford University Press, 1994)。

Francis Black, "Infectious diseases in primitive societies," *Science* 187:515-18 (1975)，討論風土病與急症對小型孤立社會的衝擊及這些病症的流傳。Frank Fenner, "Myxoma virus and Oryctolagus cuniculus: Two colonizing species," pp. 485-501 in H. G. Baker and G. L. Stebbins, eds., *Genetics of Colonizing Species* (New York: Academic Press, 1965)，描述黏液瘤病毒在澳洲兔子間的傳布與演化。Peter Panum, *Observations Made during the Epidemic of Measles on the Faroe Islands in the Year 1846* (New York: American Public Health Association, 1940)，說明急性傳染病的到來，如何迅速殺死孤立無抵抗力的人群，或反而使全體人口免疫。Francis Black, "Measles endemicity in insular populations: Critical community size and its evolutionary implication," *Journal of Theoretical Biology* 11:207-11 (1966)，使用像是麻疹等來推估能夠讓該種病菌存續的最低人口數。Andrew Dobson, "The population biology of parasite-induced changes in host behavior," *Quarterly Reviews of Biology* 63:139-65 (1988)，討論寄生蟲如何藉著改變宿主的行為，以增進自身的傳布。Aidan Cockburn and Eve Cockburn, eds., *Mummies, Diseases, and Ancient Cultures* (Cambridge: Cambridge University Press, 1983)，說明可從木乃伊得知過去疾病的影響。

關於疾病對初次感染人口的影響，Henry Dobyns, *Their Number Become Thinned* (Knoxville: University of Tennessee Press, 1983)，蒐集證據支持歐洲傳入的疾病，殺死了近九五%美洲土著的觀點。後續加入論辯的有John Verano and Douglas Ubelaker, eds., *Disease and Demography in the Americas* (Washington, D.C.: Smithsonian Institution Press, 1992)；Ann Ramenofsky, *Vectors of Death* (Albuquerque: University of New Mexico Press, 1987)；Russell Thornton, *American Indian Holocaust and Survival* (Norman: University of Oklahoma Press, 1987)；以及Dean Snow, "Microchronology and demographic evidence relating to the size of the pre-Columbian North American Indian population," *Science* 268:1601-4 (1995)。兩部著作討論歐洲傳入疾病造成夏威夷的玻里尼西亞人人口減少：David Stannard, *Before the Horror: The Population of Hawaii on the Eve of Western Contact* (Honolulu: University of Hawaii Press, 1989)，以及O. A. Bushnell, *The Gifts of Civilization: Germs and Genocide in Hawaii* (Honolulu: University of Hawaii Press, 1993)。在一九〇二至一九〇三年間的冬天，賽得繆愛斯基摩人因痢疾而幾乎滅族，見Susan Rowley, "The Sadlermiut: Mysterious or misunderstood?" pp. 361-84 in David Morrison and Jean-Luc Pilon, eds., *Threads of Arctic Prehistory* (Hull: Canadian Museum of Civilization, 1994)。相反地，海外傳入的疾病造成歐洲人死亡的現象，見Philip Curtin, *Death by Migration: Europe's Encounter with the Tropical World in the 19th Century* (Cambridge: Cambridge University Press, 1989)。

特定疾病的討論中，Stephen Morse, ed., *Emerging Viruses* (New York: Oxford University Press, 1993)包含許多討論人類「新」病毒疾病的寶貴章節，如同Mary Wilson et al., eds., *Disease in Evolution, Annals of the New York Academy of Sciences,* vol. 740 (New York: 1995)。其他疾病的參考資料如下：論腺鼠疫：Colin McEvedy, "Bubonic plague," *Scientific American* 258(2):118-23 (1988)。論霍亂：Norman Longmate, *King Cholera* (London: Hamish Hamilton, 1966)。論流行性感冒：Edwin Kilbourne, *Influenza* (New York: Plenum, 1987)，以及Robert Webster et al., "Evolution and ecology of influenza A viruses," *Microbiological Reviews* 56:152-79 (1992)。論萊姆病：Alan Barbour and Durland Fish, "The biological and social phenomenon of

Lyme disease," *Science* 260:1610-16 (1993)，以及Allan Steere, "Lyme disease: A growing threat to urban populations," *Proceedings of the National Academy of Sciences* 91:2378-83 (1994)。

論人類瘧原蟲間的演化關係：Thomas McCutchan et al., "Evolutionary relatedness of plasmodium species as determined by the structure of DNA," *Science* 225:808-11 (1984)，以及A. R Waters et al., "Plasmodium falciparum appears to have arisen as a result of lateral transfer between avian and human hosts," *Proceedings of the National Academy of Sciences* 88:3140-44 (1991)。論麻疹病毒的演化關係：E. Norrby et al., "Is rinderpest virus the archevirus of the Morbillivirus genus?" *Intervirology* 23:228-32 (1985)，以及Keith Murray et al., "A morbillivirus that cause fatal disease in horses and humans," *Science* 268:94-97 (1995)。論百日咳，又名whooping cough：R. Gross et al., "Genetics of pertussis toxin," *Molecular Microbiology* 3:119-24 (1989)。論天花：Donald Hopkins, *Princes and Peasants: Smallpox in History* (Chicago: University of Chicago Press, 1983)：F. Vogel and M. R. Chakravartti, "ABO blood groups and smallpox in a rural population of West Bengal and Bihar (India)," *Human Genetics* 3:166-80 (1966)；以及我的"A pox upon our genes," *Natural History* 99(2):26-30 (1990)。論猴痘，一種與天花相關的疾病：Zdenek Jezek and Frank Fenner, *Human Monkeypox* (Basel: Karger, 1988)。論梅毒：Claude Quetel, *History of Syphilis* (Baltimore: Johns Hopkins University Press, 1990)。論肺結核：Guy Youmans, *Tuberculosis* (Philadelphia: Saunders, 1979)。關於人類肺結核在哥倫布抵達前便存在美洲原住民的論點，支持者為：Wilmar Salo et al., "Identification of Mycobacterium tuberculosis DNA in a pre-Columbian Peruvian mummy," *Proceedings of the National Academy of Sciences* 91:2091-94 (1994)；持反對看法的則是：William Stead et al., "When did Mycobacterium tuberculosis infection first occur in the New World?" *American Journal of Respiratory Critical Care Medicine* 151:1267-68 (1995)。

第12章

提供文字系統概論與專論的書籍包括了David Diringer, *Writing* (London: Thanes and Hudson, 1982)、I. J. Gelb, *A Study of Writing*, 2nd ed. (Chicago: University of Chicago Press, 1963)、Geoffrey Sampson, *Writing Systems* (Stanford: Stanford University Press, 1985)、John DeFrancis, *Visible Speech* (Honolulu: University of Hawaii Press, 1989)、Wayne Senner, ed., *The Origins of Writing* (Lincoln: University of Nebraska Press, 1991)、以及J. T. Hooker, ed., *Reading the Past* (London: British Museum Press, 1990)。論重要文字系統並逐一圖解的完整著作為David Diringer, *The Alphabet*, 3rd ed., 2 vol. (London: Hutchinson, 1968)。Jack Goody, *The Domestication of the Savage Mind* (Cambridge: Cambridge University Press, 1977)、以及Robert Logan, *The Alphabet Effect* (New York: Morrow, 1986)（簡體中文譯本：《字母表效應》，上海：復旦大學出版社，2012），討論總體讀寫能力與特定拼音文字的影響。早期文字系統的使用討論於Nicholas Postgate et al., "The evidence for early writing: Utilitarian or ceremonial?" *Antiquity* 69:459-80 (1995)。

下列專書破解了先前無法辨讀的古代手稿，實是令人振奮之作：Maurice Pope, *The Story of Decipherment* (London: Thames and Hudson, 1975)、Michael Coe, *Breaking the Maya Code* (New York: Thames and Hudson, 1992)、John Chadwick, *The Decipherment of Linear B* (Cambridge: Cambridge University Press, 1992)、Yves Duhoux, ThomasPalaima, and John Bennet, eds., *Problems in Decipherment* (Louvain-la-Neuve: Peeters, 1989)、以及John Justeson and Terrence Kaufman, "A decipherment of epi-Olmec hieroglyphic writing," *Science* 259:1703-11 (1993)。

Denise Schmandt-Besserat的兩冊*Before Writing* (Austin: University of Texas Press, 1992)呈現她從蘇美人使用的陶塊代幣重建蘇美文字系統的起源。這段歷史跨越了近五千年。儘管作者的重建引發不少爭議，仍值得參考。Hans Nissen et al., eds., *Archaic Bookkeeping* (Chicago: University of Chicago Press, 1994)描述了呈現早期楔形文字的美索不達米亞土簡。Joseph Naveh, *Early History of the Alphabet* (Leiden: Brill, 1982)追溯地中海地區東部拼音文字的出現。獨特的

烏加里特（Ugarit）拼音文字專論於Gemot Windfuhr, "The cuneiform signs of Ugarit," *Journal of Near Eastern Studies* 29:48-51 (1970)。Joyce Marcus, *Mesoamerican Writing Systems: Propaganda, Myth, and History in Four Ancient* Civilizations (Princeton: Princeton University Press, 1992)，以及Elizabeth Boone and Walter Mignolo, *Writing without Words* (Durham: Duke University Press, 1994)，描述了中部美洲文字系統的發展與使用。William Boltz, *The Origin and Early Development of the Chinese Writing System* (New Haven: American Oriental Society, 1994)，以及同作者的"Early Chiense writing," *World Archaeology* 17:420-36 (1986)則討論了中國的文字。最後，Janet Klausner, *Sequoyah's Gift* (New York: HarperCollins, 1993)，是一部討論西克亞發展徹羅基印地安人音節字母的著作。

第13章

A History of Technology, by Charles Singer et al. (Oxford: Clarendon Press, 1954-84)是一套共八冊、解說詳盡的技術史巨著（簡體中文譯本：《技術史》，上海：上海科技教育出版社，2004）。單冊史學著作有Donald Cardwell, *The Fontana History of Technology* (London: Fontana Press, 1994)、Arnold Pacey, *Technology in World Civilization* (Cambridge: MIT Press, 1990)，以及Trevor Williams, *The History of Invention* (New York: Facts on File, 1987)（繁體中文譯本：《科技發明史：從石器時代到電腦時代》，臺北：風雲時代，1991）。R. A. Buchanan, *The Power of the Medicine* (London: Penguin Books, 1994)，是一部關注西元一七〇〇年起，幾世紀以來的簡短技術史著作。Joel Mokyr, *The Lever of Riches* (New York: Oxford University Press, 1990)（簡體中文譯本：《富裕的槓桿：技術革新與經濟進步》，北京：華夏出版社，2008），討論為何技術發展速率會隨時間與地點而改變。George Basalla, *The Evolution of Technology* (Cambridge: Cambridge University Press, 1988)（簡體中文譯本：《技術發展簡史》，上海：復旦大學出版社，2000），提出技術進步相關的一個演化觀點。Everett Rogers, *Diffusion of Innovations*, 3rd ed. (New York: Free Press, 1983)（繁體中文譯本：《創新的擴

散》，臺北：遠流，2006），彙整了討論延伸發明——包括「笨拙鍵盤」在內——的現代研究。David Holloway, *Stalin and the Bomb* (New Haven: Yale University Press, 1994)，剖析了藍圖複製、概念散布（藉由間諜）以及獨立發明對蘇聯原子彈的相對貢獻。

技術相關的地區性研究中，尤其重要的系列為 *Science and Civilization in China*, by Joseph Needham (Cambridge: Cambridge University Press)（繁體中文譯本：《中國之科學與文明》，臺北：臺灣商務印書館，1974），系列中的五冊共十六部在一九五四年便已問世，同時還有十多部即將完成。Ahmad al-Hassan and Donald Hill, *Islamic Technology* (Cambridge: Cambridge University Press, 1992)，以及K. D. White, *Greek and Roman Technology* (London: Thames and Hudson, 1984)，則替那些文化彙整了技術的歷史。

日本和中國都是有點封閉的社會。日本在一五四三年採用火器，後來又放棄；而中國在一四三三年揚棄大型越洋船隻，兩者皆是科技倒退走的顯著之例，因而失去技術優勢。前者描述於 Louise Levathes, *When China Ruled the Seas* (New York: Simon and Schuster, 1994)（繁體中文譯本：《當中國稱霸海上》，臺北：遠流，2000）。“The disappearance of useful arts,” pp. 190-210 in W. H. R. Rivers, *Psychology and Ethnology* (New York: Harcourt, Brace, 1926)，這篇論文提供了在太平洋島民間的類似案例。

技術史相關的論文可在技術史學會（Society for the History of Technology）自一九五九年起出版之季刊《技術與文化》（*Technology and Culture*）中找到。Jogn Staudenmaier, *Technology's Storytellers* (Cambridge: MIT Press, 1985)，分析了這本期刊頭二十年間的論文。

對電力、織品和冶金等技術史特別感興趣的讀者，則可參看下列專書：Thomas Hughes, *Networks of Power* (Baltimore: Johns Hopkins University Press, 1983)討論一八八〇至一九三〇年間，西方社會電氣化歷程中，社會、經濟、政治、以及技術等因素。Dava Sobel, *Longitude* (New York: Walker, 1995)（繁體中文譯本：《尋找地球刻度的人》，臺北：時報，2005），描述了約翰・哈里遜（John Harrison, 1693-1776）發明為解決海上測定經度問題的經線儀（chronometer）的過程。E. J. W. Barber, *Prehistoric Textiles* (Princeton: Princeton University Press, 1991)，從九千多年前開始細說歐亞布料的歷史。涵蓋廣大範圍，甚至遍及全世界的冶金術歷史的相關討論包括了Robert Maddin, *The Beginning of the Use of Metals and Alloys* (Cambridge: MIT Press, 1988)，Theodore Wertime and James Muhly, eds., *The Coming of the Age of Iron* (New Haven: Yale University Press, 1980)，R. D. Penhallurick, *Tin in Antiquity* (London: Institute of Metals, 1986)，James Muhly, "Copper and Tin," *Transactions of the Connecticut Academy of Arts and Sciences* 43:155-535 (1973)，以及Alan Franklin, Jacqueline Olin, and Theodore Wertime, *The Search for Ancient Tin* (Washington, D.C.: Smithsonian Institution Press, 1978)。在地冶金術相關的討論有R. F. Tylecote, *The Early History of Metallurgy in Europe* (London: Longman, 1987)，以及Donald Wagner, *Iron and Steel in Ancient China* (Leiden: Brill, 1993)。

第14章

隊群、部落、酋邦、國家等人類社會的四種分類，大抵按照Elman Service在下列兩本書的分類：*Primitive Social Organization* (New York: Random House, 1962)，以及*Origins of the State and Civilization* (New York: Norton, 1975)。一種使用不同專有名詞的類似社會分類為Morton Fried, *The Evolution of Political Society* (New York: Random House, 1967)。三篇論國家與社會的演進的重要論文為Kent Flannery, "The cultural evolution of civilizations," *Annual Review of Ecology and Systematics* 3:399-426 (1972)，同作者的"Prehistoric social evolution," pp. 1-26 in Carol and Melvin Ember, eds., *Research Frontiers in Anthropology* (Englewood Cliffs: Prentice-Hall, 1995)，以及Henry Wright, "Recent research on the origin of the state," *Annual Review of Anthropology* 6:379-97 (1977)。Robert Carneiro, "A theory of the origin of the state," *Science* 169:733-38 (1970)，認為國家在面臨土地的生態限制時，會透過發動戰爭而崛起。Karl Wittfogel, *Oriental Despotism* (New Haven: Yale University

Press, 1957)（簡體中文譯本：《東方專制主義：對於極權力量的比較研究》，中國社會科學出版社，1989），將國家的起源連結至大範圍的灌溉與水力管理。*On the Evolution of Complex Societies*, by William Sanders, Henry Wright, and Robert Adams (Malibu: Undena, 1984)，其中的三篇文章對國家起源提出不同的觀點，Robert Adams, *The Evolution of Urban Society* (Chicago: Aldine, 1966)，則比較了美索不達米亞與中部美洲國家的起源。

論世界上特定區域社會演化的研究中，美索不達米亞的資料包括了Robert Adams, *Heartland of Cities* (Chicago: University of Chicago Press, 1981)，以及J. N. Postgate, *Early Mesopotamia* (London: Routledge, 1992)；論中部美洲，見Richard Blanton et al., *Ancient Mesoamerica* (Cambridge: Cambridge University Press, 1981)，以及Joyce Marcus and Kent Flannery, *Zapotec Civilization* (London: Thames and Hudson, 1996)；論安地斯山區，見Richard Burger, *Chavin and the Origins of Andean Civilization* (New York, Thames and Hudson, 1992)，以及Jonathan Haas et al., eds., *The Origins and Development of the Andean State* (Cambridge: Cambridge University Press, 1987)；論美洲的酋邦，見Robert Drennan and Carlos Uribe, eds., *Chiefdoms in the Americas* (Lanham, Md.: University Press of America, 1987)；論玻里尼西亞社會，見第二章引述的書籍；另外，關於祖魯人的國家，見Donald Morris, *The Washing of the Spears* (London: Jonathan Cape, 1966)。

第15章

討論澳洲與新幾內亞兩地史前時期的書籍包括了Alan Thorne and Robert Raymond, *Man on the Rim: The Peopling of the Pacific* (North Ryde: Angus and Robertson, 1989)，J. Peter White and James O'Connell, *A Prehistory of Australia, New Guinea, and Sahul* (Sydney: Academic Press, 1982)，Jim Allen et al., eds., *Sunda and Sahul* (London: Academic Press, 1977)，M. A. Smith et al., eds., *Sahul in Review* (Canberra: Australian National University, 1993)，以及Tim Flannery, *The Future Eaters* (New York: Braziller, 1995)。這些書當中的第一本與第三本也討論了島嶼東南亞（Island Southeast Asia）的史前時期。澳洲歷

史的近期討論為Josephine Flood, *Archaeology of the Dreamtime*, rev. ed. (Sydney: Collins, 1989)。另外一些討論澳洲史前時期的重要論文有Rhys Jones, "The fifth continent: Problems concerning the human colonization of Australia," *Annual Reviews of Anthropology* 8:445-66 (1979)、Richard Roberts et al., "Thermoluminescence dating of a 50,000-year-old human occupation site in northern Australia," *Nature* 345: 153-56 (1990)、以及Jim Allen and Simon Holdaway, "The contamination of Pleistocene radiocarbon determinations in Australia," *Antiquity* 69:101-12 (1995)。Robert Attenborough and Michael Alpers, eds., *Human Biology in Papua New Guinea* (Oxford: Clarendon Press, 1992)則彙整了新幾內亞的考古學、各種語言、以及遺傳學。

至於北美拉尼西亞（Northern Melanesia）（俾斯麥與所羅門群島、東北部與東部新幾內亞）的史前時期，相關討論可見前述Thorne and Raymond、Flannery以及Allen et al.。討論北美拉尼西亞最早的占領日期的論文有Stephen Wickler and Matthew Spriggs, "Pleistocene human occupation of the Solomon Islands, Melanesia," *Antiquity* 62:703-6 (1988)、Jim Allen et al., "Pleistocene dates for the human occupation of New Ireland, Northern Melanesia," *Nature* 331:707-9 (1988)、Jim Allen et al., "Human Pleistocene adaptations in the tropical island Pacific: Recent evidence from New Ireland, a Greater Australian outlier," *Antiquity* 63:548-61 (1989)、以及Christina Pavlides and Chris Gosden, "35,000-year-old sites in the rainforests of West New Britain, Papua New Guinea," *Antiquity* 68:604-10 (1994)。新幾內亞沿海附近南島語族擴張的相關資料，可在第十七章的延伸閱讀中找到。

有關澳洲被歐洲殖民後的歷史，請參看：Robert Hughes, *The Fatal Shore* (New York: Knopf, 1987)（簡體中文譯本：《致命的海灘：澳大利亞流犯流放史：1787-1868》，南京：南京大學出版社，2014），以及Michael Cannon, *The Exploration of Australia* (Sidney: Reader's Digest, 1987)。以澳洲原住民為主題的著作有Richard Broome, *Aboriginal Australians* (Sydney: Allen and Unwin, 1982)，以及Henry Reynolds, *Frontier* (Sydney: Allen and Unwin, 1987)。涵蓋從最早的文字記載至一九〇二年，一部無比詳細的新幾內亞史，見Arthur Wichmann, *Entdeckungsgeschichte von Neu-Guinea* (Leiden:

Brill, 1909-12)（共三冊）。一部較短也較易讀的著作為Gavin Souter, *New Guinea: The Last Unknown* (Sidney: Angus and Robertson, 1964)。Bob Connolly and Robin Anderson, *First Contact* (New York: Viking, 1987)，感人地描述了高地新幾內亞人與歐洲人的第一次接觸。

關於新幾內亞的巴布亞（即非南島）諸語的詳細論著，見Stephen Wurm, *Papuan Languages of Oceania* (Tubingen: Gunter Narr, 1982)，以及William Foley, *The Papuan Languages of New Guinea* (Cambridge: Cambridge University Press, 1986)；另外，關於澳洲的各語言，見Stephen Wurm, *Languages of Australia and Tasmania* (The Hague: Mouton, 1972)，以及R. M. W. Dixon, *The Languages of Australia* (Cambridge: Cambridge University Press, 1980)。

新幾內亞植物馴化與糧食生產起源的入門文獻有Jack Golson, "Bulmer phase II: Early agriculture in the New Guinea highlands," pp. 484-91 in Andrew Pawley, ed., *Man and a Half* (Auckland: Polynesian Society, 1991)，以及D. E. Yen, "Polynesian cultigens and cultivars: The question of origin," pp. 67-95 in Paul Cox and Sandra Banack, eds., *Islands, Plants, and Polynesian* (Portland: Dioscorides Press, 1991)。

無數的文章與書籍關注為何印尼人與托雷斯海峽島民至澳洲的貿易拜訪，僅有限地造成文化變遷這個有趣的問題。C. C. Macknight, "Macassans and Aborigines," *Oceania* 42:283-321 (1972)，討論了馬卡桑漁人（Macassan）的拜訪，D. Walker, ed., *Bridge and Barrier: The Natural and Cultural History of Torres Strait* (Canberra: Australian National University, 1972)，則討論了托雷斯海峽的通道。前述的Flood、White and O'Connell以及Allen et al.也有討論這兩條通道。

塔斯馬尼亞人的早期目擊證詞重刊於N. J. B. Plomley, *The Baudin Expedition and the Tasmanian Aborigines 1802* (Hobart: Blubber Head Press, 1983)，N. J. B. Plomley, *Friendly Mission: The Tasmanian Journals and Papers of George Augustus Robinson, 1829-1834* (Hobart: Tasmanian Historical Research Association, 1966)，以及Edward Duyker, *The Discovery of Tasmania: Journal Extracts from the Expeditions of Abel Janszoon Tasman and Marc-Joseph Marion Dufresne, 1642 and 1772* (Hobart: St. David's

Park Publishing, 1992)。爭辯孤立狀態對塔斯馬尼亞社會所產生的效應的論文有Rhys Jones, "The Tasmanian Paradox," pp. 189-284 in R. V. S. Wright, ed., *Stone Tools as Cultural Markers* (Canberra: Australian Institute of Aboriginal Studies, 1977)‥Rhys Jones, "Why did the Tasmanians stop eating fish?" pp. 11-48 in R. Gould, ed., *Explorations in Ethnoarchaeology* (Albuquerque: University of New Mexico Press, 1978)‥D. R. Horton, "Tasmanian adaptation," *Mankind* 12:28-34 (1979)‥I. Walters, "Why did the Tasmanians stop eating fish?: A theoretical consideration, " *Artefact* 6:71-77 (1981)‥以及Rhys Jones, "Tasmanian Archaeology," *Annual Reviews of Anthropology* 24:423-46 (1995)。Robin Sim的論文敘述了她在福諾群島的考古挖掘結果‥"Prehistoric human occupation on the King and Furneaux Island regions, Bass Strait," pp. 358-74 in Marjorie Sullivan et al., eds., *Archaeology in the North* (Darwin: North Australia Research Unit, 1994)。

第16—17章

前面的章節所引述的相關閱讀包括了論東亞糧食生產（第四至十章）、中文書寫（第十二章）、中國的技術（第十三章），還有新幾內亞以及俾斯麥與所羅門群島概論性（第十五章）的著作。James Matisoff, "Sino-Tibetan linguistics: Present state and future prospects," *Annual Reviews of Anthropology* 20:469-504 (1991)，回顧了漢藏語系及其內部語言間大略的關係。Takeru Akazawa and Emoke Szathmary, eds., *Prehistoric Mongoloid Dispersals* (Oxford: Oxford University Press, 1996)，以及Dennis Etler, "Recent developments in the study of human biology in China: A review," *Human Biology* 64:567-85 (1992)，討論了中國或東亞的關係與播散的證據。Alan Thorne and Robert Raymond, *Man on the Rim* (North Ryde: Angus and Robertson, 1989)，描述了太平洋民族，包括東亞住民與太平洋島民在內的考古、歷史與文化。Adrian Hill and Susan Serjeantson, eds. *The Colonization of the Pacific: A Genetic Trail* (Oxford: Clarendon Press, 1989)，以太平洋島民、澳洲原住民、以及新幾內亞人推知的殖民路徑與歷史，來詮釋他們的基因遺傳。基於牙齒結構的證據解讀於Christy

Turner III, "Late Pleistocene and Holocene population history of East Asia based on dental variation," *American Journal of Physical Anthropology* 73:305-21 (1987)，以及"Teeth and prehistory in Asia," *Scientific American* 260(2):88-96 (1989)。

地區性的考古學研究中，有關中國的討論，見Kwang-chih Chang（張光直), *The Archaeology of Ancient China*, 4th ed. (New Haven: Yale University Press, 1987)（簡體中文譯本：《古代中國考古學》，瀋陽：遼寧教育出版社，2002），David Keightley, ed., *The Origins of Chinese Civilization* (Berkeley: University of California Press, 1983)，以及David Keightley, "Archaeology and mentality: The making of China," *Representations* 18:91-128 (1987)。Mark Elvin, *The Pattern of the Chinese Past* (Stanford: Stanford University Press, 1973) 檢視了中國政治統一後的歷史。易讀的東南亞考古學研究包括了Charles Higham, *The Archaeology of Mainland Southeast Asia* (Cambridge: Cambridge University Press, 1989)：論韓國，Sarah Nelson, *The Archaeology of Korea* (Cambridge: Cambridge University Press, 1993)：論印尼、菲律賓群島以及熱帶東南亞，Peter Bellwood, *Prehistory of the Indo-Malaysian Archipelago* (Sidney: Academic Press, 1985)：論馬來西亞半島，Peter Bellwood, "Cultural and biological differentiation in Peninsular Malaysia: The last 10,000 years," *Asian Perspectives* 32:37-60 (1993)：論印度次大陸，Bridget and Raymond Allchin, *The Rise of Civilization in India and Pakistan* (Cambridge: Cambridge University Press, 1982)：論島嶼東南亞（Island Southeast Asia）以及太平洋，尤其是拉皮塔（Lapita），一系列五篇文章刊於*Antiquity* 63:547-626 (1989)，以及Patrick Kirch, *The Lapita Peoples: Ancestors of the Oceanic World* (London: Basil Blackwell, 1996)：以及論南島語族整體的擴張，Andrew Pawley and Maicolm Ross, "Austronesian historical linguistics and culture history," *Annual Reviews of Anthropology* 22:425-59 (1993)，以及Peter Bellwood et al., *The Austronesians: Comparative and Historical Perspectives* (Canberra: Australian National University, 1995)。

Geoffrey Irwin, *The Prehistoric Exploration and Colonization of the Pacific* (Cambridge: Cambridge University Press, 1992)，是關於玻里尼西亞人旅行、航海以及殖民的記載。紐西蘭與東玻里尼西亞聚落的定年論辯於Atholl Anderson, "The chronology of colonisation in New Zealand," *Antiquity* 65:767-95 (1991)，以及"Current approaches in East Polynesian colonization research," *Journal of the Polynesian Society* 104:110-32 (1995)，以及Patrick Kirch and Joanna Ellison, "Palaeoenvironmental evidence for human colonization of remote Oceanic islands," *Antiquity* 68:310-21 (1994)。

第18章

本章許多相關延伸閱讀可在其他章節的延伸閱讀中找到：印加帝國與阿茲特克的征服見第三章，植物與動物馴化見第四至十章，傳染病見第十一章，書寫系統見第十二章，技術見第十三章，政治體制見第十四章，中國見第十六章。全世界糧食生產起源的簡易比較可見Bruce Smith, *The Emergence of Agriculture* (New York: Scientific American Library, 1995)。

一些關於歷史里程碑的討論彙整於表18.1，以下為有別於前幾章延伸閱讀中的參考資料。論英格蘭：Timothy Darvill, *Prehistoric Britain* (London: Batsford, 1987)。論安地斯山區：Jonathan Haas et al., *The Origins and Development of the Andean State* (Cambridge: Cambridge University Press, 1987)；Michael Moseley, *The Incas and Their Ancestors* (New York: Thames and Hudson, 1992)；以及Richard Burger, *Chavin and the Origins of Andean Civilization* (New York: Thames and Hudson, 1992)。論亞馬遜河流域：Anna Roosevelt, *Parmana* (New York: Academic Press, 1980)，以及Anna Roosevelt et al., "Eighth millennium pottery from a prehistoric shell midden in the Brazilian Amazon," *Science* 254:1621-24 (1991)。論中部美洲：Michael Coe, *Mexico*, 3rd ed. (New York: Thames and Hudson, 1984)，以及Michael Coe, *The Maya*, 3rd ed. (New York: Thames and Hudson, 1984)。論美國東部：Vincas Steponaitis, "Prehistoric archaeology in the southeastern United States: From Dalton to de Soto, 10,500-500 B.P.," *Advances in World Archaeology* 5:1-92 (1986)；William Keegan, ed., *Emergent Horticultural Economies of the Eastern Woodlands* (Carbondale: Southern Illinois University, 1987)；Bruce Smith, "Origins of agriculture in eastern North America,"

Science 246:1566-71 (1989)；Bruce Smith, *The Mississippian Emergence* (Washington, D.C.: Smithsonian Institution Press, 1990)；以及Judith Bense, *Archaeology of the Southeastern United States* (San Diego: Academic Press, 1994)。論北美美洲土著的一份簡要文獻為Philip Kopper, *The Smithsonian Book of North American Indians before the Coming of the Europeans* (Washington, D.C.: Smithsonian Institution Press, 1986)。Bruce Smith, "The origins of agriculture in the Americas," *Evolutionary Anthropology* 3:174-84 (1995)，討論新大陸糧食生產起源早晚的爭論。

任何傾向認為新大陸糧食生產與社會乃受限於美洲土著自身的文化或心理狀態，而非受限於可供其馴化的野生品種的論者，應拜讀三本論大平原印地安社會因馬匹到來而轉型的著作：Frank Row, *The Indian and the Horse* (Norman: University of Oklahoma Press, 1955)，John Ewers, *The Blackfeet: Raiders on the Northwestern Plains* (Norman: University of Oklahoma Press, 1958)，以及Ernest Wallace and E. Adamson Hoebel, *The Comanches: Lords of the South Plains* (Norman: University Of Oklahoma Press, 1986)。

在連結語系傳播與糧食生產興起的討論中，有關歐洲的一部經典著作為Albert Ammerman and L. L. Cavalli-Sforza, *The Neolithic Transition and the Genetics of Populations in Europe* (Princeton: Princeton University Press, 1984)，Peter Bellwood, "The Austronesian dispersal and the origin of languages," *Scientific American* 265(1):88-93 (1991)，則論南島語族圈。引述世界各地案例的研究為L. L. Cavalli-Sforza et al.的兩本著作，而Merritt Ruhlen引述關於印歐語系擴張正反詮釋的書，則提供了瞭解這些分歧觀點的機會：Colin Renfrew, *Archaeology and Language: The Puzzle of Indo-European Origins* (Cambridge: Cambridge University Press, 1987)，以及J. P. Mallory, *In Search of the Indo-Europeans* (London: Thames and Hudson, 1989)。關於俄羅斯對西伯利亞擴張請參看：George Lantzeff and Richard Pierce, *Eastward to Empire* (Montreal: McGill-Queens University Press, 1973)，以及W. Bruce Lincoln, *The Conquest of a Continent* (New York: Random House, 1994)。

關於美洲土著語言，從中區分出個別許多語系的主流看法，例如Lyle Campbell and Marianne Mithun, *The*

Languages of Native America (Austin: University of Texas, 1979)。將所有愛斯基摩—阿留申語系以及納—德內語系的美洲土著語言劃入美洲印第安語系（Amerind family）的相反論點，呈現於Joseph Greenberg, *Language in the Americas* (Stanford: Stanford University Press, 1987)，以及Merritt Ruhlen, *A Guide to the World's Languages*, vol. 1 (Stanford: Stanford University Press, 1987)。

關於歐亞大陸上交通用的輪子的起源與傳播，標準觀點為M. A. Littauer and J. H. Crouwel, *Wheeled Vehicles and Ridden Animals in the Ancient Near East* (Leiden: Brill, 1979)，以及Stuart Piggott, *The Earliest Wheeled Transport* (London: Thames and Hudson, 1983)。

討論格陵蘭與美洲諾爾斯人殖民地的崛起與衰亡的書籍，包括Finn Gad, *The History of Greenland*, vol. 1 (Montreal: McGill-Queen University Press, 1971)，G. J. Marcus, *The Conquest of the North Atlantic* (New York: Oxford University Press, 1981)，Gwyn Jones, *The Norse Atlantic Saga*, 2nd ed. (New York: Oxford University Press, 1986)，以及Christopher Morris and D. James Rackham, eds., *Norse and Later Settlement and Subsistence in the North Atlantic* (Glasgow: University of Glasgow, 1992)。Samuel Eliot Morison的兩本書提供了早期歐洲人航行至新大陸極佳的敘述：*The European Discovery of America: The Northern Voyages, A.D. 500-1600* (New York: Oxford University Press, 1971)，以及*The European Discovery of America: The Southern Voyages, A.D. 1492-1616* (New York: Oxford University press, 1974)。歐洲海外擴張之濫觴討論於Felipe Fernández-Armesto, *Before Columbus: Exploration and Colonization from the Mediterranean to the Atlantic, 1229-1492* (London: Macmillan Education, 1987)。關於史上最著名航行，哥倫布筆下不容錯過的逐日記載，重刊為Oliver Dunn and James Kelley, Jr., *The Diario of Christopher Columbus's First Voyage to America, 1492-1493* (Norman: University of Oklahoma University Press, 1989)。

本書中關於民族間的征服或殺戮大抵客觀的討論，補充資料見這本論北加州雅希族的滅亡，以及該部落唯一倖存者伊席（Ishi）出現的經典著述：Theodora Kroeber, *Ishi in Two Worlds* (Berkeley: University of California Press,

1961)。以土著語言在美洲及其他地方的消失為題的有Robert Robins and Eugenius Uhlenbeck, *Endangered Languages* (Providence: Berg, 1991)，Joshua Fishman, *Reversing Language Shift* (Clevedon: Multilingual Matters, 1991)，以及Michael Krauss, "The world's languages in crisis," *Language* 68:4-10 (1992)。

第19章

論非洲大陸考古學、史前史、以及歷史的書籍包括了Roland Oliver and Brian Fagan, *Africa in the Iron Age* (Cambridge: Cambridge University Press, 1975)，Roland Oliver and J. D. Fage, *A Short History of Africa*, 5th ed. (Harmondsworth: Penguin, 1975)（繁體中文譯本：《非洲簡史》，臺北：國立編譯館，1991），J. D. Fage, *A History of Africa* (London: Hutchinson, 1978)，Roland Oliver, *The African Experience* (London: Weidenfeld and Nicolson, 1991)，Thurstan Shaw et al., eds., *The Archaeology of Africa: Food, Metals, and Towns* (New York: Routledge, 1993)，以及David Phillipson, *African Archaeology*, 2nd ed. (Cambridge: Cambridge University Press, 1993)。非洲過往語言學與考古學證據之間的關聯，總結於Christopher Ehret and Merrick Posnansky, eds., *The Archaeological and Linguistic Reconstruction of African History* (Berkeley: University of California Press, 1982)。疾病的角色討論於Gerald Hartwig and K. David Patterson, eds., *Disease in African History* (Durham: Duke University Press, 1978)。

至於糧食生產，許多為第四至十章列出的延伸閱讀討論了非洲。同樣值得注意的有Christopher Ehret, "On the antiquity of agriculture in Ethiopia," *Journal of African History* 20:161-77 (1979)；J. Desmond Clark and Steven Brandy, eds., *From Hunters to Farmers: The Causes and Consequences of Food Production in Africa* (Berkeley: University of California Press, 1984)；Art Hansen and Delia McMillan, eds., *Food in Sub-Saharan Africa* (Boulder, Colo.: Rienner, 1986)；Fred Wendorf et al., "Saharan exploitation of plants 8,000 years B.P.," *Nature* 359:721-24 (1992)；Andrew Smith, *Pastoralism in Africa* (London: Hurst, 1992)；以

及Andrew Smith, "Origin and spread of pastoralism in Africa," *Annual Reviews of Anthropology* 21:125-41 (1992)。

關於馬達加斯加，入門作品為Robert Dewar and Henry Wright, "The culture history of Madagascar," *Journal of World Prehistory* 7:417-66 (1993)，以及Pierre Vérin, *The History of Civilization in North Madagascar* (Rotterdam: Balkema, 1986)。關於馬達加斯加殖民源頭詳細的語言學考證研究為Otto Dahl, *Migration from Kalimantan to Madagascar* (Oslo: Norwegian University Press, 1991)。支持印尼與東非接觸可能的音樂證據討論於A. M. Jones, *Africa and Indonesia: The Evidence of the Xylophone and Other Musical and Cultural Factors* (Leiden: Brill, 1971)。馬達加斯加早期聚落的重要證據，來自於現已滅絕的動物的定年遺骸，並彙整於Robert Dewar, "Extinctions in Madagascar: The loss of the subfossil fauna," pp. 574-93 in Paul Martin and Richard Klein, eds., *Quaternary Extinctions* (Tucson: University of Arizona Press, 1984)。令人吊足胃口的後續遺骸發現報導於R. D. E. MacPhee and David Burney, "Dating of modified femora of extinct dwarf Hippopotamus from Southern Madagascar," *Journal of Archaeological Science* 18:695-701 (1991)。人類殖民的濫觴，以古植物學證據評估於David Burney, "Late Holocene vegetational change in Central Madagascar," *Quaternary Research* 28:130-43 (1987)。

結語

希臘的環境退化與文明沒落之間的關聯，請參看Tjeerd van Andel et al., "Five thousand years of land use and abuse in the southern Argolid," *Hesperia* 55:103-28 (1986)，Tjeerd van Andel and Curtis Runnels, *Beyond the Acropolis: A Rural Greek Past* (Stanford: Stanford University Press, 1987)，以及Curtis Runnels, "Environmental degradation in ancient Greece," *Scientific American* 272(3):72-75 (1995)。Patricia Fall et al., "Fossil hyrax middens from the Middle East: A record of paleovegetation and human disturbance," pp. 408-27 in Julio Betancourt et al., eds., *Packrat Middens* (Tucson: University of Arizona Press, 1990)，則探討了佩托拉的沒落，Robert Adams, *Heartland of Cities* (Chicago: University of Chicago Press, 1981)，則探討了美索不達米亞

的沒落。

討論中國、印度、伊斯蘭、以及歐洲歷史間差異的一段有趣詮釋提供於E. L. Jones, *The European Miracle*, 2nd ed. (Cambridge: Cambridge University Press, 1987)。Louise Levathes, *When China Ruled the Seas* (New York: Simon and Schuster, 1994)（繁體中文譯本：《當中國稱霸海上》，台北：遠流，2000），描述了導致鄭和西洋艦隊停航的權力鬥爭。第十六、十七章的延伸閱讀提供了其他討論中國早期歷史的參考資料。

中亞遊牧牧民對歐亞定居農民複雜文明之影響討論於Bennett Bronson, "The role of barbarians in the fall of states," pp. 196-218 in Norman Yoffee and George Cowgill, eds., *The Collapse of Ancient States and Civilizations* (Tucson: University of Arizona Press, 1988)。

混沌理論與歷史學之間的潛在關聯由麥可・薛莫（Michael Shermer, 1954-）討論於論文"Exorcising Laplace's demon: Chaos and antichaos, history and metahistory," *History and Theory* 34:59-83 (1995)。薛莫的論文也提供了討論「笨拙鍵盤」之成功的參考文獻，而Everett Rogers, *Diffusion of Innovations*, 3rd ed. (New York: Free Press, 1983)（繁體中文譯本：《創新的擴散》，台北：遠流，2006）也收錄了這些資訊。

一九三〇年那場差點致希特勒於死地的車禍的證詞，可在希特勒車內一名乘客，奧圖・華格納（Otto Wagener, 1888-1971）的回憶錄中讀到。這些回憶錄已由亨利・透納（Henry Turner, Jr., 1932-2008）彙編於*Hitler: Memoirs of a Confidant* (New Haven: Yale University Press, 1978)。透納之後還在章節中臆測了如果希特勒在一九三〇年就去世了，一切又將會如何發展："Hitler's impact on history," in David Wetzel, ed., *German History: Ideas, Institutions, and Individuals* (New York: Praeger, 1996)。

關心大歷史問題的歷史學家寫的許多傑作包括了Sidney Hook, *The Hero in History* (Boston: Beacon Press, 1943)（簡體中文譯本：《歷史中的英雄》，上海：上海人民出版社，1986），Patrick Gardiner, ed., *Theories of History* (New York:

Free Press, 1959)、Fernand Braudel, *On History* (Chicago: University of Chicago Press, 1980)（繁體中文譯本：《論歷史》，台北：撰者，1991）、Peter Novick, *That Noble Dream* (Cambridge: Cambridge University Press, 1988)（簡體中文譯本：《那高尚的夢想》，北京：三聯書店，2009）、以及Henry Hobhouse, *Forces of Change* (London: Sedgewick and Jackson, 1989)。

生物學家恩斯特・邁爾（Ernst Mayr, 1904-2005）的一些作品討論了歷史性與非歷史性學科之間的差異，其中特別點出了生物學與物理學之間的對立，不過邁爾所談的大多也適用於人類史領域。他的觀點可參見其 *Evolution and the Diversity of Life* (Cambridge: Harvard University Press, 1976) 的第二十五章，以及 *Toward a New Philosophy of Biology* (Cambridge: Harvard University Press, 1988) 的第一、二章。

有關人類疾病因果關係的論證，流行病學家並非透過人體試驗研究，他們利用的方法見下列專書的討論：A. M. Lilienfeld and D. E. Lilienfeld, *Foundations of Epidemiology*, 3rd ed. (New York: Oxford University Press, 1994)（繁體中文譯本：《流行病學》，台北：茂昌，1984）。至於從生態學家的觀點來運用自然實驗，請參看本人的論文："Overview: Laboratory experiments, field experiments, and natural experiments," pp. 3-22 in Jared Diamond and Ted Case, eds., *Community Ecology* (New York: Harper and Row; 1986)。Paul Harvey and Mark Pagel, *The Comparative Method in Evolutionary Biology* (Oxford: Oxford University Press, 1991) 分析了如何藉由物種比較來得出結論。

後記

自《槍炮》一書出版後這六年內，有關動物植馴化、語系的擴展，以及語系擴展與糧食生產的關係等主題的最新發現可參看兩篇文章和一本專書。其中一篇是我寫的，也就是"Evolution, consequences and the future of plant and animal domestication," *Nature* 418;34-41（2002）；另一篇則是我與Peter Bellwood共同發表的："The first agricultural expansions: archaeology, languages, and people," 參看 *Science*。專書為Peter Bellwood 與 Colin Renfrew合著的 *Examining the*

Language/Farming Dispersal Hypothesis（Cambridge: McDonald Institute for Archaeological Research, 2002）。這兩篇文章和Bellwood的著作皆列出最新而且詳盡的參考文獻。有關農業擴張與現代日本人的源起，請參看Mark Hudson, *Ruins of Identity: Ethnogenesis in the Japanese Islands*（Honolulu: University of Hawaii Press, 1999）。

有關紐西蘭的毛瑟槍之戰，R. D. Crosby在*The Musket Wars: A History of Inter-Iwi Conflict 1806-45*（Auckland: Read, 1999）有詳細的描述。James Belich在下面兩本書中的論述雖然比較簡短，但將此戰置入更廣大的脈絡來看，參看*The New Zealand Wars and the Victorian Interpretation of Racial Conflict*（Auckland: Penguin, 1986）與*Making Peoples: A History of the New Zealanders*（Auckland: Penguin, 1986）。

就歐洲與中國的分歧可參考社會學家提出的近因。一篇是Jack Goldstone所寫：“Efflorescences and economic growth in world history: rethinking the ‘rise of the West’ and the Industrial Revolution,” *Journal of World History* 13:323-89（2002）及彭慕蘭（Kenneth Pomeranze）的著作The Great Divergence: China, Europe and the Making of Modern World Economy（Princeton: Princeton University, 2000）。也有社會學家從遠因來探究歐洲與中國的不同，如梁景文發表的論文“State systems and the Origins of Modern Science: a comparison of Europe and China”, *East-West Dialog* 2:16-30（1997），也可參看David Cosandey寫的*Le Secret de l’Occident* (Paris: Arlea, 1997)。後語引用的段落即出自Goldstone與梁景文的論文。

至於現代國家財富的指標與國家社會或農業發展久遠之間的關連，請參看下面兩篇研究報告的分析，一篇是由Ola Olsson和Douglas Hibbs所寫的“Biogeography and long-term economic development,” *European Economic Review*，另一篇則是Valerie Bockstette、Areendam Chanda與Louis Putterman共同發表的”States and markets: the advantage of an early start,” *Journal of Economic Growth* 7:351-73（2002）。

GUIDE READING

導讀　問蒼茫大地，誰主浮沉？

王道還

《槍炮、病菌與鋼鐵》討論的人類社會，遍佈於三大洋、五大洲。命運也者，指的是人類社會的不平等。不平等是常識，已成為國際政治的議題，媒體上三不五時冒出「南北對抗」、「南北會談」的名目，實質內容不外乎「人類社會不平等」的現實。本書應該會讓那些「南方國家」稍稍釋懷，甚至在談判桌上更為振振有辭。因為作者強調：今天的世界現況，早在一萬三千年前就決定了，各大洲上的祖先族群披荊斬棘，歷盡滄桑，誰也沒閒著，他們的子孫今天或貧或富，莫非天定。

關鍵在生物地理學。

全書的論證藉著一位新幾內亞土著政治領袖的問題展開：「為什麼是白人製造出這麼多貨物，運到這裡來？為什麼我們黑人沒搞出過什麼名堂？」美洲土著也可以問同樣的問題：為何是西班牙人渡過大洋，到南美洲滅了印加帝國，而不是印加帝國的人到歐洲滅了西班牙？澳洲、非洲也不例外。

過去五百年間各大洲都融入了世界史，過程各不相同，可是結果都一樣，大家都在問同樣的問題：為什麼世界史是歐洲人打造出來的？以哀矜勿喜自勉的人會問：為何世界上有些大洲上幾千年前已經出現了燦爛的「文明」、有些大洲到了二十世紀仍沉陷在「石器時代」？

作者卑之無甚高論，提出的答案是：各大洲「自然資源」（生物地理）不平等，因此各地的社會發展在起跑線上就有了落差。**可是他的論證不僅表現出綜合的本領，而且創造了新的視野。**

首先，作者指出現代世界在十五世紀開始形成，世界上各大洲的社群在這個世界中的位置，由槍炮、病菌與鋼鐵決定。中國是人類史上唯一綿延三千五百年以上的文明古國，到了十九世紀也不得不在船堅炮利的壓迫下，加入世界體系。槍炮、病菌與鋼鐵是鑄造現代世界的「近因」，大家已耳熟能詳了。作者感興趣的是：槍炮、病菌與鋼鐵是怎樣成為族群鬥爭的利器的？

根據作者，人類文明史的起點是農業。農業發生以前，所有的人類都過著狩獵—採集的生活。地球上的狩獵—採集族群，人口稀薄，從未發展出常識中的「文明」要項：文字、城市、複雜的政治組織、精巧的工藝、精緻的藝術、繁複的知識體系……等等。

農業創造了人口、社會與文化的發展空間，農業社會創造了所有的文明要項。槍炮、病菌與鋼鐵不僅是文明的產品，也是文明擴張的利器。

可是適合農作的植物，卻不是到處都有的。今天大家熟悉的農作物，馴化的過程也各不相同，難易往往不可以道里計。中東的肥沃月彎大約在一萬年前就發明了農業，因為那裡是麥類植物的原生地。而且野生麥與馴化了的小麥，形態上十分相似，馴化過程平順得很。從所有的證據看來，麥作農業在人類歷史上只發明了一次。世界上其他地區的麥作農業，無論種子、知識、技術都從肥沃月彎傳播出去的。

可是農業傳播也不是十分容易的事。一般說來，東西向的傳播比南北向的傳播容易。因為南北緯度的變換，涉及了氣候的差異，而農作物必須在適當的氣候下生存。「逾淮成枳」不只是句成語，而是農業傳播的現實。所以農業族群在各大洲上的發展，還受到各大洲主軸線方向的影響。例如美洲的主軸線是南北向的，各個農業核心區不易向外擴張；中東的農業西傳歐洲，就容易多了。

動物資源的分布一樣不平均。適於人類豢養的家畜，始終只有馬、牛、羊、豬、狗這幾種。理由是：一種野獸要是沒有適合當家畜的「天性」，就當不了家畜。在人類的歷史上，許多改變「野獸」為家畜的努力都失敗了。獵豹、斑馬不用說了，連大象至今都不是家畜。非洲是人類演化的搖籃，有最悠久的人類活動歷史，又是著名的野獸王國，可是人類在非洲馴化的哺乳動物，大概只有古埃及的驢與貓。

家畜資源分布不平均的情況，新、舊大陸的對比最為強烈。舊世界是所有家畜的原產地。美洲的大型哺乳動物，在一萬三千年前冰期結束後，發生了一次大規模的滅絕。所以歐洲人十五世紀「發現」美洲的時候，印第安人才第一次看見馬。美洲缺少大型哺乳類家畜的一個明顯後果是：沒有發展出利用輪子的運輸工具。缺少獸力，輪車的用途似乎就不大了。美洲缺乏大型哺乳類家畜，產生了另一個更為嚴重的歷史後果。美洲土著在和歐洲人接觸之後，人口銳減。主要不是因為白人的屠殺，而是他們帶來的傳染病。實行農業、畜養家畜的生活方式，使得人畜接觸成為主要的病源。例如人類的感冒就是源自豬的病毒。可是農業民族也逐漸發展出針對這類傳染病的免疫力。而美洲土著從來沒有接觸過這類病原體，因此對這些疾病全無抵抗力。據估計九五%的北美洲土著死於白人帶來的天花、痲疹。

本書第十六章專談中國，簡略了一點，可是富啟發性。在東亞大陸，九千年前農業就開始發展了。華北以粟米為主，華南則是以稻米和根莖類作物為主。目前的證據顯示黃河、長江流域均有這些作物的原生種。這一自然條件使得南北向傳播農業問題消失。南北各自發展出農業文化，再互動、交融，三千五百年前在環太平洋區域龍蟠虎踞的中國青銅文明，就是在這個過程中成形的。

本書作者戴蒙是美國國家科學院院士，現任加州大學洛杉磯分校醫學院生理學教授。他也是演化生物學家，在新幾內亞做過田野工作，研究鳥類的演化。但是他前一本書《第三種猩猩》寫的是人類的自然史，從人類與非洲大猿類的共祖談起，直到人類族群間的暴力、戰爭以及全球核子威脅。本書的種子在那本書已經埋下了。不過我們得先討論人類自然史的源流，才好欣賞戴蒙的論證。

人類的自然史大概在十八世紀下半葉成為一門學問，今天叫做人類學。當時「人類自然史」的重點有二。一是說明人類的「自然」根源，以及蛻變的過程與動力；今天的體質／生物／演化人類學仍在探討這個問題。另一個重點，是解釋人類社會間的歧異現象。這兩個重點是同一個自然史架構中的有機成份。十九世紀的歷史「學派」，把人類社會依物質文化的「高下」排出「演進序列」，向前追溯到猿／人分化之際；整個地球是個人類學博物館，不同的人類社群，都是人類自然史的標本。換言之，人類社群的文化表現，反映了社群成員的生物演化階段。這樣的「生物決定論」當然有許多的面貌，種族主義是比較流行的。

二十世紀初，人類學開始在學院中立足，由於對種族主義的疑慮，於是發展出新的人類學概念，將上述的兩個重點給拆開了。文化人類學宣布「文化是一超機體」（super-organism），不受生物邏輯的支配，不願再和自然史有任何瓜葛。按照這個觀點，人類的文化自成一格，人的自然史無法幫助理解文化。從此人類學家對社會、文化的歧異現象存而不論，不再解釋。各個文化都是理解的對象，並無高下之分。這個「文化相對論」固然是多元文化、多元社群的道德基礎，在知識上卻有過猶不及的缺憾。

戴蒙這本書提醒了學者：社會、文化的歧異現象是可以分析的，得到的結論未必就是為種族偏見張目。各大洲生物地理條件不同，是現代世界的「大歷史基礎」，戴蒙的論證超越了簡單的「地理決定論」，令人信服。他的貢獻並不在他所謂的「歷史科學」，而是他為我們點明了重要的研究問題。

學例來說，要是文明有賴農業供養的大量定居人口，那麼認定農業是世界史的「終極」原因，並不是有意思的發現。農業是文明的源頭，是的。可是文明改造了世界，歷史積重難返，我們瞻前顧後，蒼茫大地，誰主浮沉？我們從歷史研究中期望發現的，是不受時空侷限的睿見；我們想要捉摸的，是人類存在的本質。要是人文創造必須集合眾人，持續互動，才有所成，那麼個人受到的限制是什麼？戴蒙事實上強調的是：**人類歷史發展的動力，來自不同個體、不同社群的互動**。只有在歐亞大陸塊上，不同的族群可以「實驗」不同的發展方向，不同的族群有機會從互動中累積集體的實力。這個事實透露的，是人類心靈的本質。

人類心靈似乎只能在多元互動的環境中才能發揮潛力。

TRANSLATOR'S AFTERWORD

譯後語

廖月娟

沒有一本史書給我的震懾這麼大，啟發這麼深，正因《槍炮、病菌與鋼鐵》不只是一本平鋪直敘以串連事實為主的史書。從翻譯書頁的那一刻起，你的思緒即開始騰空。離開三餐、家事、工作等生活瑣事，回首鳥瞰，鳥瞰家園已如豆子般大。瞬間，已身在三大洋、五大洲之上，緊接著在眼前掠過的是人類社會一萬三千年的歷史！

我們不得不讚嘆作者的雄心壯志：把全球各地區、各族群納入回溯性的實驗，來檢視過去的發展軌跡並探討人類社會的命運。他的論述是科學的——企圖運用生理學、演化生物學、語言學、人類學、考古學、植物學、地質學等角度來剖析人類社會（令人驚異的是，這麼多的學科能整合得天衣無縫）；他所提出的問題是深刻的——為什麼人類社會今天是以這種面貌出現？為什麼這個世界的貧富差距這麼大？環境對人類造成的影響有多大？動植物如何成為人類歷史的「推手」？我們認為理所當然的文字、國家、病菌和科技是怎麼來的？而在古代大放異彩、一向居於文明重心的肥沃月彎和中國，近代的表現為何差強人意？我們如何為自己創造更多競爭優勢？

他把這麼多的面相和問題呈現／分析地有條不紊、頭頭是道。這本書的寫作原點其實很簡單，只是一個黑人朋友亞力問他的問題：「為什麼我們黑人就是搞不出什麼名堂？」為了給亞力一個滿意的答案，他思索了三十多年，本書就是他的思考路徑。書寫完了，他也找出了幾個答案回覆亞力，但並不表示這裡就是終點。他的答案必然引發更多的問題與思考，如「地理決定論」的標籤問題；以科學論述歷史的利與弊，以及人文與科學的爭議等。

這正是這本書偉大的地方。

關於本書中文版的面世，首先要感謝時報出版莫昭平總經理和柯淑芬主編，在出版崇尚短小輕薄，對頁數錙銖必較的今天，支持本書全譯本的出版。還有，我先生林文斌醫師的全力支援，讓我在翻譯這個專業盡情發揮。最後，特別要謝謝的是，本書的校訂者和合譯者王道還先生，感謝他這幾個月的付出，並讓我了解翻譯之作為一種志業。

就本書的翻譯工作而言，全書第四部皆出自王先生手筆，前三部主要由我負責。但有三分之一以上的章節都譯了兩次：原因之一，在於比對彼此的譯文，研究對方文字的色彩與聲音；原因之二，就是希望能呈現給各位一個負責、可信的譯本。

槍炮、病菌與鋼鐵——人類社會的命運 / 賈德・戴蒙（Jared Diamond）著；王道還、廖月娟譯 -- 二版 . -- 台北市：時報文化，2015.6；　面；　公分
（NEXT 叢書；219）譯自：Guns, Germs, and Steel: The Fates of Human Societies
ISBN 978-957-13-6285-4（平裝）
1. 文化人類學　2. 社會變遷　3. 文化史　4. 人種學
541.3　　104008685

ISBN 978-957-13-6285-4
Printed in Taiwan.

NEXT 叢書 219

槍炮、病菌與鋼鐵——人類社會的命運・20 週年典藏紀念版

Guns, Germs, and Steel: The Fates of Human Societies

作者　賈德・戴蒙 Jared Diamond｜**譯者**　王道還、廖月娟｜**主編**　陳盈華｜**編輯**　林貞嫻｜**美術設計**　王志弘｜**執行企劃**　張媖茜｜**董事長・總經理**　趙政岷｜**總編輯**　余宜芳｜**出版者**　時報文化出版企業股份有限公司 10803 台北市和平西路三段 240 號 3 樓　**發行專線**—(02)2306-6842　**讀者服務專線**—0800-231-705・(02)2304-7103　**讀者服務傳真**—(02)2304-6858　**郵撥**—19344724 時報文化出版公司　**信箱**—台北郵政 79-99 信箱　**時報悅讀網**—http://www.readingtimes.com.tw｜**法律顧問**　理律法律事務所　陳長文律師、李念祖律師｜**印刷**　盈昌印刷有限公司｜**二版一刷**　2015 年 6 月 19 日｜**二版三刷**　2015 年 8 月 14 日｜**定價**　新台幣 480 元｜行政院新聞局局版北市業字第 80 號｜